Schieds- und Mediationsklauseln
in Verfügungen von Todes wegen

Europäische Hochschulschriften Recht

European University Studies in Law

Publications Universitaires Européennes de Droit

Band/Volume **6247**

Beatrix Wolfer

Schieds- und Mediationsklauseln in Verfügungen von Todes wegen

Die letztwillige Schiedsklausel im System erbrechtlicher Optionsmodelle

Die letztwillige Mediationsklausel als *causa* des Anspruches auf Mitwirkung an einer Mediation

PETER LANG

Bibliografische Information der Deutschen Nationalbibliothek
Die Deutsche Nationalbibliothek verzeichnet diese Publikation in der Deutschen Nationalbibliografie; detaillierte bibliografische Daten sind im Internet über http://dnb.d-nb.de abrufbar.

Zugl.: Bochum, Univ., Diss., 2020

D 294
ISSN 0531-7312
ISBN 978-3-631-84906-4 (Print)
E-ISBN 978-3-631-85348-1 (E-PDF)
E-ISBN 978-3-631-85349-8 (EPUB)
E-ISBN 978-3-631-85350-4 (MOBI)
DOI 10.3726/b18350

Peter Lang – Berlin · Bern · Bruxelles · New York · Oxford · Warszawa · Wien

Diese Publikation wurde begutachtet.

www.peterlang.com

Vorwort

Diese Arbeit wurde der Juristischen Fakultät der Ruhr-Universität Bochum im Wintersemester 2019/20 als Dissertation vorgelegt. Rechtsprechung und Literatur sind bis Sommer 2019 berücksichtigt.

Meinem Doktorvater Herrn Professor Dr. Karlheinz Muscheler danke ich für die Betreuung der Arbeit ganz herzlich.

Herrn Professor Dr. Andreas Frieser danke ich für die Erstellung des Zweitgutachtens.

Stuttgart, im Januar 2021
Beatrix Wolfer

Inhaltsübersicht

Inhaltsverzeichnis

Abkürzungsverzeichnis

a. a. O.	am angegebenen Ort
a. A.	anderer Ansicht
Abk.	Abkürzung
Abs.	Absatz
AcP	Archiv für die civilistische Praxis (Zeitschrift)
ADR	Alternative Dispute Resolution
a. F.	alte Fassung
AG	Aktiengesellschaft
AGB	Allgemeine Geschäftsbedingungen
AGO	Allgemeine Gerichtsordnung für die Preußischen Staaten
AnwBl.	Anwaltsblatt
ARGE	Arbeitsgemeinschaft
Art.	Artikel
AS-Verfahren	Alternative Streitbeilegungsverfahren
BGB	Bürgerliches Gesetzbuch
BGBl.	Bundesgesetzblatt
BGH	Bundesgerichtshof
BKR	Zeitschrift für Banken- und Kapitalmarktrecht
BMJV	Bundesministerium für Justiz und Verbraucherschutz
BORA	Berufsordnung für Rechtsanwälte
BT-DS	Bundestag-Drucksache
BVerfG	Bundesverfassungsgericht
CIC	Codex Iuris Civilis
CICa	Codex Iuris Canonici
CPO	Civilprozessordnung (1877)
ders.	derselbe
d. h.	das heißt
DIS	Deutsche Institution für Schiedsgerichtsbarkeit
dt.	deutsch
ebd.	ebenda
EGBGB	Einführungsgesetz zum Bürgerlichen Gesetzbuche
EU	Europäische Union
EUErbVO	Europäische Erbrechtsverordnung
f./ff.	folgende/fortfolgende
FamFG	Gesetz über das Verfahren in Familiensachen und in den Angelegenheiten der freiwilligen Gerichtsbarkeit

FamRZ	Zeitschrift für das gesamte Familienrecht
Fn.	Fußnote
FÖV	Deutsches Forschungsinstitut für öffentliche Verwaltung
FPR	Zeitschrift für Familie, Partnerschaft, Recht
GbR	Gesellschaft bürgerlichen Rechts
GG	Grundgesetz
GKG	Gerichtskostengesetz
GVG	Gerichtsverfassungsgesetz
Hs.	Halbsatz
ICC	International Court of Arbitration
i. e. S.	im engen Sinne
IHK	Industrie- und Handelskammer
JZ	Juristenzeitung
KG	Kammergericht (Berlin)
lat.	lateinisch
LCIA	London Court of International Arbitration
M&A	Mergers & Acquisitions
MDR	Monatsschrift für Deutsches Recht (Zeitschrift)
MediationsG	Mediationsgesetz
Mio.	Million/Millionen
NJW	Neue Juristische Wochenschrift (Zeitschrift)
ODR	Online Dispute Resolution
OLG	Oberlandesgericht
PrALR	Allgemeines Landrecht für die Preußischen Staaten
RGZ	Entscheidungen des Reichsgerichts in Zivilsachen
Rn.	Randnummer
RNotZ	Rheinische Notar-Zeitschrift
S.	Seite/Satz
SchiedsVZ	Zeitschrift für Schiedsverfahren
SGB	Sozialgesetzbuch
sog.	sogenannt
StBerG	Steuerberatungsgesetz
Tz.	Textziffer
USA	United States of Amercia
USA MA	United States of America Massachusetts
usw.	und so weiter
vgl.	vergleiche
vs.	versus
VOB	Vergabe- und Vertragsordnung für Bauleistungen

VSBG	Verbraucherstreitbeilegungsgesetz
VVG	Versicherungsvertragsgesetz
w. Nw.	weitere Nachweise
WoFG	Gesetz über die soziale Wohnraumförderung (Wohnraumförderungsgesetz)
WRV	Weimarer Reichsverfassung
ZEuP	Zeitschrift für europäisches Privatrecht
ZEV	Zeitschrift für Erbrecht und Vermögensnachfolge
ZIP	Zeitschrift für Wirtschaftsrecht
ZPO	Zivilprozessordnung
ZRP	Zeitschrift für Rechtspolitik

Kapitel 1 Einleitung

§ 1 Die Triade der Konfliktlösung: Zivilprozess, Schiedsverfahren, Mediation

A. Der Konflikt – Unbegrenzte Möglichkeiten der Beilegung?

I. Ausgangsfall

Wir wollen unsere Betrachtungen beginnen mit einem *Beispielsfall 1:* S und F haben einen Konflikt. F ist die zweite Ehefrau des im Jahr 2014 verstorbenen M. M war bei seinem Tod 90 Jahre alt. Er war 20 Jahre älter als F. S ist der Sohn des M aus dessen erster Ehe und das einzige Kind des M. Die erste Ehefrau des M ist vor 30 Jahren verstorben. M hatte mit seiner ersten Ehefrau ein notarielles gemeinschaftliches Ehegattentestament erstellt, in dem sich die Eheleute gegenseitig als Alleinerben einsetzten und den gemeinsamen Sohn S als Schlusserben bestimmten. Die entstehende Bindungswirkung war gewünscht. Einige Jahre nach Erstellung des ersten Ehegattentestaments testierten die Eheleute ein zweites Mal, indem sie durch ein notarielles gemeinschaftliches Ehegattentestament das erste gemeinschaftliche Testament dahingehend abänderten, dass der zweitversterbende Ehegatte im Falle einer Wiederverheiratung nach dem Tod des erstversterbenden Ehegatten berechtigt sein sollte, seinen zweiten Ehegatten in Höhe dessen gesetzlichen Erbteils testamentarisch als Miterben zu benennen. Neben dieser beschränkten Abänderungsklausel wurde die Schlusserbeneinsetzung des S noch einmal ausdrücklich bestätigt. Die Anfechtung der gemeinschaftlichen Testamente wurde aus jedem Grund, auch nach § 2079 BGB, ausgeschlossen. Die erste Ehefrau des M verstarb 1984. M war zu diesem Zeitpunkt 60 Jahre alt und heiratete sechs Monate nach dem Tod seiner Frau die damals 40-jährige F. Zehn Jahre nach Eingehung seiner zweiten Ehe wollte M seine früheren Testamente ändern und F als Alleinerbin einsetzen. Er beriet sich mit einem befreundeten Notar, der ihm jedoch die Auskunft gab, das sei nicht möglich. In Anbetracht der beschränkten Abänderungsklausel in dem zweiten Ehegattentestament schlossen M und F einen Ehevertrag und vereinbarten den Güterstand der Gütertrennung. Dadurch betrug der gesetzliche Erbteil der Ehefrau neben einem Abkömmling ½, sodass die zweite Ehefrau zumindest Erbin zu ½ werden konnte. M errichtete eine Verfügung von Todes wegen, in der die F neben S als Miterbin zu ½ eingesetzt wurde. Mit S wurde nicht über die Änderungen gesprochen. Ihm waren nur die beiden Testamente seiner Eltern bekannt.

Im Jahr 2004 schenkte M dem S ein Mehrfamilienhaus, worüber es zum Streit zwischen den Eheleuten M und F kam. F sah ihre Versorgung nach dem Tod des M gefährdet. M wollte nichts mehr ändern und nicht mehr darüber reden. Er war der Ansicht, nach seinem Tod sei „genug für alle da". Nachdem M 2014 verstorben war, befand sich in seinem Nachlass ein Mehrfamilienhaus in Frankfurt im Wert von € 3,5 Mio. und Liquidität in Höhe von € 2 Mio. S stellte nach dem Tod des M fest, dass sich F seit Jahren von dem Konto des M aufgrund bestehender Vollmachten Beträge in größerem Umfang auf ihr Konto überwiesen hatte. In den letzten acht Jahren vor dem Tod des Erblassers kamen Abverfügungen von insgesamt ca. € 800.000,00 zustande. Die Überweisungsformulare hatte F selbst ausgefüllt und unterschrieben. In den letzten vier Jahren vor seinem Tod war M ein Pflegefall. Er lebte zu Hause und wurde dort von F und verschiedenen Hilfspersonen versorgt. Die vier Jahre vor seinem Tod dürfte er nicht mehr geschäftsfähig gewesen sein. S vermutet, F habe die Abbuchungen nicht mit M besprochen. Dieser habe „gar nichts mehr mitbekommen". S möchte, dass F 50 % der von ihr getätigten Abverfügungen an ihn herausgibt. Da die Immobilie in Frankfurt sehr schnell nach dem Tod des M von der Erbengemeinschaft verkauft wurde, sind die zwischen den Parteien streitigen Fragen im Zusammenhang mit der Aufteilung der Liquidität zu klären. F ist nicht bereit, an S € 400.000,00 zu bezahlen. Sie trägt vor, bei dem Geld handle es sich um Schenkungen des M, dann folgt der Vortrag, das Geld sei in die Renovierung der ehelichen Wohnung, die unstreitig F allein gehörte, geflossen, sie habe ihren Mann gepflegt und er habe sie auf ihr Alter absichern wollen.

II. Welche Möglichkeiten haben die Streitparteien?

Die Möglichkeiten der Streitparteien, den unter I. beschriebenen Konflikt beizulegen, sind (in der Theorie) fast unbegrenzt. Ein Brainstorming in einer Mediatorenrunde würde zu einer Vielzahl von beziehungserhaltenden oder beziehungswiederherstellenden Vorschlägen führen. Des Weiteren zu dem Versuch einer sozialpsychologischen Einschätzung des Konflikts: Wie war die Beziehung zwischen S und F vor dem Erbfall? Welche Zukunftsängste hat F? Werden durch die Abverfügungen der F die Gerechtigkeitsvorstellungen des S verletzt oder geht es ihm nur um Geld? Fühlte sich F durch die lebzeitige Schenkung des M an S benachteiligt? F und M hatten eine lange Ehe geführt. Ist es richtig, in Ehen „hineinzuschauen", wer was bezahlt hat?

Eine Juristenrunde wird andere Fragen stellen. Sie wird primär § 2287 Abs. 1 BGB betrachten. Die „verkürzte" Verjährung des § 2287 Abs. 2 BGB wird Thema sein, ebenso die verschiedenen Fragen der nicht ganz einfachen

Beweislastverteilung in Bezug auf die Verwendung des Geldes. Der Begriff der Untreue blitzt auf und die Möglichkeit einer Anzeige beim Finanzamt. Prozessstrategische Überlegungen in Bezug auf die Höhe der Gerichtskosten und der Klageart werden angestellt. Schnell wird deutlich: Zwischen der jeweiligen Betrachtungsweise und Schwerpunktsetzung der Mediatoren und der Juristen liegen Welten.

Die Frage, ob der vorstehend beschriebene Konflikt via Zivilprozess, Schiedsgericht oder Mediation angegangen wird, ist nicht nur eine Frage des Ansatzes der Streitparteien oder ihrer Berater. Die weichenstellenden Faktoren liegen vor der konkreten Konfliktentstehung in der „Beziehungsgeschichte" und im Konfliktverlauf. Einige Fallvarianten sollen dies verdeutlichen.

Fallvariante A (zum Beispielsfall 1): Obwohl S nach der sehr schnellen Wiederverheiratung des M kurz nach dem Tod der Mutter enttäuscht war, hat er im Laufe der Jahre F akzeptiert. Seine eigenen Kinder kommen mit F gut aus. F, die keine Kinder hat, hatte gerne die „Oma-Rolle" übernommen. Es gab nette Familienfeste, und wenn S und seine Familie im Skiurlaub waren, hatte F deren Hund versorgt. S ist der F dankbar, dass sie sich in den letzten Jahren vor dem Tod des M so gut um diesen gekümmert hat. M sei kein „einfacher Charakter" und manchmal sehr anstrengend gewesen.

Fallvariante B (zum Beispielsfall 1): S und F hatten von Anfang an eine schwierige Beziehung. S unterstellt der F, sie habe dafür gesorgt, dass M den Kontakt zu S verloren habe. F hat zwei eigene Kinder aus ihrer ersten Ehe. Als F und M heirateten, lebten die Kinder der F bei dem Vater. Seit 15 Jahren hat F jedoch mit ihren eigenen Kindern einen sehr guten Kontakt. S geht davon aus, dass ein Großteil des Geldes, das F den Konten des M entnommen hat, an ihre eigenen Kinder geflossen ist. Die Tochter von F habe mehrere Kinder und keinen Job, habe sich aber dennoch ein Haus bauen können, und der Sohn der F sei arbeitslos. Auf verschiedene Schreiben des S an F, in welchen S nach dem Verbleib des abverfügten Betrages fragte und F zur Zahlung des hälftigen Betrages aufforderte, reagierte F gar nicht. S erhält ein Anwaltsschreiben, in welchem die Anwältin der F den S unter Fristsetzung und Klageandrohung auffordert, seine Zustimmung zur hälftigen Aufteilung der Liquidität auf den Nachlasskonten zu geben.

1. Zivilprozess: Die Streitparteien suchen einen Entscheider – sie wollen sich aus dem Verfahren heraushalten

Bei der Fallvariante B zum ersten Beispielsfall (Ausgangsfall) wird kein Weg am Zivilprozess vorbeiführen. Zwischen den Streitparteien gibt es keine familiäre Beziehung, deren Erhalt den Streitparteien wichtig ist. F und S kommunizieren nicht miteinander. F verweigert einen Dialog und gibt die „Lösung“ des Konflikts, durch Übertragung des Mandats an die Rechtsanwältin, aus der Hand.

In einem solchen Fall sind die Vorteile des Zivilprozesses deutlich. Das „Streitlösungsverfahren“ Zivilprozess kann von jeder Streitpartei unabhängig von der Mitwirkung der anderen Streitpartei in Gang gesetzt werden. Der Zivilprozess steht immer offen, auch wenn der Konflikt eskaliert ist und die Streitparteien nicht mehr miteinander sprechen. Das Verfahren wird, wenn die Parteien keine Einigung erzielen, in einem mittelfristigen Zeitrahmen vom Gericht durch ein Urteil beendet.

In vielen Fällen enden die Zivilverfahren mit einem gerichtlichen Vergleich.[1] Nach Abschluss des gerichtlichen Vergleichs stellt sich oftmals die Frage, woran es lag, dass es den Parteien und den diese vertretenden Rechtsanwälten nicht gelungen war, vor Klageerhebung diesen oder einen ähnlichen Vergleich zu schließen. Sollte es die „Autorität“ des Richters sein? Unwahrscheinlich. Oder die Expertise des Richters als die eines weiteren Juristen? Diese könnte auch auf dem „freien Markt“ eingeholt werden. Oder liegt es daran, dass es dem Richter möglich ist, bei seinem Vergleichsvorschlag deutlich werden zu lassen, dass er, falls es nicht zum Vergleich kommt, eine Entscheidung treffen wird, bei der beide Streitparteien „Federn lassen müssen“? Diese Möglichkeit hat der Rechtsanwalt nicht. Er vertritt eine bestimmte Rechtsauffassung und geht bei Klageerhebung oder dem Einfrieren laufender Vergleichsverhandlungen mit der Absicht, eine Klageerhebung durch den gegnerischen Anwalt zu veranlassen, davon aus, dass sich das Gericht seiner Rechtsauffassung anschließen wird.

Die rechtliche Beratung kann zu einer Erweiterung des Konflikts führen. Das ist der Tatsache geschuldet, dass der beratende Anwalt nicht nur auf den vom Mandanten geschilderten Streitgegenstand fokussiert. Er wird die Rechtslage insgesamt prüfen und noch weitere Ansprüche des Mandanten erkennen, von diesem akzeptierte Sachverhalte oder rechtliche Beurteilungen in Frage stellen und den Mandanten entsprechend beraten. Das ist die Aufgabe des Anwalts. Die Folge einer rechtlichen Beratung kann somit sein, dass sich der Konflikt auf

1 Statistisches Bundesamt (Destatis) 2017, Fachserie 10, Reihe 2.1, Rechtspflege, Zivilgerichte 2017, erschienen am 23.07.2018: https://www.destatis.de/DE/Themen/Staat/Justiz-Rechtspflege/Publikationen/Downloads-Gerichte/zivilgerichte-2100210177004.pdf?__blob=publicationFile, (Internet: abgerufen am 02.09. 2019). Nach der Statistik wurden 2017 ca. 16 % der vor den Amtsgerichten erledigten Verfahren durch Vergleich beendet (vgl. S. 34 ff.), bei den Landgerichten waren es ca. 28 % der Verfahren (vgl. S. 64 ff.).

weitere Streitgegenstände ausdehnt und dass er sich nur auf die Klärung von Rechtsfragen richtet und die ursprünglichen Anliegen der Konfliktparteien zurückgedrängt werden. In diesen Fällen ist die Inanspruchnahme des Gerichts zwingend. Die rechtlich relevanten Konfliktgegenstände müssen eingekreist werden. Die Parteien müssen Farbe bekennen, was sie rechtlich geklärt haben wollen, „Hintergrund-Konfliktparteien" werden aus dem offiziellen Geschehen verbannt, Emotionen werden neutralisiert oder zumindest zurückgedrängt und eine „Konfliktlösung" garantiert. Die Konfliktlösungsstrategie, eine streitige Angelegenheit durch ein Gericht entscheiden zu lassen, ist auch dann zwingend, wenn ein Konflikt hocheskalativ ausgetragen wird. Die Beilegung außerhalb von Gerichten ist dann im Regelfall nicht möglich. Insbesondere kann eine Konfliktintervention durch Dritte nur mit Zustimmung der Konfliktparteien stattfinden, die diese Zustimmung in einer hochstrittigen Konfliktlage nicht mehr erteilen. Viele Konflikte zwischen Miterben beginnen nicht mit „großen" Rechtsfragen, beispielsweise ob eine lebzeitige Schenkung nach §§ 2050 ff. BGB ausgeglichen werden muss, ob ein Miterbe einen Anspruch auf Ausgleichung nach § 2057 a BGB hat, ob Vermögensabflüsse zu Lebzeiten des Erblassers von § 2287 BGB umfasst werden oder ob der Erblasser bei der Abfassung seines letzten Testamentes nicht mehr testierfähig war, sondern mit kleinen Verstößen gegen das Gerechtigkeitsempfinden eines der Konfliktbeteiligten.

Beispielsfall 2: Tochter T und Sohn S sind nach dem Tod der M Erben je zu ½ geworden. T hat die hochbetagte Mutter viele Jahre betreut. Nach dem Tod der Mutter möchte sie den Schmuck der Mutter, den ihr diese mündlich zugesagt hat, übernehmen. S verweigert die Zustimmung. Er möchte den Schmuck schätzen lassen. T soll ihn unter Anrechnung auf ihren Erbteil bekommen. T geht nach langen geschwisterlichen Auseinandersetzungen über die Frage, wer für die M mehr da gewesen sei, zum Anwalt. Sie macht einen Anspruch aus § 2057 a BGB geltend. S erhebt Klage auf Auskunft und Rückzahlung „unklarer Abhebungen" nach §§ 1922, 666 ff. BGB.

Kommt es zu einem Zivilprozess und findet der Termin zur mündlichen Verhandlung statt, empfinden manche Prozessparteien „ihre Gerichtsverhandlung" als Enttäuschung. Die Reduktion des Konflikts auf rechtliche Fragen und die sprachliche Neutralisierung des Konflikts entsprechen nicht den Vorstellungen der Streitparteien. Oft gibt es enttäuschte Gesichter, wenn sich das Gericht nach der informatorischen Anhörung einer Prozesspartei, aus dem „ausgeschütteten Füllhorn" der negativen Darstellungen der anderen Streitpartei und den Schuldzuweisungen, nur das herauszieht und in das Protokoll aufnimmt, was für das Gericht rechtliche Relevanz hat. Diese Erkenntnis der Streitparteien fördert die Vergleichsbereitschaft vor Gericht. Oftmals wird zwischen den Streitparteien während des Verfahrens stillschweigend ein Konsens darüber erzielt, „die Sache zu beenden". Ab dann ist der Abschluss des gerichtlichen Vergleichs im Regelfall schnell verhandelt.

2. Schiedsverfahren: Die Streitparteien suchen einen Entscheider – sie wollen das Verfahren mitgestalten

a. Einführung

„Schiedsverfahren sind private Gerichtsverfahren."[2] Was bedeutet in diesem Zusammenhang der Begriff „privat"? Das Schiedsverfahren ist in der ZPO geregelt, mithin gibt es eine Verfahrensordnung, die die Rechte und Pflichten der streitentscheidenden Personen und die Rechte und Pflichten der Streitparteien enthält. Der Streit wird von einem Schiedsgericht durch einen Schiedsspruch verbindlich und abschließend entschieden.

Im Gegensatz zum staatlichen Gericht beruht die Legitimation des Schiedsgerichts auf einer privatautonomen Regelung, die zwischen den Streitparteien wirksam ist. Auch die Besetzung des Schiedsgerichts erfolgt ohne staatliche Mitwirkung.[3] Nur das Vorliegen besonderer Tatbestandsvoraussetzungen gemäß § 1059 Abs. 2 ZPO kann dazu führen, dass ein Schiedsspruch von einem *staatlichen* Gericht aufgehoben wird. Ziel des Schiedsverfahrens ist die Streitentscheidung.[4] Ein Schiedsverfahren kommt in Betracht, wenn die Streitparteien den ordentlichen Rechtsweg nicht beschreiten wollen, weil sie beispielsweise Fachkenntnisse der streitentscheidenden Personen verlangen oder weil sie das Verfahren mitgestalten wollen, aber dennoch keine konsensuale Lösung, sondern eine Streitentscheidung anstreben.[5] Die Voraussetzung dafür, dass es zu einem Schiedsverfahren kommt, ist der Abschluss einer wirksamen Schiedsvereinbarung zwischen den Parteien, die das Schiedsverfahren möchten.[6] § 1066 ZPO verweist für zwei Arten „außervertraglicher" Schiedsverfahren auf das 10. Buch der ZPO.[7] Es handelt sich um Schiedsgerichte, die durch letztwillige oder andere nicht auf Vereinbarung beruhende Verfügungen angeordnet werden.

---

2 *Fries*, S. 188.

3 *Zeiss/Schreiber*, ZPO, S. 3; Zöller/*Geimer*, ZPO, vor § 1025 Rn. 1 ff.

4 Vgl. zu den „Wechselwirkungen zwischen Schiedsgerichtsbarkeit und staatlichen Gerichten" bei M&A-Verträgen: *Stürner/Wilhelmi*, Einführung, S. 5 ff.

5 *Risse*, Wirtschaftsmediation, S. 9 f.

6 Ausführlich: *Schütze*, S. 63 ff.

7 Unten 3. Kapitel § 2 A. und B., ausführlich zu der Frage, ob § 1066 ZPO eine Rechtsgrundlage für die letztwillige Anordnung eines Schiedsgerichts darstellt oder eine „reine" Verweisungsnorm ist.

b. Das Schiedsverfahren im erbrechtlichen Konflikt

Erbrechtliche Schiedsgerichtsbarkeit, die nach Konfliktentstehung durch eine einvernehmliche Absprache der Beteiligten zustande kommt, ist äußerst selten. Die regelmäßig von den Befürwortern eines privaten Schiedsverfahrens aufgeführten Vorteile des Schiedsverfahrens, wie die Möglichkeit, die Schiedsrichter auswählen zu können, die Öffentlichkeit ausschließen zu können, eine kürzere Verfahrensdauer und eine größere Flexibilität des Verfahrens[8] haben für eine Streitpartei zu dem Zeitpunkt, zu dem sie sich entschließt, rechtlich gegen die andere Partei vorzugehen, keine Bedeutung mehr. Der Konflikt ist fortgeschritten. Es geht um streitige Sachverhalts- und Rechtsfragen. Das Schiedsgericht ist dadurch, dass es Entscheidungskompetenz hat, eine Alternative zum ordentlichen Gericht. Im fortgeschrittenen Konfliktstadium liegen die Gründe für eine Klageerhebung vor dem ordentlichen Gericht jedoch häufig in dem Wunsch, Druck auszuüben oder zu zeigen, dass „nach langem Bellen auch gebissen wird". Das mit der Klageerhebung vor dem ordentlichen Gericht einhergehende Heraustreten aus dem durch die Beteiligten selbst geführten oder außergerichtlich durch Rechtsanwälte geführten Dialog wird nicht nur in Kauf genommen, sondern wie die darauf folgende Präsenz in dem ordentlichen und öffentlichen Verfahren gerade gewünscht. In diesem Konfliktstadium wird eine einvernehmliche Absprache der am Erbfall Beteiligten über ein Schiedsverfahren und dessen Ausgestaltung nicht mehr getroffen. Absprachen aus dem Zeitraum vor Konfliktentstehung, die zur Erhebung der Schiedseinrede durch eine Streitpartei führen können, liegen bei erbrechtlichen Konflikten im Regelfall nicht vor. Sind sie vorhanden, werden sie im fortgeschrittenen Konfliktstadium oft nicht mehr eingehalten.

3. Mediation: Die Streitparteien suchen einen Konsens – sie wollen selbst entscheiden

a. Die historischen Wurzeln der Mediation

Joseph Duss-von Werdt beschreibt in seinem Buch „homo mediator" ausführlich die Geschichte der Mediation in Europa. Noch nicht unter dem Namen „Mediation" geführt, habe es eine belegbare Kultur der Vermittlung bei Konflikten gegeben. Auch bekannte historische Ereignisse, wie beispielsweise der Westfälische Friede im Jahre 1648, ließen sich auf die Tätigkeit von Vermittlern

8 *Dawirs*, S. 22 ff.; *Harder*, S. 17 ff.; *Schütze*, S. 13 ff.

zurückführen.[9] Die Mediation als vermittelnde Tätigkeit eines Dritten in einem Konflikt sei ebenso alt wie der Konflikt zwischen Menschen selbst.[10]

Es ist nicht davon auszugehen, dass diese vermittelnden Tätigkeiten im Einzelfall die Strukturelemente erfüllten, die nach heutigem Verständnis als Voraussetzungen für ein Verfahren angesehen werden, das die Bezeichnung *Mediation* verdient. Als Beispiel sei die *Mediationsakte* aus dem Jahre 1803 erwähnt. In den Jahren 1798/1799 wurde die alte Schweizer Eidgenossenschaft nach einer militärischen Auseinandersetzung von der Französischen Republik besetzt. Die danach gegründete Helvetische Republik bestand aus einer Vielzahl von Kantonen, die untereinander zerstritten waren.[11] Napoleon Bonaparte sah die Instabilität der politischen Lage in der Helvetischen Republik als Gefährdung seiner politischen Zwecke an und schlug den Vertretern der Helvetischen Republik deshalb die Verabschiedung einer föderalistischen Verfassung vor.[12] Diese Verfassung des Jahres 1803 wurde als *Mediationsakte*[13] bezeichnet und hatte folgenden Text:

> *„Bonaparte, Erster Consul der fränkischen und Präsident der italienischen Republik, an die Schweizer! Helvetien, der Zwietracht preisgegeben, war mit seiner Auflösung bedroht. In sich selbst konnte es die Mittel nicht finden, um wieder zu einer verfassungsmäßigen Ordnung zu gelangen. […] das Interesse Frankreichs und der italienischen Republik […] haben es Uns zur Pflicht gemacht, als Vermittler aufzutreten zwischen den Parteien, die es trennen. […] Die Beantwortung der Frage: Ob die Schweiz, von der Natur selbst zu einem Bundesstaate bestimmt, anders als durch Gewalt unter einer Central-Regierung erhalten werden könnte, […] waren die Gegenstände, die der Untersuchung und Berathschlagung unterworfen werden mußten. Ihre Wichtigkeit sowohl als das Schwierige derselben, haben Uns bewogen, […] die Bürger […] in eigener Person zu vernehmen; und Wir haben das*

---

9 Vgl. *Duss-von Werdt*, S. 33 ff.

10 *Duss-von Werdt*, S. 24 ff., beschreibt im ersten Teil seines Buches „homo mediator" verschiedene Persönlichkeiten, die als Vermittler in Konflikten, die historische Relevanz haben, aktiv waren. Als Konfliktbeispiele nennt er den 30-jährigen Krieg und die Haager Friedenskonferenzen von 1899 und 1907. Weiter weist *Duss-von Werdt* darauf hin, dass es im 17. und 18. Jahrhundert in der Literatur eine intensive Beschäftigung mit dem Thema *Mediation* gab. Es habe sich dabei im Regelfall um philosophisch-theologische Doktorarbeiten gehandelt. Es habe auch etliche Arbeiten juristischer Provenienz gegeben, die sich intensiv mit dem Thema „Vermittlung in kriegerischen Auseinandersetzungen" beschäftigten.

11 *Jelitto-Piechulik*, S. 69.

12 *Jelitto-Piechulik*, S. 72 f.

13 Vermittlungsacte des Ersten Consuls der fränkischen Republik zwischen den Parteien, in welche die Schweiz getheilt ist. „Mediationsverfassung" vom 19. Februar 1803 (vgl. *Kölz*, Quellenbuch, S. 159).

Resultat ihrer Berathschlagungen theils mit den verschiedenen Vorschlägen der Kantonal-Deputationen, theils mit demjenigen zusammen gehalten, was sich aus den Unterredungen dieser Deputationen mit den committirten Senatoren ergeben hatte. Nachdem Wir auf diese Weise alle Mittel erschöpft haben, um das Interesse und den Willen der schweizerischen Nation kennen zu lernen, so wird von Uns, in der Eigenschaft eines Vermittlers und ohne andere Absicht, als die Wohlfahrt der Völkerschaften zu erzweken, über deren Angelegenheiten Wir abzusprechen hatten, so wie ohne Verlezung der schweizerischen Unabhängigkeit, Folgendes festgesezt.“[14] (Es folgen die Verfassungen der einzelnen Kantone).

Unabhängig von den historischen Detailfragen dürfte es sich bei dieser „Vermittlung“ nicht um eine Mediation nach dem heute geltenden Verständnis gehandelt haben, da der eigene Lösungsansatz der betroffenen Parteien zwar zur Kenntnis genommen wurde, aber den Parteien von Bonaparte eine ihm passend erscheinende Problemlösung oktroyiert wurde.

Breidenbach zeigt auf, dass die Vermittlung zwischen Konfliktparteien alte Wurzeln hat. So beschreibt er unter Rekurs auf altenglische Quellen das Vorkommen eines „loveday“[15], welcher einen vom Gericht gewährten Verfahrensaufschub darstellte. Der Zweck dieses Verfahrensaufschubes lag darin, den Streitparteien doch noch eine einvernehmliche Konfliktbeilegung, auch durch die Vermittlung eines Dritten, zu ermöglichen.[16] *Strempel* beschreibt, dass der germanische Prozess aus dem Sühne- oder Vergleichsverfahren hervorgegangen sei und auf den Abschluss eines sogenannten Sühnevertrages gerichtet gewesen sei. Der Begriff *Sühne* habe die Bedeutung „Beilegung, Versöhnung, Genugtuung, Wiedergutmachung“[17] gehabt. Er sei später durch den Begriff *Güte* ersetzt worden, der noch heute in der ZPO im Kontext der in § 278 ZPO geregelten Güteverhandlung vorhanden sei.[18] *Strempel* stellt den Sühne- und Gütegedanken des deutschen Prozessrechts dem Streitgedanken des römisch-kanonischen Zivilprozesses gegenüber, der den Sühne- und Gütegedanken des deutschen Prozessrechts zum großen Teil verdrängt habe.[19]

Unter dem Begriff *Mediation* lassen sich verschiedene Ansätze der Konfliktlösung verstehen.[20] Die Merkmale einer Mediation lassen sich bei allen Ansätzen

---

14 *Kölz*, Quellenbuch, S. 159 f.

15 *Breidenbach*, Mediation, S. 7.

16 Vgl. *Breidenbach*, Mediation, S. 7 f.

17 Vgl. *Strempel*, Gedächtnisschrift Meurer, S. 347 (349).

18 *Strempel*, Gedächtnisschrift Meurer, S. 347 (350).

19 *Strempel*, Gedächtnisschrift Meurer, S. 347 (353): „Eine Bedeutung, die bis heute in Ausbildung und Prägung der JuristInnen vorherrscht und erklärt, warum sich die *Mediation* im deutschen Rechtsraum so schwer tut.“

20 Unten 4. Kapitel § 3 A. II.

darauf komprimieren, dass die Streitparteien mithilfe eines neutralen Dritten, der den Streit nicht entscheiden wird, verhandeln und selbst die Lösung ihres Konflikts suchen und daraus folgend die Verantwortung für das Verhandlungsergebnis bewusst selbst tragen. Diesem Verständnis folgt die Definition der Mediation in § 1 Abs. 1 MediationsG.[21] Liegen diese Definitionsmerkmale nicht vor, wird nicht von einer Mediation nach heutigem Verständnis gesprochen.

b. Die Mediation im erbrechtlichen Konflikt

Im Hinblick auf ihren Anwendungsbereich steckt die erbrechtliche Mediation in einem Dilemma. Kurz nach dem Erbfall, wenn sich Konflikte noch nicht oder nur als zarte Morgenröte am Horizont abzeichnen, sind die am Erbfall Beteiligten der Ansicht, dass eine in ihren Augen „vorsorgliche" Mediation nicht erforderlich sei. Die Beteiligten verhandeln die anstehenden Fragen selbst, benutzen verschiedene Kommunikationskanäle, wobei die oftmals verwendeten E-Mails zu Beginn der Konfliktentwicklung noch einen familiären Ton haben. Irgendwann eskaliert der Konflikt. Dies wäre der richtige Zeitpunkt für eine Mediation. Die Streitbeteiligten sind aber nun der Ansicht, die Gespräche führten offenkundig zu nichts und lehnen den Vorstoß eines der Streitbeteiligten, an einer Mediation teilzunehmen, ab.

Die Gründe, weshalb die Gespräche zu nichts führen, sehen die Streitbeteiligten in der fehlenden Aktivität eines Streitbeteiligten oder in dessen unverrückbarem Festhalten an bestimmten Fakten oder Rechtsansichten. Gehen die Streitbeteiligten zu Rechtsanwälten, wird eine Mediation nicht mehr stattfinden. Es folgen außergerichtliche Schriftsätze mit dem Austausch der Rechtsauffassungen. Dann folgt in vielen Fällen der Abschluss eines Vergleichsvertrages oder es erfolgt die Erhebung einer Klage. Es ist in Deutschland unüblich, dass ein Mediationsverfahren stattfindet, wenn Parteien anwaltlich vertreten sind. Der Grund hierfür liegt zum einen in der doppelten Kostenbelastung der Parteien, die die Anwälte und den Mediator bezahlen müssen, und zum anderen darin, dass viele Anwälte den Bedarf für eine Mediation nicht sehen, da das Aushandeln eines Vergleichsvertrages als zum Kernbereich der anwaltlichen Tätigkeit gehörend angesehen wird. Anwälte, die mandatiert sind, können in derselben Sache nicht als Mediator tätig werden.[22] Während einer streitigen Rechtssache

---

21 § 1 Abs. 1 MediationsG: „Mediation ist ein vertrauliches und strukturiertes Verfahren, bei dem Parteien mithilfe eines oder mehrerer Mediatoren freiwillig und eigenverantwortlich eine einvernehmliche Beilegung ihres Konflikts anstreben."

22 Wurde der Anwalt von einer Streitpartei mandatiert und war für diese tätig, kommt § 3 Abs. 2 Satz 1 MediationsG zur Anwendung. Es handelt sich hier um ein absolutes

einem Dritten das „Zepter“ zu überlassen, kommt für viele Anwälte nicht in Betracht. Sie haben die Sorge, von dem Mediator in den Hintergrund gedrängt zu werden und Vergütungseinbußen zu erleiden. Die Folge ist, dass oft von einer Mediation abgeraten wird.[23]

Erbrechtliche Mediationen finden meistens nur in dem kurzen Zeitfenster nach dem Erbfall statt, in dem die Parteien den Konflikt wahrnehmen, aber noch keine spürbare Konflikteskalation erfolgte.

Bei der Fallvariante A zum ersten Beispielsfall (Ausgangsfall) kann daran gedacht werden, eine Streitbeilegung mittels einer Mediation zu versuchen. Die Streitparteien hatten vor dem Konflikt eine gute Beziehung, die sie beibehalten wollen, und kommunizieren miteinander. Die Basis für eine Streitbeilegung, die auf Kommunikation beruht, ist gegeben.

Der Wunsch nach dem Erhalt der Beziehung, auch im familialen Umfeld, ist jedoch flüchtig. Eskaliert der Konflikt durch konkrete Verhaltensweisen einer

---

Tätigkeitsverbot des Mediators, von dem er sich auch nicht durch eine Zustimmung der Parteien entbinden lassen kann (vgl. Klowait/Gläßer/*Goltermann*, Mediationsgesetz, § 3 Rn. 23). Das MediationsG beinhaltet keine Rechtsfolgen der Verletzung des Tätigkeitsverbots. Es kommen schuldrechtliche Rechtsfolgen in Betracht. Die Streitpartei, der unbekannt war, dass der Mediator bereits für die andere Streitpartei als Rechtsanwalt tätig war, kann den Vertrag wegen Irrtums oder arglistiger Täuschung anfechten. Das kann zum Verlust des Vergütungsanspruchs des Mediators führen. Wird zwischen den Streitparteien ein Vergleich geschlossen, bleibt dieser wirksam. Das Nichtvorliegen einer Vorbefassung des Mediators ist keine Geschäftsgrundlage für den Abschluss des Vergleichsvertrages, da die Mediation das Verhandlungsergebnis *der Streitparteien* darstellt und nicht das Verhandlungsergebnis des Mediators. Für den Anwalt kann in der Nichtbeachtung des § 3 Abs. 2 Satz 1 MediationsG ein Verstoß gegen § 43 a Abs. 4 BRAO liegen. Wann die Interessenskollision beginnt, ist eine Frage, die im Einzelfall entschieden werden muss (vgl. Greger/Unberath/*Steffek*, Mediationsgesetz, § 3 Rn. 52).

23 *Engel*, S. 279. Zur anwaltlichen Vertretung der Konfliktparteien bei außergerichtlichen Schlichtungsverfahren in Arzthaftungssachen: vgl. *Meurer*, S. 38 ff. In einer Studie aus dem Jahr 1990 nannten Zivilrichter Gründe für die Vielzahl ihres Erachtens unnötiger Klagen vor den Zivilgerichten. Die Richter nannten folgende Kategorien mit den höchsten Prozentsätzen von jeweils 17 %: 1. „*Uneinsichtigkeit, Sturheit, Rechthaberei, Streitlust, -sucht, stures Festhalten an vorgefaßter Meinung, mangelnde Kompromißbereitschaft der Mandanten*“, 2. „*Rechtsschutzversicherung, Prozeßkostenhilfe und die damit verbundene Möglichkeit, Prozesse ohne Kostenrisiko führen zu können*“. Die Kategorie „*Gebühreninteresse der Rechtsanwälte, keine finanzielle Motivation für Rechtsanwälte, außergerichtlich zu verhandeln, Angewiesensein von Rechtsanwälten auf Prozeßgebühren*“ wurde mit 11,5 % bewertet (vgl. *Wasilewski*, S. 86 f.).

Streitpartei oder dadurch, dass das Gerechtigkeits- oder Rechtsempfinden einer Streitpartei nachhaltig verletzt wird, tritt der Wunsch nach dem Erhalt der Beziehung hinter den Wunsch, „endlich Recht zu bekommen", zurück. In solchen Fällen bleibt als *ultima ratio* der Zivilprozess.

4. Resümee

Zivilprozesse sind nicht die einzige Möglichkeit, Zugang zum Recht zu erhalten. Wie vorstehend dargestellt, kann der Zivilprozess das „richtige" Konfliktlösungsverfahren sein. Er muss es aber nicht sein. Die Streitparteien können sich auf ein Schiedsgericht einigen oder in einer Mediation versuchen, den Konflikt beizulegen. Im Bereich der konsensualen Streitbeilegung gibt es nicht nur die Mediation. Es gibt eine Vielzahl von Möglichkeiten, ein konsensuales Verfahren auszugestalten.[24] Auch bei Vorliegen der verschiedenen „Mischmodelle" verbleibt es bei den drei Grundmustern der Streitbeilegung, die als „Triade der Konfliktlösung" bezeichnet wurde: die Streitentscheidung durch ein staatliches Gericht, die Streitentscheidung durch ein privates Gericht und die Streitbeilegung durch einen Konsens der Streitparteien mithilfe eines neutralen Dritten.

Welche Form der Konfliktlösung aus der Triade Zivilprozess, Schiedsverfahren und Mediation in Betracht kommt, hängt von vielen Faktoren ab. Neben der Konfliktgeschichte und dem Verlauf des Konflikts ist einer der Hauptfaktoren die Kooperationsbereitschaft der Streitparteien bei der Konfliktlösung. Nur wenn diese vorhanden ist, kommen Konfliktlösungsverfahren, die eine Absprache der Konfliktparteien über das Konfliktbeilegungsverfahren erfordern, in Betracht. Besteht keine Kooperationsbereitschaft der Streitparteien dahingehend, eine Absprache über die Konfliktbeilegung zu treffen oder eine bestehende Absprache einzuhalten, führt der Konflikt unweigerlich *ante portas iustitiae*.

B. Sterben die Zivilgerichte aus?

I. Vor „Schattenjustiz"[25] wird gewarnt

Seit Jahren ist in Deutschland in Zivilsachen ein Rückgang der Neuzugänge von Klagen sowohl bei den Amtsgerichten als auch bei den Landgerichten zu verzeichnen. Die Statistik zeigt dies deutlich. Im Jahr 2004 gab es bei den Amtsgerichten (ohne Familiensachen) 1.498.767 Neuzugänge. Im Jahr 2017 waren nur

---

24 *Ade/Alexander*, Mediation und Recht, S. 77 ff.; *Risse*, Wirtschaftsmediation, S. 523 ff.
25 *Eidenmüller/Engel*, ZIP 2013, 1704 (1704).

936.979 Neuzugänge zu verzeichnen.[26] Bei den Landgerichten (Zivilkammern, erste Instanz) sieht die Bilanz ähnlich aus: Im Jahr 2004 gab es 439.974 Neuzugänge, im Jahr 2017 307.718.[27] Die Anzahl der Neuzugänge hatte sich zwischen 2004 und 2017 bei den Amtsgerichten um ca. 37 %, bei den Landgerichten um ca. 30 % reduziert. Hielte der Trend so an, könnten in ca. 180 Jahren die Gerichte geschlossen werden.

Natürlich ist dieser Ausblick auf eine gerichtslose Gesellschaft in der Zukunft unrealistisch, aber es stellen sich in der Gegenwart Fragen zu den Ursachen des Rückgangs der Neuzugänge zivilrechtlicher Klagen. Dies zu Recht. Verbunden ist die Suche nach den Gründen mit ambivalenten Empfindungen und einer Ursachenforschung, die sich unsicher ist, ob sie mehr auf die positiven oder mehr auf die negativen Aspekte der „Klageunlust“ fokussieren soll. Wäre es möglich, dass der Rückgang der Anzahl der jährlichen Neuzugänge bei den Gerichten nun endlich der viel beschriebene „Paradigmenwechsel“ in der Streitkultur der Deutschen ist?[28] Damit würde das gängige Verhaltensmuster „Konflikt → gescheiterte eigene Verhandlungen → Klage“ bröckeln. Die „Streitzeit“[29] wäre zu Ende oder ginge zumindest langsam ihrem Ende entgegen. Oder kann die „Prozessmeidung“ darin begründet liegen, dass für „Otto Normalverbraucher“ der Gerichtskostenvorschuss für die Einreichung einer Klage zu hoch geworden ist? Der Gerichtskostenvorschuss für eine Klage auf Geltendmachung eines Zahlungsanspruches in Höhe von € 80.000,00 betrug im Jahr 2012 € 1.968,00. Im Jahr 2019 muss für einen Klageantrag in gleicher Höhe vom Kläger ein Betrag in Höhe von € 2.358,00 aufgebracht werden.[30] Oder könnte der Grund für die

26 Statistisches Bundesamt (Destatis) 2017, Fachserie 10, Reihe 2.1, Rechtspflege, Zivilgerichte 2017, erschienen am 23.07.2018, https://www.destatis.de/DE/Themen/Staat/Justiz-Rechtspflege/Publikationen/Downloads-Gerichte/zivilgerichte-2100210177004.pdf?__blob=publicationFile (Internet: abgerufen am 02.09. 2019), S. 12 ff.

27 Statistisches Bundesamt, a. a. O., S. 42 ff.

28 *von Hertel*, Professionelle Konfliktlösung, S. 8; *Marx*, Mediation, S. 1; *Strempel*, ZRP 1998, 319 (320): „Das alles soll dazu beitragen, eine neue Streitkultur zu entwickeln, die Konflikte in noch größerem Umfang innerhalb der Gesellschaft behandeln und lösen soll. Je mehr dies gelingt, um so eher sind die Gerichte frei für ihre eigentliche Aufgabe: die Entscheidung echter Rechtskonflikte.“

29 „Die Streitzeit ist vorbei“ lautet der Titel eines Buches von *Ponschab/Schweizer* aus dem Jahr 2004. In diesem wird ein Fall aus der Wirtschaftsmediation beschrieben und sein Verlauf dokumentiert.

30 Änderung durch das 2. Kostenrechtsmodernisierungsgesetz vom 23.07.2013 (Bundesgesetzblatt Jahrgang 2013 Teil I Nr. 42, ausgegeben am 29.07.2013, S. 2586 ff.).

„Prozessmeidung“ darin liegen, dass die erste mündliche Verhandlung für eine im März eines Jahres eingereichte Klage nicht selten auf November desselben Jahres terminiert wird?

Der Abgesang auf den deutschen Zivilprozess hat begonnen. So stellt *Olenhusen* die Frage, wie der Zivilprozess „leistungsstark und konkurrenzfähig“[31] bleiben könne. *Graf-Schlicker* sieht als möglichen Grund für die „Prozessmeidung“, dass der Kläger nicht wisse, welcher Richter zuständig sein werde, was zu Unsicherheiten in Bezug auf die Kompetenz des Gerichts führen könne.[32] Des Weiteren werden im Hinblick auf die vorgesehenen Schlichtungsstellen die EU-Regelungen zu der alternativen Streitbeilegung in Verbraucherangelegenheiten kritisiert.[33] Durch Streitbeilegungen außerhalb der ordentlichen Gerichtsbarkeit könnten zwingende Verbraucherrechte geschmälert werden.[34] Auch die von den Rechtsschutzversicherern vielfach angebotenen Telefonmediationen führten dazu, dass der Verbraucher nicht den ordentlichen Rechtsweg beschreite.[35]

Das Argument der Ablenkung der Verbraucherstreitigkeiten von der ordentlichen Gerichtsbarkeit mag zutreffen. Es ist jedoch nicht schlüssig, die konsensuale Streitbeilegung einerseits als „eine neue Kultur der konstruktiven Austragung und Beilegung von Konflikten“[36] zu favorisieren, was zurzeit ein deutlicher politischer und gesellschaftlicher Trend ist, aber andererseits die außergerichtliche Streitbeilegung – wenn sie denn stattfindet – zu kritisieren. Hiervon besonders betroffen ist die Schiedsgerichtsbarkeit, die als „private Paralleljustiz“[37] und als „Aushebeln der Demokratie“[38] bezeichnet wird. *Kanzleiter*[39] und *Lange*[40] sehen

---

31 *Olenhusen von*, AnwBl 2014, 568 (569).

32 *Graf-Schlicker*, AnwBl 2014, 573 (575).

33 Die Umsetzung in deutsches Recht erfolgte durch das Gesetz über die alternative Streitbeilegung in Verbrauchersachen (Verbraucherstreitbeilegungsgesetz) vom 19. Februar 2016 (Bundesgesetzblatt Jahrgang 2016 Teil I Nr. 9, S. 254 ff.).

34 *Eidenmüller/Engel*, ZIP 2013, 1704 (1704), die die Verbraucherrechtsdurchsetzung nach der ADR-Richtlinie und der ODR-Verordnung der EU als „Schlichtungsfalle“ bezeichnen. Kritisch ebenfalls: *Engel*, Außergerichtliche Streitbeilegung, NJW 2015, 1633 (1637).

35 Kritisch zur Telefonmediation in Verbraucherstreitigkeiten: *Engel*, Außergerichtliche Streitbeilegung, NJW 2015, 1633 (1636); ebenso: *Fries*, S. 235 ff.

36 *Montada*, im Geleitwort zu: *Kriegel-Schmidt*, Mediation, S. XIII.

37 *Risse*, SchiedsVZ 2014, 265 (266).

38 *Risse*, ebd.

39 *Kanzleiter*, DNotZ 2016, 403 (415).

40 *Lange*, ZEV 2017, 1 (6).

die Übertragung sämtlicher erbrechtlicher Streitigkeiten auf Schiedsgerichte unter dem Aspekt kritisch, dass die Rechtsfindung der öffentlichen Diskussion, der Rechtsprechung und der Wissenschaft entzogen werde. *Gaier* sieht die Rechtsfortbildung und die Sicherung der Rechtseinheit als gefährdet an, wenn zu viele Streitigkeiten von Schiedsgerichten entschieden würden.[41]

Dass der Grund für die schwindende Anzahl der gerichtlich anhängig gemachten Klagen darin liegt, dass wir auf dem Weg in eine konfliktfreie Gesellschaft sind, die dauerhaft von „sozialer Harmonie"[42] geprägt ist, ist – mit Blick auf die Realität des Alltages – nicht plausibel. Konflikte, Meinungsverschiedenheiten, Streitigkeiten – wie auch immer das Aufeinanderstoßen gegenteiliger Interessen und Vorstellungen bezeichnet wird – gibt es überall in der Gesellschaft, in Systemen wie der Familie oder dem Betrieb und in Rechtsbeziehungen aller Art. Es gibt eine große Anzahl von Büchern, die Empfehlungen beinhalten, wie entstehende Konflikte „konstruktiv" genutzt, wie die Eskalation bestehender Konflikte vermieden und wie bestehende Konflikte konsensual bearbeitet und gelöst werden können.[43] Grundsätzlich gehen alle Konfliktlösungsmodelle und

41 *Gaier*, NJW 2016, 1367 (1369).

42 *Oetterli*, S. 94 f., definiert den Begriff „soziale Harmonie" mithilfe des sozialpsychologischen Ansatzes als „Ausdruck weitgehender Abwesenheit von Unzufriedenheit" und als „Ausdruck des Konsensus [...], als Ausdruck der Interessengemeinschaft". Die Begriffsmerkmale der „sozialen Harmonie" *Abwesenheit von Unzufriedenheit* und *Ausdruck eines Konsensus* führen unweigerlich zu der Frage, ob die Abwesenheit von Unzufriedenheit und der Konsensus Zustände sind, die durch die Austragung von Konflikten erkämpft werden müssen oder ob es sich dabei um Zustände handelt, die grundsätzlich bestehen und zu deren Erhaltung Konflikte aller Art vermieden werden müssen. Während *Dahrendorf*, Sozialstruktur, S. 45 f., in Anbetracht der grundsätzlich bestehenden Unvermeidbarkeit von Herrschaftsverhältnissen das Vorhanden-sein von Konflikten zur Notwendigkeit der Änderung der sozialen Wirklichkeit stilisiert und Konflikte generell als unvermeidlich und sinnvoll anerkennt, geht die marxistische Konflikttheorie davon aus, dass alle Konflikte durch eine wirtschaftliche Benachteiligung einer Person oder einer Personengruppe bedingt seien, was zu der Überzeugung führe, dass in einer klassenlosen Gesellschaft keine Konflikte entstünden und somit der Zustand der „sozialen Harmonie" zum „Naturzustand" werde. Diese „soziale Harmonie" müsse durch Konflikte erkämpft werden (vgl. *Horton*, Order and Conflict, 701 (704); *Jens*, S. 88 ff.; *Röhl*, S. 9 ff., 450 ff.).

43 Beispielhaft: *Hertel von*, Professionelle Konfliktlösung, S. 12 ff.; *Jiranek/Edmüller*, Konfliktmanagement, S. 103 ff.; *Schwarz*, S. 277 ff.; *Tries/Reinhardt*, S. 129 ff., 191 ff., die sich auch mit dem Thema „Konfliktprophylaxe" beschäftigen und hier insbesondere auf „kommunikative Kompetenz" von Führungskräften setzen (vgl. *Tries/Reinhardt*, S. 233 ff.).

alle Anweisungen zur konstruktiven Konfliktbearbeitung davon aus, dass Konflikte zwischen Menschen „normal, ubiquitär, permanent“[44] sind.

Insbesondere in Bezug auf erbrechtliche Streitigkeiten ist die „Streitzeit“[45] nicht vorbei. Im Gegenteil: Die Anzahl der erbrechtlichen Streitigkeiten, die nicht nur im „stillen Kämmerlein“ ausgetragen werden, sondern bei denen Anwälte aufgesucht und Klagen erhoben werden, nimmt seit Jahren zu. Nach dem „Streitatlas“ der Rechtsschutzversicherung *Advocard AG* aus dem Jahr 2017 werden die Streitursachen in fünf Gruppen eingeteilt, von denen eine Gruppe mit einem Anteil von ca. 40 % an allen Streitursachen mit „Privat“ gekennzeichnet wird. Bei 25,3 % dieser Gruppe wiederum handele es sich um erbrechtliche Streitigkeiten.[46] Dass erbrechtliche Streitigkeiten „Konjunktur“[47] haben, lässt sich auch daran sehen, dass sich nach einer Statistik der Bundesrechtsanwaltskammer über die Fachanwaltschaften die Anzahl der Fachanwälte für Erbrecht von 173 im Jahr 2006 auf 1919 im Jahr 2018 erhöht hat.[48] Worin liegt also der Grund für den Rückgang der Neuzugangszahlen bei den Gerichten?

II. Ist die Mediation schuld an der „Prozessunlust“?

Unstreitig hat die Mediation in Deutschland in den letzten zwanzig Jahren ihren Bekanntheitsgrad gesteigert. Die Zeiten, in denen in Tagungshotels stattfindende Mediationsseminare auf den Schildern an den Räumen gerne als „Meditationsseminare“ bezeichnet wurden, sind vorbei. Einige medienbekannte Konfliktlösungsverfahren firmierten unter dem Begriff *Mediation*. Hier ist zum einen an die Bürgerbeteiligung bei dem Großprojekt Flughafen Wien-Schwechat[49] zu denken und zum anderen an die überraschende Streitintervention durch die Frankfurter Arbeitsrichterin *Silke Kohlschitter*, die 2010 einen Streit zwischen der *Lufthansa* und der Pilotenvereinigung *Cockpit* wieder auf den Boden der Kommunikation, d. h. die Streitparteien an den Verhandlungstisch, zurückholte. „In diesem Verfahren sehe ich mich als Mediatorin. Die externe Vermittlung

44 *Krüger*, S. 15 f.

45 Oben Fn. 29.

46 https://www.presseportal.de/pm/19772/3805320 (Internet: abgerufen am 11.07.2019).

47 *Schiemann*, JZ 2015, 1052.

48 https://www.brak.de/w/files/04_fuer_journalisten/statistiken/2018/entwicklung-fae.pdf (Internet: abgerufen am 11.07.2019).

49 *Krainer*, Flughafen Wien-Schwechat, S. 1 ff.

zwischen den Parteien wirkt wohl als Katalysator – manchmal braucht es so etwas“ [50], äußerte sie in dem Interview mit dem *Handelsblatt*.

Im Bereich der Erwachsenenbildung gibt es eine große Anzahl Anbieter von Mediatorenausbildungen, die in Bezug auf die Mediation verschiedene Ansätze haben und Interessenten verschiedener beruflicher Fachrichtungen ansprechen. Auch Rechtsanwälte nehmen die Mediation gerne in das Portfolio ihrer Kanzlei auf. Insbesondere im Bereich des Familienrechts zeigten die Erfahrungen der Praxis sehr früh, dass bei Scheidungen und Kindschaftssachen eine einvernehmliche Lösung, die die betroffenen Parteien (unter Anleitung) selbst finden, von den Parteien eher umgesetzt wird als eine von einem Gericht „erzwungene“ Lösung. *Greger* kommt zu dem Ergebnis, dass sich eine gerichtliche Entscheidung des Elternkonflikts auf die Beziehung zwischen den Eltern, die Eltern-Kind-Beziehung und auf die Entwicklung der Kinder in höchstem Maße negativ auswirke. Von den Eltern, die ihren Konflikt im Wege der Mediation beigelegt hätten, würden derartige Auswirkungen kaum berichtet.[51] *Greger* relativiert diese Erkenntnis durch einen Hinweis auf die fehlende Vergleichbarkeit der beiden Fallgruppen und des Weiteren durch den Hinweis, dass in vielen Fällen, die vom Gericht entschieden werden mussten, schon während dieses Verfahrens erhebliche Beziehungsstörungen vorlagen, sodass die Entscheidung des Gerichts nicht ohne Weiteres als *conditio sine qua non* für die dann gegebenenfalls eskalierenden Beziehungskonflikte angesehen werden könne.[52]

Auch auf dem 67. Deutschen Juristentag in Erfurt 2008 war die Mediation Thema eines Gutachtens und verschiedener Beschlüsse, die in erster Linie berufsrechtliche Inhalte hatten.[53] Berufsrechtlich wird die Mediation nicht nur sozial-pädagogischen Berufsgruppen, sondern auch dem Anwaltsberuf zugeordnet. In dem Beschluss des Anwaltssenats des BGH vom 01.07.2002[54], der erforderlich wurde, weil eine Rechtsanwaltskammer das Führen der Bezeichnung „Mediator“ auf dem Briefkopf eines Rechtsanwaltes verbieten wollte, stellt der BGH fest, dass die Mediation kein *Rechtsgebiet* sei, sondern eine *Methode*

50 https://www.handelsblatt.com/unternehmen/handel-konsumgueter/arbeitsrichterin-kohlschitter-die-frau-die-die-piloten-zaehmte/3375746.html?ticket=ST-884833-y1P1ftUWjcOpFnfhzSPD-ap2 (Internet: abgerufen am 11.07.2019).

51 Vgl. *Greger*, Mediation und Gerichtsverfahren, S. 131 f.

52 *Greger*, a. a. O., S. 132.

53 *Hess*, Mediation und weitere Verfahren, F 135 ff. (S. 135 ff.).

54 BGH, Beschluss vom 01.07.2002 – AnwZ (B) 52/01.

respektive die Beschreibung einer Tätigkeit. Schlichten und Vermitteln gehöre „seit jeher zum klassischen Aufgabenbereich des Rechtsanwalts“[55].

Trotz der Aufnahme der Mediation in das anwaltliche Portfolio und trotz der nicht geringen Anzahl der werbenden Mediatoren sozial-pädagogischer Fachrichtungen ist die Mediation in Deutschland bis dato nicht im Alltag der Konfliktbeilegung angekommen. Nach der Studie, die das Bundesministerium der Justiz und für Verbraucherschutz im Jahr 2017 zur Evaluation des Mediationsgesetzes in Auftrag gegeben hatte, ist die Zahl der durchgeführten Mediationen auf einem seit Jahren gleichbleibend niedrigen Niveau. Die Gründe für die geringe Nachfrage nach Mediationen seien vielfältig. Die Studie kommt zu dem Ergebnis, die befragten Mediatoren seien überwiegend der Ansicht, die Mediation als Streitbeilegungsverfahren sei in der Bevölkerung zu wenig bekannt und es müsse insbesondere die gesetzliche Grundlage für eine Mediationskostenhilfe geschaffen werden. Die Mediation stelle unter Kostenaspekten für viele Streitparteien eine Belastung dar, die dazu führe, dass ein Gerichtsverfahren gewählt werde, für welches Prozesskostenhilfe beantragt werden könne. Insgesamt kommt die Studie zu dem Ergebnis, dass die Anzahl der Mediationsanfragen aus dem freien Markt viel zu gering sei, um die vorhandene Anzahl der Mediatoren auszulasten.[56] Des Weiteren kommt die Studie zu dem Ergebnis, dass zwar in den meisten Fällen, in denen eine Mediation stattfand, eine Abschlussvereinbarung geschlossen wurde, diese jedoch nicht in allen Fällen den Konflikt dauerhaft beilegen konnte. Die Wahrscheinlichkeit einer Konfliktbeilegung liege bei ca. 50 %.[57]

Die Ergebnisse dieser Evaluation zugrunde legend, muss man davon ausgehen, dass die Mediation in Deutschland innerhalb der Verfahren der außergerichtlichen Streitbeilegung schlecht platziert ist. Die Gründe hierfür sind vielfältig. Es ist denkbar, dass durch die mangelnde Erfahrung, die Mediatoren verschiedener Berufsgruppen aufgrund der geringen Praxis haben, die stattfindenden Mediationen nicht professionell geführt werden und die Medianten unzufrieden sind. Auch die Kostenbelastung der Medianten, die den Mediator aus eigener Tasche bezahlen müssen, kann ein Hemmschuh bei der Entscheidung für eine Mediation in einem Konflikt sein

Zusammenfassend ist festzustellen, dass die Ursache für den Rückgang der Neuzugänge von Klagen bei den Zivilgerichten in Deutschland nicht darin

55 BGH, Beschluss vom 01.07.2002, a. a. O., S. 4.

56 *Masser/Engewald/Scharpf/Ziekow*, Evaluation, S. 5 ff.

57 *Masser/Engewald/Scharpf/Ziekow*, a. a. O., S. 162.

liegt, dass Konflikte in nennenswerter Anzahl in Mediationsverfahren beigelegt werden.

III. Die Fallzahlen der Schiedsgerichtsbarkeit

Dass die Schiedsgerichtsbarkeit in Deutschland nicht für den Rückgang der Neuzugänge bei den Zivilprozessverfahren verantwortlich zeichnet, zeigt die Statistik. Auch wenn es jährlich eine bestimmt Anzahl von Schiedsverfahren gibt, die im Regelfall aus wirtschaftsrechtlichen Streitigkeiten generiert werden – wobei hier in erster Linie an M&A-Streitigkeiten[58] zu denken ist –, ist die jährliche Gesamtzahl der Verfahren bei den großen Schiedsorganisationen im Verhältnis zu den jährlichen Neuzugängen bei den Zivilgerichten verschwindend gering.[59] Im Hinblick auf Schiedsverfahren bei den IHKs, den Handwerkskammern oder berufsständischen Organisationen kann von einer gewissen „Dunkelziffer" ausgegangen werden. Es ist jedoch unmöglich, dass das „Defizit" der Neuzugänge bei den Zivilgerichten auf der Abwanderung von Konfliktparteien in die Schiedsgerichtsbarkeit beruht.[60]

IV. Resümee

Worin liegt also der Grund für den Rückgang der Neuzugangszahlen bei den Gerichten? Das lässt sich derzeit nicht sicher sagen. Die Gründe hierfür dürften vielfältig sein.[61]

Möglicherweise erfüllt die Rechtsverfolgung vor dem ordentlichen Gericht nicht mehr die Erwartungen der klagenden Parteien auf eine streitgegenständliche Entscheidung. Oder die Rechtsverfolgung ist zu teuer geworden. Oder die Prozesskostenhilfe wird zurückhaltender gewährt.[62] Da ordentliche

---

58 *Stürner/Wilhelmi*, Einführung, S. 1 ff.

59 Nach *Wagner*, Rechtsstandort, S. 115 f., handelte es sich bei der DIS, der ICC und dem LCIA im Jahr 2015 um insgesamt 1293 Verfahren. Eine Statistik über die Anzahl der Schiedsverfahren in Bausachen ist nicht veröffentlicht. Zum Versuch der Ursachenforschung für die im Verhältnis zu den Gerichtsverfahren vergleichsweise geringe Zahl der jährlichen Schieds- und Mediationsverfahren: *Brandl*, S. 12 ff.

60 DIS Verfahrensstatistiken: http://www.disarb.org/upload/statistics/DIS-Verfahrensstatistik%202018.pdf (Internet: abgerufen am 13.07.2019).

61 *Höland/Meller-Hannich*, Rückgang Klageeingangszahlen, S. 11 ff.; *Wagner*, Rechtsstandort, S. 93 ff.

62 Zu Gründen, die in Kosteneinsparungen liegen können: *Kilian*, AnwBl 2008, S. 236 (236).

Gerichtsverfahren (neben den Verfahren der freiwilligen Gerichtsbarkeit) allein durch die Tatsache, dass vor Klageerhebung kein Einvernehmen der Streitparteien über ein Verfahren hergestellt werden muss, für den rechtssuchenden Bürger den primären Zugang zum Recht darstellen, müssen die Gründe für den Rückgang der Neuzugangszahlen aus rechtspolitischen Gründen sorgfältig evaluiert werden. Hier sind noch viele Fragen offen.[63]

Zusammenfassend kann festgestellt werden, dass sich eine „Abwanderung" der Streit- parteien in außergerichtliche Konfliktlösungsverfahren oder Schiedsverfahren anhand des vorhandenen Zahlenmaterials nicht darstellen lässt.

§ 2 Schieds- und Mediationsklauseln in Verfügungen von Todes wegen

A. Einführung

Erblasser haben oftmals nicht nur die Absicht, den Erben zu bestimmen, sondern sie haben auch die Absicht, dem Erben für die Zeit nach der Erbschaftsannahme Vorgaben für die Verwendung des geerbten Vermögens oder sein zukünftiges Verhalten zu machen. Zur Zielerreichung gibt das Gesetz dem Erblasser eine Reihe von Anordnungsmöglichkeiten an die Hand. Manche dieser Anordnungsmöglichkeiten sind sehr konkret, wie beispielsweise der Ausschluss der Auseinandersetzung (§ 2044 BGB). Andere Anordnungsoptionen haben die Qualität einer „Generalklausel". Sie eröffnen das Feld für eine Vielzahl gestalterischer Möglichkeiten. Hierzu gehören das Vermächtnis (§ 1939 BGB), die Auflage (§ 1940 BGB) und die Bedingung.

Die letztwilligen Anordnungen des Erblassers, die auf einen Vermögensabfluss beim Erben zielen, also Geld- oder Sachvermächtnisse, werden im Regelfall akzeptiert. Letztwillige Anordnungen, die den Betroffenen ein bestimmtes Verhalten vorschreiben, stoßen oft auf sofortigen Widerstand. Wenn in einer Verfügung von Todes wegen Verhaltensanordnungen formuliert sind, werden diese von den Betroffenen schnell als Eingriff in die freie Willensentscheidung,

63 Insbesondere muss die Inanspruchnahme von berufs- oder verbraucherspezifischen Schlichtungsstellen ausgewertet werden. So führt *Wagner*, Rechtsstandort, S. 95 ff., aus, die Zahl der Arzthaftungssachen bei den Landgerichten sei im Zeitraum von 2005 bis 2015 um ca. 40 % gestiegen, während *Kols*, Streitverhalten, S. 99, davon spricht, dass die Schlichtungsstelle der (norddeutschen) Ärztekammern eine sehr starke Frequentierung aufweise und bei von dieser bearbeiteten Fällen eine „Prozessvermeidungsquote" von über 90 % bestehe.

als Druck oder Bedrohung der Privatsphäre empfunden. Selbst die vergleichsweise harmlose Auflage, die dauernde Grabpflege zu übernehmen, wird kritisch gesehen: Wie lange geht das? Was ist, wenn ich wegziehe oder krank werde? Wer trägt die Kosten? Viele Erben oder Vermächtnisnehmer wollen die Verpflichtung abschütteln, allerdings ohne auf die Begünstigung zu verzichten. Die einzige Möglichkeit, dieses Ziel zu erreichen, wird oftmals darin gesehen, die rechtliche Wirksamkeit der Anordnung infrage zu stellen. Manchmal spitzt sich die Angelegenheit auf die „Hop-oder-Top-Entscheidung" Akzeptanz der Anordnung oder Ausschlagung der Erbschaft zu. In dieser Situation stecken die Betroffenen in einem Dilemma, dessen Zeitrahmen für eine Entscheidung durch § 1944 BGB äußerst knapp bemessen ist.

Welche Anordnungen des Erblassers Rechtswirkungen gegenüber den am Erbfall Beteiligten entfalten können, hängt zum einen vom Vorliegen der Formwirksamkeit der Anordnung ab und zum anderen von der Frage, ob die Anordnung von der Testierfreiheit des Erblassers umfasst ist.

B. „Die Sache mit der Testierfreiheit"

Sowohl die Testierfreiheit als auch ihre Grenzen sind Themenbereiche, die viele Fragen aufwerfen, vielschichtig diskutiert werden[64] und immer wieder Anlass für höchstrichterliche Entscheidungen geben.[65] *Heredi non fit iniuria*[66] gilt nicht unbeschränkt. Insbesondere Anordnungen des Erblassers, die dem Erben *Verhaltensvorgaben* machen, die seine persönliche Lebensführung betreffen, werden in der Rechtsprechung und im Schrifttum teilweise kritisch gesehen.[67]

---

64 Zur Testierfreiheit ausführlich: *Goebel*, S. 44 ff.; *Kroppenberg*, Privatautonomie, S. 13 ff.; *Muscheler*, Erbrecht, Band I, § 13.

65 Beispielhaft: BGH, Beschluss vom 17.05.2017 – IV ZB 25/16 (Entlassung Testamentsvollstrecker); BGH, Beschluss vom 16.03.2017 – I ZB 50/16 (Pflichtteil); BGH, Urteil vom 19.03.2007 – II ZR 300/05 (Freie Hinauskündigungsklausel); BVerfG, Beschluss vom 19.04.2005 – 1 BvR 1644/00 und 1 BvR 188/03 (Pflichtteil); BVerfG, Beschluss vom 22.03.2004 – 1 BvR 2248/01 („Hohenzollern"); BGH, Beschluss vom 02.12.1998 – IV ZB 19/97 („Hohenzollern"); BGH, Urteil vom 21.03.1990 – IV ZR 169/89 („Behindertentestament").

66 *Budzikiewicz*, AcP 2009, S. 354 ff. (364).

67 Ausführlich zu Verhaltensanordnungen mit Verwirkungsklauseln: *Blomberg*, S. 168 ff.; *Keuk*, FamRZ 1972, 9 ff., vertritt die Ansicht, nur eine Bedingung, die einen Bezug zu dem vererbten Vermögen aufweise, sei von der Testierfreiheit des Erblassers umfasst. Ebenso und ergänzend: *Schlüter*, S. 575 ff. (577). Diese Ansicht kann durchaus rechtshistorisch begründet werden (vgl. unten 3. Kapitel § 2 D. II. 1., 2.). Enthält eine Verfügung von Todes wegen eine Schieds- oder Mediationsklausel, liegt eine Anordnung des

Schon bei den Beratungen der ersten Kommission zur Kodifikation des BGB gab es bei dem Thema Testierfreiheit Unsicherheiten. § 1753 des ersten Entwurfs des BGB gab dem Erblasser das Recht, durch einseitige Verfügung von Todes wegen über sein Vermögen zu verfügen, enthielt aber die Einschränkung „soweit nicht das Gesetz ein Anderes bestimmt“[68]. Die *Motive* klären das Anliegen der ersten Kommission auf: Der Grundsatz der Testierfreiheit wurde von Anfang an als mit erheblichen Einschränkungen belastet angesehen. *„Testamentsfähigkeit, Pflichttheil, Erbvertrag u.s.w., theils aber auch in andere Richtungen“* [69], so beschreiben die *Motive* die Einschränkungen der Testierfreiheit. Da die Einschränkungen der Testierfreiheit sehr konkret beschrieben wurden, stellt sich die Frage, warum durch den Zusatz *soweit nicht das Gesetz ein Anderes bestimmt* noch eine weitere Einschränkung der Testierfreiheit erfolgte. Auch zu dieser Frage findet sich die Antwort in den *Motiven*:

> *„Die wichtige soziale Frage, ob die Testi[e]rfreiheit zu beschränken oder zu erweitern sei, hat noch keineswegs die erforderliche Klärung erfahren, um sie in unabhängiger Weise im Wege der Gesetzgebung zu lösen; deshalb ist noch Anschluss an das geltende Recht zu suchen.“*[70]

Die Klärung der Frage, ob die Testierfreiheit beschränkt oder erweitert werden sollte, war nicht identisch mit dem Anliegen, die Testierfreiheit durch Bindungswirkungen aus Erbverträgen, früheren Testamenten oder durch Pflichtteilsrechte einzuschränken. Die Unsicherheit über den Umfang der Testierfreiheit bezog sich nicht auf rechtliche, sondern auf sozialpolitische Fragen.

Die soziale Frage als „richtige Ordnung der menschlichen Gesellschaft“[71] und daraus folgend die in der Gesellschaft spürbare Bewegung mit dem Ziel der Veränderung der gesellschaftlichen und sozialen Verhältnisse,[72] war, als die Beratungen zur Kodifikation des BGB begannen, ein gesellschaftspolitisches

---

Erblassers zum Verhalten der Erben und Vermächtnisnehmer in einem Konflikt, der aus der Verfügung von Todes wegen erwächst, vor. Selbst wenn von dem Erfordernis ausgegangen wird, dass die neben der Bestimmung der Erben oder Vermächtnisnehmer getroffenen Anordnungen des Erblassers einen nahen Bezug zu dem konkreten, durch den Erbfall ausgelösten Vermögensübergang haben müssen, kann bei einer Anordnung, die das Verhalten der Erben bei Streitigkeiten ums Erbe betrifft, davon ausgegangen werden, dass dieser nahe Bezug vorliegt.

68 *Entwurf eines bürgerlichen Gesetzbuches für das Deutsche Reich, Erste Lesung*, S. 420.

69 *Motive* V, S. 7.

70 *Motive* V, S. 7.

71 *Ritter*, S. 1.

72 *Ritter*, S. 4 ff.

Thema. Im Zusammenhang mit der Kodifikation des Erbrechts kamen deshalb die bereits seit Langem gärenden politischen Ideen zur Beschränkung oder teilweisen Abschaffung des Erbrechts, insbesondere in Bezug auf die nordelbischen Großgrundbesitze, auf.[73] Dennoch verhandelte die erste Kommission über dieses Thema nicht. *Schröder* weist darauf hin, dass „selbstverständlich vom Prinzip der Testierfreiheit“[74] ausgegangen wurde. Die zarte Andeutung in den *Motiven*, „dass man über dieses Thema ein andermal sprechen könne“, erklärt *Schröder* damit, dass die Frage einen „gewissen Konfliktstoff“[75] geboten habe. Nach *Schröder* diente der genannte Satz in den *Motiven* dazu, eine tiefergehende Diskussion über dieses konfliktträchtige Thema mit dem Hinweis auf mangelnde „Spruchreife“[76] abzuschneiden. Dem ist zuzustimmen.

Die seit der Kodifikation des Grundgesetzes von Artikel 14 Abs. 1 Satz 1 GG geschützte Testierfreiheit gibt dem Erblasser das Recht, Verfügungen von Todes wegen zu erstellen und in diesen eine Vielzahl von Anordnungen zu formulieren, die nicht nur die Erbfolge betreffen, sondern die den von ihm begünstigten Personenkreis zu einem Tun oder Unterlassen zwingen können. Dieses „Zwingenkönnen“ ist davon abhängig, ob die erbrechtlich Begünstigten „mitspielen“. Weisen sie die Begünstigung zurück, d. h. schlagen sie die Erbschaft oder das Vermächtnis aus, fallen die damit verbundenen Beschwerungen, Bedingungen und sonstigen Anordnungen des Erblassers weg.

Einschränkungen der Testierfreiheit können sich aus den §§ 134, 138 BGB (Gesetzliches Verbot, sittenwidriges Rechtsgeschäft) ergeben. Des Weiteren ergeben sich Einschränkungen, wenn der Erblasser bei Errichtung der Verfügung von Todes wegen nicht testierfähig im Sinne des § 2229 Abs. 1, Abs. 4 BGB ist, wenn er einer Bindungswirkung durch eine frühere Verfügung von Todes wegen unterliegt oder wenn die von ihm vorgesehene Verfügung von Todes wegen gegen den Numerus clausus oder den Typenzwang des Erbrechts verstößt. An Grenzen stößt die Testierfreiheit durch §§ 2064, 2065 BGB (Persönliche Errichtung, Bestimmung durch Dritte), durch die Formvorschriften §§ 2231 ff. BGB, durch das Pflichtteilsrecht (§§ 2303 ff. BGB) und durch zwingende Vorschriften des materiellen Erbrechts, von denen der Erblasser nicht abweichen kann, beispielsweise § 2220 BGB (Zwingendes Recht).[77]

---

73 *Kisker*, S. 16 ff.

74 *Schröder*, S. 145.

75 *Schröder*, ebd.

76 *Schröder*, S. 146.

77 Unten 3. Kapitel § 2 F. VII. 4.

Zusammenfassend ist festzustellen, dass eine letztwillige Anordnung des Erblassers, die das Verhalten der durch den Erbfall Begünstigten nach dem Erbfall betrifft, nicht per se unwirksam ist. Es hängt von dem Inhalt der Anordnung im Einzelfall ab, ob die Anordnung von der aus der Testierfreiheit erwachsenden Verfügungsmacht des Erblassers umfasst wird. Bei dem gestalterischen Versuch, Verhaltensanordnungen zwingend zu gestalten, ist bei Anordnungen jeder Art und jeden Umfanges Vorsicht geboten. Führen die letztwilligen Anordnungen dazu, dass *Rechte*, insbesondere die grundgesetzlich geschützten, der von der Anordnung Betroffenen verletzt werden oder nicht ausgeübt werden können, schwebt über der Anordnung das „Damoklesschwert" der Unwirksamkeit. Dass dieses „Damoklesschwert" nicht besonders hoch hängt, zeigt eine neue Entscheidung des OLG Frankfurt am Main vom 05.02.2019.[78] Ein Erblasser hatte seine beiden Enkel zu je ¼ zu Erben eingesetzt. Voraussetzung für die Erbschaft sollte sein, dass die Enkel ihn noch zu seinen Lebzeiten häufig besuchen. Nachdem die Enkel zu Lebzeiten des Großvaters offenbar andere Prioritäten hatten und ihren Opa nicht besuchten, war nach dessen Tod streitig, ob sie Miterben seien. In dem Erbscheinverfahren stellt das OLG Frankfurt am Main fest, der Großvater habe sich durch die Besuchspflicht ein Verhalten seiner Enkel, das eine innere und freie Überzeugung voraussetze, erkaufen wollen. Eine derartige Einflussnahme auf die Entschließungsfreiheit der Erben sei von der Testierfreiheit des Erblassers nicht umfasst. Die Anordnung wurde als sittenwidrig und somit als nichtig eingestuft. Offensichtlich folgt die Rechtsprechung noch immer der „Drucktheorie"[79]. Zumindest ein bisschen.

C. Die letztwillige Schiedsklausel

I. Begriff

Bei der letztwilligen Schiedsklausel[80] handelt es sich um eine Anordnung des Erblassers in einer Verfügung von Todes wegen[81] des Inhalts, dass Streitigkeiten, die bei den vom Erbfall Begünstigten durch den Erbfall auftreten, unter Ausschluss der ordentlichen Gerichtsbarkeit vor einem Schiedsgericht ausgetragen

78 OLG Frankfurt, Beschluss vom 05.02.2019 – 20 W 98/18.

79 Statt vieler: *Kroppenberg*, S. 39 ff.; *Muscheler*, Erbrecht, Band I, § 13 Rn. 337.

80 Im Folgenden werden die Begriffe *letztwillige Schiedsklausel*, *letztwillige Schiedsgerichtsanordnung* und *letztwillige Schiedsanordnung* synonym verwendet.

81 Es soll bei der Verwendung des Begriffes *Schiedsklausel* und seiner Synonyme kein Unterschied gemacht werden, ob die Schiedsklausel in Erbverträgen, gemeinschaftlichen Testamenten oder einseitige Verfügungen von Todes wegen auftaucht.

werden müssen. Im Regelfall wird durch die Bezugnahme auf die Schiedsordnung einer Institution, die Schiedsdienstleistungen anbietet, die Auswahl des Schiedsgerichts und das Schiedsverfahren näher bestimmt.

Die ZPO verwendet in den §§ 1031 Abs. 3, 1040 Abs. 1 Satz 2 ZPO den Begriff der „Schiedsklausel", definiert den Begriff jedoch nicht. Aus dem Kontext des § 1040 Abs. 1 Satz 2 ZPO ist zu entnehmen, dass eine Schiedsklausel eine Vertragsbestimmung ist, die Regelungen hinsichtlich eines Schiedsgerichts enthält. § 1066 ZPO spricht von Schiedsgerichten, „[...] die [...] durch letztwillige [...] Verfügungen angeordnet werden [...]", somit von Schiedsanordnungen. § 1066 ZPO bezieht sich nicht auf Schiedsvereinbarungen und verwendet deshalb den Begriff „Schiedsklausel" nicht. Der Begriff „Schiedsklausel" soll jedoch im Folgenden auch für einseitige Verfügungen oder gemeinschaftliche Testamente verwendet werden, da es *usus* ist, unter einer Klausel nicht nur einen Vertragsbestandteil zu verstehen, sondern einen Textbestandteil mit einem eigenen Regelungsinhalt.

II. Wortlaut

Wachter schlägt folgende Formulierung vor: „Über alle Streitigkeiten zwischen Erben und sonstigen Nachlassbeteiligten aufgrund der heute getroffenen Verfügung von Todes wegen entscheidet – soweit gesetzlich zulässig – ein Schiedsgericht. Der Rechtsweg zu den staatlichen Gerichten ist insoweit ausgeschlossen."[82]

In der textlichen Gestaltung der letztwilligen Schiedsklausel ist der Erblasser frei. Es gibt eine große Anzahl von Formulierungsempfehlungen in juristischen Handbüchern[83] und auf den Websites der Anbieter von Schiedsdienstleistungen.[84] Die genaue Formulierung der Schiedsklausel wird vom Zweck, den der

---

82 *Wachter*, Unternehmertestament, S. 927.

83 Beispielhaft: Nieder/Kössinger/*Kössinger*, Handbuch der Testamentsgestaltung, § 15 Rn. 334: „Im Wege der Auflage schließe ich für alle Erben, Vermächtnisnehmer und Auflagebegünstigten für alle Streitigkeiten, die ihren Grund im Erbfall haben und/oder im Zusammenhang mit der Verfügung von Todes wegen oder ihrer Ausführung stehen, die ordentlichen Gerichte aus. Zum Schiedsrichter [...] bestimme ich [...]." *Schiffer*, Formularbuch, S. 1001: „Streitigkeiten der Erben, Vermächtnisnehmer oder sonstiger Beteiligter untereinander über die Geltung oder den Inhalt meines Testaments soll ein Schiedsrichter unter Ausschluss des ordentlichen Rechtsweges entscheiden, soweit dies gesetzlich zulässig ist."

84 Beispielhaft: Deutsche Institution für Schiedsgerichtsbarkeit e.V. DIS, Bonn; Deutsche Schiedsgerichtsbarkeit für Erbstreitigkeiten e.V. DSE, Angelbachtal; Schlichtungs- und Schiedsgerichtshof Deutscher Notare – SGH, Berlin.

Erblasser[85] durch die Schiedsanordnung erreichen will, und von den Konflikten, an die der Erblasser bei seiner letztwilligen Anordnung denkt, abhängen.

D. Die letztwillige Mediationsklausel

I. Begriff

Bei der letztwilligen Mediationsklausel handelt es sich um eine testamentarische Anordnung des Erblassers des Inhalts, dass Streitigkeiten, die bei den vom Erbfall Begünstigten bedingt durch den Erbfall entstehen, im Rahmen eines Mediationsverfahrens beigelegt werden sollen. Es kommen auch Formulierungen des Inhalts in Betracht, dass die am Erbfall Beteiligten an einer Mediation teilnehmen *müssen* oder dass einem Gerichtsverfahren eine Mediation vorzuschalten sei. Die Verbindung einer Mediationsklausel mit einer als auflösenden Bedingung formulierten Sanktionsklausel des Inhalts, dass bei Nichtteilnahme der Erben an einer Mediation die Erbenstellung entfiele, kommt, wie bei anderen testamentarischen Anordnungen, als rechtliche Konstruktionsmöglichkeit in Betracht. Sie kommt in praxi nicht vor. Vielleicht haben die Erblasser eine natürliche Scheu vor einem solchen erbrechtlichen Konstrukt. Diese ist berechtigt. Das Ergebnis dieser Arbeit wird zeigen, dass eine solche Anordnung im Zusammenhang mit einer Mediationsklausel unwirksam ist.

In Bezug auf den Begriffsbestandteil „Klausel" gilt auch für eine Mediationsklausel das vorstehend in Ziff. C. I. zur letztwilligen Schiedsklausel Gesagte.

II. Wortlaut

Greger schlägt folgende Formulierung vor: „Zur Beilegung von Streitigkeiten aus oder im Zusammenhang mit diesem Testament haben die daran Beteiligten vor Klageerhebung bei einem ordentlichen Gericht oder Schiedsgericht eine Mediation gemäß der Mediationsordnung […] durchzuführen."[86] Es wird im Schrifttum auch die Formulierung vorgeschlagen, die vom Erbfall Begünstigten seien verpflichtet, im Konfliktfalle eine Mediation *zu versuchen*. Der Formulierungsvorschlag von *Töben/Schmitz/Vornmoor* lautet: „Die Bedachten sind verpflichtet, Streitigkeiten aus oder im Zusammenhang mit diesem Testament/Erbvertrag

85 Der Begriff *Erblasser* ist im BGB nicht legaldefiniert und wird sowohl für den Verstorbenen, der testiert hat, verwendet (§ 2325 BGB) als auch für den zu seinen Lebzeiten Testierenden (§§ 1937, 2048 BGB).

86 Greger/Unberath/Steffek/*Greger*, Mediationsgesetz, § 1 Rn. 229.

versuchsweise durch ein Mediationsverfahren beizulegen."[87] Die Formulierung, die Erben oder Vermächtnisnehmer seien „verpflichtet", Streitigkeiten *versuchsweise* in einer Mediation beizulegen, lässt stolpern. Es soll jemand verpflichtet werden, etwas zu versuchen? Soll er nur „willig" sein und stumm in einer Mediation sitzen oder muss er Fähigkeiten einbringen und Engagement zeigen? Was genau soll er versuchen? Wer hätte dies zu entscheiden?

E. Schiedsverfahren und Mediation als ADR-Verfahren

Konfliktlösungsverfahren außerhalb der ordentlichen Gerichtsbarkeit werden als *Alternative Dispute Resolution (ADR)* bezeichnet. Eine einheitliche Definition dessen, was unter *Alternative Dispute Resolution* zu verstehen ist, existiert nicht.

Breidenbach unterscheidet fünf ADR-Verfahren: die Mediation, bei der die Streitparteien mithilfe eines Dritten eine interessengerechte Einigung erzielen (interest-based mediation), eine Mediation mit einem Mediator, der eine fachliche Expertise hat (special master mediation), der nichtbindende Schiedsspruch eines von einem Gericht gestellten Schlichters (court-annexed arbitration), die Mitteilung der Rechtsauffassung durch eine „Jury" (summary jury trial) und die Bewertung des Falles durch einen neutralen Dritten (early neutral evaluation).[88] *Hacke* stellt bei seiner Definition des Begriffes *Alternative Dispute Resolution* fest, dass darunter alle „drittunterstützten Verfahren zur Konfliktbehandlung außer der staatlichen Gerichtsbarkeit"[89] fallen. Nach dieser Definition fiele nicht nur die Mediation unter den Begriff des ADR-Verfahrens, sondern auch das Schiedsverfahren.

Die Frage, ob Schiedsverfahren zu den ADR-Verfahren zu zählen sind, wird in der Literatur nicht einheitlich beantwortet. *Risse* hält die Bezeichnung des Schiedsverfahrens als ADR-Verfahren für irreführend, da bei dem Schiedsgericht nur anstelle eines staatlichen Richters ein privater Richter entscheide.[90] *Laugwitz* unterscheidet das US-amerikanische und das europäische Verständnis des Begriffes ADR. Nach dem US-amerikanischen Verständnis von ADR-Verfahren umfassten diese alle Streitbeilegungsverfahren außerhalb staatlicher Gerichtsverfahren, somit auch Schiedsverfahren. Das europäische Verständnis von „ADR" setze einen konsensualen Charakter des Verfahrens voraus, der

87 *Töben/Schmitz-Vornmoor*, RNotZ 2014, 527 (536).

88 *Breidenbach*, Mediation, S. 13 ff. Zu weiteren ADR-Verfahren: *Ade/Alexander*, S. 77 ff.; *Risse*, S. 522 ff.

89 *Hacke*, S. 22 ff.

90 *Risse*, S. 522, Fn. 2.

bei einer schiedsgerichtlichen Entscheidung nicht vorliege.[91] *Stubbe* zählt das Schiedsverfahren nicht zu den ADR-Verfahren, das Schiedsgutachten dagegen sei ein ADR-Verfahren, da die Parteien frei vereinbaren könnten, ob es bindend oder nicht binden sein solle.[92] *Brandl* begründet in Bezug auf das Schiedsverfahren, dass die freiere Verfahrensgestaltung und die Möglichkeit der Streitparteien, das Verfahren zu beeinflussen, dazu führen müssten, das Schiedsverfahren als ADR-Verfahren anzusehen.[93]

Das *Grünbuch der Kommission der Europäischen Gemeinschaften über die Verfahren zur Streitbeilegung im Zivil- und Handelsrecht* vom 19.04.2002 enthält in der deutschen Fassung die Formulierung: „Die alternativen Formen der Streitbeilegung im Bereich des Zivil- und Handelsrechts (in diesem Grünbuch mit dem englischen Akronym 'ADR' für 'Alternative Dispute Resolution' bezeichnet), stoßen in der Europäischen Union auf zunehmendes Interesse."[94] Unter *alternativen Formen der Streitbeilegung* im Sinne des Grünbuchs seien alle außergerichtlichen Verfahren der Streitschlichtung unter Einschaltung eines neutralen Dritten mit Ausnahme der Schiedsgerichtsbarkeit zu verstehen. Da das Schiedsverfahren mit einem Schiedsspruch abgeschlossen werde, der an die Stelle einer gerichtlichen Entscheidung trete, gehöre das Schiedsverfahren nicht zu den ADR-Verfahren. Außerdem seien die Schiedsverfahren umfassend gesetzlich geregelt.[95]

Das Schiedsverfahren aus den ADR-Verfahren herauszunehmen, ist nicht sachgerecht. Unstreitig ist das Schiedsverfahren echte Gerichtsbarkeit[96] und durch die Zurverfügungstellung einer Reihe dispositiver Normen in der ZPO weitreichend geregelt. Damit das Schiedsverfahren stattfinden kann, bedarf es jedoch im Vorfeld einer privatautonomen Vereinbarung der Streitparteien oder einer wirksamen privatautonomen Anordnung eines Dritten. Der konsensuale Charakter des Schiedsverfahrens liegt mithin nicht in der Beendigung des Verfahrens, sondern darin, dass die Streitparteien einen Konsens erzielen müssen, damit das Schiedsverfahren stattfinden kann. Dieser Konsens wird durch die Schiedsvereinbarung der Parteien antizipiert oder im Falle einer wirksamen

---

91 Vgl. *Laugwitz*, S. 9.

92 *Stubbe*, SchiedsVZ 2006, 150 (151).

93 *Brandl*, S. 9.

94 Vgl. *Grünbuch*, vor 1. (Zusammenfassung), CELEX: 52002DC0196, (Internet. abgerufen am 22.07.2019).

95 Vgl. Grünbuch, a. a. O., S. 6 (Ziff. 1.1.(2)).

96 BGH, Urteil vom 15.05.1986 – III ZR 192/84: „überparteiliche Rechtspflege". Auch: Zöller/*Geimer*, ZPO, vor § 1025 Rn. 1.

Anordnung durch einen Dritten „ersetzt". Das Schiedsverfahren unterscheidet sich vom ordentlichen Verfahren gerade dadurch, dass bei diesem ein Konsens nicht erforderlich ist.

Der Begriff ADR-Verfahren kann nur sehr schwer eingerahmt werden, da seit Jahren immer neue Konfliktlösungsverfahren entwickelt werden. Oft handelt es sich um „Mischmodelle", die aus mediativen Elementen und Schlichtungsansätzen bestehen, oder es handelt sich um Modelle, bei denen das Mediationsergebnis als Schiedsspruch formuliert wird, um die rechtlichen Wirkungen eines Schiedsspruches (§§ 1055, 1056 ZPO) herbeizuführen.[97]

Das Spektrum der Möglichkeiten zur außergerichtlichen Streitbeilegung hat sich im Laufe der letzten Jahre erheblich erweitert. Der Begriff „ADR" ist nicht in Stein gemeißelt. So kritisiert *Menkel-Meadow* den Begriff *Alternative Dispute Resolution* als nichtssagend. Das „A" solle im Hinblick auf die richtige Wahl des für den konkreten Konflikt anzuwendenden Streitlösungsverfahrens nicht für „alternative", sondern für das Wort „appropriate" stehen, also für den Begriff „angemessen"[98]. *Menkel-Meadow* stellt auf die verschiedenen Möglichkeiten der Konfliktbeilegung außerhalb des ordentlichen Gerichtsverfahrens ab und betont die Individualität des jeweiligen Streitbeilegungsverfahrens für den jeweiligen Konflikt. Die unterschiedlichen Aspekte eines Konflikts verlangten eine hohe Flexibilität und Unterschiedlichkeit in der Behandlung eines Konflikts.[99] Andere Autoren gehen in Bezug auf die Frage der „Angemessenheit" noch weiter und vertreten die Auffassung, ADR sei keine das Gerichtsverfahren verdrängende „Alternative", sondern das Gerichtsverfahren sei – neben anderen Möglichkeiten der Konfliktlösung – nur eine dieser Möglichkeiten und somit im Einzelfall auf seine „Angemessenheit" zu überprüfen.[100] Diese Ansicht ist für den deutschen Rechtsraum unzutreffend. Das ordentliche Gerichtsverfahren (einschließlich der Verfahren der freiwilligen Gerichtsbarkeit) ist für die im deutschen Rechtsraum lebenden Personen der primäre Zugang zum Recht, da er von dem Kläger ohne Zustimmung des Beklagten beschritten werden kann und die Streitparteien die Möglichkeit

97 Ausführlich: *Ade/Alexander*, S. 77 ff.

98 *Menkel-Meadow*: The History and Development of "A" DR (alternative/appropriate dispute resolution), Völkerrechtsblog,1 July 2016, https://voelkerrechtsblog.org/the-history-and-development-of-a-dr-alternativeappropriate-dispute-resolution/ (Internet: abgerufen am 11.07.2019). Ebenso: *Ade/Alexander*, S. 12.

99 Vgl. *Menkel-Meadow*, a. a. O.

100 *Fiadjoe*, Alternative Dispute Resolution, S. 1.

haben, Prozess-/Verfahrenskostenhilfe zu beantragen. ADR-Verfahren mögen geeigneter sein als ein Zivilprozess, interessanter, kürzer, billiger. Sie sind und bleiben *Alternativen.*

F. Die Verfügung von Todes wegen

Das BGB kennt zwei Verfügungen von Todes wegen: das Testament (§ 1937 BGB) und den Erbvertrag (§ 1941 BGB). Als Unterfall des Testaments ist das gemeinschaftliche Testament gemäß § 2265 BGB (Errichtung durch Ehegatten) anzusehen, das rechtlich aus zwei Testamenten besteht. Durch die Tatsache, dass die Testierenden miteinander in einer bestehenden Ehe oder eingetragenen Lebenspartnerschaft verbunden sind, ist das Testieren formbegünstigt und es besteht die Möglichkeit, die beiden Testamente von ihrem Inhalt her so miteinander zu verknüpfen, dass sie, zumindest partiell, in ihrem Bestand voneinander abhängig sind.[101] In § 1937 BGB wird das Testament als „einseitige Verfügung von Todes wegen" und als „letztwillige Verfügung" bezeichnet. Mit der Gleichstellung der Begriffe *einseitige Verfügung von Todes wegen* und *Testament* ist klargestellt, dass es sich bei einem Testament nicht nur um die Form der Erklärung oder um das Dokument selbst handelt, sondern um die Verfügung selbst, also das vom Erblasser originär gewollte Rechtsgeschäft. Der Begriff „Verfügung von Todes wegen" stellt mithin das eigentliche Rechtsgeschäft (Testament, Erbvertrag) dar, aber auch die einzelnen Anordnungen, aus denen dieses Rechtsgeschäft in seiner Summe besteht: Erbeinsetzung, Vermächtnisanordnung, Auflage, Teilungs-anordnung, Testamentsvollstreckungsanordnung.[102] Umgangssprachlich wird unter dem Begriff „Verfügung von Todes wegen", ebenso wie unter dem Begriff „Testament", auch das *Dokument*, dem die Anordnungen zu entnehmen sind, verstanden.[103] Eine Schieds- oder Mediationsklausel stellt im Regelfall nur eine Anordnung von vielen Anordnungen dar, die „in" der Verfügung von

---

101 Palandt/*Weidlich*, BGB, Einf. v. § 2265 Rn.1.

102 *Lübtow*, Erbrecht, S. 98: „Unter Verfügung von Todes wegen versteht man zwei ganz verschiedene Dinge: bald das ganze Rechtsgeschäft (Testament, Erbvertrag), bald die einzelnen erbrechtlichen Bestimmungen, die in ihm enthalten sind."

103 Etymologisch wird das Wort „Testament" von dem lateinischen Wort „testari", das *bezeugen*, *bescheinigen* oder *bekennen* bedeutet, hergeleitet (vgl. *Muscheler*, Erbrecht, Band I, § 7 Rn. 142, Fn. 47). Das Wort „testari" steht in einem etymologischen Zusammenhang mit dem alten lateinischen Wort „testa". Dies bedeutet Tonscherbe. Es könnte sich hier um die Tonscherben handeln, auf denen im Altertum Erklärungen eingeritzt wurden.

Todes wegen, verstanden als Dokument, enthalten sind und „als“ oder „durch“ eine Verfügung von Todes wegen, verstanden als Rechtsgeschäft, angeordnet wurden.[104]

§ 3 Themeneingrenzung, Methodisches, Gang der Untersuchung

A. Themeneingrenzung

Die vorliegende Arbeit befasst sich mit der Frage, ob ein Erblasser rechtswirksam in einer Verfügung von Todes wegen anordnen kann, dass nach seinem Tod die am Erbfall Beteiligten Streitigkeiten, die mit dem Erbfall im Zusammenhang stehen, durch ein Schiedsgericht entscheiden lassen müssen oder dass die Streitbeteiligten an einer Mediation teilzunehmen haben. Das Hauptaugenmerk richtet sich auf die Frage, aus welcher Rechtsgrundlage sich diese Möglichkeiten eines Erblassers ableiten. Ist die Rechtsgrundlage die allgemeine Testierfreiheit des Erblassers, führt dies zu der Frage, ob sich die letztwillige Schiedsklausel als erbrechtliche Anordnung mit den Prinzipien des erbrechtlichen Numerus clausus und des Typenzwangs vereinbaren lässt. In Bezug auf eine letztwillige Mediationsklausel führt die Annahme der allgemeinen Testierfreiheit als Quelle des Anordnungsrechts zu der Frage, ob die Anordnung einer Mediation überhaupt möglich ist. Die Untersuchung wendet sich der Suche nach den Strukturmerkmalen der Mediation zu, woraus die Frage folgt, ob die von den Streitparteien bei einer Mediation zu erbringende „Leistung“ Gegenstand eines Schuldverhältnisses sein kann.

Die Arbeit befasst sich nicht mit erbrechtlichen Konstrukten, durch die der Erblasser eine Schieds- oder Mediationsanordnung durch eine erbrechtliche Potestativbedingung absichert. Nicht in den Untersuchungsgegenstand fällt des Weiteren die Frage, ob durch die Entscheidung eines Schiedsgerichts, welches durch eine Verfügung von Todes wegen angeordnet wurde, der Justizgewährleistungsanspruch der von der Schiedsklausel Betroffenen und ihr Anspruch auf den gesetzlichen Richter verletzt wird, mit der Folge, dass eine solche Anordnung von der Testierfreiheit des Erblassers nicht mehr umfasst und eine gesetzliche Norm, die eine solche Anordnung ermöglichen würde, verfassungswidrig wäre.[105] Auch Anordnungen des Erblassers, die außergerichtliche

---

104 Vgl. *Muscheler*, Letztwillige Schiedsklauseln, S. 92.

105 Zu den verfassungsrechtlichen Fragen bei privater Zivilrechtsprechung: *Ebbing*, S. 16 ff.; *Münch*, Privatisierung, S. 179 ff., 194 f.; *Schütze*, S. 3.

Konfliktbeilegungsverfahren betreffen, ohne Schieds- oder Mediationsklauseln zu sein, werden nicht untersucht. Wenn beispielsweise der Erblasser in seinem Testament für den Konfliktfall kein Mediationsverfahren anordnet, sondern die Anordnung formuliert, seine Erben sollen „bei dem Pfarrer der Gemeinde ein Friedensgespräch führen", so können die Ausführungen im vierten Kapitel dieser Arbeit, die die explizite Anordnung einer Mediation betreffen, nicht ohne Weiteres auf „ähnliche" Anordnungen angewandt werden.

B. Methodisches

Die vorliegende Arbeit gründet auf den langjährigen Tätigkeiten der Verfasserin als Fachanwältin für Erbrecht und Mediatorin in erbrechtlichen Angelegenheiten. Es werden viele Fragen aufgeworfen, die sich in der Praxis stellen. Schiedsklauseln sind sowohl in hand- schriftlich erstellten Verfügungen von Todes wegen als auch in notariellen Verfügungen von Todes wegen gelegentlich enthalten. Mediationsklauseln tauchen nur äußerst selten auf. Sind sie in einer Verfügung von Todes wegen enthalten, sind sich die am Erbfall Beteiligten, auch wenn sie zerstritten sind, oftmals darüber einig, dass „eine Mediation gar nicht erst versucht werden braucht". Da eine Mediationsklausel bei Klageerhebung vom Gericht nicht von Amts wegen zu berücksichtigen ist, kann einvernehmlich von ihr abgewichen werden. In einem solchen Fall stellen sich die rechtlichen Fragen zur Anordnungsmöglichkeit des Erblassers nicht. Es gibt jedoch auch Fälle, in denen Mediationsklauseln in einer Verfügung von Todes wegen enthalten sind und einer der Erben die Mediation durchsetzen möchte. Im Zusammenhang mit der letztwilligen Mediationsklausel wurde von der Verfasserin besonders Wert darauf gelegt, die Strukturmerkmale der Mediation anhand von Beispielen aus der Praxis herauszuarbeiten.

Gerade in Bezug auf die Mediation wird in vielen Fällen rein „theoretisch" argumentiert: Die Medianten stellen unter der Ägide eines neutralen Dritten ihre Interessen dar, versuchen die Interessen der anderen Streitpartei zu verstehen und suchen dann gemeinsam eine Lösung. Hier fehlt der praktische Bezug: Was tun die Parteien, wenn sie ihre Interessen äußern, und was tun sie, wenn sie die Interessen der anderen Streitpartei verstehen (wollen) und eine Lösung suchen? Wie sind diese Handlungen einzuordnen? Folgen sie Vorgaben oder sind sie persönlich motiviert, werden sie situativ spontan entschieden oder sind sie abhängig vom Verhalten der anderen Streitpartei? Für die Annäherung an mögliche Antworten wurde bei dieser Arbeit der Weg der deskriptiven Analyse gewählt, wobei mit dem Begriff „deskriptiv" nicht eine Statistik gemeint ist, sondern die Beschreibung realer Fälle aus der erbrechtlichen Praxis.

Die Verfasserin hat die verschiedenen Darstellungen, insbesondere im zweiten Kapitel (Der erbrechtliche Konflikt), mit Beispielen versehen, um die Problemstellungen und mögliche Lösungsansätze zu verdeutlichen. Alle als Beispiele genannten Fallgestaltungen und alle Auszüge aus Testamenten stammen aus der Praxis der Verfasserin.

C. Gang der Untersuchung

I. Trauerspiel in verschiedenen Akten, Eintritt frei: Der erbrechtliche Konflikt

Im zweiten Kapitel beschäftigt sich die vorliegende Arbeit mit dem erbrechtlichen Konflikt. Ohne Konflikte kommen weder letztwillige Schiedsklauseln noch letztwillige Mediationsklauseln zum Einsatz. Es wird der erbrechtliche Konflikt im engen Sinne, der aus einem erbrechtlichen Rechtsverhältnis entsteht, von dem erbrechtlichen Konflikt im weiten Sinne, der sich als allgemeiner, oftmals auch als nicht justiziabler Konflikt aus dem Themenbereich „Erben und Vererben" generiert, unterschieden. Es wird belegt, dass sich erbrechtliche Konflikte nur verstehen lassen, wenn von einem weiten Konfliktbegriff ausgegangen wird.

Es folgt eine Anleitung zur Analyse erbrechtlicher Konflikte. Insbesondere sollen einige Konfliktursachen näher betrachtet werden, die dadurch, dass sie häufig auftreten, „typisch" für erbrechtliche Konflikte sind. Erbrechtliche Konflikte haben ihre eigenen Konfliktgegenstände und Konfliktursachen. Konfliktursachen können im familialen Umfeld oder in den persönlichen Empfindungen der Betroffenen, wie Trauer oder dem Gefühl, ungerecht behandelt worden zu sein, liegen. Konfliktursachen können auch in gesellschaftspolitischen Problemkomplexen begründet sein. Diese wechseln. So gab es viele Jahrzehnte häufig Konflikte, die den Status und den Umfang der Partizipation nichtehelicher Kinder am Nachlass des Vaters betrafen. Hier hat sich die Konfliktstruktur in Richtung „normaler" Pflichtteilskonflikt verschoben. Die Parteien streiten um den Umfang und Wert des Nachlasses. Konfliktursachen: Misstrauen und „Teilenmüssen". Die *Existenz* des nichtehelichen Kindes des Erblassers stellt im Regelfall für die übrige Familie des Erblassers nicht die eigentliche Konfliktursache dar.

Hochaktuell wirkt sich der Themenbereich „alternde Gesellschaft" als Konfliktursache aus. Häufige Streitigkeiten entstehen zum einen in Bezug auf die Testierfähigkeit des Erblassers oder über die Wirksamkeit von Gestaltungen im Hinblick auf § 2065 Abs. 2 BGB.[106] Zum anderen ist eine häufige Ursache

106 *Karczewski*, ZEV 2014, 192 (192 ff.).

schwerer Konflikte zwischen Miterben die Erteilung einer General- und Vorsorgevollmacht durch den Erblasser an einen der späteren Miterben. Ohne die mögliche Multikausalität des lebzeitigen Vermögensschwundes eines hochaltrig verstorbenen Erblassers zu bedenken, machen die nichtbevollmächtigten Miterben dem bevollmächtigten Miterben im Regelfall sofort nach dem Tod des Erblassers Vorwürfe. Es folgen Auskunfts- und Rückforderungsansprüche nach §§ 1922, 666 ff. BGB: Konfliktursache: Misstrauen. Wegen der bestehenden praktischen Relevanz der Auskunfts- und Rückforderungsansprüche werden diese im zweiten Kapitel näher betrachtet.

Das zweite Kapitel schließt mit der Darstellung der Möglichkeiten des Erblassers, durch Anordnungen in einer Verfügung von Todes wegen auf das Streitverhalten späterer Konfliktparteien Einfluss zu nehmen. In der Zusammenfassung des zweiten Kapitels macht die Verfasserin, nach der Komprimierung der im zweiten Kapitel gefundenen Ergebnisse, einen kurzen „Abstecher" und begibt sich auf die Suche nach der Gerechtigkeit. Bei fast jedem erbrechtlichen Konflikt taucht im Verlauf des Konflikts der Aspekt auf, dass „irgendwann irgendetwas" ungerecht gewesen sei. Auch wenn die gefühlte Ungerechtigkeit im Regelfall keine rechtliche Relevanz hat, darf sie bei der Konfliktbearbeitung nicht unberücksichtigt bleiben. Sie ist ein Kriterium, das die Entscheidungen der Betroffenen im weiteren Konfliktverlauf und in Bezug auf die Lösung des Konflikts beeinflussen wird.

II. Alle Wege führen zur Testierfreiheit: Die letztwillige Schiedsklausel

Im dritten Kapitel wird die letztwillige Schiedsklausel beleuchtet. Dieses Vorhaben führt zu § 1066 ZPO und zu der Frage, ob § 1066 ZPO die Rechtsgrundlage der letztwilligen Schiedsklausel ist. Zu diesem Zweck erfolgt eine rechtshistorische Untersuchung mit konkreten Fragestellungen. Frage (1): Auf welchen Vorgängernormen beruht § 1066 ZPO und handelt es sich nur um die textliche Adaption durch die Regelsetzer der jeweiligen Vorgängernormen oder ist eine explizite Bezugnahme auf die jeweiligen Vorgängernormen und daraus folgend eine Bezugnahme auf ihren rechtlichen Inhalt belegbar? Frage (2): Aus welchem materiell-rechtlichen Rechtsgrund lässt sich die Möglichkeit des Erblassers, rechtswirksam letztwillig ein Schiedsgericht anzuordnen, aus rechtshistorischer Sicht ableiten?

Es folgt die Frage nach dem erbrechtlichen Typus der letztwilligen Schiedsklausel. Handelt es sich um eine Auflage oder eine Anordnung *sui generis*? Die Ausführungen beginnen mit einer zweiten rechtshistorischen Analyse und gehen zu der Frage über, ob die Annahme der letztwilligen Schiedsklausel als erbrechtliche Anordnung mit dem Prinzip des erbrechtlichen Numerus clausus und dem Prinzip des Typenzwangs zu vereinbaren ist. Es wird eine *Zweistufentheorie der erbrechtlichen Optionsmodelle* entwickelt, die verdeutlicht, wo die letztwillige Schiedsklausel zwischen den Prinzipien Numerus clausus und Typenzwang einzuordnen ist. Hier schließt sich die Frage an, ob zwingendes Recht, welches den *Erblasser* bindet, dazu führen muss, dass ein Schiedsgericht letztwillig nicht rechtswirksam angeordnet werden kann. In diesem Zusammenhang erfolgt eine Auseinandersetzung mit der Entscheidung des BGH vom 17.05.2017[107]. Der BGH hatte in Bezug auf Streitigkeiten über die Entlassung eines Testamentsvollstreckers über die Wirksamkeit einer letztwilligen Schiedsklausel zu entscheiden.

Die rechtshistorischen Untersuchungen wurden tiefergehend, als dies anfänglich geplant war. Sie waren jedoch zur Klärung der aufgeworfenen Fragen nach der Zulässigkeit und der rechtlichen Einordnung der letztwilligen Schiedsklausel erforderlich.

III. Und bist du nicht willig …: Die letztwillige Mediationsklausel

Das vierte Kapitel steht im Zeichen der Mediation. Zu Beginn des vierten Kapitels wird untersucht, was unter einer letztwilligen Mediationsklausel zu verstehen ist und geprüft, welche Rechtsgrundlagen für eine solche in Betracht kommen. Der Mediation wird in ihrer Entwicklung vom Ergebnis eines Forschungsprojekts an der Harvard Law School bis zur Kodifikation des Mediationsgesetzes mit einer gesetzlich normierten Definition der Mediation gefolgt. Es kann von einer Dogmatik der Mediation gesprochen werden. Es folgt der Versuch einer Annäherung an die Dogmatik der Mediation. Als Einstieg dient die Betrachtung der Definition der Mediation gemäß § 1 Abs. 1 MediationsG. Mediation geht Hand in Hand mit Kommunikation. Diese zu fördern, ist die Aufgabe und die Pflicht des Mediators. Der Stellenwert der Kommunikation ergibt sich auch aus dem Recht des Mediators, die Mediation zu beenden, wenn er der Auffassung ist, dass eine eigenverantwortliche Kommunikation der Parteien nicht zu erwarten ist (§ 2 Abs. 5 Satz 2 MediationsG). Im Zusammenhang mit dem Thema *Kommunikation* geht die Arbeit auf Fragen zum *Win-win-Ansatz* der Mediation und der Differenzierung zwischen Kompromiss und Konsens ein.

---

107 BGH, Beschluss vom 17.05.2017 – IV ZB 25/16.

Der Hauptteil des vierten Kapitels ist der Frage gewidmet, ob eine letztwillige Mediationsklausel eines Erblassers die *causa* eines Anspruches eines am Erbfall Beteiligten gegen einen anderen Beteiligten auf Mitwirkung an einer Mediation sein kann. Hierfür ist die Vorfrage zu klären, welche „Mediationsleistungen" die Parteien, die an einer Mediation teilnehmen, erbringen müssen. Es wird zu sehen sein, dass die Mediation ein Verfahren ist, das auf der Kooperation der Parteien beruht. Im Zusammenhang mit dem Thema Kooperation werden verschiedene Kooperationsbegriffe betrachtet und die Beziehung zwischen der Mediation und der Kooperation ausdifferenziert. Die Betrachtung der Kooperation aus rechtlicher Sicht leitet auf die Frage über, ob sich Parteien vertraglich verpflichten können, im Konfliktfall an einer Mediation mitwirken zu müssen. Es wird zu sehen sein, dass die Wirksamkeit eines solchen (Mediations-)Vertrages an dem Erfordernis der Bestimmtheit der vertraglich zu erbringenden Leistung scheitert. Hier schließt sich die Frage nach der letztwilligen Mediationsklausel an. Sie trifft das gleiche Schicksal.

Kapitel 2 Der erbrechtliche Konflikt

§ 1 Der Begriff des Konflikts

A. Einleitung

Die jüdisch-christliche Mythologie der Vertreibung aus dem Paradies, dargestellt in Genesis 3, 1 bis 3, 24,[108] ist die erste biblische Geschichte, in der Menschen aktiv ihre Interessen verfolgen. Dadurch entstehen mehrere Konflikte. Es folgen die Geschichten von Kain und Abel,[109] Esau und Jakob[110] und einer weiteren Reihe unterschiedlicher, auch transzendenter Akteure, die eigene Interessen haben und die bei der Umsetzung dieser Interessen in ein Tun die Interessen anderer Akteure beeinträchtigen.

Dies ist eine häufig verwendete Konfliktdefinition, die die Minimalforderungen an einen Konflikt beinhaltet: widerstreitende Interessen und die Interaktion der Konfliktbeteiligten.[111] *Simmel* verknüpft die Interaktion mit dem Begriff der „Vergesellschaftung“[112]. Jede „Wechselwirkung“[113] unter Menschen sei eine Vergesellschaftung. Diese entstehe *durch* einen Konflikt. Hier handele es sich um einen Strukturbildungsprozess, da der Konflikt zu Interessengemeinschaften, Gruppenbildung und Organisationen führe.[114] *Simmel* kommt anschließend zu der Frage, ob auch *der Konflikt selbst* eine Form der Vergesellschaftung sei. *Simmel* bejaht dies. Das „Befaßtsein in *einem* sozialen Zusammenhang“[115] (Hervorhebung im Original) führe zur Gemeinsamkeit der Streitparteien. *Simmel* betrachtet den Konflikt als „Form“[116]. Mit verschiedenen Konfliktgegenständen beschäftigt er sich nur flüchtig. Auch das Ende des Konflikts interessiert ihn nur hinsichtlich der „Formen, in denen ein Kampf sich beendet“[117].

---

108 *Die Bibel*, S. 5 ff.

109 Genesis 4, 1 – 4, 16, *Die Bibel*, a. a. O., S. 6 ff.

110 Genesis 27, 1 – 27, 40, *Die Bibel*, a. a. O., S. 29 ff.

111 Unten 2. Kapitel § 1 C.

112 *Simmel*, S. 284 ff.

113 *Simmel*, S. 284.

114 Ausführlich zur Konflikttheorie *Simmels*: *Messmer*, S. 16 ff.; *Stark*, S. 83 ff.

115 *Simmel*, S. 312.

116 *Stark*, S. 85.

117 *Simmel*, S. 371 ff.

Die Konfliktsoziologie *Deutschs* bewertet einen Konflikt dagegen nach seinem Ausgang. Sind die Beteiligten mit dem Ergebnis zufrieden oder haben sie das Gefühl, dass ihnen der Konflikt einen Gewinn gebracht hat, kann der Konflikt als konstruktiv angesehen werden. Sind sie es nicht, bezeichnet *Deutsch* den Konflikt als destruktiv.[118] Ob die reine Betrachtung der Konfliktformen oder die Kategorisierung von Konflikten nach ihrem Ausgang einen konfliktsoziologischen Erkenntniswert hat, soll nicht Thema dieser Arbeit sein. Bei der Vertreibung aus dem Paradies dürfte es fraglich sein, ob durch diesen Konflikt eine Vergesellschaftung erfolgte, und auch über die Frage, ob der Konflikt destruktiv oder konstruktiv war, kann trefflich gestritten werden.

B. Konfliktverständnis

Konflikte sind allgegenwärtig. Sie sind mit dem Zusammenleben der Menschen untrennbar verbunden. Konflikte hat jeder in irgendeinem sozialen Zusammenhang. So gibt es Konflikte in der Familie, am Arbeitsplatz, mit Nachbarn, mit Behörden, innerhalb und außerhalb bestehender Rechtsverhältnisse, zwischen Staaten und ethnischen oder religiösen Gruppen.[119]

Die moderne Friedens- und Konfliktforschung geht davon aus, dass Konflikte nicht nur unvermeidbar, sondern notwendig sind. *Dahrendorf* sieht den (sozialen) Konflikt als Mittelpunkt seiner Gesellschaftstheorie.[120] Konflikte seien grundsätzlich produktiv, da sie einen gesellschaftlichen Wandel bewirkten.[121]

---

118 *Deutsch*, Konfliktregelung, S. 24 f. Auch in Bezug auf den Verlauf eines Konflikts kann diese Unterscheidung vorgenommen werden. So *Deutsch*, Conflicts. Productive and Destructive, S. 7 ff. (11): „Destructive conflict is characterized by a tendency to expand and to escalate. As a result, such conflict often becomes independent of its initiating causes and is likely to continue after these have become irrelevant or have been forgotten." Zusammenfassend zu destruktiven und konstruktiven Konflikten: *Bonacker/ Imbusch*, Friedens- und Konfliktforschung, S. 73 f.

119 Zu Konflikten zwischen Ethnien oder religiösen Gruppen: *Imbusch*, Staatszerfall, S. 221 ff., *Mehler*, Völkermord, S. 249 ff., *Stroh*, Wasser des Nils, S. 287 ff.

120 *Dahrendorf*, Konflikt und Freiheit, S. 43: „Wo es Gesellschaft gibt, gibt es auch Konflikte."

121 *Dahrendorf*, a. a. O., S. 43 f.: „Man mag der Meinung sein, der Konflikt sei der Vater aller Dinge, nämlich die treibende Kraft des Wandels; doch muss der Konflikt nicht Krieg und nicht Bürgerkrieg sein. Mögli-cherweise liegt in der rationalen Bändigung sozialer Konflikte eine der zentralen Aufgaben der Politik." Der Begriff des „produktiven Konflikts" stellt nicht wie der Begriff des „konstruktiven Konflikts" bei *Deutsch* auf ein zufriedenstellendes Ergebnis ab, sondern auf die der Konfliktaustragung immanenten Veränderung der sozialen Verhältnisse (vgl. *Dahrendorf*,

Dahrendorf bleibt mit seiner Konfliktdefinition in dem Grundschema: Einer hat etwas, was ein anderer will.[122]

Das vorherrschende Konfliktverständnis fokussiert auf die positiven Seiten des Konflikts. Hierzu gehören die dem Konflikt immanenten Chancen, festgefahrene Situationen zu verändern, alte, verdeckte Konflikte aufzulösen, Kommunikation in Gang zu setzen, Unterschiede herauszuarbeiten und die Einheitlichkeit von Gruppen herzustellen.[123] Konflikte werden in verschiedenen Konflikttheorien als Kommunikationsprozesse angesehen, wobei mit Kommunikation jede zwischenmenschliche Verhaltensäußerung und nicht nur das gesprochene Wort gemeint ist.[124] *Röhl* weist auf die Funktion des Konflikts „als Bewährung sozialer Normen“[125] hin. Streitenden Parteien werden „Normen und Regeln“[126] ins Gedächtnis gerufen, an die sie nicht gedacht hatten oder die sie nicht kannten.

Dieses „positive“ Konfliktverständnis ist nicht unumstritten. Früher war das Konfliktverständnis überwiegend „negativ“. Konflikte wurden als „grundsätzlich destruktiv, vermeidbar, hemmend und angestiftet“[127] betrachtet. Bei der Beschreibung der Entwicklung der Soziologie in Amerika wies *Coser* 1956 darauf hin, dass bereits zu Beginn des 20. Jahrhunderts erkannt wurde, dass Konflikte nicht „ausschließlich als negatives Phänomen“[128] anzusehen seien. *Coser* hob die positiven Funktionen von Konflikten, wie Veränderungen und Fortschritt, hervor, betonte aber, dass diese Erkenntnis nicht unumstritten gewesen sei und die Sozialwissenschaftler bei der Einordnung von Konflikten als positiv oder negativ lange Zeit hin- und hergerissen gewesen seien.[129] *Kurt Lewin*, der im Zuge seiner Analyse des Verhaltens von Minderheitengruppen Konflikte zu Beginn als produktiv bezeichnet hatte, habe wenige Jahre später die Ansicht vertreten, Konflikte seien destruktiv und müssten vermieden werden. Der Grund für diesen

---

Konflikt und Freiheit, S. 73 f., *Dahrendorf*, Soziale Konflikt, S. 80 ff.). Ausführlich zur Konflikttheorie *Dahrendorfs*: *Lamla*, S. 207 ff.

122 *Dahrendorf*, Soziale Konflikt, S. 8: „Der moderne soziale Konflikt ist ein Antagonismus von Anrechten und Angebot, [...]. Das ist immer auch ein Konflikt zwischen fordernden und saturierten Gruppen [...].“

123 *Röhl*, S. 445 ff., *Schwarz*, Konfliktmanagement, S. 15 ff.

124 *Meyer*, Konfliktregelung, S. 61 ff.

125 *Röhl*, S. 445.

126 *Röhl*, S. 446.

127 *Delhees*, S. 327.

128 *Coser*, S. 16.

129 *Coser*, S. 18 ff.

Meinungsumschwung bei *Lewin* sah *Coser* in dem fehlenden Verständnis der Schüler *Lewins*, die Konfliktverhalten nur dysfunktional gesehen hätten.[130]

In der sozialwissenschaftlichen und psychologischen Literatur werden Konflikte allgemein als „Ergebnis menschlichen Handelns" [131] angesehen. Allein die Tatsache, dass mehrere Menschen zusammenleben, müsse dazu führen, dass „Unterschiede in ihren Zielen, Werten und Interessen und in ihrem Verhalten"[132] aufträten.

Zusammenfassend kann festgestellt werden, dass Konflikte als „Motoren" erforderlicher Veränderungen in der Gesellschaft, aber auch im Bereich privater Beziehungen und als Bestandteil des menschlichen Zusammenlebens angesehen werden. Was aus dem einzelnen Konflikt wird, hängt von dem Konfliktgegenstand, von dem Konfliktverlauf und von den am Konflikt Beteiligten ab. Die Beziehung der Konfliktparteien ist dynamisch. Sie kann sich durch den Konflikt verändern. Allerdings nicht nur in eine (negative) Richtung. Unter Bezugnahme auf *Simmel* vertritt *Coser* die These, dass auch ein Konflikt eine Form der Beziehungsaufnahme sei, deren Entwicklungspotenzial zu Beginn des Konflikts noch nicht bekannt sei.[133]

C. Konfliktdefinitionen

I. Allgemeines

Den Begriff *Konflikt* allgemeingültig zu definieren ist unmöglich. Völlig unterschiedliche Konfliktverständnisse und unterschiedliche Auffassungen zu den Konfliktvoraussetzungen führen dazu, dass der Begriff des Konflikts als „schillernd und widersprüchlich"[134] empfunden wird. Viele Konfliktdefinitionen stammen aus verschiedenen wissenschaftlichen Fachbereichen oder aus Teilbereichen dieser Fachbereiche. So beinhaltet der Konfliktbegriff in sozialwissenschaftlichen Theorien andere Aspekte als der Konfliktbegriff in der Psychologie,[135] in der Ethik und in der Politik. In die Aspekte, die die

---

130 *Coser*, S. 29.

131 *Weede*, S. 7; ebenso: *Meyer*, Konfliktregelung, S. 14.

132 *Dellhees*, S. 327.

133 *Coser*, S. 145 f.: „So führt feindliche Interaktion später oft zu freundschaftlicher Interaktion, der Konflikt ist dabei das Mittel, den bislang Unbekannten zu ‚prüfen' und ‚kennenzulernen'. Der Fremde wird einem im Kampf vertraut."

134 *Bonacker/Imbusch*, Friedens- und Konfliktforschung, S. 67.

135 Vgl. *Weimar*, S. 4 ff., der sich mit dem Spannungsbogen Konflikt und Entscheidung befasst und als konstitutive Merkmale für einen (intrapsychischen) Konflikt nicht nur eine Unvereinbarkeit im Wollen verlangt, sondern auch „Orientierungsverlust

Begriffsdefinitionen ausmachen, fließen somit fachspezifische Erfahrungen in Bezug auf Konfliktsituationen, Implikationen und theoretische Vorannahmen ein. Es ist davon auszugehen, dass die fachspezifisch zur Verfügung stehenden Lösungsmöglichkeiten für einen Konflikt ihrerseits die Definition des Konfliktbegriffs beeinflussen. Es kann bereits die grundlegende Frage, *ob* eine bestimmte Situation bereits einen Konflikt darstellt oder ob in Bezug auf diese Situation noch nicht von einem Konflikt gesprochen werden kann, streitig sein. Ein Konflikt wird teilweise bereits angenommen, wenn eine Meinungsverschiedenheit vorliegt, teilweise erst, wenn es zu einer deutlich ausgetragenen Auseinandersetzung kommt. Die Verwendung des Begriffes *Konflikt* für jede Art von Streit, Auseinandersetzung und Meinungsverschiedenheit ist nicht unumstritten. *Glasl* spricht von einer „Inflation“[136] des Konfliktbegriffs. Auch *Mehlich* kritisiert die Popularität des Begriffes Konflikt und diagnostiziert, durch die vereinfachte und übermäßige Verwendung des Begriffes *Konflikt* werde das Konfliktverständnis „verwischt“[137].

Diesen Aussagen von *Glasl* und *Mehlich* kann nicht zugestimmt werden. Wenn es keinen allgemeingültigen Konfliktbegriff gibt, kann dieser auch keine „Inflation“ erfahren. Es ist nicht nachvollziehbar, warum in Bezug auf den Begriff *Konflikt* nicht von einem individuellen Konfliktbegriff ausgegangen werden soll, dessen persönliche Definition jeder Mensch für sich vornehmen kann. Das Konfliktverständnis ist keine allgemeingültige Größe. Wie vorstehend gezeigt wurde, hat sich das Konfliktverständnis im geschichtlichen Verlauf geändert und ist bei jedem Menschen unterschiedlich. Wenn A nicht schlafen kann, weil er sich nach einem verbalen Schlagabtausch mit B in einer Konfliktsituation sieht, während B sich an dieses Gespräch gar nicht mehr erinnert, haben A und B unterschiedliche Konfliktverständnisse. Es ist nicht ersichtlich, warum dies nachteilig sein sollte.

II. Der Begriff des Konflikts im Mediationsgesetz

Das Mediationsgesetz verwendet in § 1 Abs. 1 den Begriff des Konflikts: „Mediation ist ein vertrauliches und strukturiertes Verfahren, bei dem Parteien mithilfe eines oder mehrerer Mediatoren freiwillig und eigenverantwortlich eine einvernehmliche Beilegung ihres Konflikts anstreben.“[138] Obwohl es sich bei dem

---

und Lösungsdruck“. Hier wird das Ringen um Entscheidung in den Mittelpunkt der Betrachtung gestellt.

136 *Glasl*, S. 13 f.

137 *Mehlich*, S. 44.

138 § 1 Abs. 1 MediationsG.

Vorhandensein eines Konflikts um ein Begriffsmerkmal der Mediation handelt, wird der Begriff *Konflikt* im Mediationsgesetz nicht definiert. Das verwundert. Ist die Bedeutung des Begriffes *Konflikt* so klar, dass auf eine Definition verzichtet werden kann, oder war es die Absicht des Gesetzgebers, in Bezug auf den Konfliktbegriff einen permissiven Ansatz zu wählen, dessen Folge ist, dass jeder unter einem Konflikt etwas anderes verstehen kann?

III. Die Konfliktdefinition von *Glasl*

Konflikte zwischen Einzelpersonen oder kleinen Personengruppen, die sich auf das System beschränken, in das die Streitparteien eingebunden sind – wie Konflikte in der Familie, am Arbeitsplatz oder in besonderen Lebenslagen, bei einer Scheidung oder im Zusammenhang mit einem Erbfall –, sind individuelle Konflikte. Dies gilt auch für Konflikte außerhalb eines Systems, die einem bestimmten Themenbereich zugeordnet werden können. Hier ist an Konflikte aus dem Themenbereich „Erben und Vererben" zu denken.

Für Konflikte dieser Art wird häufig die Konfliktdefinition von *Glasl* verwendet. Danach ist ein Konflikt „[…] eine Interaktion zwischen Aktoren (Individuen, Gruppen, Organisationen usw.), wobei wenigstens ein Aktor eine Differenz bzw. Unvereinbarkeiten im Wahrnehmen und im Denken bzw. Vorstellen und im Fühlen und im Wollen mit dem anderen Aktor (den anderen Aktoren) in der Art erlebt, dass beim Verwirklichen dessen, was der Aktor denkt, fühlt oder will, eine Beeinträchtigung durch einen anderen Aktor (die anderen Aktoren) erfolgt"[139]. *Glasls* Konfliktdefinition hat den Vorteil, dass sie alle Lebenslagen, in denen ein Konflikt auftreten kann, und alle am Konflikt Beteiligten umfasst. Durch das subjektive Element des „Erlebens" der Differenz wird der Konfliktbegriff vielseitig anwendbar. Objektive Vorgaben zur Intensität des Konflikts oder zu den Konfliktgegenständen führten zu einer Einschränkung des Konfliktbegriffs. Nachteilig an der Konfliktdefinition *Glasls* ist, dass sie zu lang und zu theoretisch ist. Außerdem klingt der Begriff „Aktor" sehr schwerfällig. Die Begriffe „Akteur" oder „Partei" wären besser gewählt gewesen.

IV. Die Konfliktdefinition von *Deutsch*

Nach *Deutsch* liegt ein Konflikt vor, „[…] wenn nicht zu vereinbarende Handlungstendenzen aufeinandertreffen"[140]. Der Begriff „Handlungstendenz" umfasst

---

139 *Glasl*, S. 17.

140 *Deutsch*, Konfliktregelung, S. 18.

jede Interaktion, also Realhandlungen und sprachliche Kommunikation. *Deutschs* Konfliktdefinition hat den Vorteil, dass sie sich durch die Verwendung des Teilbegriffes „Tendenz“ auch auf widerstreitende Interessen beziehen kann, die noch nicht umgesetzt wurden respektive deren Umsetzung erst geplant ist. Die Definition *Deutschs* ist jedoch zu kurz. Sie beinhaltet von ihrem Aussagegehalt, dass ein Konflikt vorliegt, wenn die subjektive Ausrichtung eines objektiven Handelns eines am Konflikt Beteiligten mit der subjektiven Ausrichtung des objektiven Handelns eines anderen Beteiligten im Widerspruch steht. Es fehlt das für das Vorliegen eines Konflikts wesentliche subjektive Element, dass wenigstens einer der Beteiligten die Interaktion des anderen so erlebt, dass dadurch seine eigenen Handlungsabsichten nicht verwirklicht werden können.[141] Folgender Fall macht dieses Erfordernis deutlich.

Beispielsfall 1: Der verwitwete V möchte in das teure Seniorenstift „Seeblick“ ziehen. Um die Finanzierung zu gewährleisten, soll sein Wohnhaus, in dem er viele Jahre lebte, verkauft werden. Sohn S ist nach dem Tod der Mutter neben dem Vater Erbe der Mutter zu ½ geworden. Er möchte einem Verkauf des Hauses nicht zustimmen, da er das Haus später bewohnen möchte. Wird das Haus verkauft, kann S es nicht übernehmen. Wird das Haus nicht verkauft, kann V nicht im „Seeblick“ einziehen. Die möglichen Handlungsoptionen – Verkauf der Immobilie oder Teilungsversteigerung zur Aufhebung der Erbengemeinschaft oder erfolgreiche Blockade des Verkaufs – führen in ihren Konsequenzen dazu, dass der jeweils andere seine Vorstellungen nicht verwirklichen kann. Hier besteht ein Konflikt. Dieser beruht nicht darauf, dass „nicht zu vereinbarende Handlungstendenzen“[142] aufeinandertreffen. Vielmehr wird die Situation von den Beteiligten als Konflikt erkannt, weil ihnen bewusst ist, dass ihre jeweiligen Interessen die Interessen des anderen stören oder zunichte machen. Würde der Vater V aufgrund einer ihm von dem in den USA lebenden S erteilten Generalvollmacht das Haus verkaufen und wüsste S nichts davon, könnte, auch wenn V das Interesse des S an dem Haus kennen sollte, (noch) nicht von einem Konflikt gesprochen werden.

Deutsch ist weiter der Ansicht, der Begriff *Konflikt* könne nicht mithilfe des Begriffs *Konkurrenz* definiert werden.[143] Konkurrenz könne zwar Konflikte erzeugen, dies sei jedoch nicht zwingend. Das gemeinsame Ziel von

141 Siehe die Konfliktdefinition von *Glasl*, vorstehend Fn. 139.

142 *Deutsch*, Konfliktregelung, S. 18.

143 *Deutsch*, Konfliktregelung, S. 18 ff.: „Die Begriffe Konkurrenz und Konflikt werden oft synonym oder austauschbar gebraucht. Das ist grundsätzlich falsch.“

Wettbewerbern könne gerade der Wettbewerb sein, sodass dieser auch kooperativ sein könne, mithin nicht per se eine Konfliktsituation sei. Außerdem könnten Konflikte auch in einer kooperativen Situation, also einer Situation vorkommen, in der die Beteiligten kongruente Ziele hätten, aber der Weg dahin streitig sei.[144]

Beispielsfall 2: Die aus drei Miterben bestehende Erbengemeinschaft nach V ist sich darüber einig, dass die Erbengemeinschaft beendet werden soll. Über das Vorgehen bezüglich der in den Nachlass gefallenen Immobilie besteht Streit. Einer der Miterben will die Immobilie von einem Makler verkaufen lassen. Die beiden anderen Miterben wollen die Immobilie selbst im Internet zum Verkauf anbieten. – Die Parteien haben dasselbe übergeordnete Ziel: Hausverkauf. Wie dieses Ziel erreicht werden kann, ist umstritten. Nach *Deutsch* ist die Situation grundsätzlich kooperativ. Dennoch liegt ein Konflikt vor.

V. Weitere Konfliktdefinitionen

- „Konflikte lassen sich entsprechend definieren als soziale Tatbestände, an denen mindestens zwei Parteien [...] beteiligt sind, die auf Unterschieden in der sozialen Lage und/oder auf Unterschieden in der Interessenskonstellation der Konfliktparteien beruhen."[145]
- „Als Konflikt wird grundsätzlich jede Art von Gegensätzlichkeit oder Unvereinbarkeit bezeichnet."[146]
- „Ein Konflikt ist ein Phänomen, bei dem widerstreitende menschliche Strebungen aufeinanderprallen."[147]
- „[Definitionsmerkmale von Konflikten] sind: – die subjektiv erlebte Unvereinbarkeit wichtiger Interessen und Ziele, aufgrund dessen ein Gefühl von Beeinträchtigung oder Bedrohung, – die Zuschreibung der Verantwortung für das (Nicht-)Handeln an den Anderen, und weiter verschärfend: – trotz des Wissens um die Beeinträchtigung erfolgt keine Änderung des Handelns."[148]

---

144 *Deutsch*, S. 18; a. A. *Röhl*, S. 453 ff. *Röhl* definiert den Begriff des Konflikts über den Begriff der Konkurrenz. Konkurrenz sei das Anstreben unvereinbarer Ziele. *Röhl* bezeichnet die Konkurrenz als „Konflikt im weiten Sinne". Eine Konkurrenzsituation sei die Basis des eigentlichen Konflikts. Ein Konflikt liege somit vor, wenn „[...] mindestens einer der Mitbewerber das Ziel auf dem Wege über die Eliminierung, Behinderung oder Bedrohung eines anderen Handlungsteilnehmers verfolgt".

145 *Bonacker/Imbusch*, Friedens- und Konfliktforschung, S. 68 ff.

146 *Delhees*, S. 327.

147 *Hertel von*, Professionelle Konfliktlösung, S. 16.

148 *Kals/Ittner*, Wirtschaftsmediation, S. 21.

- „Konflikte sind mehr als bloße Unvereinbarkeiten im Hinblick auf Meinungen, Ansprüche, Ziele oder Interessen. Konflikte entstehen vielmehr dann, wenn diese Unvereinbarkeiten begleitet werden von der Wahrnehmung, dass die andere Partei illegitim agiert. Ein zentrales Merkmal von Konflikten ist also die Verletzung legitimer Ansprüche."[149]
- „Wir sprechen von einem echten Konflikt, wenn widersprüchliche Interessen auftreten, die von unterschiedlichen Menschen oder Menschengruppen vertreten werden und die in der Erreichung ihrer Interessen aufeinander angewiesen sind (oder dies zumindest glauben)."[150]

D. Resümee

Zusammenfassend kann festgestellt werden, dass es nicht nur keine allgemeingültige Definition des Begriffes des Konflikts gibt, sondern dass es unmöglich ist, die Vielschichtigkeit menschlicher Interaktionen, worum es sich bei Konflikten handelt, in ein Schema zu pressen und darüber eine generalisierende Aussage zu treffen. Verschiedentlich wird versucht, eine Typologie der Konflikte zu begründen. Dazu werden Konflikte unter bestimmten Perspektiven betrachtet und der Versuch einer Klassifizierung vorgenommen. So werden Konflikte unter dem Aspekt der äußeren Erkennbarkeit (heißer oder kalter Konflikt) oder unter dem Aspekt der subjektiven Betrachtung der Beteiligten hinsichtlich des Konfliktgeschehens (latenter oder manifester Konflikt) eingeteilt.[151] *Schwarz* unterscheidet unter dem Aspekt der Wertvorstellungen der Beteiligten (Wertekonflikt), der Anzahl der Beteiligten (Gruppenkonflikt oder intrapersonaler Konflikt), der Verbundenheit der Beteiligten (Paarkonflikt/familialer Konflikt), des Weiteren unter dem Aspekt „vorher – nachher" (Veränderungskonflikt) und unter dem Aspekt der Kohärenz mit gesellschaftlichen Fragen (Normenkonflikt, Systemkonflikt, Generationenkonflikt, Verteilungskonflikt).[152] Die Aufzählung ist nicht abschließend.[153] So kann bei der Unvereinbarkeit von Zielen von einem Zielkonflikt, bei der Übereinstimmung von Zielen mit unterschiedlichen Vorstellungen über die Methoden der Zielerreichung von einem Wegekonflikt gesprochen werden.

149 *Montada*, Gerechtigkeitskonflikte, S. 36.
150 *Schwarz*, Konfliktmanagement, S. 35.
151 *Deutsch*, S. 19.
152 *Schwarz*, S. 97 ff.
153 Vgl. sehr ausführlich mit weiteren Systematisierungsvorschlägen: *Glasl*, S. 53 ff.

Die vorstehend beschriebenen Versuche der Klassifizierung von Konflikten sind abzulehnen. Die Einteilung von Konflikten in Kategorien ist willkürlich. So könnte ein Konflikt jeweils im Hinblick auf die Konfliktparteien, den Konfliktverlauf oder den Konfliktgegenstand kategorisiert werden. Der vorstehend beschriebene *Beispielsfall 2* zeigt dies auf: Es handelt sich (gleichzeitig) um einen Geschwisterkonflikt, Familienkonflikt, manifesten Konflikt, Wegekonflikt, Gruppenkonflikt, Veränderungskonflikt etc. In diesem Zusammenhang werden Begriffe verwendet, die erst definiert werden müssten, damit die Einteilung von Konflikten in die mit diesen Begriffen verbundenen Kategorien einen Erkenntniswert hätte.

Die Konfliktbegriffe, die die verschiedenen wissenschaftlichen Fachbereiche für sich reklamieren, weichen in ihrer Definition voneinander ab. Allen Konfliktbegriffen ist jedoch das Strukturmerkmal immanent, dass die Konfliktparteien widerstreitende Interessen haben. Den Ausführungen *Deutschs*, dass der Begriff der Konkurrenz nicht zur Definition des Konfliktbegriffes verwendet werden solle,[154] ist zuzustimmen. Im wirtschaftlichen Bereich kann gerade die Tatsache, Konkurrenten zu sein, das gemeinsame Ziel sein. Daraus können sich, wie aus jedem anderen Lebensbereich, Konflikte ergeben. Eine Konkurrenzsituation muss jedoch nicht zwingend zu einem Konflikt führen, ein Konflikt nicht zwingend auf einer Konkurrenzsituation basieren. Die Konfliktdefinition von *Glasl*[155] ist, trotz der vorstehend beschriebenen Kritik an ihrer Formulierung, gut geeignet, begrifflich Konflikte zu umfassen, die Konflikte „des Alltages" und somit auch solche der Lebenslage „Erben und Vererben" betreffen. Der Begriff *Konflikt* in § 1 Abs. 1 MediationsG wurde von dem Gesetzgeber nicht legaldefiniert. Er muss im weitesten Sinne verwendet werden.

§ 2 Der erbrechtliche Konflikt

A. Ausgangslage

> *„Und damit zwischen wohl=bemelten unsern geliebten Söhnen und ihren Söhnen und ihren Erben um so viel mehr beständige brüderliche Lieb, Freundschafft und Ainigkeit erhalten werde, setzen, ordnen und wollen Wir, daß unserer geliebten Söhne kainer von dem andern nichts glaube, dann brüderliche Treu und alles Guts […]."*[156]

---

154 Vgl. vorstehend, Fn. 36, 37.

155 Oben 2. Kapitel § 1 C. III.

156 *Moser*, Staatsrecht, Teil 23, Drittes Buch, 127. Kapitel, § 35, S. 404. *Moser* (ebd.) bezeichnet die testamentarische Anordnung Ferdinands I. als „Mittel zur Erhaltung der Einigkeit".

Diese Zeilen stammen aus einem der Testamente Ferdinands I. von Habsburg. Ferdinand I. war der Bruder Kaiser Karls V., ab 1531 deutsch-römischer König und von 1558 bis 1564 Kaiser des Heiligen Römischen Reiches. Er hegte als überzeugter Katholik gegenüber seinem mit dem Protestantismus sympathisierenden erstgeborenen Sohn Maximilian ein starkes Misstrauen, dass dieser die weitreichenden Erblande protestantisch machen könne. Dies führte dazu, dass Ferdinand I. seine Erblande in drei Teile aufteilte und jeweils einen Teil an jeden seiner drei Söhne übertrug.[157] Misstrauen gehört zu den häufigen Konfliktauslösern.[158] Deshalb ordnete Ferdinand I. in seinem Testament an, dass seine Söhne und deren Abkömmlinge sich untereinander nur Freundlichkeit und Kooperationsbereitschaft unterstellen sollten. Kein Misstrauen sollte aufkommen.

Handlungen und Äußerungen eines Beteiligten werden von anderen Beteiligten oftmals in einer bestimmten Art und Weise verstanden oder ausgelegt. Diese Sicht der Dinge ist jedoch nicht immer die richtige, sondern aus Sicht des anderen oft falsch. Seiner Darstellung nach liegt darin eine Fehlinterpretation, ein Missverständnis oder eine böswillige Unterstellung. In der Mediation gibt es eine Gesprächsform, die sich *zirkuläres Fragen* nennt.[159] Dabei fragt der Mediator eine Konfliktpartei, was sie denkt, dass der andere denke, vorhabe oder meine. Die andere Konfliktpartei hört sich dieses an und sagt dann, ob dies richtig sei. Die Ergebnisse sind oftmals für alle an der Mediation Beteiligten überraschend.

Bis eine Aufklärung durch Kommunikation erfolgt, sind die Vermutungen eines Streitbeteiligten über den anderen Beteiligten für ihn Realität und Grundlage seiner Interaktionen, die wiederum Grundlage der Interaktionen des anderen Streitbeteiligten sind. Das ist der „Stoff", aus dem die Konflikteskalation ist.[160]

Die Vorgehensweise, einem potenziellen Konfliktgegner generell nur positives Denken und Handeln zu unterstellen, ist entweder ein direkter Weg in die Enttäuschung und daraus folgend in die Konflikteskalation oder ein Geheimtipp gegen Konflikte. Es erscheint fraglich, ob eine persönliche positive Grundeinstellung, wie im Beispiel des Testaments Ferdinands I. von Habsburg, gegenüber einem anderen befohlen oder testamentarisch angeordnet werden kann. Sicherlich mag die Verhaltensprävention durch das „Think positive" eine Konflikteskalation wenn nicht vermeiden, so doch verlangsamen. Im modernen

---

157 *Laux*, Territorien, S. 198 ff.

158 *Delhees*, S. 329.

159 Vgl. *Simon/Rech-Simon*, S. 7 ff.; *Hertel von*, Professionelle Konfliktlösung, S. 178 f.

160 Zu weiteren „Basismechanismen der Eskalationsdynamik": *Glasl*, S. 209 ff.

Konfliktmanagement wird vor „Think positive“ gewarnt. „Wer sich [...] für Konflikte blind macht und alles schönredet, verliert mit dem Realitätsbezug auch den Motor für Veränderungen und taucht ein in eine Scheinwelt.“[161] „Think positive“ hat im Zusammenhang mit Konflikten aus dem Themenbereich „Erben und Vererben“ aber durchaus seinen Sinn. Gerade das Misstrauen als Konfliktauslöser[162] kann durch „Think positiv“ abgeschwächt werden.

„Erben und Vererben“ sind konfliktträchtige Angelegenheiten. Das ist keine neue Erkenntnis. In der Geschichte Europas gab es unzählige Erbfolgekriege. Diese gingen im Regelfall weit über interne Familienstreitigkeiten hinaus. So führte der Pfälzische Erbfolgekrieg (1688–1697) zur weitgehenden Verwüstung der Pfalz durch französische Truppen[163] und der Österreichische Erbfolgekrieg (1740–1748) zog fast ganz Europa in militärische Auseinandersetzungen hinein.[164] Auch Erbstreitigkeiten, die nicht als länderübergreifende Erbfolgekriege geführt werden, waren und sind, auch in der realgesellschaftlichen Moderne, an der Tagesordnung.[165] Ein Millionenpublikum verschlingt Presseveröffentlichungen über Erbstreitigkeiten im Hause Luhmann,[166] Udo Jürgens, Helmut Kohl, Bruno Schubert, Michael Jackson, und denkt darüber nach, ob die Yorkshire-Terrierin Daisy Moshammer Erbin eines Millionenvermögens werden könne oder nicht.[167]

Konfliktentstehung nach einem Erbfall kann oft nicht vermieden werden. Auch das ist keine neue Erkenntnis. Der Erblasser mag noch so sehr der Ansicht sein, er habe in seiner Verfügung von Todes wegen eine faire Lösung gefunden. Er mag auch noch so gut beraten worden sein. Wenn die Erben die Anordnungen als ungleich und ungerecht empfinden, kommt es unweigerlich zu Konflikten.

---

161 *Hertel von*, Professionelle Konfliktlösung, S. 218. Ebenso: *Jiranek/Edmüller*, Konfliktmanagement, S. 227: „Der gnadenlose positive Imperativ ‚Think positive!‘ führt wohl dazu, dass schon kleinste Abweichungen vom Wohlbefinden als bedrohlich erlebt werden und damit paradoxerweise zu mehr Sorge Anlass geben.“

162 Unten 2. Kapitel § 3 D. IV. 5.

163 *Vetter*, S. 7 ff.

164 *Der Oesterreichische Erbfolgekrieg*, S. 733 ff.

165 *Carius*, S. 157 ff. zu Erbstreitigkeiten, die im Zeitraum von 1648–1806 vor dem Jenaer Hofgericht geführt wurden und bei denen die damalige Besonderheit gegeben war, dass Frauen Streitparteien waren.

166 Vgl. *Zimmermann*, Testamente und Erbstreitigkeiten, S. 241 ff.

167 https://www.handelsblatt.com/arts_und_style/aus-aller-welt/nach-dem-tod-vn-moshammer-yorkshire-terrier-daisy-darf-nicht-erben/2464126.html?ticket=ST-6864762-eMVhL62kfoLJr1v9f1fE-ap, Internet, recherchiert am 22.07.2019.

Selbst das Beibehalten der gesetzlichen Erbfolge kann zu schweren Konflikten zwischen den Erben führen.[168] Diese können im Zuge der Auseinandersetzung der Erbengemeinschaft und im Hinblick auf lebzeitige Zuwendungen, die einer der Erben vom Erblasser erhalten hat, entstehen. Auch Streitigkeiten zwischen Miterben, wer im Hinblick auf die Versorgung und Pflege mehr für den Erblasser getan habe, lassen sich nicht vermeiden.

Wenn der Erblasser ahnt oder befürchtet, dass seine Nachkommen oder die sonst am Erbfall Beteiligten in Streit geraten könnten, möchte er vielleicht im Vorfeld die Weichen stellen. Er wird der in der Beratungspraxis empfohlenen Vorgehensweise folgen und ein ausgeklügeltes Testament erstellen, gegebenenfalls mit Bedingungen, Strafklauseln, Nacherbfolge und der Anordnung einer Testamentsvollstreckung. Vielleicht wird er eine Schieds- oder Mediationsklausel aufnehmen. Obgleich diese Konstruktionen oftmals als „streitmindernde Einrichtungen" bezeichnet werden[169], haben sie, richtig erstellt, zwar das Potenzial zu einer rechtssicheren Situation, führen aber keineswegs immer zu einer konfliktfreien Koexistenz der am Erbfall Beteiligten. Gerade die Anordnung einer Testamentsvollstreckung führt, wenn sie für erbende Kinder angeordnet wird und als „Sahnehäubchen" der Anordnung die (zumeist) zweite Ehefrau des Erblassers als Testamentsvollstreckerin benannt wird, oftmals zu schweren Konflikten, die zu Absetzungsbemühungen oder zur Ausschlagung der Erbschaft und der Geltendmachung des Pflichtteilsanspruchs führen.

Aus diesem Grund kann der Erblasser versuchen, die Übertragung seines Vermögens mit Anordnungen zu verknüpfen, die das Verhalten der Beteiligten in einer nach dem Erbfall auftauchenden Konfliktsituation betreffen. Hier kann an Schieds- oder Mediationsklauseln gedacht werden. Denkbar ist auch die Anordnung weiterer „privater Initiativen"[170]. Hier sollte nicht nur die Kreativität des Erblassers gefragt sein, sondern es sollte sich um vernünftige Anordnungen handeln, die den Anforderungen der Praxis standhalten. Wer hat schon ein gutes Gefühl, wenn „Tante Erna" als Testamentsvollstreckerin und Schiedsrichterin eingesetzt ist und es bei dem Erbenstreit über die Frage „Teilungsanordnung oder Vorausvermächtnis" nicht nur um die Obstbaumwiese des Erblassers geht,

---

168 Vgl. *Siegel*, S. 25 ff.

169 *Baumann*, ZEV 2004, 108 (111); *Happe*, Schiedsgerichtsklauseln, S. 86.

170 *Breidenbach*, S. 21; ebenso: *Ade/Alexander*, S. 69 ff., die innerhalb des Spektrums der konsensualen Streitbeilegungsverfahren diverse „Hybridmodelle" beschreiben; *Dendorfer/Lack*, SchiedsVZ 2007, 195 (200); *Engel*, Collaborative Law, S. 24 ff.

sondern um ein Grundstück, das als sogenanntes „Bauträgergrundstück“ nicht nur dessen Verkehrswert, sondern auch das Konfliktbarometer ansteigen lässt?

B. Der Begriff des erbrechtlichen Konflikts

I. Der erbrechtliche Konflikt im engen Sinne

Was ist unter einem erbrechtlichen Konflikt zu verstehen? § 1922 Abs. 1 Hs. 1 BGB definiert den Erbfall als „Tod einer Person“. Es wäre somit denkbar, als erbrechtlichen Konflikt einen Konflikt zu sehen, der aus einem Erbfall erwächst.

Alle Konflikte zwischen den Erben, die in § 1922 Abs. 1 Hs. 2 BGB als diejenigen Personen definiert werden, auf die das Vermögen des Erblassers als Ganzes übergeht, nur wegen ihrer Erbenstellung als erbrechtliche Konflikte zu bezeichnen, überzeugt nicht so recht. Was, wenn zwei Erben einen Konflikt haben, weil der Erbe A dem Erben B mit seinem Fahrrad dessen Porsche verkratzt hat? Offenkundig ist dies kein *erbrechtlicher Konflikt*. Was ist beispielsweise mit Streitigkeiten zwischen den Erben und einem Gläubiger des Erblassers, dessen Forderung sich gegen den Nachlass richtet? Dadurch, dass die Erben Rechtsnachfolger des Erblassers geworden sind, kann der „erbrechtliche“ Aspekt des Konflikts nicht ausgeklammert werden. Vielleicht verlangt der Gläubiger ein Inventar nach § 1994 BGB oder stellt einen Antrag auf Nachlassverwaltung nach § 1981 Abs. 2 BGB. Der Erbe tritt dem entgegen. Hier muss von einem erbrechtlichen Konflikt gesprochen werden.

In Anlehnung an die Ausführungen *Muschelers*[171] und *Löhnigs*[172] zu dem Begriff der erbrechtlichen Ansprüche im Zusammenhang mit § 197 Abs. 1 Nr. 2 BGB a. F. müssen erbrechtliche Konflikte als Konflikte bezeichnet werden, die ihren Konfliktgrund in einem erbrechtlichen Rechtsverhältnis haben. Ein erbrechtliches Rechtsverhältnis ist ein Rechtsverhältnis, das durch das objektive Erbrecht geregelt ist. *Muscheler* bezeichnet das objektive Erbrecht als „[...] Inbegriff derjenigen Rechtsnormen, die die dem Privatrecht angehörenden und im weitesten Sinne vermögensrechtlichen und nachlassbezogenen Folgen des Todes eines Menschen regeln“[173]. Der erbrechtliche Konflikt ist somit ein Konflikt, dessen Konfliktgegenstände[174] Ansprüche der Streitparteien sind, die

171 *Muscheler*, Erbrecht, Band 1, § 6 Rn. 81 f.

172 *Löhnig*, ZEV 2004, 267 (268 ff.).

173 *Muscheler*, Erbrecht, Band 1, § 6 Rn. 81.

174 Zur Unterscheidung der Begriffe Konfliktgegenstand und Konfliktursache: unten 2. Kapitel § 3 C. und D.

in den erbrechtlichen Rechtsverhältnissen der Parteien gründen. Der erbrechtliche Konflikt ist damit eine bürgerliche Rechtsstreitigkeit oder Angelegenheit der freiwilligen Gerichtsbarkeit im Sinne des § 13 Hs. 1 Alt. 1 GVG. Der erbrechtliche Konflikt, der aus einem erbrechtlichen Rechtsverhältnis herrührt, soll im Folgenden als „erbrechtlicher Konflikt im engen Sinne“ bezeichnet werden.

II. Der erbrechtliche Konflikt im weiten Sinne

Gerade Konflikte im Themenfeld „Erben und Vererben“ sind jedoch nicht immer Konflikte, die aus einem erbrechtlichen Rechtsverhältnis herrühren.

Beispielsfall 3: M ist Alleinerbe seiner verstorbenen Ehefrau E geworden. Tochter T ist als Schlusserbin benannt. Das Testament der Eheleute beinhaltet eine freie Abänderungsklausel. T hat von M nach dem Tod der E einen Geldbetrag bekommen, der annähernd ihrem Pflichtteilsanspruch nach E entspricht. Einige Jahre später will M sein Haus an den Nachbarn N verschenken und sich ein Wohnungsrecht vorbehalten. Als T dies erfährt, macht sie M Vorwürfe und will „ihren Erbteil heraus“. Sie hat Angst, dass beim Tod des M nichts mehr übrig ist. – Zwischen M und T besteht kein erbrechtliches Rechtsverhältnis. Dennoch: Die Parteien haben offensichtlich einen Konflikt. Einer Klage der T fehlt das Rechtsschutzbedürfnis, da sie unter keinen Umständen mit ihrem prozessualen Begehren irgendeinen schutzwürdigen Vorteil erlangen kann.[175]

Beispielsfall 4: S führt ihrem Nachbarn N seit Jahren den Haushalt. Für die Unterstützung bekommt sie nur etwas Geld „auf die Hand“, weshalb ihr der alleinstehende N mündlich zusagt, sie in seinem Testament zu bedenken. N stirbt. Er vererbt alles einer Nichte Z, mit der er seit Jahren keinen Kontakt hatte. S ist enttäuscht. „Leider kein Anspruch“, lautet die Aussage des Rechtsanwalts im Erstberatungsgespräch. S ärgert sich, dass sie sich nie „etwas Schriftliches“ von N geben ließ. Z ist nicht bereit, S irgendeinen Betrag zu bezahlen. S findet das unfair. Sie habe viel getan und wenig Geld erhalten.

Konflikte, die aus dem Themenbereich „Erben und Vererben“ stammen, ohne auf einem erbrechtlichen Rechtsverhältnis zu beruhen, müssen als erbrechtliche Konflikte im weiten Sinne bezeichnet werden. Der Begriff „im weiten Sinne“ soll verdeutlichen, dass der Konflikt seine Konfliktursache in Interaktionen des Erblassers oder der später am Erbfall Beteiligten hat, die an irgendeiner Schnittstelle mit dem Thema „Erben und Vererben“ zu tun haben. Hier fallen beispielsweise Konflikte darunter, die von als „vorweggenommene Erbfolgen“ deklarierten

175 BGH 28.03.1996 – IX ZR 77/95.

lebzeitigen Zuwendungen ausgelöst werden. Des Weiteren Konflikte, die ihren Ursprung darin haben, dass der Erblasser andere Vorstellungen von der Verwendung seines Vermögens hat als seine Abkömmlinge oder anders testieren möchte, als die nahen Familienangehörigen möchten. Diese Konflikte sind zahlreich und dürfen nicht unterschätzt werden.

Das materielle Erbrecht verschiebt die Geltendmachung von Ansprüchen häufig auf die Zeit nach dem Tod des Erblassers. Erst dann entstehen Rechtsverhältnisse, die Ansprüche entstehen lassen und die Durchsetzung der Ansprüche ermöglichen. Hierunter fallen beispielsweise die Ansprüche gegen den Beschenkten aus §§ 2287, 2288 BGB. Auch der Anspruch aus § 2329 BGB gegen den Beschenkten ist darunter zu zählen, ebenso wie die Ansprüche aus § 2113 Abs. 1 und Abs. 2 BGB, die sich erst nach dem Eintritt des Nacherbfalls ergeben.

Von vorstehenden Fällen zu unterscheiden sind die Fälle, in denen sich die Streitparteien der rechtlichen Relevanz ihres Konflikts zwar bewusst sind, aber aus verschiedenen Gründen den Konflikt nicht nach außen tragen wollen oder können. *Felstiner/Abel/ Sarat* beschreiben in einem Artikel, dessen Titel *Naming, Blaiming, Claiming* lautet, einen Konfliktverlauf, der an die persönliche Entwicklung der betroffenen Partei geknüpft ist und von dem ersten Gefühl einer Ungerechtigkeit, der anschließenden Verbindung dieses Gefühls der Ungerechtigkeit mit einer bestimmten Person oder Personengruppe und daraus folgend der aktiven Kontaktaufnahme mit dieser Person oder Personengruppe verläuft.[176] Die empirischen Forschungen von *Felstiner/Abel/Sarat* betrafen Lebenslagen, in denen betroffene Personen die Ungerechtigkeit nicht länger schweigend hinnahmen, sondern aktiv wurden und den Konflikt von einem latenten Konflikt in einen manifesten Konflikt umwandelten. Aktuell dürften unter *Naming, Blaiming, Claiming* die unter dem Hashtag MeToo[177] stattfindenden Veröffentlichungen zu subsumieren sein.

---

176 *Felstiner/Abel/Sarat*, Disputes, S. 631 ff.

177 Vgl. Handelsblatt vom 13.10.2018: „Ein Jahr #MeToo – Das hat sich in deutschen Dax-Konzernen verändert“: https://www.handelsblatt.com/unternehmen/beruf-und-buero/the_shift/sexismus-ein-jahr-metoo-das-hat-sich-in-deutschen-dax-konzernen-veraendert/23169032.html?ticket=ST-6683810-sNcC9TBDLYefNBH5hi1J-ap2 (Internet: abgerufen am 22.07.2019).

III. Die Justiziabilität des erbrechtlichen Konflikts

Erbrechtliche Konflikte, die auf einem erbrechtlichen Rechtsverhältnis beruhen, bei denen es sich somit um erbrechtliche Konflikte im engen Sinne handelt, sind im Regelfall justiziabel.

Unter Justiziabilität soll hier verstanden werden, dass ein Sachverhalt einer Beurteilung durch ein ordentliches Gericht zugänglich ist. Ein Konflikt selbst ist kein Rechtsverhältnis, sondern eine Lebenslage, in der sich mehrere Beteiligte befinden, bei denen gegenteilige Interessen aufeinanderstoßen, die betroffenen Beteiligten sich dessen bewusst sind und wissen oder aktiv umsetzen, dass die Durchsetzung ihrer Interessen die Interessen der anderen Partei einschränkt oder stört. Ein Konflikt kann aus einem Rechtsverhältnis erwachsen. Handelt es sich um ein bestehendes Rechtsverhältnis, ist der Konflikt in Bezug auf die Konfliktgegenstände, die dem Rechtsverhältnis zugehören, justiziabel. Dies bedeutet, dass rechtliche Kriterien zur Verfügung stehen, um das Rechtsverhältnis und somit auch die Konfliktgegenstände, die diesem Rechtsverhältnis erwachsen, zu beurteilen.

Ein Konflikt im weiten Sinne aus dem Umfeld „Erben und Vererben", der nicht auf einem bestehenden Rechtsverhältnis basiert, ist im Regelfall nicht justiziabel. Es gibt keine Anspruchsgrundlage, die eine Konfliktpartei geltend machen kann. Eine Klage ist unschlüssig.

Dies führt oftmals dazu, dass nicht justiziable Konflikte in justiziable transformiert werden, indem der Fokus von dem subjektiven Empfinden eines Beteiligten auf einen objektiven Sachverhalt verschoben wird. Zwei Fallvarianten zu den Beispielsfällen 3 und 4 sollen dies verdeutlichen.

Fallvariante (zum Beispielsfall 3): T regt eine Betreuung an und führt aus, sie habe den Eindruck, V habe keinen Überblick über seine Finanzen und gefährde sein Vermögen. Tatsächlich geht es ihr vielleicht nicht darum, den V unter Betreuung stellen zu lassen. Sie ist vielleicht sogar der Ansicht, V sei gar nicht dement. Sie hat jedoch für den interfamilialen Konflikt keine andere Plattform als das Betreuungs- und das anschließende Beschwerdeverfahren. Sie hofft, dass V, um einer Betreuung zu entgehen, auf ihre Forderungen eingeht. T macht den Konflikt über Umwege gezielt zum Rechtsstreit.

Fallvariante (zum Beispielsfall 4): S überlegt, die Nichtigkeit des Testaments geltend zu machen. Obwohl sie weiß, dass das Testament von N stammt, trägt sie beispielsweise vor, „das habe N auf keinen Fall geschrieben". S macht den Konflikt gezielt zum Rechtsstreit, wobei in Fällen dieser Art oftmals nicht nur die Strategie zugrunde liegt, über einen Vergleich doch noch eine Zahlung zu erhalten, sondern die enttäuschte Konfliktpartei möchte eine Plattform für ihre Enttäuschung aufbauen. Der Konflikt soll nach außen treten.

Dieser Wunsch der Betroffenen, aus der Situation des „da-kann-man-nichts-machen“ herauszutreten, ist fatal. Aus ihm erwachsen oftmals langwierige Rechtsstreitigkeiten, bei denen für den Initiator des Rechtsstreits wenig Erfolgsaussichten bestehen und die erhebliche Kosten verursachen. Kann diese Ausgangslage im Zuge einer erbrechtlichen Konfliktanalyse erkannt werden, ist dies ein wichtiger Schritt zum Verständnis des Konflikts. Ist der Konflikt in seiner Tiefenstruktur verstanden, gestaltet sich die Suche nach Lösungen einfacher.

IV. Resümee

Der Begriff des erbrechtlichen Konflikts kann nicht auf die Konflikte begrenzt werden, deren Konfliktgegenstände Ansprüche der Parteien aus einem erbrechtlichen Rechtsverhältnis sind (erbrechtliche Konflikte im engen Sinn), sondern er muss sich auch auf Konflikte beziehen, deren Konfliktgegenstände zukünftige Rechtsansprüche sind oder deren Konfliktgegenstände im Themenumfeld „Erben und Vererben“ liegen, die aber (noch) nicht justiziabel sind (erbrechtliche Konflikte im weiten Sinn). Nur diese Erweiterung des Begriffs des erbrechtlichen Konflikts kann dazu führen, dass Konfliktparteien auch bei nicht justiziablen Konflikten die Chance haben, diesen Konflikt zu thematisieren, und nicht von vornherein gezwungen sind, den Konflikt durch abstruse rechtliche Argumentationen oder aus der Luft gegriffene Behauptungen der Justiziabilität zuzuführen. Des Weiteren werden mit dieser weiten Definition auch Konflikte *vor* dem Erbfall umfasst, bei denen nicht nur auf die spätere Entstehung von Ansprüchen, wie bei §§ 2113 Abs. 1 und Abs. 2, 2287, 2288, 2325, 2326, 2329 BGB, fokussiert wird, sondern das Verhalten des Erblassers von den möglichen Erben oder möglichen Enterbten als ungerecht und damit als konfliktauslösend empfunden wird. Diese Situationen entstehen sehr häufig im Zusammenhang mit Testamentsgestaltungen, lebzeitigen Zuwendungen und Vorsorgefragen.

Gerade im Zusammenhang mit Überlegungen, die nicht nur die rechtliche Lösung eines Konflikts aus dem Themenumfeld „Erben und Vererben“, sondern den Konflikt, mithin seine Beteiligten, seine Ursachen und seinen Verlauf in den Mittelpunkt der Betrachtung stellen, muss von einem weiten Konfliktbegriff ausgegangen werden.

§ 3 Die Analyse erbrechtlicher Konflikte

A. Einleitung

Die Beschäftigung mit erbrechtlichen Konflikten im weiten Sinne stellt den Alltag des erbrechtlich tätigen Rechtsanwalts dar. Ausgehend von dem Ansatz des *best practice* wird der Anwalt in Bezug auf den geschilderten Konflikt überlegen, welche Strategie zu dem besten Ergebnis führt. Dazu muss er sich viele Fragen stellen: Muss irgendeine rechtliche Frage zwingend gerichtlich entschieden werden? Überfordert es die Streitparteien in Bezug auf ihr Verständnis oder ihre finanziellen Möglichkeiten, in einen Prozess „echter Rechtsfortbildung"[178] involviert zu werden? Kommt eine außergerichtliche Einigung in Betracht? Wer sind die am Konflikt (tatsächlich) Beteiligten? Welche Absichten haben sie? Wie sind die familialen Beziehungen? Gab es frühere Erbfälle, die latent Konfliktpotenzial ausstrahlen? Wie hat sich der Konflikt entwickelt? Warum ist die Streitpartei jetzt beim Anwalt?

Diese Konfliktorientierung dient nicht nur der Absicherung der erbrechtlichen Beratung, sondern sie führt dazu, dass der Konflikt in seinen unterschiedlichen Facetten und seinem Verlauf verstanden wird und die Konfliktstrukturen erkannt werden. Bei manchen erbrechtlichen Konflikten sind die Konfliktstrukturen ungewöhnlich, bei manchen „typisch". Manches erstaunt: etwa wenn „typische" Konflikte auch in einem anderen kulturellen Umfeld auftauchen.

Beispielsfall 5: Eine 23-jährige Türkin, modern westlich gekleidet und ohne Hidschāb, schildert in der Erstberatung, ihr Vater sei überraschend verstorben. Ein Testament gebe es nicht. Der Vater war zum zweiten Mal verheiratet. Sie stamme aus der ersten Ehe des Vaters. Weitere Abkömmlinge habe der Vater nicht. Die zweite Ehefrau des Vaters, der mehrere Restaurants betrieb, ist ebenfalls Türkin. Sie trägt Nikab. Sie teilte der Mandantin auf deren Nachfrage mündlich mit, es sei „leider gar nichts im Nachlass, außer Schulden", führt jedoch ihren Alltag finanziell blendend ausgestattet weiter. – Auch hier kann eine Konfliktanalyse weiterführen. Seit wann war der Erblasser zum zweiten Mal verheiratet. Hatte die Mandantin Kontakt zum Vater? Hat die zweite Ehefrau selbst einseitige Abkömmlinge? Gab es schon früher Konflikte? Was halten die zwei Frauen voneinander?

178 Hierunter soll eine Entscheidung über eine rechtliche Frage verstanden werden, die obergerichtlich noch nicht entschieden ist und deshalb zwingend den Instanzenzug erfordert.

Die Konfliktanalyse stellt einen wichtigen Schritt auf dem Weg zu einer Konfliktlösung dar. Sie dient der Vorbereitung des gerichtlichen Verfahrens und der Klärung der Frage, ob ein außergerichtliches Konfliktlösungsverfahren in Betracht kommt. Über eine gezielte Konfliktanalyse kann der Rechtsanwalt die Motive und Ziele der eigenen Streitpartei erkennen und über einen passenden rechtlichen Ansatz versuchen, diese zu erreichen. Er kennt jedoch die Motive und Ziele der anderen Streitpartei nicht vollumfänglich. Diese können anhand des außergerichtlichen Verhaltens der anderen Streitpartei und den Schriftsätzen angenommen werden, bleiben aber Hypothese. Erst wenn die andere Streitpartei und deren Anwalt die Karten auf den Tisch legen, können diese Kenntnisse zu den Hintergründen des Konflikts, den Konfliktbeteiligten, den Konfliktursachen und den Konfliktgegenständen Handlungs- oder Einigungsanforderungen antizipieren.

Konfliktanalysen im Themenbereich „Erben und Vererben" sind schwierig, da Konflikte vielschichtig sind. Im Regelfall fallen verschiedene Konfliktursachen und Konfliktgegenstände zusammen und bilden ein untrennbares Ganzes. Die in den Schriftsätzen erbrechtlicher Klagen geschilderten Sachverhalte sind oftmals sehr komplex. Sie können mehrere Beteiligte, diverse Interaktionen aus verschiedenen Zeiträumen, auch vor dem Erbfall, betreffen und bergen trotz des Versuchs der beteiligten Juristen, die Sachverhalte emotional „zu bereinigen", erkennbar schwere Beziehungsstörungen der Streitparteien. Diese Komplexität der Sachverhalte erschwert die Sicht auf die tatsächlichen Konfliktgegenstände und die Konfliktursachen.

B. Konfliktparteien

Bei erbrechtlichen Auseinandersetzungen werden als Hauptkonfliktparteien genannt: Erben, Miterben, enterbte Pflichtteilsberechtigte, Enterbte, die keinen Pflichtteilsanspruch haben, Erbprätendenten, Vermächtnisnehmer, (häufig) Testamentsvollstrecker, (manchmal) Nachlasspfleger, (selten) Auflagenbegünstigte. Diese Aufzählung ist nicht abschließend. Der Fokus kann auf weitere Personen erweitert werden: auf Angehörige aus dem familialen Umfeld, die eine (unklare) Rolle spielen, Koalitionen eingehen und diese wieder aufkündigen, auf Dritte, die beratend und abratend tätig sind, sowie Dritte, die nur eine latente, aber dafür nicht unbedeutende Rolle spielen.

Beispielsfall 6: Erblasser M ist nach langer Krankheit verstorben. Er war in zweiter Ehe mit B verheiratet. Mit seiner ersten Ehefrau F hatte er ein Berliner Testament erstellt. Schlusserbe sollte der einzige Abkömmling Sohn S sein. Das Berliner Testament hatte keine Abänderungsklausel und beinhaltete einen

Verzicht auf das Anfechtungsrecht nach § 2079 BGB. M, schon schwer krank, schließt mit B einen Pflegevertrag und überträgt ihr ein Baum- und Wiesengrundstück, das er selbst von seiner verstorbenen Ehefrau geerbt hatte. Nach seinem Tod verlangt S das Grundstück von B heraus. Er erhebt sofort Klage. Nach Prüfung der Rechtslage durch den Rechtsanwalt der B, die über § 2287 zu der Frage führt, ob der Pflegevertrag „hält", stellt sich die weitere Frage, warum S unbedingt die Baumwiese will. Will er sie nutzen, will er sie verkaufen oder wird sie Bauland? – Durch eine gründliche Konfliktanalyse, die sich auch mit der Frage auseinandersetzte, wer genau die am Konflikt (nicht am Klageverfahren) Beteiligten sind, stellte sich heraus, dass das aus dem Erbe der F stammende Grundstück unmittelbar neben dem Wohnhaus der Schwester der F liegt und vor vielen Jahrzehnten im Zuge der Erbauseinandersetzung nach dem Tod der Eltern der F auf diese übertragen wurde. Die Schwester erhielt das Nachbargrundstück mit dem Wohnhaus. Sie nutzt das streitgegenständliche Grundstück als Garten. Sie und S haben einen guten Kontakt. S soll seine kinderlose Tante beerben. Er möchte bei ihr gut dastehen. Die Schwester der F ist somit als weitere (indirekte) Konfliktbeteiligte in den Konflikt involviert. Sicherlich sind ihre Wünsche und Bedürfnisse nicht von rechtlicher Relevanz und werden in dem gerichtlichen Verfahren keine Rolle spielen. Dennoch beeinflusst sie, obwohl sie nicht nach außen auftritt, das Verhalten einer Streitpartei.

Es ist wichtig, dass auch indirekte Konfliktbeteiligte erkannt und ihre Rolle bei der Konfliktbearbeitung berücksichtigt werden.

C. Konfliktgegenstände

I. „Konkrete und abstrakte" Konfliktgegenstände

Erbrechtliche Konfliktgegenstände werden zumeist mit den üblichen Nachlassgegenständen wie Geld, Immobilien, Rechte, Mobilien oder mit den Ansprüchen, die den am Erbfall Beteiligten gemäß den erbrechtlichen Normen des BGB zustehen, gleichgesetzt. Hier ist beispielsweise an folgende Konfliktgegenstände zu denken: Ausgleichungsansprüche (§§ 2050 ff., 2057 a BGB), Auseinandersetzungsansprüche (§ 2042 BGB), Ansprüche auf gemeinschaftliche Verwaltung der Nachlassgegenstände (§ 2038 BGB), Pflichtteilsansprüche (§§ 2303, 2325 ff. BGB), Auskunftsansprüche (§§ 2057, 2127, 2314 BGB), Herausgabeansprüche aus Erbschaftsbesitz (§ 2018 BGB), Ansprüche aus lebzeitigen Zuwendungen gegen Dritte (§§ 2287, 2288, 2339 BGB). Die Liste ist lang. Sie umfasst aber bis jetzt nur die Konfliktgegenstände, die aus erbrechtlichen Rechtsverhältnissen erwachsen. Diese Konfliktgegenstände sollen im Folgenden als „konkrete"

Konfliktgegenstände bezeichnet werden. Sie korrelieren mit dem erbrechtlichen Konfliktbegriff im engen Sinne.

Grundsätzlich kann ein Konfliktgegenstand jedoch alles sein, an dem die Streitparteien ein Interesse formulieren können. Diese Konfliktgegenstände sollen als „abstrakt" bezeichnet werden. Sie korrelieren mit dem Konfliktbegriff im weiten Sinne. Hierbei kann es sich um unterschiedliche Wertvorstellungen der Streitbeteiligten oder um unterschiedliche Vorstellungen der Streitbeteiligten über den weiteren Verlauf der Erbauseinandersetzung handeln. Unter den Begriff der „abstrakten" Konfliktgegenstände können auch unterschiedliche Gerechtigkeitsvorstellungen der Streitparteien subsumiert werden. Gerade die „abstrakten" Konfliktgegenstände müssen gründlich erforscht und bearbeitet werden. Die Streitparteien streiten über diese Konfliktgegenstände im Regelfall nicht unmittelbar, sondern verbrämen diese mittelbar durch ihre Auseinandersetzungen über die „konkreten" Konfliktgegenstände.

Beispielsfall 7: Die verwitwete O ist verstorben. In ihrem Testament setzt sie ihre beiden Enkel E1 und E2 zu ihren Alleinerben je zur Hälfte ein. Ihre noch lebende Tochter T (einziges Kind) ist dadurch enterbt und macht ihren Pflichtteilsanspruch geltend. Die familiale Beziehung zwischen T und E1 und E2 war schon seit geraumer Zeit vollständig zerrüttet. Nach dem Tod der O, die zu ihrer Tochter T ebenfalls ein sehr schlechtes Verhältnis hatte, bildet sich eine Koalition zwischen T und E1. Da E2 angeblich von O Schenkungen in erheblichem Umfang bekommen haben soll, was dieser bestreitet, sind T und E1 der Ansicht, dass es gerecht wäre, den Pflichtteil der T allein aus dem Erbteil des E2 zu generieren. T geht nun ausschließlich gegen E2 vor. Sie verlangt Auskunft, eidesstattliche Versicherung und Zahlung. Des Weiteren verlangt sie eine Inventarerrichtung mit Abgabe einer eidesstattlichen Versicherung. Währenddessen erhebt E1 gegen E2 verschiedene Klagen auf Auskunft und Rückzahlung diverser Beträge an die Erbengemeinschaft. – Dieser „Kriegserklärung" des E1 gegenüber E2 liegt nicht nur ein gewöhnlicher Verteilungskonflikt zugrunde, sondern ein Konflikt zwischen rivalisierenden Kindern um die Sympathie der gemeinsamen Mutter. Der eigentliche Konfliktgegenstand ist die Stellung der Streitbeteiligten im System Familie. Der Konflikt um diesen Konfliktgegenstand wird mithilfe verschiedener „konkreter" Konfliktgegenstände ausgetragen. Es muss darüber nachgedacht werden, ob die Geltendmachung der diversen Ansprüche, somit die einzelnen Streitigkeiten in Bezug auf die „konkreten" Konfliktgegenstände, nicht tatsächlich nur „Hilfsmittel" sind, um die jeweiligen Ziele in Bezug auf den eigentlichen Konfliktgegenstand zu erreichen.

II. „Konstantsummen"-Konfliktgegenstände

Es gibt erbrechtliche Konfliktgegenstände, bei denen die Akteure widersprechende Interessen haben. Typisch hierfür sind Abwicklungskonflikte bei Erbengemeinschaften: Miterbe A will das Haus des Erblassers verkaufen, Miterbe B will es übernehmen. Miterbin C will Liquidität verteilen, Miterbin D ist dagegen. Sie meint, C habe vor vielen Jahren eine Immobilie bekommen, die müsse erst geschätzt und dann „angerechnet" werden.

Unkooperatives Verhalten der Parteien führt in solchen Fällen zu gesperrten Nachlasskonten, Geltendmachung von Auskunftsansprüchen, Anträgen auf Teilungsversteigerung zur Aufhebung der Gemeinschaft, Verzögerungen bei der Erfüllung von Pflichtteilsansprüchen oder Vermächtnissen mit teilweise erheblichen Weiterungen. Hier können die Parteien durch ein kooperatives Verhalten eine zügige Auseinandersetzung der Erbengemeinschaft, die Vermeidung von Rechtsstreitigkeiten mit Dritten oder die Vermeidung von Teilungsversteigerungen gewinnen. Der Grund für den Erfolg der Kooperation liegt darin, dass die Parteien nicht nur ihre Ziele erreichen, sondern durch die Kooperation einen erkennbaren Nutzungszuwachs erfahren, der beispielsweise in der Vermeidung von Rechtsverfolgungskosten und einer zügigen Verteilung des Nachlasses liegt. Konflikte dieser Art haben oft eine Reihe streitiger Rechts- und Sachverhaltsfragen. Bildlich gesprochen geht es um die Verteilung des Inhalts des „Topfes Nachlass" mit den üblichen Verteilungsfragen: Wer bekommt mehr und wer bekommt weniger? Das gemeinsame Interesse ist die Verteilung des Nachlasses.

Diese Konflikte unterscheiden sich völlig von Situationen, bei denen die Streitparteien einen Konflikt haben, der dadurch ausgelöst wurde, dass die Parteien dasselbe Primärinteresse haben. Hierbei handelt es sich um Fälle, bei denen das Interesse der einen Partei vollkommen identisch mit dem Interesse der anderen Partei ist. Dies bedeutet, dass der Vorteil des einen Akteurs der Nachteil des anderen Akteurs ist und ein weiteres gemeinsames Interesse nicht ersichtlich ist. Typisch hierfür ist der streitige Erbenstatus, der entweder im Zuge eines Erbscheinverfahrens oder durch eine Erbenfeststellungsklage geklärt werden muss. Gewinnt der eine, verliert der andere. Solche kompetitiven Situationen liegen beispielsweise auch vor, wenn streitig ist, ob ein Vermächtnis rechtswirksam angeordnet wurde oder ob der Akteur, der einen Pflichtteilsanspruch geltend macht, tatsächlich von dem Erblasser abstammt.

Diese Situationen können mit dem aus der Spieltheorie stammenden Begriff des Konstantsummen-Spiels beschrieben werden. Ein Konstantsummen-Spiel liegt vor, wenn die Interessen der einen Partei vollständig identisch mit den Interessen der anderen Partei sind und die Situation sich so darstellt, dass der

Gewinn des einen der Verlust des anderen ist. *Esser* nennt diese Situationen „strikt kompetitiv“[179]. Diese Situation, in der der Gewinn des einen notwendigerweise einen Verlust des anderen nach sich zieht, bezeichnet Esser als „reinen Konflikt“[180].

Erbrechtliche Konflikte stammen häufig aus der Kategorie dieser – um bei *Essers* Terminus zu bleiben – „reinen Konflikte“. Konflikte dieser Art lassen sich mit der Spieltheorie besser verstehen, aber nicht lösen. Es ist schwierig, für diese Konflikte eine Lösung zu finden. Dies gilt insbesondere, wenn die rechtlichen Konsequenzen der jeweiligen Sachverhalte klar sind, aber die Frage, wer in dem Konflikt obsiegt, nur davon abhängt, wer die Beweislast hat und ob der betreffende Akteur den Sachverhalt zur Überzeugung des Gerichts beweisen kann.

Beispielsfall 8: Die hochbetagte A schreibt im Pflegeheim wenige Tage vor ihrem Tod handschriftlich ein Testament und setzt ihren Sohn S zum Alleinerben ein. Sie weicht damit von einem früheren Testament ab, in welchem sie ihren Sohn S und ihren Enkel E, den Sohn ihrer vorverstorbenen Tochter, als Erben zu je ½ eingesetzt hat. E macht geltend, die Großmutter sei zum Zeitpunkt des Testierens vollständig dement gewesen. Das sei allgemein bekannt gewesen. Für den Enkel geht es um „viel oder nichts“. Seine verstorbene Mutter hatte vor vielen Jahren einen rechtswirksamen Pflichtteilsverzicht für sich und ihre Abkömmlinge unterschrieben. Von dem Sohn der Erblasserin gibt es eine E-Mail an seinen Neffen, die er drei Monate vor der Erstellung des neuen Testaments durch A an diesen geschrieben hatte. In der E-Mail schreibt er unter anderem, die A sei zwischenzeitlich so dement, dass sie ihn bei Besuchen gar nicht mehr erkenne. Nach einer ausführlichen Beweiserhebung, bei der die Hausärztin der A aussagt, die A sei bis zu ihrem Tod nicht dement gewesen, und auch der Gutachter nach Auswertung der Krankenunterlagen der A zu dem Ergebnis kommt, eindeutige Hinweise auf eine Demenz lägen nicht vor, kann die Testierunfähigkeit der A nicht zur Überzeugung des Gerichts bewiesen werden. Obwohl eine der Nachtschwestern des Pflegeheims bei der Beweisaufnahme einen Auszug aus der Pflegeakte der A vorlegt, nach dem diese in der Nacht, bevor sie das Testament

---

179 *Esser*, S. 91: „Es gilt immer nur, einen in der Summe *konstanten* Betrag umzuverteilen. Und da rationale Egoisten möglichst ihren Nutzen mehren wollen, *muß* sich ihr Handeln darauf richten, eine Situation anzustreben, die – aufgrund der Struktur der konstanten Summe des insgesamt zu verteilenden Betrages – notwendigerweise den anderen in dem Maße benachteiligt, wie er selbst einen Vorteil zieht.“

180 *Esser*, S. 95.

schrieb, um 1:00 Uhr auf dem Gang angetroffen wurde, weil sie zum Frühstück gehen wollte, geht das Gericht von der Wirksamkeit des Testaments aus.

Hier zeigt sich deutlich die vollständig kompetitive Situation: War A bei der Errichtung des Testaments nicht testierfähig, ist das letzte Testament nichtig. Für S geht es um den Unterschied, entweder Alleinerbe zu sein oder Miterbe zur Hälfte. Für E geht es darum, entweder Miterbe zur Hälfte zu sein oder nichts zu bekommen. Die Konstantsummen-Situation führt zu einem feindlichen Verhalten der Parteien. Die Aufrechterhaltung der familiären Beziehung zwischen Onkel und Neffe interessierte die Parteien nicht. Der Neffe lebt in den USA. Es ging um viel Geld. Rechtlich scheiterte die Zielerreichung des E daran, dass die Beweislast für die Testierunfähigkeit eines Testierenden derjenige trägt, der sich auf die Ungültigkeit der letztwilligen Verfügung beruft,[181] und das Gericht bei nicht behebbaren Zweifeln von der Testierfähigkeit ausgeht.[182] Auch im Erbscheinverfahren trägt die das Testament angreifende Partei, trotz des Amtsermittlungsgrundsatzes, die Feststellungslast.

Die Schwierigkeit, in solchen Fällen eine einvernehmliche Konfliktlösung zu finden, ist offensichtlich. Warum sollte sich S auf einen Dialog einlassen? Für ihn sah die Sache von Anfang an gut aus. Hätte dagegen E ein Gutachten über die fortgeschrittene Demenz der A aus dem Zeitraum vor der Testamentserstellung in Händen gehabt, sähe er keinen Anlass für einen Dialog mit S. Insbesondere stellt sich die Frage, wie eine Lösung des Konflikts aussehen könnte. Die Erbenstellung ist nicht disponibel.[183] Ob die Voraussetzungen für einen

---

181 BayObLG, Beschluss vom 11.04.1996 – 1Z BR 163/95; Palandt/*Weidlich*, BGB, § 2229 Rn. 11; *Schmockel*, NJW 2016, 433 (439).

182 BayObLG, Beschluss vom 03.08.1989 – BReg. 1a Z 56/88: „[…] daß die Erblasserin so lange als testierfähig anzusehen ist, als nicht die Testierunfähigkeit (§2229 Abs. 4 BGB) zur vollen Gewißheit des Gerichts feststeht, denn es gilt der Grundsatz, daß die Störung der Geistestätigkeit die Ausnahme bildet […]".

183 OLG Oldenburg, Urteil vom 10.09.2009 – 1 U 36/09, das feststellt, eine von der tatsächlichen Erbfolge abweichende vertragliche Regelung zur Erbenbestimmung sei nicht wirksam. Diese könne jedoch als schuldrechtliche Verpflichtung anzusehen sein, „[…] durch Rechtsgeschäft unter Lebenden die bei entsprechender Erbenstellung bestehende Vermögenslage herbeizuführen, dem begünstigten Beteiligten also den Nachlass […] zu übertragen und damit das von den Beteiligten bei Vertragsschluss übereinstimmend gewollte Ergebnis herbeizuführen" (OLG Oldenburg, a. a. O. LS 1); Reichsgericht, Urteil vom 23.11.1909, Rep. VBII. 91/09, das die Anerkennung der streitigen Erbenposition eines Erbprätendenten durch einen anderen Erbprätendenten als eine „Erbschaftsveräußerung" ansieht.

Auslegungsvertrag vorliegen, muss im Einzelfall geprüft werden.[184] Eine anwaltliche Beratung wird die rechtlichen Optionen aufzeigen: Abschluss einer schuldrechtlichen Vereinbarung über eine Vermögensübertragung oder Abschluss eines beurkundungspflichtigen Erbschaftskaufs oder die Leistung einer Abfindungszahlung.[185] Es ist den Streitparteien nicht zu verdenken, wenn sie sich für die gerichtliche Klärung der Angelegenheit entscheiden. Dies wird in einem solchen Fall richtigerweise auch das Ergebnis einer anwaltlichen Beratung sein.

D. Konfliktursachen

I. Allgemeines

„Jedes Ereignis hat seine Ursache, so auch der Konflikt."[186] Diese Aussage dürfte unstreitig sein. Es ist jedoch näher zu betrachten, was unter dem Begriff *Konfliktursache* zu verstehen ist. Hierzu gibt es unterschiedliche Ansichten.

Nach *Delhees* können die Ursachen von Konflikten in drei Bereichen angesiedelt werden: dem Bereich der Persönlichkeit, dem Bereich der sozialen Beziehungen und dem Bereich des organisatorischen Umfelds. Die persönlichen Konfliktursachen sieht *Delhees* allein in der Persönlichkeit einer Person, wobei er hier nicht nur „veranlagte" Persönlichkeitsmerkmale aufzählt, sondern solche, die der persönlichen Sphäre des Konfliktbeteiligten entstammen. Als Beispiele führt *Delhees* u. a. starke Eigenwilligkeit, frustrierte individuelle Bedürfnisse, mangelnde Anpassungsfähigkeit oder -bereitschaft, Rechthaberei, Ehrgeiz oder starkes Misstrauen auf. Die Konfliktursachen, die nach *Delhees* den sozialen Beziehungen entstammen, beschreibt er beispielsweise mit der fehlenden Anerkennung von Leistungen, einer fehlenden Unterstützung, Überforderung und Abhängigkeiten. Auch hier handelt es sich um Ursachen, die in der persönlichen Sphäre des Konfliktbeteiligten begründet sind, sich aber auf Umstände oder Situationen, an denen auch andere Akteure beteiligt sind, zurückführen lassen. Darüber hinaus nennt *Delhees* organisatorische Konfliktursachen, also die Konfliktursachen, die im Umfeld des Konfliktbeteiligten begründet liegen. Hier zählt

---

184 Vgl. hierzu: BGH, Urteil vom 22.01.1986 – IVa ZR 90/84; Palandt/*Weidlich*, BGB, § 2385 Rn. 2.

185 BFH, Urteil vom 15.06.2016 – II R 24/15. Mit diesem Urteil wurde eine steuerrechtliche Unsicherheit bei der Zahlung von Abfindungen bei Erbenfeststellungsstreitigkeiten beseitigt. „Eine Abfindungszahlung, die der Erbe an den weichenden Erbprätendenten zur Beendigung eines gerichtlichen Rechtsstreits wegen Klärung der Erbenstellung entrichtet, ist als Nachlassverbindlichkeit abzugsfähig".

186 *Delhees*, S. 329.

Delhees Arbeitsüberlastung, ungenaue Instruktionen, unklare Kompetenzen und tiefgreifende Veränderungen oder Umstrukturierungen etablierter Positionen, Rollen oder Stellen auf. Hierunter ist auch die Situation zu subsumieren, dass die Ziele eines Systems und deren Verwirklichung nicht den Bedürfnissen und Zielen der Mitglieder der Systems entsprechen. Hieraus, so *Delhees*, entstehen die klassischen Konflikte.[187]

Moore nennt als Konfliktursachen bestehende oder frühere negative Situationen in Systemen, z. B. der Familie, traumatisierende Ereignisse, fehlende oder falsche Informationen, negative Gefühle, Kommunikationsschwierigkeiten, unterschiedliche Ansichten in Bezug auf Werte, Ziele und Verhaltensweisen, strukturelle Unterschiede wie ungleiche Machtverhältnisse, Eigentumsverhältnisse und unterschiedliche Meinungen in Verteilungsfragen.[188] Als weitere Konfliktursache nennt *Moore* die Uneinigkeit über den Zugang zu Macht oder Einflussnahme oder spiegelbildlich das Fehlen derselben.[189] *Moore* versucht mit seiner Übersicht über mögliche Konfliktursachen keine Typologisierung von Konflikten, sondern verwendet die Übersicht über die möglichen Konfliktursachen, um Streitparteien und Personen, die vermitteln sollen, die Entscheidung über die Frage, welche Konfliktlösungsstrategie am besten geeignet ist, zu erleichtern.[190]

Für diesen Zweck mag die Benennung der vorstehend aufgeführten Konfliktursachen ihre Berechtigung haben. Sie entstammen jedoch sämtlich der subjektiven Sicht der Beteiligten auf die Dinge und ihre Gefühle. Auch die von *Delhees* aufgeführten Konfliktursachen, die den sozialen Beziehungen der Beteiligten oder dem organisatorischen Umfeld entstammen, sind, wie zum Beispiel die Arbeitsüberlastung, unklare Anweisungen und Veränderungen in der Organisation, die der Beteiligte nicht zu tragen bereit ist, Konfliktursachen, die der subjektiven Sicht der Beteiligten und ihren eigenen Gefühlen zuzuordnen sind.

Es soll im Folgenden untersucht werden, ob bei erbrechtlichen Konflikten (im weiten Sinn) die Ursache der Konflikte nur in der subjektiven Sicht der Streitparteien liegt, oder ob sich bestimmte Konstellationen erkennen lassen, die immer wieder, sozusagen „typischerweise“, zu erbrechtlichen Konflikten führen.

187 *Delhees*, S. 329 ff.
188 *Moore*, S. 110 ff.; ebenso: *Besemer* S. 31 f.
189 *Moore*, S. 111.
190 *Moore*, S. 168.

II. Der Begriff der Konfliktursache

Im allgemeinen Sprachgebrauch werden die Begriffe *Ursache, Grund, Bewirkung, Veranlassung* synonym verwendet. Eine Konfliktursache ist demnach ein Ereignis, ein Geschehen oder ein Zustand, durch den ein Konflikt bewirkt oder veranlasst wird. Haben Konflikte Ursachen? Die Beantwortung dieser Frage führt bereits zur ersten Schwierigkeit: Eine erbrechtliche Streitigkeit basiert im Regelfall nicht nur auf einem Grund.

Beispielsfall 9: Alleinerbin E verweigert nach dem Tod ihres Mannes M die Auszahlung des Pflichtteils an dessen einseitigen Abkömmling P. E ist der Ansicht, P müsse sich eine lebzeitige Zuwendung des M anrechnen lassen (Rechts- und Sachverhaltsfrage). E muss ihre ganzen liquiden Mittel für den Pflichtteilsbetrag verwenden (Ängste). E ärgert sich einerseits, dass P nicht mit der Zahlung warten will, bis die in den Nachlass gefallene eheliche Immobilie verkauft ist (Zorn). Andererseits ist sie traurig, dass das Haus, in dem sie mit ihrem Ehemann gelebt hat, verkauft werden muss (Trauer). Sie wirft P vor, er habe sich nie um den schwerkranken M gekümmert, aber jetzt „halte er die Hand auf" (Enttäuschung, Gefühl der Ungerechtigkeit). – Und was ist mit P? Wie stellt sich der Konflikt für ihn dar? P ist überzeugt, E habe auf den Tod des M eine Lebensversicherung ausgezahlt bekommen, die sie ihm neben weiteren Nachlassgegenständen verheimliche (Sachverhalts- und Rechtsfrage, Misstrauen). Der Nachlass sei ohnehin sehr gering, da E zu Lebzeiten des M von diesem Schenkungen erhalten habe (Wut, Enttäuschung, Rechtsfrage). P hätte gerne mit seinem Vater zu dessen Lebzeiten mehr unternommen, aber E habe M, der sich aufgrund seines hohen Alters nicht mehr wehren konnte, isoliert, nachdem sie ihn erfolgreich überredet hatte, sie als Alleinerbin einzusetzen (Trauer, Machtlosigkeit).

Es lässt sich in dem vorliegenden Fall nicht sagen, was die Ursachen des Konflikts und was „Konfliktverstärker" sind. Eine lineare Ableitung des Konflikts aus einer Ursache ist bei erbrechtlichen Streitigkeiten fast nie möglich. Zu Recht weist *Glasl* darauf hin, dass sich im Laufe eines Konflikts bei den Streitparteien die Wahrnehmung darüber, was die eigentliche Konfliktursache war, ändere. Es würden subjektive bzw. objektive Sphären miteinander vermischt und verflochten; klare und eindeutig benennbare Ursache-Wirkungs-Zusammenhänge seien nicht zu bestimmen.[191] Dieser Aussage *Glasls* ist zuzustimmen. Es

191 *Glasl*, S. 209 ff.: Da die Streitparteien zu vereinfachten Erklärungsmodellen (die andere Seite ist die Ursache des Problems) neigten, nennt *Glasl* diesen „Basismechanismus" die „wechselseitige Verflechtung von Ursachen und Wirkungen bei gleichzeitiger Simplifizierung der Kausalitätsbeziehungen".

ist hinzuzufügen, dass gerade diese verwirrenden Ursache-Wirkungs-Zusammenhänge auch für die Konfliktparteien nicht trennbar und somit nicht überschaubar sind. Dies führt zu der hohen Emotionalität, mit der erbrechtliche Konflikt ausgetragen werden.

In Bezug auf den Themenbereich „Erben und Vererben" gibt es – das zeigt die anwaltliche Praxis – nach einem Erbfall bestimmte Konstellationen im familialen Umfeld, bei denen Konflikte verstärkt auftreten. Ebenso kann es vor einem Erbfall Handlungen eines Erblassers geben, bei denen es häufig zu Konflikten im Umfeld des Erblassers kommt. Das heißt nicht, dass es bei diesen Konstellationen *immer* zu Konflikten kommt: Ein Pflichtteilsanspruch wird geltend gemacht und der Betrag, den der Pflichtteilsberechtigte fordert, ohne Streiterei bezahlt. Eine lebzeitige Zuwendung wird selbstverständlich ausgeglichen. Die Schwester S1, die im Ausland lebt, ist erleichtert, dass die Schwester S2 eine transmortale General- und Vorsorgevollmacht für die hochbetagte Mutter hat, widerruft diese auch nach dem Tod der Mutter nicht und vertritt die Ansicht, S2 wird den Nachlass schon fair abwickeln. Dennoch sollen diese „konfliktträchtigen" Konstellationen im Folgenden näher betrachtet werden.

III. Konflikte zu Lebzeiten des Erblassers

1. Lebzeitige Zuwendungen

Lebzeitige Zuwendungen des Erblassers führen oftmals zu Konflikten innerhalb der Familie. Psychologisch und wirtschaftlich ist dies nachvollziehbar. Das bei dem Erblasser existierende und von ihm genutzte Vermögen wird aktiviert und an einen Dritten übertragen. Das kann potenzielle Erben, potenzielle Pflichtteilsberechtigte und auch potenzielle Unterhaltsverpflichtete dazu bringen, sich über die Auswirkungen der lebzeitigen Zuwendungen Gedanken zu machen. Auch wenn Beteiligte diesen Konflikt im persönlichen Bereich mit Vehemenz austragen, ist die Möglichkeit, wirksame rechtliche Schritte zu unternehmen, gleich null. Der Gesetzgeber schützt die allgemeine Handlungsfreiheit des Erblassers. Die bloße Möglichkeit, Erbe zu werden, wird im Regelfall nicht als Rechtsverhältnis im Sinne des § 256 ZPO angesehen,[192] sodass weder auf die Feststellung des Erbrechts geklagt werden kann noch ein schutzwürdiges Interesse der

192 Auf die mögliche bestehende Ausnahme der Zulässigkeit einer Feststellungsklage eines Nacherben, dessen Anwartschaft als Rechtsverhältnis im Sinne des § 256 ZPO anzusehen ist, soll hier nicht eingegangen werden. Hierzu Staudinger/*Avenarius*, BGB, § 2113 Rn. 41 f.

potenziellen Erben besteht, im selbständigen Beweisverfahren durch Einholung eines Sachverständigengutachtens die Geschäftsfähigkeit eines Erblassers klären zu lassen.[193] Unter den Grundsatz der Testierfreiheit wird das Interesse des Erblassers subsumiert, sich nicht schon zu Lebzeiten in Streitigkeiten mit potenziellen Erben verwickeln lassen zu müssen.[194]

Dass sich sowohl die Ansprüche aus Pflichtteilsrechten als auch die Ansprüche aus §§ 2287, 2288, 2329 BGB etc. erst nach dem Tod gegen die Erben oder einen beschenkten Dritten richten können, ist vielen Konfliktparteien bekannt. Deshalb versuchen sie, noch zu Lebzeiten des Erblassers auf diesen einzuwirken. Es werden trotz teilweise bestehender Pflichtteilsstrafklauseln noch nicht verjährte Pflichtteilsansprüche nach dem erstverstorbenen Elternteil geltend gemacht oder es wird mit Kontaktabbruch gedroht. Dieser verbessert die Situation im Regelfall nicht, da der um sein zukünftiges Vermögen bangende Abkömmling dann noch weniger Präsenz zeigt und dadurch bewirkt wird, dass der Erblasser weitere unerwünschte Rechtsgeschäfte tätigt. Lebzeitige Zuwendungen verstoßen oftmals gegen das Gerechtigkeitsgefühl der nichtbeschenkten Angehörigen. Außerhalb der Fälle, bei denen Eltern zur Ausnutzung der Schenkungssteuerfreibeträge gleichermaßen Schenkungen an ihre Kinder tätigen, thematisieren Erblasser, die eine Immobilie an eines der Kinder oder den Ehepartner übertragen möchten, diese Aktion, gerade um Diskussionen und Streit zu vermeiden, oftmals innerhalb der Familie nicht. Nach Eintritt des Erbfalles ist die Enttäuschung bei den nichtbeschenkten Abkömmlingen groß und Streit vorprogrammiert. Dieser wird im Regelfall auf dem „Kriegsschauplatz" Pflichtteilsergänzung geführt. Vielfache höchstrichterliche Rechtsprechung zeigt dies.[195]

2. Testamentsgestaltungen

Konflikte in Familien entstehen oftmals durch das Vorhaben von Eltern oder eines Elternteils, eine Verfügung von Todes wegen zu errichten oder eine bestehende Verfügung von Todes wegen abzuändern. In der Tat gibt es äußerst testierfreudige Erblasser, die – wenn es sich um ein Ehepaar handelt – die Verfügung von Todes wegen, die sie zu Beginn ihrer Ehe errichteten, viele Jahrzehnte

---

193 OLG Frankfurt, Beschluss vom 27.01.1997 – 20 W 21/97 mit w. Nw. zur Testierfähigkeit.

194 Zur Thematik: Feststellungsklagen zu Lebzeiten des Erblassers, vgl. Staudinger/*Kunz*, BGB, § 1922 Rn. 642 ff.

195 BGH, Urteil vom 14.03.2018 – IV ZR 170/16; BGH, Urteil vom 29.06.2016 – IV ZR 474/15; BGH, Urteil vom 27.04.1994 – IV ZR 132/93; BGH, Urteil vom 17.09.1986 – IV a ZR 13/85.

unverändert lassen, dann aber in einen Änderungsmodus verfallen und alle zwei oder drei Jahre die Verfügung von Todes wegen abändern. Es werden erbrechtlich komplexe Regelungen aufgenommen, wie beispielsweise das Zweckvermächtnis mit Drittbestimmungsrecht des länger lebenden Ehepartners, Vermächtnisse für die Kinder, die an die Wiederverheiratung des länger lebenden Ehepartners geknüpft sind, oder es wird nachträglich versucht, lebzeitige Zuwendungen an einen der Abkömmlinge gleichzustellen. Eigentümlich ist, dass nicht selten bei mehrfachem Testieren die Kompliziertheit der juristischen Konstruktionen zunimmt, was im Hinblick auf das ebenso zunehmende Alter der Testatoren manche Fragen zur Testierfähigkeit aufwirft.[196] Die Erblasser

196 Vgl. *Muscheler*, Erbrecht I, § 25 Rn. 1665 ff., zur Abgrenzung von partieller Testierfähigkeit und relativer Testierfähigkeit. Unter dem Begriff *relative Testierfähigkeit* ist eine Testierfähigkeit zu verstehen, die davon abhängt, ob und in welchem Umfang die geistigen Fähigkeiten des Erblassers ausreichen, um den Schwierigkeitsgrad einer konkreten Verfügung von Todes wegen verstehen zu können. *Muscheler* weist auf die durch eine relative Testierunfähigkeit entstehende Rechtsunsicherheit hin. Staudinger/*Baumann*, BGB, § 2229 Rn. 19a, vertritt die Auffassung, der Gesetzeswortlaut des § 2229 Abs. 4 BGB stehe einer relativen Testierfähigkeit nicht entgegen. Insbesondere in Bezug auf unter Betreuung stehenden Personen, die häufig kognitiv eingeschränkt, aber nicht per se testierunfähig seien, sieht er die Notwendigkeit der Anerkennung einer relativen Testierfähigkeit. *Baumann* schlägt allerdings keine konkrete Regelung vor, da auch er im Hinblick auf die Frage nach der entstehenden Rechtsunsicherheit keine Lösung hat. In praxi muss sich bei Bejahung einer relativen Testierfähigkeit die Frage stellen, wie die Beweislastverteilung bei einer streitigen Erbenfeststellung ist. Des Weiteren stellt sich die Frage, ob das Testament insgesamt „einfach" sein müsse oder ob aus komplizierten Testamenten nur die „einfachen" Anordnungen herausgebrochen und angewendet werden können. Was ist mit dem Begriff „Erbe"? Ist er wirklich so einfach, dass ihn auch der versteht, der mit Vorausvermächtnissen, Überrestvermächtnissen und Vorerbschaften nichts (mehr) anfangen kann? Wohl nicht. In einem Testament aus dem Jahr 2003 schrieb die damals 90-jährige Erblasserin handschriftlich mit Unterschrift: „*Schenke alles meiner Tochter.*" Ein halbes Jahr später schrieb sie einen handschriftlichen Brief an die Bank: „*Sehr geehrter Herr X. Ich verzichte auf das Festgeld. Sie können das Geld dann meinem Sohn geben.*" War die Erblasserin zu diesen Zeitpunkten noch geistig in der Lage, ihren Willen zu bilden, kann ausgelegt werden: Tochter: Erbin, Sohn: Vermächtnisnehmer. Die Anwendung des § 2301 BGB liegt nicht nahe. Hatte die Erblasserin schon eine angehende Demenz, wird die Auslegung, trotz der juristisch einfachen Anordnungen, schwierig. Wollte sie überhaupt, dass die Tochter Alleinerbin wird? War sie sich eventueller Wertdifferenzen bei den Begünstigungen bewusst? Wo lag ihre Verstehensgrenze? Dies nach dem Tod der Erblasserin festzustellen, dürfte kaum möglich sein.

befinden sich oftmals in einem Dilemma. Binden sie die später am Erbfall Beteiligten mit in die Gestaltung ein oder bringen sie die Änderungen nur zur Kenntnis der später am Erbfall Beteiligten, kann dies zu erheblichen interfamiliären Konflikten führen. Testieren sie heimlich und wimmeln fragende Abkömmlinge mit dem Hinweis, es sei „alles geregelt", ab, kann es nach Eintritt des ersten Erbfalles, spätestens nach Eintritt des zweiten Erbfalles zu schweren Konflikten in der Familie kommen.

3. Vorsorgeregelungen

Vorsorgemaßnahmen eines späteren Erblassers zu seinen Lebzeiten können zu Konflikten führen, die sich oftmals nach seinem Tod unter den Miterben fortsetzen. Die Erteilung einer General- und Vorsorgevollmacht an einen der Abkömmlinge stellt für manche Abkömmlinge die Gelegenheit dar, sich um die Versorgung oder Pflege der Eltern nicht kümmern zu müssen: „Du hast dich doch um die Vollmacht gerissen. Ich dachte, du machst das gern." Für andere Abkömmlinge liegt hierin ein Affront, aus dem Misstrauen erwächst: „X hat sich die Vollmacht erschlichen, um freie Hand zu haben." Dieses Misstrauen kann nach dem Tod des Erblassers in langjährige Rechtsstreitigkeiten münden.

4. Resümee

Die Konflikte, die in dem System Familie noch zu Lebzeiten des Erblassers durch dessen Tun oder Unterlassen entstehen, dürfen bezüglich ihrer Relevanz nicht unterschätzt werden. Sie bleiben oftmals ungeklärt stehen, bis der Erblasser stirbt. In vielen Familien scheuen sich die Abkömmlinge noch zu Lebzeiten der Eltern, Konflikte offen auszutragen. Dies liegt nicht nur darin begründet, dass die späteren Erben die Erblasser nicht verärgern wollen oder ihre elterliche Autorität anerkennen. Vielmehr scheint es der psychologische Aspekt zu sein, dass keiner der Abkömmlinge für das Ende des Systems Familie verantwortlich sein will, welches zu Lebzeiten der Eltern oder eines Elternteils noch existent ist. Sind die Eltern verstorben, ist das System Familie in der Form und Zusammensetzung der letzten Jahre beendet, sodass die Barriere „Zerstörung des Systems Familie" wegfällt. Außerdem sind die rechtlichen Möglichkeiten zu Lebzeiten der späteren Erblasser, deren Handlungen auf den Prüfstand zu stellen, beschränkt. Sind die Erblasser noch geschäftsfähig, können sie Rechtsgeschäfte tätigen, von lebzeitigen Zuwendungen über die Erteilung von Vollmachten, Verkauf ihrer Immobilien, Wegzug ins Ausland usw. Sind die Erblasser noch testierfähig, können sie, außer wenn rechtlich vorgesehene Einschränkungen der Testierfreiheit vorliegen, nach Belieben testieren. Ein schutzwürdiges Interesse der möglichen

Erben an der Überprüfung und Feststellung der Testierfähigkeit des Erblassers besteht nicht.[197] Die Konflikte, die aus der Zeit vor dem Erbfall stammen, können nach dem Erbfall das Verhalten der nun am Erbfall Beteiligten beeinflussen. Die vorhandenen negativen Gefühle, Einstellungen und Unterstellungen der am Erbfall Beteiligten können die Verläufe der nach dem Erbfall entstehenden Konflikte beeinflussen und schneller zu Konflikteskalationen führen.

IV. Konflikte nach dem Erbfall

1. Überblick

Der Erbfall ist *per definitionem* (§ 1922 Abs. 1 BGB) der Tod einer Person. Den Tod einer Person als eine der häufigsten Konfliktursachen ansehen zu müssen, beruht darauf, dass im Zusammenhang mit dem Tod einer Person immer auch von deren Vermögen gesprochen werden muss. § 1922 Abs. 1 BGB spricht zwar neutral und sachlich, aber auch davon, dass dieses Vermögen (Erbschaft) als Ganzes auf eine oder mehrere andere Personen (Erben) übergeht. Dieser Übergang erfolgt „von selbst“ und „als Ganzes“. Dies klingt unkompliziert und unproblematisch. Mit dem Problem, dass dieser Vermögensübergang und die aus ihm sich ergebenden Konsequenzen aufseiten einiger am Erbfall Beteiligten zu einem „Haben“ und streng nach buchhalterischen Grundsätzen im Gegenzug aufseiten einiger am Erbfall Beteiligten zu einem „Soll“ im Sinne von „nicht haben“ führt, beschäftigt sich § 1922 Abs. 1 BGB nicht. Muss er auch nicht. § 1922 Abs. 1 BGB ist Teil des objektiven Erbrechts, welches sich mit den *rechtlichen* Auswirkungen dieses Vermögensüberganges beschäftigt und die *Rechtsbeziehungen* der am Erbfall beteiligten Parteien regelt. § 1922 Abs. 1 BGB beschäftigt sich nicht mit den psychologischen Auswirkungen dieses Vermögensübergangs oder den konfligierenden Interessen der am Erbfall Beteiligten. Konflikte nach dem Erbfall können in allen Themenbereichen entstehen, die das materielle Erbrecht regelt. Die Konfliktursachen können in der Verletzung der Rechte einer Streitpartei aus dem zugrunde liegenden Rechtsverhältnis oder in subjektiven Kategorien, wie die Vorstellung einer Streitpartei wie etwas gewesen sei oder sich entwickeln werde, oder einem negativen Gefühl oder einer negativen Haltung gegenüber

197 OLG Frankfurt am Main, Beschluss vom 30.01.1997 – 20 W 21/97: „[…] muss das Interesse des als künftiger gesetzlicher Erbe in Betracht kommenden Antragstellers daran, dass […] schon jetzt geklärt wird, ob das notarielle Testament […] wirksam oder wegen Testierunfähigkeit des Antragsgegners unwirksam ist, hinter dem Interesse des Antragsgegners zurücktreten, zu seinen Lebzeiten nicht mit gerichtlichen Verfahren über seinen künftigen Nachlass behelligt zu werden […]“.

den Miterben liegen. Es kann davon ausgegangen werden, dass Konflikte immer auf dem Auseinanderfallen der Interessen der Beteiligten, ihren Vorstellungen von Werten, Zielen, Gerechtigkeit und der Art und Weise des Umgangs miteinander liegen und bei erbrechtlichen Konflikten dann noch, mit unterschiedlichem Schweregrad, das Auseinanderfallen des Verständnisses von Sach- und Rechtslagen, die erbrechtliche Rechtsbeziehungen betreffen, hinzukommt.

Im Folgenden soll nicht auf die Beschreibung aller erbrechtlichen Konflikte eingegangen werden. Dies würde den vorgesehenen Umfang dieser Arbeit überschreiten. Es soll im Folgenden auf fünf Themenbereiche im Zusammenhang mit erbrechtlichen Streitigkeiten eingegangen werden, deren Qualifikation zumindest als Konfliktursache evident ist und die hinsichtlich ihrer Relevanz in Bezug auf die Konfliktverläufe nicht unterschätzt werden dürfen. Es handelt sich hierbei um die *Trauer*, die als subjektive Lebenslage Konfliktverläufe erheblich beeinflussen kann, des Weiteren um die *Geschwisterbeziehung*, die bei Konflikten einzelfallabhängig in der Skala vom objektiven Personenstand bis zur extremen Gefühlslage zu verorten ist. Es soll dann die *Stieffamilie* näher betrachtet werden, deren Konfliktpotenzial nach den Erfahrungen der Verfasserin nicht darin liegt, dass verwitwete Elternteile sich noch einmal verheiraten, sondern dass eine Partizipation der ersteheIichen Abkömmlinge am Nachlass des Erstversterbenden oft nicht stattfindet. Als vierte Konfliktursache soll das *Misstrauen* näher betrachtet werden, das, wenn es einmal zwischen den am Erbfall Beteiligten entstanden ist, zu erheblichen Streitigkeiten und langwierigen Rechtsstreiten auf allen nur erdenklichen „Kriegsschauplätzen“ führen kann. Im Besonderen soll hier auf die Problematik der Auskunftsklagen nach §§ 1922, 666 ff. BGB und der sich oft an die Erteilung der Auskunft anschließenden Rückforderungsansprüche nach §§ 668, 812 ff. BGB eingegangen werden, die seit einigen Jahren in der erbrechtlichen Praxis fast an der Tagesordnung sind.

2. Konfliktursache: Trauer

Der Erbfall ist nach § 1922 Abs. 1 BGB der Tod einer Person. Der Begriff *Erbfall* wird nur in erbrechtlichen Zusammenhängen verwendet. In einem anderen Zusammenhang, wenn zum Beispiel ein Arzt Angehörige über den Tod eines Familienmitgliedes informiert oder ein Geistlicher in einer Trauerrede über den Tod einer Person spricht, würde die Bezeichnung des Todes der Person als „Erbfall“ allgemein als unpassend empfunden werden. Der Tod einer Person ist jedoch nicht nur ein Erbfall, sondern im Regelfall ein familiales Ereignis, das für die Angehörigen mit Trauer, starken Gefühlen wie Existenzängsten, mit Einsamkeit und großen Veränderungen verbunden ist. Ein Trauerprozess kann jedoch wegen den Rechtsfolgen, die der Tod einer Person nach sich zieht, oftmals nicht ungestört stattfinden. Es müssen eine Vielzahl organisatorischer Maßnahmen ergriffen werden, wie beispielsweise die Organisation der Beerdigung und das Informieren verschiedener Behörden und der Angehörigen. Die Ausschlagungsfristen des § 1944 Abs. 1 und Abs. 3 BGB beginnen bei der testamentarischen Erbfolge nach Eröffnung und Zustellung der Verfügung von Todes wegen, bei der gesetzlichen Erbfolge mit Kenntnis vom Tod der Person und der Kenntnis, dass kein Testament vorhanden ist. Angehörige fragen, ob ein Testament vorhanden sei. Pflichtteilsberechtigte nehmen Kontakt auf. Miterben machen Druck oder nehmen manches eigenmächtig in die Hand. Welchen Raum hat die Trauer?

Schon in der Antike wurde beobachtet, dass Trauer in Aggression umschlagen kann. Herausragende Beispiele dafür finden sich in Homers Ilias. Die Trauer des Achilles um Patroklos schlägt in Aggression um, die sich nicht um die Konsequenzen kümmert.[198] Das Gleiche gilt für den biblischen „Rachepsalm" Psalm 137 mit seiner Mischung aus Autoaggression[199] und Morddrohungen[200]. Dennoch scheint das Thema Aggression in Trauerphasen oder als Trauerbewältigung in der Wissenschaft erst sehr spät Beachtung gefunden zu haben. Eine erste Beschäftigung findet sich 1982 bei *Kast*, die das Modell von *Kübler-Ross* in den *Interviews mit Sterbenden*[201] auf trauernde Hinterbliebene übertrug.[202] Seit dem Erscheinen von *Kasts* Studie werden Aggression, Wut, Zorn und Neid im Trauerprozess als normale Erscheinungen betrachtet.[203] *Onnasch/Gast* weisen auf die vielfältigen neurologischen und physiologischen Prozesse hin, die in

198 *Homer*, Buch XVIII, S. 90 ff.

199 Psalm 137, 5 f., *Die Bibel*, S. 619: „[...] so verdorre meine Rechte. Meine Zunge soll an meinem Gaumen kleben [...]".

200 Psalm 137, 8 f., *Die Bibel*, S. 619: „Tochter Babel, du Verwüsterin, wohl dem, der dir vergilt, was du uns angetan hast! Wohl dem, der deine jungen Kinder nimmt und sie am Felsen zerschmettert!".

201 *Kübler-Ross*, Interviews, S. 80 ff.

202 *Kast*, S. 71 ff.; *Kübler-Ross/Kessler*, Dem Leben neu vertrauen, S. 19 ff. Vgl. auch *Worden*, S. 45 ff., der von „Traueraufgaben" spricht.

203 Die Theorie der Trauerphasen ist nicht unumstritten. Der amerikanische Trauerforscher *George A. Bonanno* vertritt die Ansicht, die Trauerphasen seien nicht empirisch belegt. Es könne insbesondere die Trauer über das eigene bevorstehende Sterben nicht mit der Trauer über das Sterben eines nahen Angehörigen verglichen werden. Trauer ist für *Bonanno* ein Prozess, der die Entstehung einer neuen Lebenslage begleitet und dadurch Ausdruck einer dem Menschen eigenen Widerstandsfähigkeit ist, die es ihm ermöglicht, starke Belastungen auszuhalten (vgl. *Bonanno*, S. 31 ff., 58 ff.).

der Trauer ablaufen: „Im Stress der Trauer werden besonders die beiden Grundmuster Flucht und Aggression mobilisiert.“[204] Es handelt sich um Schutz- und Stressreaktionen.[205] Insbesondere das Reaktionsmuster des „Sich-Schützens“ ist nach einem Erbfall geradezu prädestiniert, Konflikte zu verursachen. Ein pflichtteilsberechtigter Abkömmling will Geld. „Reicht mir mein Geld noch?“ Miterben machen sich Gedanken um die in den Nachlass gefallene Immobilie. „Wo soll ich wohnen?“ „Was wir aus mir?“ „Die haben doch schon so viel zu Lebzeiten bekommen.“ Die Nichttrauernden, seien es die Miterben oder seien es die Pflichtteilsberechtigten, sehen dies anders: „Purer Egoismus“ lautete eine häufige Kommentierung. Jahrelange Erbstreitigkeiten können die Folge der Trauer sein, die, von den Nichttrauernden als Konfliktursache nicht erkannt, ein „idealer Nährboden“ für Konflikteskalationen und Dauerkonflikte ist.

3. Konfliktursache: Geschwisterbeziehung

Konflikte zwischen erbenden Geschwistern werden gerne als Konflikte beschrieben, die ihre Ursachen ausschließlich im System Familie haben. Bei erbrechtlichen Konflikten gehe es nicht ums Geld, sondern um frühere Kränkungen, Vernachlässigungen, seelische Verletzungen, (wieder-)aufbrechende Rollenkonflikte, Eifersucht oder Geschwisterkonflikte, die Jahrzehnte alt seien. Die Konflikte werden deterministisch aus der Vergangenheit erklärt, als jahrzehntelanger offener oder verdeckter Grabenkrieg identifiziert und als sich jetzt im Erbfall zeigende Störung des Systems Familie dargestellt.[206]

---

204 *Onnasch/Gast*, S. 51.

205 *Onnasch/Gast*, S. 49 ff.

206 *Plogstedt*, S. 12, 93 ff., 110 ff.; *Sulloway*, S. 85 ff. *Sulloway*, ein amerikanischer Psychologe, kommt in seinem Buch „Der Rebell der Familie“ anhand vieler Beispiele aus der Geschichte zu dem Ergebnis, dass sich Geschwister primär aufgrund ihrer Position in der Familie unterschiedlich entwickeln. Da das erstgeborene Kind evolutionsbedingt die größte Aussicht auf das Überleben habe, sei es angepasster und identifiziere sich häufiger über die Autorität der Eltern. Jüngere Kinder müssten versuchen, Aufmerksamkeit durch anderes Verhalten zu bekommen und würden sich somit oftmals eine Nische des Rebellentums schaffen. *Sulloway* folgt bekannten Klischees, und es ist fraglich, ob die Theorien haltbar sind. Einzelkinder lassen sich beispielsweise in den Kontext überhaupt nicht einordnen. *Sulloway* geht nicht auf den familientherapeutischen Ansatz der „Übertragung und Gegenübertragung“ ein, der besagt, dass „Folgekinder“ oftmals „geheime Wünsche“ der Eltern, aus dem Alltag auszubrechen und etwas anderes zu machen, spüren und diese dann umsetzen (vgl. *Stierlin*, S. 60 ff.). Der Aspekt des Rebellentums passt dann nicht mehr.

Dieser Topos überzeugt nicht. Erbrechtliche Konflikte, die nach einem Erbfall auftreten, „spielen" häufig auf der „Bühne" *Familie*. Dies liegt darin begründet, dass in der überwiegenden Anzahl der testamentarischen Verfügungen der Ehepartner und nahe Angehörige des Erblassers – im Regelfall seine Kinder oder Enkel – Erben werden. Diese Abkömmlinge sind Geschwister oder Halbgeschwister.[207]

Geschwister erben oft zusammen. Bei der gesetzlichen Erbfolge ohnehin. Aber auch in den Fällen, in denen die Erblasser keine eigenen Abkömmlinge haben, werden gerne entfernte Verwandte als Erben eingesetzt. Diese entfernteren Verwandten sind auch oftmals ihrerseits Geschwister. Familienfremde Dritte, seien es Einzelpersonen oder soziale Vereinigungen, werden eher mit Vermächtnissen bedacht oder als Ersatzerben eingesetzt. Erbrechtliche Konflikte treten somit allein aus statistischen Gründen bevorzugt in einem familialen Umfeld und daraus folgend unter Geschwistern auf.

Natürlich können bei Geschwistern Konflikte, die historische Wurzeln haben, vorhanden sein. Erbrechtliche Konflikte (im weiten Sinne) jedoch nur als Symptome früherer Kränkungen und Streitigkeiten zwischen den Geschwistern zu sehen, ist nicht sachgerecht. Wären die Konfliktursachen im Bereich „Erben und Vererben", also nach Eintritt eines Erbfalls in der Familie, nur Störungen im System Familie, wäre es unmöglich, den Konflikt ohne Familientherapie beizulegen. Alle Versuche, einen Konflikt in einem solchen Fall durch eine Gerichtsentscheidung oder eine konsensuale Lösung aus der Welt zu schaffen, wären zwecklos, außer die Altkonflikte würden mitgelöst. Dass dies nicht so ist, zeigt die Praxis.

Konflikte entstehen, wenn die Interessen, Werte und Ziele der Personen, die in einer bestimmten Lebenslage zusammenkommen und Entscheidungen treffen müssen, nicht kongruent sind. Die Divergenz wird wahrgenommen und schlägt sich in den Interaktionen der Gruppenmitglieder nieder. Sicherlich haben alle Menschen ihre eigenen Verhaltensstrategien, um ihre Ziele zu erreichen, und auch Geschwister haben diese. Geschwister haben möglicherweise durch ihre Geburtenfolge[208] und ihre Rolle in der frühen Familie

---

207 Die genetische Abstammung von gemeinsamen Eltern ist das Hauptkriterium der Bestimmung Dritter als Geschwister. Ist die biologische Herkunft übereinstimmend, d. h. sind beide Elternteile gleich, handelt es sich um „leibliche" Geschwister, bei der Abstammung von nur einem gemeinsamen Elternteil wird von „Halbgeschwistern" gesprochen (vgl. *Völkening*, S. 18 f.). In § 1307 BGB werden die Begriffe „vollbürtig" und „halbbürtig" verwendet.

208 Vgl. ausführlich: *König*, S. 31 ff.

besondere Verhaltensweisen und Strategien entwickelt. Auch Neid und Konkurrenz können eine Rolle spielen. Die Geschwisterforschung ging bis zu Beginn der 1980er-Jahre davon aus, dass Geschwister von Geburt an Konkurrenten sind, die um die evolutionstheoretisch überlebensnotwendige Fürsorge der Eltern kämpfen. Seit einiger Zeit wird in der Geschwisterforschung zunehmend auf die unterschiedliche Persönlichkeit der Geschwister und deren Entstehungsprozesse und Wechselwirkungen fokussiert.[209]

Für jüngere Geschwister, die noch in einem gemeinsamen Haushalt leben, mag die „Fürsorgetheorie" zutreffen. Sind die Geschwister erwachsen und ein Elternteil oder beide Eltern verstorben, gibt es für die „genetisch programmierte" Konkurrenz keinen Grund mehr. Menschen haben unterschiedliche Temperamente, sind aktiv oder passiv, entscheidungsstark oder entscheidungsschwach usw. Konflikte basieren immer auf den spezifischen Verhaltensweisen und der eigenen Persönlichkeit der Konfliktparteien, auf die die andere Konfliktpartei mit Interaktionen reagiert, die ihren individuellen Verhaltensweisen und ihrer Persönlichkeit entsprechen. Das bedeutet, dass sich der Streit unter Geschwistern strukturell nicht von einem Streit unterscheiden muss, der unter „Nicht-Geschwistern" geführt wird.

Beispielsfall 10: Der hochbetagte M ist im Herbst 2018 verstorben. Seine Ehefrau F verstarb, ebenfalls hochbetagt, im Jahr 2016. Die Eheleute hatten keine Kinder. Sie waren Eigentümer eines Mehrfamilienhauses mit vier Wohnungen. Eine der Wohnungen bewohnten sie selbst. Die Eheleute hatten 2012 ein notarielles Testament errichtet, in dem sie sich gegenseitig als Alleinerben einsetzten. Weitere Regelungen erfolgten nicht. Nach dem Tod der F setzt M die Mieterin einer der Wohnungen Z zu seiner Alleinerbin ein. Diese hatte sich über viele Jahre mit F angefreundet. Als F schwer erkrankte, half Z im Haushalt und kümmerte sich um das Haus und den Garten. Sie kaufte ein, fuhr F gelegentlich zum Arzt usw. Nach dem Tod der F half Z in gleicher Weise dem M. M vermietete nach dem Tod seiner Frau die zweite Wohnung im Haus an S. Diese riss „das Kommando" im Haus an sich. Sie quartierte ihre Kinder bei M ein, versuchte dem M vorzuschreiben, welcher Pflegedienst zu ihm kommen solle, und reduzierte die Bargeldreserven des M. M war hilflos und beschwerte sich täglich bei Z. Nach dem Tod des M beantragte Z einen Erbschein, der sie als Alleinerbin ausweisen sollte. S versuchte, diesen zu blockieren. Sie behauptete wahrheitswidrig, Z habe M gezwungen, sie als Alleinerbin einzusetzen und habe M bedroht. Es war mehrfacher anwaltlicher Schriftverkehr mit dem

---

209 *Kasten*, Geschwisterbeziehungen, S. 147 f.

Nachlassgericht und dem Anwalt der S nötig, bis Z ihren Erbschein in Händen hielt. – S ist weder Beteiligte des nachlassgerichtlichen Verfahrens im Sinne des § 345 FamFG, noch ist sie nach § 2080 BGB anfechtungsberechtigt, da sie durch den Wegfall des streitgegenständlichen Testaments des M nicht begünstigt ist. Ihre Motive sind Neid und Konkurrenz.

Wären Z und S Schwestern, läge es nahe, diesen Konflikt als Symptom eines ungeklärten „Kinderzimmerkonflikts" zu betrachten. Dieser erste Eindruck wäre falsch. Erbenkonflikte unter Geschwistern sind nicht immer nur der „Ausbruch eines schon lange brodelnden Vulkans", sondern haben konkrete Konfliktursachen, die durch frühere nicht aufgelöste Konflikte möglicherweise verstärkt werden können. Dies gilt insbesondere, wenn „typische" Verhaltensweisen eines Konfliktbeteiligten in der Familie immer schon für Ärger sorgten.

Beispielsfall 11 (Abwandlung von Beispielsfall 9): Z und R sind Schwestern. R lebte viele Jahre in Spanien. Nach dem Tod der Mutter zieht R in die freie Wohnung im Haus des gemeinsamen Vaters M ein. Sie übernimmt „das Kommando" im Haus. M sagt, R sei schon immer ein „Macher" gewesen. Heimlich ist er stolz auf R. Z fühlt sich an die Wand gedrückt. R sei schon immer besserwisserisch gewesen und habe sich in alles eingemischt. Noch zu Lebzeiten von M gibt es viel Streit zwischen den Schwestern. Nach dem Tod des M wird Z Alleinerbin. R ist enttäuscht. Sie kannte das Testament des M nicht. R verlangt ihren Pflichtteil. Für sie ist klar: Z habe sich immer schon auf Kosten der Eltern „durchlaviert" und ohne eigene Leistung gut gelebt. – Im Beispielsfall 11 ist die Eintrittsschwelle für einen Erbrechtsstreit sehr niedrig. Die Verhaltensweisen und Motive, die sich die Schwestern gegenseitig unterstellen, sind Bestandteil des Bildes, welches jede der Schwestern von der anderen hat. Dieses Bild ist negativ. Die Gründe dafür, dass dieses Bild negativ ist, mögen in der Vergangenheit liegen. Vielleicht gibt es keine konkreten Gründe, vielleicht kann sich keiner mehr an sie erinnern. Für den konkreten Konfliktverlauf ist dies gleichgültig.

Zusammenfassend kann festgestellt werden, dass erbrechtliche Konflikte, an denen Geschwister beteiligt sind, nicht nur als verspätet ausgetragene „Sandkasten-Streitigkeiten" angesehen werden können. Konfliktkonstellation und Konfliktauslöser, die sich bei Konflikten zwischen Geschwistern zeigen, können auch außerhalb von Geschwisterbeziehungen vorkommen. Geschwister sind zwar genetisch ähnlich, was zu ähnlichen Verhaltensweisen führen kann. Diese lassen sich auch damit begründen, dass Geschwister, wenn sie gemeinsam aufgewachsen sind, aus demselben familialen Umfeld stammen und dadurch dieselbe Prägung erhalten.[210] Nicht alle Kinder in einer Familie machen jedoch dieselben Erfahrungen und erfahren dieselbe Sozialisation. Auch wenn Geschwister „als soziale Gruppe und als gesellschaftliches Produkt sozialhistorischer Prozesse"[211] verstanden werden, lässt sich daraus nicht auf ein Konfliktverhalten schließen, das „in der Familie liegt".

Die gemeinsame Geschichte der Geschwister – hierzu gehören auch die früheren ausgetragenen und/oder noch schwelenden Konflikte – kann sich auf neue Lebenslagen, wie z. B. ein Sterbefall in der Familie, der zum Erbfall wird, dadurch auswirken, dass ein negatives Bild, das eine Streitpartei zum Zeitpunkt des Auftretens eines ersten Konfliktauslösers von der anderen hat, dazu führen kann, dass die Eintrittsschwelle für einen Konflikt niedriger ist als in einem Fall, bei dem die Parteien ein positives Bild von dem jeweils anderen haben. Diese „kurze Zündschnur", die auf direktem Weg in den Konflikt und anschließend in die Konflikteskalation führt, ist jedoch nicht nur Geschwistern vorbehalten. Die Zuordnung einer Streitpartei zu einer negativ belegten Gruppe oder frühere „schlechte Erfahrungen" mit der Partei oder der Gruppe, der sie zugeordnet wird, führen auch außerhalb des familialen Umfeldes oftmals sehr schnell dazu, dass Konflikte eskalieren.[212] Die negative Erwartungshaltung wird zur „self-fulfilling prophecy".

4. Konfliktursache: Stieffamilie

a. Themeneinkreisung

„Die Beklagte ist die zweite Ehefrau des Erblassers, die Kläger die Kinder aus dessen erster Ehe." So oder so ähnlich lautet ein gängiger Eingangssatz bei der Sachverhaltsschilderung im Zusammenhang mit gerichtlichen Entscheidungen.[213] Also gibt sie es doch noch, die böse Stiefmutter?

---

210 Vgl. *Völkening*, S. 20.

211 *Bollmann*, Schwestern, S. 12.

212 Insbesondere bei „ethnischen" Konflikten: *Imbusch*, Staatszerfall, S. 223; *Mehler*, Völkermord, S. 251.

213 LG Freiburg, Urteil vom 19.04.2018 – 6 O 242/17; BGH vom 14.03.2018 – IV ZR 170/16; BVerfG vom 26.11.2018 – 1 BvR 151/14; OLG Hamm, Urteil vom 07.03.2017 – 10 U 5/16. LG Stuttgart; Urteil vom 23.03.2016 – 18 O 227/15; OLG Hamm, Urteil vom 27.10.2016 – 10 U 61/07; OLG Schleswig, Urteil vom 10.12.2013 – 3 U 29/13; OLG Frankfurt a. M., Urteil vom 20.12.2012 – 22 U 45/11; LG Kleve, Urteil vom 04.05.2012 – 1 O 342/11; OLG Düsseldorf, Urteil vom 20.04.2012 – 7 U 184/10 (ZEV 2013, 392); BGH, Urteil vom 20.11.2013 – IV ZR 54/13 (ZEV 2014, 98); BGH, Urteil vom 28.10.2009 – IV ZR 82/08 (vorherige Instanz OLG München, Urteil vom

Die Stieffamilie ist keine Erscheinung der Neuzeit. Im Gegenteil: Die Stieffamilie hat eine lange geschichtliche Tradition. Die Gründe für die Entstehung einer Stieffamilie haben sich im Laufe der Geschichte geändert. So gab es in katholischen Gebieten im Zeitraum vom Mittelalter bis weit in die Neuzeit keine Scheidungen, aber der Tod eines Ehepartners durch Krankheit, Unfall und insbesondere der Tod einer Ehefrau und Mutter war durch die hohe Müttersterblichkeit im Kindbett ein häufiges Ereignis in früheren Familien.[214] *Warner* weist nach, dass auch in protestantischen Gebieten und in jüdischen Familien, in denen Scheidungen zulässig waren, solche kaum vorkamen.[215] Scheidungen traten erst in großer Anzahl seit den 1960er-Jahren auf.

In der heutigen Zeit können sowohl Wiederheiraten nach Ehescheidungen als auch Wiederheiraten nach dem Versterben eines Ehepartners zur Entstehung einer Stieffamilie führen.[216] Die *Stieffamilie* lässt sich nicht klar definieren, da verschiedene wissenschaftliche Fachbereiche Unterschiedliches darunter verstehen. In den Sozialwissenschaften bedeutet der Begriff *Stieffamilie*, dass in einem System *Familie* mindestens ein Elternteil mindestens ein Kind aus einer früheren Partnerschaft mitgebracht hat.[217] Eine Stieffamilie entsteht somit auch dann, wenn die jeweiligen Elternteile die neue Beziehung nicht als Ehe führen. Im BGB wird der Begriff der Stieffamilie nicht verwendet. In verschiedenen Steuergesetzen werden die Begriffe *Stiefkinder* und *Stiefeltern* verwendet, aber nicht definiert. In § 15 Abs. 1 Nr. 2 ErbStG wird für das Entstehen der Stiefkindschaft eine Ehe zwischen dem leiblichen Elternteil und dessen Partner verlangt. Allerdings bleibt das Stiefkind Stiefkind, auch wenn diese die Stiefkindschaft begründende Ehe nicht mehr besteht.[218]

Dass das Bestehen einer Stieffamilie bereits in früheren Zeiten zu erbrechtlichen Fragen und Problemen führte, zeigt ein Blick in die alten Landrechte. Im *Württembergischen Landrecht vom 01. Juni 1610* wird bei den erbrechtlichen Regelungen im vierten Teil genau beschrieben, wie die gesetzliche Erbfolge aussieht, wenn ein Ehepartner stirbt, der mit seinem letzten Ehepartner keine gemeinsamen Kinder hatte, sondern nur aus *„[…] vorgehender einer oder mehr*

26.03.2008 – 15 U 4547/07), OLG Köln; Beschluss vom 13.10.2009 – 23 U 6/09; LG Düsseldorf, Urteil vom 02.03.2007 – 6 O 182/06.

214 *Warner*, Stepfamilies, S. 3 f.

215 *Warner*, Stepfamilies, S. 4.

216 *Buchholz-Graf*, Kapitel 1 Rn. 4 ff.; *Krähenbühl u. a.*, S. 29 f.

217 *Buchholz-Graf*, Vielfalt, Kapitel 1 Rn. 10 ff.; *Krähenbühl u. a.*, Stieffamilien, S. 31 ff.; *Visher/Visher*, S. 39 ff.

218 *Fischer/Jüptner/Pahlke/Wachter/Längle*, ErbStG, § 15 Rn. 18 f.

Ehen, erzihlte Kinder in die letzte Ehe gebracht"[219]. Weiter wird geregelt, wie die gesetzliche Erbfolge ist, wenn ein verstorbener Ehepartner nur in seiner letzten Ehe Kinder hatte und „*[...] sonsten auß vorgehenden Ehen keins hinderlassen*"[220]. Dann folgt die Regelung der Erbfolge, wenn Ehepartner sterben, die in der letzten Ehe gemeinsame Kinder hatten und einer von ihnen oder auch beide „*[...] ausser vorgehender einer oder mehr Ehen erzihlte Kinder in die letzte Ehe gebracht*"[221]. Diese Regelungen werden mit genauen Beschreibungen versehen und mit Skizzen, die beispielhaft die familiäre Aufstellung und die daraus folgende gesetzliche Erbfolge verdeutlichen.

Auch das *Churfürstlich Mainz'sche Landrecht* aus dem Jahr 1755 enthält Regelungen über die Erbfolge in dem Falle, dass Kinder aus verschiedenen Ehen vorhanden sind: „*Wann aber Kinder aus zweien oder mehreren Ehen vorhanden wären, so erbet ein jedes, auf obbeschriebene Weiß nur dasjenige, was seine rechte Elteren an Zugebracht= und Errungenem verlassen haben; von dem Stief=Vatter oder Stief=Mutter aber erben sie nichts.*"[222]

Die vorstehenden Regelungen zeigen deutlich, dass die Stieffamilie, die nicht nur durch *eine* Wiederverheiratung, sondern durch die Schließung mehrerer Ehen entstanden war, eine häufige Lebenslage in früheren Familien war.

In der erbrechtlichen Praxis fällt auf, dass die „Stiefelternteile" und „Stiefkinder", die in erbrechtlichen Konflikten als Konfliktparteien in Erscheinung treten, oftmals nicht aus Konstellationen stammen, bei denen die Stieffamilie entstanden war, als die „mitgebrachten" Kinder noch klein waren. Es handelt sich vielmehr um Konstellationen, bei denen ein Elternteil, verwitwet oder geschieden, in einem höheren Alter noch einmal geheiratet hat. Einer Statistik aus dem Jahr 2016 ist zu entnehmen, dass Männer nach dem Tod ihrer Ehefrauen deutlich häufiger erneut heiraten als verwitwete Frauen. Witwer heirateten sechsmal so oft wie Witwen.[223] Diese Statistik lässt sich durch die Praxis verifizieren. Konfliktparteien aus dem Themenbereich Stieffamilie sind sehr häufig die zweite Ehefrau eines Erblassers und dessen erstehelichen Kinder.

Diese Konfliktkonstellation soll im Folgenden näher betrachtet werden, denn eigentlich müsste die Wiederheirat eines verwitweten Elternteils nicht zwingend zu familiären Konflikten führen. Im Gegenteil: Nehmen wir das Beispiel eines

---

219 Das württembergische Landrecht, IV. Theil, Tit. VI., S. 287 f.
220 Das württembergische Landrecht, IV. Theil, Tit. VII., S. 291 f.
221 Das württembergische Landrecht, IV. Theil, Tit. VIII., S. 293 f.
222 Das Mainz'sche Landrecht, Titulus XIV, § 2, S. 592.
223 *Brachat-Schwarz*, S. 8.

betagten verwitweten Vaters. Dieser lebt allein. Seiner berufstätigen Tochter mit einer eigenen Familie oder seinem vielbeschäftigten Sohn kann unter dem Aspekt der Versorgung und zu erwartenden Pflege des Vaters nichts Besseres passieren, als dass dieser noch einmal (klassischerweise eine etwas jüngere Frau) heiratet. Wieso entstehen daraus so häufig Konflikte? Welches sind die typischen Konfliktgegenstände?

b. Typische Konfliktgegenstände

Beispielsfall 12: A setzt durch ein einseitiges handschriftliches Testament seinen Sohn S zum Alleinerben ein. A ist verheiratet. Er steht kurz vor der Scheidung und erwähnt in dem Testament, dass seine Frau keinesfalls „auch nur einen Cent" bekommen solle. Einige Jahre nach seiner Scheidung heiratet A erneut. Das Testament wird nicht geändert. Im Jahr 2016 stirbt A. Seine zweite Ehefrau F ficht das Testament sofort nach dessen Eröffnung an. S, der mit der zweiten Frau seines Vaters einen guten Kontakt hat, ist entsetzt. Er hätte nie gedacht, dass die Stiefmutter ihm „sein Erbe streitig machen" würde. – Für F macht es einen erheblichen finanziellen Unterschied aus, ob sie ein Achtel des Nachlasses plus den Zugewinn oder einen Erbteil von ½ erhält. F hat die Anfechtung des Testaments nach § 2079 BGB erklärt. Es wird die Frage zu klären sein, ob die Tatsache, dass der Erblasser, trotz Kenntnis des Hinzukommens eines neuen Pflichtteilsberechtigten durch seine zweite Eheschließung, das frühere Testament nicht geändert hat, als Bestätigung des früheren Testaments gewertet werden kann.[224]

Beispielsfall 13: B hatte mit ihrem verstorbenen Ehemann A einen Erbvertrag geschlossen, in dem sich die Eheleute gegenseitig als Alleinerben einsetzten. Eine Regelung der Erbfolge nach dem Tod des zweitversterbenden Ehegatten erfolgte nicht. Die Eheleute hatten zwei Töchter T1 und T2. In dem Erbvertrag ist noch folgende Regelung enthalten: „*Auf den Tod des Erstversterbenden erhalten seine Abkömmlinge je ein Geldvermächtnis in Höhe des Werts ihres gesetzlichen Erbteils. Die Feststellung der Höhe der Vermächtnisse erfolgt in entsprechender Anwendung der §§ 2311, 2313, 2314, 2316 Abs. 1 BGB. Grundstücke sind mit dem amtlichen Schätzwert anzusetzen. Der Alleinerbe ist berechtigt, für alle beweglichen Sachen, außer Geld, einen Gesamtwert nach billigem Ermessen festzusetzen. Die Vermächtnisse fallen an mit dem Erbfall. Sie sind bis zur Fälligkeit unverzinslich. Die Fälligkeit tritt mit dem Tod des Alleinerben ein. Im Falle der*

---

224 OLG Frankfurt a. M., Beschluss vom 20.01.1995 – 20 W 21/95; OLG Düsseldorf, Beschluss vom 11.05.1998 – 3 Wx 89/98; OLG Hamburg, Urteil vom 20.12.1989 – 5 U 164/89.

Wiederverheiratung des Alleinerben kann Sicherheit verlangt werden. Der Rücktritt vom Erbvertrag ist jedem Ehegatten vorbehalten." Einige Jahre nachdem der Ehemann A verstorben war, heiratet B erneut. B setzt ihren zweiten Ehemann M zum Alleinerben ein. Sie verkauft das eheliche Einfamilienhaus und zieht zu M in dessen Haus. Alle Kosten, die mit dem Haus zu tun haben, trägt M. Seine zwei ersteheliche Söhne sollen das Haus erben. Der Lebensunterhalt, alle Reisen, Ausgaben für Essengehen und Kultur- und Freizeitveranstaltungen etc. werden von B bestritten. B und M sind 14 Jahre verheiratet. B stirbt vor M. Nach dem Tod von B, die, wie ihre Töchter sagen, vor ihrer Wiederheirat sehr sparsam war, ist ihr Vermögen verbraucht. Auch die Geldvermächtnisse, die in der väterlichen Verfügung von Todes wegen angeordnet worden waren, sind nicht mehr vorhanden. Die Töchter der B fühlen sich nun als Leidtragende des hohen Geldverbrauchs, den die B nach Eingehung ihrer zweiten Ehe hatte. Sie werfen dem M vor, er habe B zur Verschwendung animiert und habe sich auch Geld schenken lassen. – Der Anspruch der Töchter auf Herausgabe des Geldvermächtnisses ist eine Nachlassverbindlichkeit. Sie ist mit dem Tod der B fällig. M wird die Erbschaft ausschlagen. Den Wert des väterlichen Vermächtnisses zu berechnen wird schwierig werden. Schenkungen der B an M müssen die Töchter beweisen. Trotz mancher rechtlichen Überlegungen muss realistischerweise festgestellt werden, dass die Töchter nicht in der Lage sein werden, ihren Anspruch auf das väterliche Vermächtnis durchzusetzen. Die in dem Erbvertrag enthaltene Regelung, die es den Vermächtnisnehmern ermöglicht hätte, bei Wiederverheiratung des länger lebenden Elternteils eine Sicherheit für die Vermächtnisse zu verlangen, ist eine kluge Anordnung, die jedoch in den meisten Fällen nicht umgesetzt wird, weil die begünstigten Kinder entweder die erbrechtliche Konstruktion nicht verstehen oder an die Vermögensgefährdung durch die Wiederverheiratung nicht denken.

Als weitere mit sehr großer Häufigkeit auftretende Konfliktgegenstände sind im Zusammenhang mit der Wiederverheiratung eines Elternteils und der Entstehung einer Stieffamilie lebzeitige Zuwendungen des länger lebenden Elternteils an Personen, die nicht Abkömmlinge sind, zu nennen. Hat die Schlusserbeneinsetzung der Abkömmlinge in der Verfügung von Todes wegen der Eltern für den länger lebenden Elternteil bindende Wirkung und kann er auch nach Eingehung einer neuen Ehe diese Bindungswirkung nicht beseitigen, können den Schlusserben Ansprüche gegen die Beschenkten aus § 2287 BGB zustehen. Die

Jurisdiktion zu § 2287 BGB ist sehr umfangreich.[225] Daran ist die Häufigkeit der Konflikte zu erkennen, die mit § 2287 BGB in Zusammenhang stehen.

Des Weiteren sind Abänderungsklauseln in Verfügungen von Todes wegen sehr streitlastig. Manche Abänderungsklauseln geben dem Erblasser volle Verfügungsfreiheit zu Lebzeiten und volle Testierfreiheit, was zu den Problemen des Ausgangsfalls des 3. Kapitels führen kann. In dem geschilderten Fall hatten Abkömmlinge, die sich als sicher eingesetzte Schlusserben wähnten, ihren Pflichtteilsanspruch nach dem Tod des erstversterbenden Elternteils verjähren lassen und waren nach Eingehung einer Zweitehe des verwitweten Elternteils und einer rechtswirksamen Änderung der Verfügung von Todes wegen auf ihren Pflichtteil nach dem länger lebenden Elternteil angewiesen. Manche Abänderungsklauseln ermöglichen, dass der länger lebende Ehepartner „im Kreise der Abkömmlinge", bis zu einer bestimmten Erbquote oder hinsichtlich bestimmter Nachlassgegenstände, frei verfügen kann. Diese Klauseln sind nicht minder konfliktträchtig. Oftmals sind die Abänderungsklauseln nicht klar formuliert und müssen ausgelegt werden. Außerdem ist es nicht relevant, ob die Alleinerbin nach dem Tod des länger lebenden Elternteils die „liebe Nachbarin und Freundin X" geworden ist oder die Schwester, die zum „Kreis der Abkömmlinge" zählt. Das Nichtbeachten einer Abänderungsklausel, das Verjährenlassen eines Pflichtteilsanspruchs und retrospektiv betrachtete weitere „Unterlassungen" führen bei den Betroffenen zu Wut, Frustration und Vorwürfen gegen den Begünstigten und gegen den Erblasser, die sich mit Vehemenz in dem entstehenden erbrechtlichen Konflikt entladen.

c. Resümee und Lösungsansätze

Die Erfahrungen der anwaltlichen Praxis zeigen, dass in vielen Fällen nicht die Wiederverheiratung eines verwitweten Elternteils und die dadurch entstehende Stieffamilie die eigentliche Quelle eines späteren erbrechtlichen Konflikts ist, sondern die aus der Wiederverheiratung folgende Vermögensschmälerung oder Vermögensgefährdung der erstehelichen Abkömmlinge.

Die Überlegung einer Partizipation der erstehelichen Abkömmlinge am Nachlass des erstversterbenden Elternteils kann ein gangbarer Weg sein, um das Risiko des Auftretens erbrechtlicher Konflikte nach dem Tod des länger

225 Neuere Rechtsprechung: OLG Stuttgart, Beschluss vom 27.04.2018 – 19 U 48/18; OLG Düsseldorf, Urteil vom 27.01.2017 – I-7 U 40/16; BGH, Urteil vom 28.09.2016 – IV ZR 513/15. Allgemein mit w. Nw.: *Horn*, NJW 2019, 1123 f.; Staudinger/*Kanzleiter*, BGB, § 2287 Rn. 1 ff.

lebenden Elternteils zu verringern. Der Anteil der Abkömmlinge am Nachlass des erstversterbenden Elternteils muss herausgegeben oder gesichert werden, sodass er weder durch eine Wiederverheiratung des länger lebenden Elternteils, noch, falls sich dieser nicht wiederverheiratet, durch lebzeitige Zuwendungen gefährdet ist. Das sogenannte Württembergische Testament sieht, im Gegensatz zum Berliner Testament, genau diese Partizipation der Abkömmlinge am Nachlass des erstversterbenden Elternteils vor. Dies nicht in Form von Vermächtnissen, sondern in Form einer Beteiligung in Höhe der gesetzlichen Erbteile, an denen der überlebende Elternteil einen Nießbrauch hat. Im *Württembergischen Landrecht vom 01. Juni 1610*, das als historische Vorlage des sogenannten Württembergischen Testaments angesehen werden kann, ist geregelt, dass beim Tod eines Ehepartners der überlebende Ehepartner von dem in der Ehe *„errungenen und gewonnenen den halben Theil…"* erhält. Von dem vom verstorbenen Ehepartner *„errungenen und gewonnenen den halben Theil"* und dem von diesem *„zugebrachten"* oder während der Ehe ererbten Teil erhält der überlebende Ehepartner neben einem Kind 1/3, neben zwei oder mehr Kindern einen *„Kindstheil"* zu seinem freien Eigentum. Der übrige Teil fällt zu gleichen Teilen an die Kinder. Was nun den Kindern *„[…] zugetheilt und erblich angefallen, […] hat das [ü]berlebend Ehegemächt, sein lebenlang […] zunutzen und zuniessen"*[226].

Die Verbindung von Nießbrauch am Erbteil der Kinder und Testamentsvollstreckung, ergänzt durch einen Teilungsausschluss, wird in der kautelarjuristischen Praxis hin und wieder empfohlen.[227] Der länger lebende Ehepartner hat eine umfassende Verwaltungs- und Verfügungsbefugnis. Verfügt er über Nachlassgegenstände, tritt die dingliche Surrogation nach § 2041 BGB ein. Der Erlös fällt in den Nachlass. Um Abkömmlinge des erstversterbenden Ehepartners vor Vermögensverlust abzusichern, sollte die Verwaltungs- und Verfügungsbefugnis des länger lebenden Ehepartners nicht zu umfassend sein. Wenn Immobilien oder ein Bruchteil an einer Immobilie in den Nachlass des erstversterbenden Ehepartners gefallen sind, empfiehlt es sich, die Nießbrauchs-/Testamentsvollstreckungsregelung dahingehend zu ergänzen, dass der länger lebende Ehegatte, der meistens selbst Bruchteilseigentum an der Immobilie hat, diese zu dem festgestellten Verkehrswert verkaufen kann, er jedoch verpflichtet ist, aus dem Verkaufserlös den Miterben ihren Anteil sofort auszuzahlen. Die Miterben partizipieren, wenn sich Immobilienvermögen in Liquidität umwandelt, somit direkt an der entstehenden Liquidität, und sich anbahnenden Konflikten wird

226 Das württembergische Landrecht, IV. Theil, Tit. VII. S. 291 ff.
227 *Nieder/Kössinger*, § 10 Rn. 170.

der Wind aus den Segeln genommen. Miterben sind häufig misstrauisch, wenn Immobilien verkauft werden. Immobilieneigentum gilt als eine gute Kapitalanlage und sicheres Vermögen. So sagt schon der Volksmund: „Immobilien verkauft man nie." Dagegen gilt Geld als flüchtig, was zu Konflikten über die Notwendigkeit von Ausgaben oder über den Verbleib von Geld führen kann. Wie die Ausgestaltung der Verfügung von Todes wegen erfolgt, muss in einer individuellen Beratung der Erblasser geklärt werden. Die gewünschte Versorgung des länger lebenden Ehepartners ist zu berücksichtigen, ebenso die Nachlasszusammensetzung und eine weitere Reihe einzelfallabhängiger Eckpfeiler. Es gibt verschiedene Möglichkeiten, die Erkenntnis, dass eine Partizipation der gemeinsamen Kinder am Nachlass des erstversterbenden Ehepartners geeignet ist, später auftretenden erbrechtlichen Konflikten die Spitze zu nehmen, umzusetzen.

Eine in die Verfügung von Todes wegen eingebaute Schieds- oder Mediationsklausel wird keinen Konflikt vermeiden, wenn nicht im Zeitpunkt der Erstellung der Verfügung von Todes wegen die Interessen der gemeinsamen Kinder mitberücksichtigt werden.

5. Konfliktursache: Misstrauen

a. Themeneinkreisung

Misstrauen ist ein Wort, das sich aus den Begriffen *trauen*, als Verkürzung des Wortes „Vertrauen", und der Silbe – *miss*, die das Fehlen anzeigt, zusammensetzt. Vertrauen stammt von dem mittelhochdeutschen Wort „vertruwen" ab, was *hoffen, Zuversicht haben, erwarten, trauen, glauben* bedeutet.[228] Das Wort Misstrauen bringt das fehlende Vertrauen zum Ausdruck.

Sowohl die Soziologie, die Vertrauen „als sozialen Mechanismus"[229] sieht, als auch die Psychologie beschäftigen sich mit der Frage, wie Misstrauen entsteht.[230] Im Allgemeinen wird davon ausgegangen, dass zwischen verschiedenen Personen Vertrauen als wichtige „sozialintegrative Ressource"[231] vorhanden ist. Zu einem Vertrauensentzug kommt es, wenn die Handlungen einer mit Vertrauen „ausgestatteten Person nicht oder nicht mehr erwartungsgemäß aus[fallen]"[232]. Misstrauen entsteht auch, wenn zwischen den Äußerungen einer Person und

228 *Duden*, Universalwörterbuch, „Vertrauen".
229 *Müller*, S. 222.
230 *Müller*, S. 18 ff.
231 *Ratzke*, S. 27.
232 *Ratzke*, S. 27 f.

ihrem Handeln eine (vermeintliche) Inkongruenz erkennbar wird. „Das kann doch alles gar nicht sein“ oder „hier stimmt etwas nicht“ sind oft getätigte Aussagen von Konfliktbeteiligten. Sie wollen mehr erfahren, der Sache auf den Grund gehen. Gerade neu entstehendes Misstrauen führt deshalb oftmals nicht zu Ängsten, Unsicherheit und Rückzug der Misstrauenden und somit zu einer passiven Haltung, sondern zu einem aktiven Engagement. Wie der Sozialanthropologe *Florian Mühlfried* zutreffend feststellt, verhindert Misstrauen Handlungen nicht, „sondern ist Arbeit“[233]. Es werden Nachforschungen angestellt, Auskünfte und Unterlagen verlangt, Hypothesen formuliert darüber, was (mit dem „fehlenden Nachlass“) geschehen ist, und Klagen erhoben. Viele erbrechtliche Konflikte erwachsen aus dem Misstrauen eines Erben gegen die anderen Miterben oder aus dem Misstrauen eines Pflichtteilsberechtigten gegen die Erben.

Misstrauen tritt häufig auf, wenn es um Nachlassgegenstände geht. Pflichtteilsberechtigte äußern sich oft misstrauisch über den vom Sachverständigen festgestellten Verkehrswert. Gerne wird unterstellt, es handle sich um ein „Gefälligkeitsgutachten“. Auch den Auskünften im Nachlassverzeichnis nach § 2314 BGB wird misstraut. Miterben zeigen sich in Bezug auf den Wert von Nachlassgegenständen, der im Regelfall in Bezug auf seinen materiellen Wert vollständig überschätzt wird, äußerst misstrauisch. Soll eine Immobilie verkauft werden, wird im Hinblick auf den von einem Miterben vorgeschlagenen Kaufinteressenten oder Makler schnell von „Vetterleswirtschaft“ ausgegangen. Bei dem Wunsch eines Miterben, die Immobilie zu übernehmen, sind die anderen Miterben misstrauisch hinsichtlich des Wertes der Immobilie.

Ein in der Praxis häufiger Fall, in dem vorhandenes Misstrauen zu langwierigen Rechtstreitigkeiten führen kann, ist die Erteilung einer General- und Vorsorgevollmacht des Erblassers an einen Abkömmling oder einen Dritten. Nach dem Tod des Erblassers wird der bevollmächtigte Miterbe oder Dritte von den nichtbevollmächtigten Miterben auf Auskunftserteilung, Rechnungslegung und Rückzahlung der von ihm aus dem Vermögen des Erblassers zu dessen Lebzeiten entnommenen Beträge, deren Verwendung er nicht nachweisen kann, in Anspruch genommen. Dieser Fall soll aufgrund seiner Relevanz in der Praxis und seiner rechtlichen Schwierigkeiten näher betrachtet werden.

b. Der „typische“ Sachverhalt

Beispielsfall 14: Die verwitwete M ist 2017 verstorben. Die beiden Töchter T1 und T2 sind Miterbinnen zu je ½ geworden. T2 hatte seit vielen Jahren eine

233 *Mühlfried*, S. 12 f.

notariell beurkundete General- und Vorsorgevollmacht, die neun Jahre vor dem Tod der M, nach dem Tod des Ehemannes 2008, beurkundet und T2 vom Notar zugeschickt wurde. T2 legte die Vollmacht erst einmal weg. Erst als M zwei Jahre später im Jahr 2010 nach einem Sturz einige Wochen nur mühsam mit zwei Gehhilfen gehen konnte, hob T2 auf die konkrete Anweisung von M zweimal wöchentlich Geld vom Konto der M ab. Auch M hob noch gelegentlich Geld ab. Sie ging noch einkaufen, zum Kaffeetrinken und zum Friseur. Wiederum zwei Jahre später im Jahr 2012 ist M nach einer Hirnblutung zum Pflegefall geworden. T2 übernahm die Verwaltung. Sie hob Geld bei der Bank ab, bezahlte Pflegekräfte und die Kosten für den Haushalt. Sie überwies Rechnungen etc. Insgesamt wurde T2 noch fünf Jahre aufgrund der Vollmacht für M tätig. Nach dem Tod der M findet T1, dass relativ wenig liquider Nachlass vorhanden sei. M habe doch vor neun Jahren ihren Ehemann als Alleinerbin beerbt und habe außerdem eine verhältnismäßig gute Rente gehabt, sodass es nicht nachvollziehbar sei, warum jetzt so wenig Geld auf dem Konto der M sei. T1 stellt im Zuge ihrer Bankrecherche fest, dass von dem Konto der M zu deren Lebzeiten erhebliche Beträge auf das Konto der T2 geflossen sind und zudem, dass T2 vor sieben Jahren über einen Zeitraum von sechs Monaten zweimal wöchentlich € 500,00 abgehoben hat. Außerdem hat T2 im Laufe der letzten drei Jahre vor dem Tod der M dreimal € 20.000,00 in bar abgehoben. Diese großen Abhebungen musste T2 am Bankschalter vornehmen, sodass von ihr unterschriebene Barauszahlungsbelege vorhanden sind. T1 unterstellt T2, sie habe das fehlende Geld im Wesentlichen für sich verwendet, da die Mutter immer sehr sparsam und bescheiden gelebt habe. T2 sagt, sie habe alles der Mutter gegeben oder für deren Ausgaben verwendet. Pflegekräfte seien in bar bezahlt worden und der Haushalt der Mutter habe viel Geld verbraucht. Quittungen hat T2 keine. T1 misstraut jedem Wort der T2. Sie erhebt Stufenklage auf Auskunft, eidesstattliche Versicherung und Rückzahlung eines großen Teils der von T2 vom Konto der Erblasserin abgehobenen Geldbeträge an die Erbengemeinschaft.

Die vorstehend beschriebene Fallgestaltung stellt den Erbrechtler vor nicht unerhebliche Probleme. Auch eine Mediation wäre schwierig. T2 wird nie zugeben, Geld der Mutter für sich selbst verwendet zu haben. Genau das möchte T1 aber hören. Ist ein solcher Konflikt konsensual lösbar? Welche Fragen stellen sich, wenn der Konflikt gerichtlich reguliert werden muss?

c. Problemstellung

aa. Die General- und Vorsorgevollmacht als Instrument der Altersvorsorge

Die im Regelfall als „General- und Vorsorgevollmacht“ bezeichnete Vollmacht, deren Erteilung älter werdenden Personen ein Anliegen ist, ist eine umfassende Vollmacht, die zur Vornahme aller Rechtsgeschäfte ermächtigt, bei denen eine Stellvertretung zulässig ist (§ 164 Abs. 1 BGB). Die Vollmacht beinhaltet im Regelfall die Ermächtigung zur Vornahme aller vermögensrechtlichen Rechtsgeschäfte durch den Vollmachtnehmer für den Vollmachtgeber und zusätzlich beispielhaft aufgeführt spezielle Rechtsgeschäfte. Vollmachten können in verschiedenen Ausführungen erteilt werden. So gibt es Vollmachten, in denen eine Person nur eine andere Person bevollmächtigt, oder durch die mehrere Personen bevollmächtigt werden. Es gibt einzelvertretungsberechtigte Bevollmächtigte oder gemeinsam Bevollmächtigte. Es gibt Vollmachten, in denen „in erster Linie“ der Ehepartner und für den Fall von dessen Handlungsunfähigkeit in „zweiter Linie“ Abkömmlinge bevollmächtigt werden. Die Möglichkeiten, Vollmachten zu formulieren, den bevollmächtigten Personenkreis abzustecken, den Inhalt der Vollmacht auszudehnen oder zu beschränken, sind unzählig. [234]

Insbesondere für ältere Menschen ist die Vollmachtserteilung ein wichtiges Rechtsgeschäft, um „im Fall der Fälle“ eine Betreuung nach § 1896 Abs. 1 BGB zu verhindern. Diese Vollmachten werden im Regelfall als „Vorsorgevollmachten“ bezeichnet. Nach § 1896 Abs. 2 Satz 1 BGB darf ein Betreuer nur bestellt werden, soweit die Betreuung erforderlich ist. Nach § 1896 Abs. 2 Satz 2 BGB ist eine Betreuung nicht erforderlich, soweit die Angelegenheiten des Volljährigen „durch einen Bevollmächtigten [...] ebenso gut wie durch einen Betreuer besorgt werden können“. Der BGH hat in ständiger Rechtsprechung betont, dass eine Vorsorgevollmacht der Bestellung eines Betreuers entgegensteht.[235] Eine Ausnahme von diesem Prinzip der Nachrangigkeit der Betreuung[236] kommt nur in besonderen Fällen in Betracht, so wenn beispielsweise Zweifel an der Wirksamkeit der Vorsorgevollmacht bestehen oder der Bevollmächtigte nicht

---

234 *Kropp*, FPR 2012, 9 ff.; *Sarres*, ZEV 2013, 312 ff.; *Sauer*, RNotZ 2009, 79 ff.; *Trimborn v. Landenberg*, S. 1 ff.; *Zimmer*, ZEV 2013, 307 ff.; *Zimmermann*, NJW 2014, 1573 ff.; *Zimmermann*, Vorsorgevollmacht, S. 25 ff.

235 BGH, Beschluss vom 19.10.2016 – XII ZB 289/16.

236 *Zimmermann*, NJW 2014, 1573 (1573).

237 BGH, Beschluss vom 19.10.2016 – XII ZB 289/16; BGH, Beschluss vom 17.02.2016 – XII ZB 498/15; BGH Beschluss vom 03.02.2016 – XII ZB 425/14.

geeignet erscheint.[237] Die Vorsorgevollmacht ist eine Vollmacht im Sinne der §§ 164 ff. BGB. Sie wird als „Vorsorgevollmacht“ bezeichnet, um klarzustellen, dass diese Vollmacht ein Instrument der Altersvorsorge dahingehend ist, dass sie für den Fall erteilt wird, dass der Vollmachtgeber sich nicht mehr um seine Angelegenheiten kümmern kann, und um eine Betreuung nach § 1896 Abs. 1 BGB zu verhindern.

Trotz dieses „Motives“ für die Erteilung der Vollmacht wird eine Vorsorgevollmacht im Regelfall nicht unter der aufschiebenden Bedingung des Eintritts des „Vorsorgefalles“ erteilt. Der Grund für die unbedingte Erteilung der Vollmacht liegt darin, dass der Bedingungseintritt, beispielsweise die Handlungsunfähigkeit oder Geschäftsunfähigkeit des Vollmachtgebers, in Einzelfällen nur sehr schwer nachgewiesen werden kann. Auch der Begriff der Betreuungsbedürftigkeit ist nicht in Stein gemeißelt. Befragte Ärzte kommen oftmals zu unterschiedlichen Ergebnissen, sodass die Vorsorgevollmacht unter einer aufschiebenden Bedingung zur Rechtsunsicherheit führt und kein brauchbares Instrument der Vorsorgeregelung im Alter darstellt.[238] Diese Rechtsunsicherheit führte nach Auffassung des Kammergerichts Berlin dazu, einem Bevollmächtigten, der über eine Vollmacht verfügte, die unter der aufschiebenden Bedingung der Geschäftsunfähigkeit des Vollmachtgebers erteilt war, die Geeignetheit im Sinne des § 1896 Abs. 2 Satz 2 BGB in Bezug auf die Besorgung der Angelegenheiten des Betroffenen abzusprechen.[239] In dem konkreten Fall war die Vollmacht bedingt für den Fall erteilt worden, dass die Vollmachtgeberin „vorübergehend oder dauerhaft nicht in der Lage sein sollte, ihre Angelegenheiten selbst zu regeln und ihren Willen zu äußern“. Das Kammergericht konstatierte, der Bevollmächtigte sei in diesem Falle gezwungen, bei jedem einzelnen Tätigwerden den Eintritt der Bedingung nachzuweisen, was im Rechtsverkehr zu Akzeptanzproblemen führen könne. Durch die aufschiebende Bedingung sei die Vollmacht einer Betreuerbestellung nicht gleichwertig.

Die Entscheidung des Kammergerichts Berlin ist abzulehnen. Ein Entscheidungsergebnis, eine Vollmacht könne nicht unter der aufschiebenden Bedingung der Geschäftsunfähigkeit erteilt werden, widerspricht den schuldrechtlichen Regelungen des BGB, die es ermöglichen, ein Rechtsgeschäft an eine aufschiebende Bedingung zu knüpfen. Ein solches Rechtsgeschäft unter praktischen Aspekten als minderwertig oder ungeeignet zu beurteilen, ist keine rechtliche Kategorie und widerspricht den gesetzlichen Vorschriften. Die Entscheidung des

238 *Zimmermann*, Vorsorgevollmacht, S. 55 ff.

239 KG, Berlin, Beschluss vom 19.11.2009 – 1 W 49/09.

Kammergerichts Berlin lässt auch unberücksichtigt, dass, nach seiner eigenen Argumentation, die Vollmachterteilung der Betreuerbestellung dann gleichwertig sein muss, wenn die eingetretene Geschäftsunfähigkeit der Vollmachtgeberin oder deren Unfähigkeit, ihren Willen zu äußern, unstreitig vorliegt, beispielsweise nach einem schweren Schlaganfall. Unter Zugrundelegung dieser Aspekte wäre es wichtig gewesen, dass sich das Gericht mit Beweislastfragen zum Bedingungseintritt beschäftigt.

Um Unsicherheiten hinsichtlich der Fragen, ob die Vollmacht als bedingte Vollmacht oder als unbedingte Vollmacht erteilt ist, oder ob sie zwar unbedingt erteilt ist, aber gemäß des bestehenden Innenverhältnisses erst zum Tragen kommen soll, wenn der Vollmachtgeber nicht mehr in der Lage ist, seine eigenen Angelegenheiten zu regeln, nicht aufkommen zu lassen, werden die Vollmachten in der Praxis zumeist als „General- und Vorsorgevollmachten" bezeichnet. In den Vollmachttext werden keine Regelungen aufgenommen, ab wann der Bevollmächtigte aufgrund der Vollmacht tätig werden soll. Dies führt nun oftmals dazu, dass Angehörige, die eine Vollmacht haben, bereits zu Zeiten, in denen der Vollmachtgeber sich noch sehr gut um seine Angelegenheiten kümmern und alle Entscheidungen selbst treffen kann, diese Vollmacht in Einzelfällen nach Rücksprache mit dem Vollmachtgeber verwenden, um für den Vollmachtgeber Geschäfte zu tätigen. Bezugnehmend auf den vorstehend beschriebenen Beispielsfall war dies in dem Zeitraum zwischen 2010 und 2012 der Fall. In diesem Zeitraum war M zwar gehbehindert, konnte aber ihre eigenen Angelegenheiten besorgen, ging einkaufen, hob Geld ab und gab T2 konkrete Anweisungen, welche Geldbeträge diese abheben sollte. Erst nachdem M im Jahr 2012 ein Pflegefall geworden war, somit die Hilfsbedürftigkeit, für die die Vollmacht ursprünglich erteilt worden war, eingetreten war, wurde T2 nach eigenem Ermessen und ohne jeweilige Rücksprache mit M aufgrund der Vollmacht tätig.

bb. Der demografische Wandel

Der Grund für die zunehmende Anzahl von Konflikten, die aus dem Themenbereich „General- und Vorsorgevollmacht" erwachsen, ist das Misstrauen der Miterben oder nichtbevollmächtigten Familienangehörigen. Das Misstrauen kann als primäre Konfliktursache, somit als Konfliktauslöser betrachtet werden. Es müssen daneben aber noch weitere Gründe berücksichtigt werden, die die Konfliktentstehung begünstigen.

Da es sich bei der General- und Vorsorgevollmacht um ein Instrument der Altersvorsorge und Altenfürsorge handelt, muss darüber nachgedacht werden, ob die gesellschaftspolitischen Fragen um die sogenannte *älter werdende Gesellschaft* eine Rolle spielen.

Die *älter werdende Gesellschaft* wird mit dem Schlagwort „demografischer Wandel“ bezeichnet. Worum handelt es sich? Als demografischer Wandel wird oftmals die Tatsache angesehen, dass die Zahl der alten und sehr alten Menschen in Deutschland anwächst und demgegenüber die Zahl der jungen Menschen sinkt, was mit der abnehmenden Sterblichkeit von Kindern und jüngeren Erwachsenen und der steigenden Lebenserwartung alter Menschen erklärt wird.[240] Diese Begründung stellt jedoch nur einen Mosaikstein in dem Gesamtbild eines „umfassenden sozialen Wandels auf dem Weg in die moderne Gesellschaft“ dar.[241] Unstreitig sind der Geburtenrückgang und der Anstieg der Lebenserwartung Ursachen der demografischen Alterung. Das primäre Augenmerk muss aber auf die gesellschaftlichen Folgen dieses sozialen Wandels gerichtet werden: leere Rentenkassen, fehlende Arbeitskräfte, der drohende „Kampf der Generationen“[242], „Gefahren durch Bevölkerungspolitik“[243]. Als weitere Folge des demografischen Wandels sieht *Christandl* die „Pluralisierung der Lebensformen“[244]. In einem längeren Leben gäbe es mehr eheliche und nichteheliche Partnerschaften, wodurch sich die Anzahl der Patchworkfamilien erhöhe.[245]

Daneben stellt sich als weiteres hochaktuelles Problem die Frage nach der Altenfürsorge und der Pflege hilfebedürftiger alter Menschen. Empirische Studien belegen, dass pflegebedürfte alte Menschen noch immer hauptsächlich in und von der Familie versorgt werden.[246] *Kunstmann* weist auf die „Weiblichkeit der Hilfe“[247] hin. Die familiale Pflege werde in den meisten Fällen von Frauen vorgenommen. *Kunstmann* sieht die familiale Pflege als gefährdet an, da sie davon ausgeht, dass ebenfalls als Folge des sozialen Wandels, also der Veränderung der Gesellschaft durch demografische Verschiebungen und Modernisierungsprozesse, die „grundsätzliche Bereitschaft zur Altenfürsorge“[248] im familialen Umfeld nachlassen werde.

---

240 *Roloff,* Die alternde Gesellschaft, S. 9 ff.
241 *Thieme,* Alter(n) in der alternden Gesellschaft, S. 65 f.
242 *Gronemeyer*, S. 15 ff.
243 *Thieme,* a. a. O., S. 104 ff.
244 *Christandl*, Selbstbestimmtes Testieren, S. 2.
245 Vgl. *Christandl*, a. a. O., S. 2 f.
246 *Kunstmann,* Familiale Verbundenheit, S. 13 ff.
247 *Kunstmann,* a. a. O., S. 15.
248 *Kunstmann,* a. a. O., S. 14 f.

In den Bereich der Altenfürsorge gehört es, wenn ein Abkömmling aufgrund einer General- und Vorsorgevollmacht für die betagten Eltern oder einen Elternteil tätig wird. Die Tatsache, dass es sich um eine Tätigkeit handelt, die auf einem Rechtsverhältnis beruht, ändert nichts daran, dass es sich um eine familiale Altenfürsorge handelt. Gerade die Tatsache, dass die Tätigkeit eines Abkömmlings des betagten oder hochbetagten Vollmachtgebers in das familiale Umfeld eingebunden ist und dieser Abkömmling oft zu den späteren Miterben gehört, kann das Misstrauen der anderen Abkömmlinge verstärken. Ein Grund dürfte darin liegen, dass ein Vollmachtnehmer aus dem familialen Umfeld des Vollmachtgebers im Regelfall nicht nur die finanziellen Angelegenheiten des Vollmachtgebers regelt, sondern auch andere Tätigkeiten der familialen Fürsorge vornimmt. Häufig kommt die betreffende Tochter oder der Sohn täglich zu dem betagten Elternteil, kauft ein, macht Arzt- und Besorgungsfahrten, wohnt in der Nähe oder sogar im gleichen Haus – und trennt die Aufgabenbereiche, insbesondere die Vornahme von Rechtsgeschäften, nicht von Gefälligkeitshandlungen oder familialen Pflege- und Versorgungshandlungen, die außerhalb des der Vollmacht zugrunde liegenden Rechtsverhältnisses liegen. Dieses Geflecht an Tätigkeiten, Einnahmen, Ausgaben, rechtsgeschäftlichen Erklärungen und Gefälligkeitshandlungen führt, von den Miterben später als „undurchsichtig" empfunden, zu einem starken Misstrauen und nach dem Tod des Vollmachtgebers zu der Geltendmachung rechtlicher Ansprüche. Deshalb wird einem vom Betreuungsgericht eingesetzten Betreuer, der nur die Vermögenssorge für den Betreuten hat und der einmal jährlich seinen Rechenschaftsbericht an das Betreuungsgericht schickt, oft mit weniger Misstrauen begegnet.

Ein weiterer Grund dafür, weshalb sich der Themenkomplex des demografischen Wandels auf General- und Vorsorgevollmachten auswirkt, liegt darin, dass die Bevollmächtigten gerade wegen der steigenden Lebenserwartung der Vollmachtgeber die Vollmachten sehr lange haben. Es ist in der Praxis keine Seltenheit, dass bevollmächtigte Abkömmlinge fünf, acht oder zehn Jahre aufgrund der Vollmacht tätig sind.

cc. Die Vorsorgevollmacht und ihr Grundverhältnis

Die Vollmacht und das Grundverhältnis, aufgrund dessen die Vollmacht erteilt wurde, sind nicht zwingend miteinander verbunden. Ist mit der Rechtsprechung der Obergerichte davon auszugehen, dass in der Altersvorsorge bis auf wenige Ausnahmen (Ehegatten) die Vermögenssorge ein Auftragsverhältnis darstellt, so bedeutet der Abstraktionsgrundsatz im Hinblick auf die Vollmacht zunächst einmal, dass die Vollmacht und das Grundverhältnis zu trennen sind.

Grundsätzlich können der Abschluss eines Auftragsvertrags und die Vollmachterteilung zeitgleich erfolgen. Dogmatisch müssen die beiden Rechtsgeschäfte getrennt werden.

Der Auftrag ist ein Vertrag (Angebot und Annahme), während die Vollmacht eine durch einseitiges Rechtsgeschäft erteilte Vertretungsmacht (§ 166 Abs. 2 Satz 1 BGB) ist. Die Vollmacht wird durch eine einseitige, nicht annahmebedürftige Willenserklärung erteilt. Die Vollmachterteilung bedarf keiner Annahme.[249] Ein Auftragsangebot schon. Dies führt zu der Frage, wann das Auftragsverhältnis zustande kommt, wenn der Bevollmächtigte die Vollmacht zugeschickt oder „für später" übergeben bekommt. Kommt der Auftragsvertrag durch das „Weglegen" und „Verwahren" zustande, oder erst, wenn der Vollmachtnehmer die Vollmacht verwendet, d. h. mit der Vollmacht tätig wird?[250] Viele Abkömmlinge sind sich, wenn die Vollmacht im familialen Umfeld erteilt wird, nicht im Klaren, dass im Innenverhältnis ein Vertragsverhältnis zustande kommen kann. Auch wenn in dem Vollmachttext steht, dass die „Auftragsvorschriften" gelten

249 BGH, Urteil vom 05.12.2006 – XI ZR 341/05, Tz. 18.

250 In der Übersendung einer Vollmachtsurkunde wird aus objektiver Empfängersicht ein Angebot auf Abschluss des der Vollmachterteilung zugrunde liegenden Auftragsvertrages zu sehen sein. Möchte der Bevollmächtige das Angebot auf Abschluss eines Auftragsvertrages nicht annehmen, muss er die Vollmacht sofort zurückgeben oder zurückschicken. Wenn der Bevollmächtigte die Vollmachtsurkunde nicht zurückschickt, sondern weglegt und insbesondere für den späteren Gebrauch verwahrt, nimmt er dadurch das Angebot auf Abschluss eines Auftragsvertrages an. Es ist davon auszugehen, dass unter Bezug auf § 151 BGB weder eine ausdrückliche Annahme noch das Gebrauchmachen von der Vollmacht erforderlich ist. Dies korreliert mit dem Zweck der Vollmacht, die wenn es sich um eine Vorsorgevollmacht handelt, vorsorglich für den Fall der eigenen Handlungsunfähigkeit erteilt ist. Der Auftragsvertrag hinsichtlich des Vorsorgefalles kommt somit mit Übernahme der Vollmacht zustande. Das weisungslose Handeln des Bevollmächtigten aufgrund seines eigenen Ermessens wird unter der aufschiebenden Bedingung des Eintritts des Vorsorgefalles stehen. Einzelne Rechtsgeschäfte, die der Bevollmächtigte vor Eintritt des Vorsorgefalles aufgrund der einzelnen Weisung des Vollmachtgebers vornimmt, unterfallen nach Auffassung der Verfasserin nicht dem für den Vorsorgefall geschlossenen Auftragsvertrag, sondern stellen jeweils eigene Auftragsverhältnisse dar.

251 So regt *von Heynitz* in: MittBayNot 2003, 269, „Belehrungen" für Bevollmächtigte an, allerdings zum Umfang der Vollmacht und zum Thema Vollmachtsmissbrauch. Diese „Belehrungen" sollten unbedingt erfolgen. Dies auch in Bezug auf die möglichen Pflichten, die dem Bevollmächtigten aus einem Auftragsverhältnis (insbesondere §§ 666, 667 BGB) erwachsen können.

sollen, ist oftmals nicht bekannt, welche Konsequenzen dies hat.[251] Im Regelfall wird der Vollmachttext einer General- und Vorsorgevollmacht „fürs Alter“ von den Vollmachtnehmern nicht genau gelesen.

Die obergerichtliche Rechtsprechung tendiert insbesondere in Fällen, bei denen das Vermögen des Vollmachtgebers und späteren Erblassers nicht unerheblich ist, dazu, sehr schnell von einem Auftragsverhältnis auszugehen. Als Messlatte wird die Intensität des bestehenden Vertrauensverhältnisses zwischen Vollmachtgeber und Vollmachtnehmer angelegt. Zwischen Eheleuten oder nichtehelichen Lebenspartnern wird im Regelfall nicht von einem Auftragsverhältnis ausgegangen. So hat der BGH in einer Entscheidung vom 05.07.2000 festgestellt, dass für den Fall, dass Ehepartner während ihres Zusammenlebens die Aufgabenbereiche innerhalb ihrer ehelichen Lebensgemeinschaft so regeln, dass einer von ihnen die Wirtschaftsführung alleine übernimmt, auch dann kein Auftragsverhältnis im Sinne der §§ 662 ff. BGB vorliegen soll, wenn die hierfür bereitgestellten Mittel im Wesentlichen aus den Einkünften und dem Vermögen des nicht die Wirtschaftsführung verantwortenden Ehepartners stammen. Eine unmittelbare oder analoge Anwendung des § 667 BGB komme nicht in Betracht.[252] Ist in der Vollmacht ausdrücklich enthalten, dass das Grundverhältnis ein Auftragsverhältnis sei, sei eine Abgrenzung nicht notwendig. Der Vollmachtnehmer könne nicht vortragen, er habe keinen Rechtsbindungswillen gehabt. Der Rechtsbindungswille sei nicht nach dem nicht in Erscheinung getretenen inneren Willen des Vollmachtnehmers in Bezug auf das Innenverhältnis zu beurteilen, sondern danach, ob der Vollmachtgeber als Auftraggeber aus dem Handeln des Vollmachtnehmers einen solchen Willen entnehmen konnte.[253] Wenn von einem Auftragsverhältnis ausgegangen wird, kommen die §§ 666 ff. BGB zur Anwendung.

252 BGH, Urteil vom 05.07.2000 – XII ZR 26/98. Ebenso für die nichteheliche Lebensgemeinschaft: OLG Düsseldorf, Urteil vom 28.03.2006 – I-4 U 102/05, mit zustimmender Anmerkung *Muscheler*, in: ZEV 2007, 184 (186). Vgl. OLG Naumburg, Urteil vom 06.07.2007 – 10 U 27/07: kein Auftragsverhältnis bei Nähebeziehung zwischen Großmutter und Enkel, die zusammenlebten, mit ablehnender Anmerkung *Litzenburger*, in: FD-ErbR 2008, 262567. Vgl. OLG Köln, Urteil vom 19.09.2012 – 16 U 196/11: kein Auftragsverhältnis bei besonderer Nähebeziehung zwischen Mutter und Tochter.

253 OLG Brandenburg, Urteil vom 19.03.2013 – 3 U 1/12.

d. Neue obergerichtliche Rechtsprechung

Zu dem Problem der Abgrenzung zwischen einem Auftragsverhältnis zwischen dem späteren Erblasser als Vollmachtgeber und dem Vollmachtnehmer und einem Gefälligkeitsverhältnis sind insbesondere vier obergerichtliche Entscheidungen neueren Datums zu nennen, die, außer der Entscheidung des OLG Köln vom 11.05.2017, alle von dem Vorliegen eines Auftragsverhältnisses ausgehen:

- OLG München, Urteil vom 06.12.2017 - 7 U 1519/17[254]

Die 2015 verstorbene Erblasserin E hatte dem Beklagten 2012 eine notarielle Generalvollmacht und eine Kontovollmacht erteilt. In der notariellen Generalvollmacht war der Passus enthalten, das Grundverhältnis richte sich nach den Auftragsvorschriften. Des Weiteren enthielt die notarielle Vollmacht eine Befreiung von den Beschränkungen des § 181 BGB. Aufgrund dieser Vollmacht verkaufte der Beklagte mit notariellem Kaufvertrag im Oktober 2012 das Wohnhaus der E. Als die E 2015 verstarb, war nur noch ein Bruchteil des Verkaufserlöses auf ihrem Konto. Es existierte eine von E unterzeichnete maschinenschriftliche Erklärung aus dem Jahr 2012, wonach der Beklagte aus dem Verkaufserlös ihres Wohnhauses € 500.000,00 erhalten solle. Die Miterben verlangten Auskunft nach §§ 1922 Abs. 1, 666 ff. BGB. – Das OLG München nahm aufgrund der Formulierung in der notariellen Generalvollmacht an, dass zwischen der E und dem Beklagten ein Auftragsverhältnis zustande gekommen war. In diesem Zusammenhang wies das OLG München explizit auf zwei immer wieder auftauchende Fragestellungen hin: Zum einen bezeichnete es die Klägerin, die Miterbin war, ausdrücklich als prozessführungsbefugt, da sie gemäß § 2039 Satz 1 BGB zum Nachlass gehörende Ansprüche und damit die streitgegenständlichen Auskunftsansprüche nach § 666 BGB in gesetzlicher Prozessstandschaft in eigenem Namen für die Erbengemeinschaft klageweise geltend machen könne.[255] Des Weiteren wies das OLG München darauf hin, dass der Anspruch aus § 666 BGB grundsätzlich dispositiv sei, d. h. es wäre möglich, dass der Auftraggeber im Zusammenhang mit dem Zustandekommen des Auftragsverhältnisses § 666 BGB abbedinge (auch konkludent), wodurch auch Erben ein solcher Anspruch nicht zustünde. Es müssten in der Generalvollmacht jedoch Hinweise auf ein Abbedingen enthalten sein. Die bloße Befreiung von der Beschränkung des § 181 BGB reiche nicht. Das OLG München konstatierte, der bestehende

254 ZEV 2018, 149 ff.

255 Ständige Rechtsprechung BGH. Beispielhaft: BGH, Urteil vom 27.01.2016 – XII ZR 33/15.

Auskunftsanspruch der Miterben aus § 666 BGB umfasse auch die Vorlage eines Bestandsverzeichnisses im Sinne des § 260 Abs. 1 BGB. Ein Bestandsverzeichnis im Sinne des § 260 Abs. 1 BGB sei die übersichtliche Darstellung der Aktiv- und Passivposten zu einem bestimmten Zeitpunkt. Daneben hätten die Erben einen Anspruch gemäß §§ 1922 Abs. 1, 666 BGB auf Auskunft, welcher gemäß § 259 Abs. 1 BGB die Rechenschaftslegung umfasse. Bei der Rechenschaftslegung handle es sich um eine verständliche Zusammenstellung der Einnahmen und Ausgaben, die nicht nur auf einen Stichtag lautet, sondern die Entwicklung der Geschäfte aufzeigt. Unstreitig ist, dass der Anspruch auf Rechenschaftslegung gemäß § 666 BGB den Anspruch auf Auskunftserteilung nach § 666 BGB umfasse. Der Anspruch auf Auskunftserteilung stelle ein Minus gegenüber dem Anspruch auf Rechenschaftslegung dar. Die Verpflichtung des Beklagten, ein Bestandsverzeichnis nach § 260 Abs. 1 BGB vorzulegen, erschließe sich darüber, dass der Vollmachtnehmer, sei es im Rahmen eines Auftragsverhältnisses oder eines entgeltlichen Geschäftsbesorgungsvertrages, nicht nur Einzelauskünfte zu erteilen habe. Werde er jahrelang aufgrund einer General- und Vorsorgevollmacht tätig und werde sein Tätigwerden von dem Vollmachtgeber nicht mehr kontrolliert, da dieser geschäftsunfähig geworden sei, beziehe sich der Auskunftsanspruch und Anspruch auf Rechenschaftslegung nach § 666 BGB auch auf eine Mehrheit von Gegenständen und eine Mehrheit von Tätigkeiten, über die Auskunft gegeben werden muss. Der Begriff „Inbegriff" im Sinne des § 260 Abs. 1 BGB sei somit erfüllt.[256]

- OLG Karlsruhe, Urteil vom 16.05.2017 – 9 U 167/15[257]

Der Kläger ist Alleinerbe seiner im Jahr 2012 verstorbenen Mutter. Er macht gegen seine Schwester Zahlungsansprüche nach §§ 1922, 667 BGB geltend. Er trägt vor, die Beklagte habe von der verstorbenen Mutter Geldbeträge erhalten, die sie zu Unrecht für sich selbst verwendet habe. – Zu der Frage der rechtlichen Qualifikation des zwischen der Beklagten und der Mutter bestehenden Verhältnisses stellt das OLG Karlsruhe fest, dass die Abgrenzung zwischen einem Auftragsverhältnis und einem Gefälligkeitsverhältnis von den Umständen des Einzelfalles abhänge. Wenn für den Auftragnehmer erkennbar sei, dass der Auftraggeber ein wesentliches Interesse an der Durchführung des Auftrags habe, sei von einem Rechtsbindungswillen auszugehen. Ein besonderes persönliches

---

256 A. A. *Kollmeyer*, Anmerkung zum Urteil des OLG München vom 06.12.2017 – 7 U 1519/17, in: ZEV 2018, 149 (153).

257 ZEV 2017, 430 (Ls).

Vertrauensverhältnis zwischen dem Auftraggeber und dem Auftragnehmer spreche nicht gegen einen Auftrag im Sinne von § 662 BGB. Dieses „besondere Vertrauensverhältnis" sei der Regelfall eines Auftrages mit rechtlichen Verpflichtungen. Wenn ein Familienangehöriger Geldgeschäfte für einen anderen Familienangehörigen erledige, sei es im Rahmen einer Vorsorgevollmacht oder im Rahmen eines Einzelauftrages, sei im Regelfall von einem Auftrag mit rechtlichen Verpflichtungen auszugehen. Das OLG Karlsruhe stellte ausdrücklich fest, dass die Rechtsprechung des BGH zu einer Vollmacht unter zusammenlebenden Eheleuten nicht übertragbar sei. Das OLG Karlsruhe konstatierte, dass ein Rechtsbindungswille auch deshalb vorliegen müsse, da die Beklagte ohne diesen keine Verpflichtung gehabt habe, die vom Konto der Mutter abgehobenen Gelder an die Mutter abzuliefern. Bei einem Gefälligkeitsverhältnis hätte die Beklagte die Beträge beliebig verwenden können. Dass dies nicht im Interesse der Mutter gelegen haben könne, läge auf der Hand.

- OLG Köln, Beschluss vom 11.05.2017 – 16 U 99/16[258]

Die Erblasserin hatte einem späteren Miterben zu ihren Lebzeiten eine Kontovollmacht und eine Vollmacht für ein Bankschließfach erteilt. Nach ihrem Tod machten die Miterben einen Auskunftsanspruch nach §§ 1922, 666 BGB gegen den vormals bevollmächtigten Miterben geltend. – Das OLG Köln weist darauf hin, dass allein aus dem Bestehen einer Kontovollmacht und der Vollmacht für das Bankschließfach sich noch kein Auftragsverhältnis ergebe. Hierfür fehlten die objektiven Kriterien, die darauf hindeuteten, dass sich die Parteien rechtsgeschäftlich binden wollten. Das OLG Köln argumentiert, dass die Vollmacht, wenn sie aufgrund eines besonderen Vertrauensverhältnisses erteilt sei, in der Regel nicht zur Auskunft noch Rechenschaft führen solle. Nur wenn das objektive Kriterium des rechtsgeschäftlichen Bindungswillens hinzukäme, sei das Vertrauensverhältnis zu verneinen. Für ein Vertrauensverhältnis spricht, wenn die Vollmacht demjenigen Kind erteilt wurde, das sich um die Erblasserin kümmerte und in der unmittelbaren Nachbarschaft wohne. Das OLG Köln verneinte ein Auftragsverhältnis zwischen der Mutter und dem Bevollmächtigten.

Das OLG Köln vertritt hier, ebenso wie das OLG Brandenburg in ständiger Rechtsprechung[259], die Auffassung, dass ein Unterschied in der Beurteilung der Frage nach dem Vorliegen eines Rechtsbindungswillens darin gesehen werden

258 FamRZ 2018, 61.

259 OLG Brandenburg, Urteil vom 19.03.2013 – 3 U 1/12; OLG Brandenburg, Urteil vom 07.12.2011 – 3 U 94/11; OLG Brandenburg, Urteil vom 19.03.2009 – 12 U 171/08.

muss, ob eine *Vorsorgevollmacht* erteilt worden war oder lediglich eine *Kontovollmacht*. Das OLG Brandenburg vertritt die Auffassung, dass vom Vorliegen einer Kontovollmacht nicht auf das Bestehen eines Auftragsverhältnisses geschlossen werden könne. Entscheidend für ein Auftragsverhältnis sei der Wille der Parteien, sich rechtsgeschäftlich zu binden. Die Erteilung einer Kontovollmacht erfolge grundsätzlich aufgrund eines besonderen Vertrauens, im Rahmen dessen eine Auskunft oder Rechenschaft nicht verlangt werden solle. Es ist *Kollmeyer* Recht zu geben, wenn er die unterschiedliche Beurteilung einer Kontovollmacht und einer Vorsorgevollmacht im Hinblick auf den Rechtsbindungswillen infrage stellt.[260] Eine solche Unterscheidung ist realitätsfern. Warum sollte das Vertrauensverhältnis bei einer Kontovollmacht stärker sein als bei einer Vorsorgevollmacht? Gerade durch Vorsorgevollmachten hat der Vollmachtgeber umfangreiche Befugnisse, die über das rein Finanzielle hinausgehen. Er ist im Regelfall befugt, einen Heimvertrag oder Krankenhausvertrag für den Vollmachtgeber zu schließen und eine Reihe weiterer Rechtsgeschäfte für diesen zu tätigen, die dessen Privatleben und seine körperliche Integrität betreffen. Hier davon auszugehen, dass dieses Vertrauensverhältnis geringer sei als das Vertrauensverhältnis, welches bestehen müsse, wenn eine Kontovollmacht eingerichtet werde, ist nicht sachgerecht. Die Unterscheidung ist auch deshalb ungeeignet, da Banken oftmals General- und Vorsorgevollmachten nicht ohne Probleme anerkennen. Sie verlangen regelmäßig zusätzlich die Erteilung einer Kontovollmacht unter Verwendung der bankeigenen Vordrucke.[261] Die Banken sind sich im Regelfall darüber im Klaren, dass dieses Verlangen rechtlich nicht haltbar ist, insbesondere, wenn die Unterschrift des Vollmachtgebers notariell beglaubigt ist oder die Vollmacht sogar beurkundet wurde. Die Banken argumentieren jedoch mit Praktikabilitätsgründen. Es wird vorgetragen, dass eine General- und Vorsorgevollmacht bei jedem Bankgeschäft im Original vorliegen müsse, weshalb eine Abhebung am Bankautomaten oder über Onlinebanking unzulässig sei. Unabhängig davon, wie ein Rechtsstreit über dieses Thema ausgehen würde, wird von dem späteren Erblasser aus diesen Gründen im Regelfall neben der General- und Vorsorgevollmacht auch eine Kontovollmacht erteilt, sodass eine Unterscheidung der Vollmachten über das Kriterium des Vertrauensverhältnisses ungeeignet ist.

---

260 *Kollmeyer*, NJW 2017, 1137 (1141).

261 Hierzu näher: LG Hamburg, Beschluss vom 30.08.2017 – 301 T 280/17; *Tersteegen*, NJW 2007, 1717 ff.; *Zimmermann*, BKR 2007, 226 ff.

262 FamRZ 2014, 1397 f.

- OLG Schleswig, Urteil vom 18.03.2014 – 3 U 50/13[262]

Die Klägerin und die Beklagte sind die Töchter der im Jahr 2010 verstorbenen Erblasserin. Die Beklagte hatte von ihrer Mutter Bankvollmacht erhalten und erhielt im Jahr 2009 eine schriftliche Vorsorgevollmacht. Die Klägerin wirft der Beklagten vor, Geld vom Konto der Mutter abgehoben zu haben und damit gekauftes Gold nicht an die Mutter herausgegeben, sondern ihrem eigenen Vermögen zugeführt zu haben. Sie verlangt Auskunft und die Herausgabe der Goldbarren an die Erbengemeinschaft, ersatzweise den Wert der Goldbarren in Geld. – Das OLG Schleswig stellt fest, dass im Gegensatz zu der Erteilung einer Kontovollmacht bei der Erteilung einer umfassenden Vorsorgevollmacht nicht von einem bloßen Gefälligkeitsverhältnis, sondern von einem Auftragsverhältnis auszugehen sei. Selbst bei Kindern, die eine Vollmacht erhalten, sei die Annahme eines Rechtsbindungswillens geboten, außer es sprächen konkrete Anhaltspunkte dafür, dass aufgrund eines besonderen Vertrauens keine Informationspflicht für die Zukunft entstehen sollte. Diese Anforderungen seien sehr hoch. Bloße verwandtschaftliche Verhältnisse reichten nicht. Das OLG Schleswig schließt insbesondere von einem schriftlich erteilten Auftrag auf das Vorliegen eines Rechtsbindungswillens. Des Weiteren führt es aus, die Erblasserin sei „sehr bestimmend und eigen" gewesen und die Beklagte sei nur „ausführendes Organ" gewesen. Diese familiäre Beziehung spreche gegen ein bloßes Gefälligkeitsverhältnis.

e. Resümee

Zusammenfassend ist festzustellen, dass die obergerichtliche Rechtsprechung beim Vorliegen einer General- und Vorsorgevollmacht in Bezug auf die Abgrenzung von Auftragsverhältnissen zu Gefälligkeitsverhältnissen bis auf wenige Ausnahmen dazu tendiert, ein Auftragsverhältnis zu bejahen. Insbesondere muss von einem Auftragsverhältnis ausgegangen werden, wenn für den Vollmachtgeber Interessen wirtschaftlicher Art betroffen sind, was bedeutet, dass immer dann ein Auftragsverhältnis vorliegt, wenn der Vollmachtgeber auf die Tätigkeit des Vollmachtnehmers angewiesen ist oder wesentliche Vermögensgegenstände betroffen sind. Wichtig ist in diesem Zusammenhang, dass der BGH an seiner ständigen Rechtsprechung, dass die Frage, ob ein Bindungswille des Bevollmächtigten in Bezug auf den Auftragsvertrag vorliegt, nicht nach dem nicht in Erscheinung getretenen inneren Willen des Leistenden zu beurteilen ist, sondern danach, ob der Leistungsempfänger unter den gegebenen Umständen nach Treu und Glauben mit Rücksicht auf die Verkehrssitte auf einen solchen

263 BGH, Urteil vom 21.06.2012 – III ZR 290/11, Rn. 14, mit w. Nw.

Willen schließen musste, festhält.[263] In den typischen Fällen der erbrechtlichen Konflikte, in denen ein Miterbe oder ein Dritter, der aufgrund einer General- und Vorsorgevollmacht Geld von dem Konto des Erblassers abgehoben hat, von den Miterben nach dem Tod des Vollmachtgebers auf Auskunft oder Rückzahlung an die Erbengemeinschaft verklagt wird, muss davon ausgegangen werden, dass diese Abhebungen „wesentliche Interessen wirtschaftlicher Art" waren und der Auftraggeber sich auf die Zusage des Leistenden verlassen musste, dass dieser die Angelegenheiten ordnungsgemäß erledigt. Die tatrichterliche Würdigung wird im Regelfall zu dem Ergebnis kommen, dass ein Auftragsverhältnis vorliegt. Die Folge davon ist, dass der Vollmachtnehmer nach dem Tod des Erblassers gegenüber den nicht bevollmächtigten Miterben nach §§ 1922, 666 ff. BGB zur Auskunft und Herausgabe der dem Auftraggeber angeblich nicht ausgehändigten Vermögenswerte an die Erbengemeinschaft verpflichtet sein kann.

Im Fall der Geltendmachung eines Herausgabeanspruches nach §§ 1922, 667 BGB trifft die Darlegungs- und Beweislast für die auftragsgemäße Verwendung des Erlangten und damit für die auftragsgemäße Herausgabe oder Übergabe des Erlangten an den Erblasser den Bevollmächtigten.[264] Ein besonderer Fall kann vorliegen, wenn es um die Abhebungen von Beträgen geht, die erkennbar für das tägliche Leben des Auftraggebers erforderlich waren oder wenn jahrelang von dem Auftraggeber Abrechnungen oder Quittungen nicht verlangt worden waren.[265]

Die Fragen, die sich in den Themenbereichen „Vorsorgevollmacht und ihre rechtlichen Auswirkungen" stellen, sind nicht abschließend rechtlich geklärt. Auch die Rechtsprechung geht nicht in die Tiefe der möglichen Fallgestaltungen und der sich aus diesen ergebenden Rechtsfragen. So muss beispielsweise der Fall, dass ein Vollmachtnehmer *vor* Eintritt des Vorsorgefalles für den Vollmachtgeber tätig wird, anders beurteilt werden wie ein Fall, in dem der Vorsorgefall bereits eingetreten war. Ist der Vorsorgefall noch nicht eingetreten, beruht das Tätigwerden des Bevollmächtigten jeweils auf einer konkreten Weisung des Vollmachtgebers. Der Herausgabeanspruch des Auftraggebers nach § 667 BGB ist sofort fällig. Die Beendigung des Auftrages fällt mit der Erlangung zusammen. Der Auftraggeber hat sofort Kenntnis davon, dass der Auftragnehmer den

264 OLG Brandenburg, Urteil vom 19.03.2013 – 3 U 1/12; BGH, a. a. O., Rn. 32, mit w. Nw.; OLG Schleswig, Urteil vom 16.03.2010 – 3 U 76/09; *Horn/Schabel*, NJW 2012, 3473 (3477); *Pamp*, ErbR 2013, 194 ff., 227 (229 f.).

265 OLG Karlsruhe, Urteil vom 16.05.2017 – 9 U 167/15; OLG Schleswig, Urteil vom 16.03.2010 – 3 U 76/09, Rn. 54.

Betrag nicht herausgegeben hat, sodass die Verjährung am Ende des Jahres der Abhebung beginnt.[266] Ist der Vorsorgefall eingetreten und hebt der Auftragnehmer Geld ab, kann die Fälligkeit des Herausgabeanspruches zwar gegebenen sein, eine Kenntnis des geschäftsunfähigen Geschäftsherren wird aber nicht vorliegen, sodass die Verjährung in einem solchen Fall erst zu laufen beginnt, wenn die Erben von den Abhebungen Kenntnis erlangen. Nach Eintritt des Vorsorgefalles kann der Auftraggeber keine Kontrolle ausüben. Er ist im Regelfall geschäftsunfähig. Die Vorsorgevollmacht ist aber gerade für diesen Fall erteilt, sodass überlegt werden muss, ob der Auftraggeber nicht bereits mit Erteilung der Vorsorgevollmacht ab diesem Zeitpunkt auf Auskunfts- und Rechnungslegungsansprüche verzichtet. Die Erben hätten somit ab diesem Zeitpunkt keine Ansprüche aus §§ 1922, 666 ff. BGB.

Gerade der Fall, dass der Vollmachtnehmer *vor* Eintritt des Vorsorgefalles tätig wird, führt in der erbrechtlichen Praxis häufig zu langen Rechtsstreitigkeiten. Der Vortrag der Klägerseite lautet immer, der Vollmachtgeber habe das abgehobene Geld nicht erhalten oder er habe von der Abhebung gar nichts gewusst. Gegenfragen: Ist es nicht unlogisch, nach dem Tod des Vollmachtgebers vorzutragen, der Vollmachtgeber habe immer wieder Einzelanweisungen zur Abholung von Geld gegeben, obgleich er angeblich das Geld von dem Vollmachtnehmer nie übergeben bekommen habe? Oder wenn keine Anweisung zur Geldabholung vorlag, der Vollmachtnehmer somit absprachewidrig Geld abgehoben haben soll, wieso hat der Vollmachtgeber, der von der Bank regelmäßig Kontoauszüge bekam, nicht interveniert? Die Möglichkeiten der anwaltlichen Argumentation sind vielfältig.

Sicherlich muss das „abgeräumte Bankkonto“[267] Thema sein und sicherlich hat die Vorsorgevollmacht, die die Betreuung nach § 1896 BGB verhindern kann, große rechtliche Risiken für den Vollmachtgeber.[268] Der überwiegende Teil der obergerichtlichen Rechtsprechung betrifft jedoch nicht den Erwachsenenschutz, also den Schutz des Vollmachtgebers zu dessen Lebzeiten, sondern nach dessen Tod die Interessen der Miterben. Die Interessen des verstorbenen Erblassers werden in der Regel nicht erforscht. Was war ihm wichtig? Übte er

266 BGH, Urteil vom 03.11.2011 - III ZR 105/11; BGH, Urteil vom 14.06.2007 - IX ZR 56/06; Palandt/*Sprau*, BGB, § 667 Rn. 8.

267 *Pamp*, ErbR 2013, 194 ff., 226 ff.

268 *Trimborn v. Landenberg*, S. V, spricht gar vom „[...] eingetretenen Notfall, in dem teils in fragwürdiger, teils in eindeutig krimineller Weise über das Vermögen eines hilflosen Menschen verfügt wird“.

eine Kontrolle aus? Wollte er die Kontrolle des Vollmachtnehmers nach seinem Tod durch die nichtbevollmächtigten Dritten?

In dem als Beispielsfall 14 vorstehend beschriebenen Sachverhalt wurde T2 verurteilt, Auskunft zu erteilen und Rechenschaft abzulegen. Es wurde anschließend ein weiterer Rechtsstreit über die Frage ausgetragen, ob T2 eine eidesstattliche Versicherung abgeben muss. Nach der Aufrufung der dritten Stufe, mithin nach der Geltendmachung der Ansprüche der T1 auf Rückzahlung von Beträgen, für die T2 keine von der Mutter unterschriebenen Quittungen hatte, war die familiäre Beziehung zwischen T1 und T2 irreparabel zerstört. Der vorsitzende Richter war sachlich und argumentierte streng dogmatisch. Als die T2 sagte, sie würde nie wieder in ihrem Leben eine Vollmacht „übernehmen", sondern sie würde in der gleichen Situation die Mutter in ein Pflegeheim geben und einen staatlichen Betreuer bestellen lassen, wurde der Richter etwas nachdenklich. Eine Aussage der T2, die, tatsächlich vielfach umgesetzt, im Hinblick auf die familiale Pflege und Versorgung älterer und alter Menschen gesellschaftspolitisch katastrophale Auswirkungen hätte. Wie bei allen Konflikten müssen Lösungen gesucht werden, die die Interessen aller beteiligten Parteien – Vollmachtgeber, Vollmachtnehmer und der späteren Erben – berücksichtigen. In den Konfliktfällen im Zusammenhang mit einer General- und Vorsorgevollmacht sind die Konfliktstrukturen sehr ähnlich. Es muss somit bei der Problemlösung nicht nur an Einzelfälle gedacht werden, die in der anwaltlichen Praxis konkret zur Bearbeitung anstehen. Vielmehr muss über Konzepte nachgedacht werden, die bei der Lösung einer größeren Anzahl ähnlicher Konflikte hilfreich sein können. Nur solche Lösungen können, kautelarjuristisch umgesetzt und durch die Rechtsprechung vertieft, im Hinblick auf die erbrechtlichen Konflikte aus dem Themenbereich *Vorsorgevollmacht* die „Konfliktdichte" verringern.

E. Streitintervention durch den Erblasser: Das Spektrum der Möglichkeiten

Die vorstehend beschriebenen Aussichten lassen es als nahe liegend erscheinen, dass ein Erblasser, wenn er Konflikte zwischen den am Erbfall Beteiligten nicht vermeiden kann, wenigstens versucht, auf Konflikte, die zwischen den am Erbfall Beteiligten entstehen werden, Einfluss zu nehmen. Der Erblasser vermag das Konfliktgeschehen nach seinem Tod durch eine ungeschickte und unfaire Verfügung von Todes wegen zu beflügeln oder durch eine geschickte und faire Verfügung von Todes wegen zu dämpfen. Dennoch weiß er nicht, wie die am Erbfall Beteiligten auf die neue Situation und auf die Verfügung von Todes wegen reagieren, welche Handlungen sie vornehmen und welche nicht. Der Erblasser hat keinen Einfluss auf das Konfliktgeschehen nach seinem Tod. Oftmals geht die Absicht des Erblassers, Konflikte durch besonders ausgeklügelte erbrechtliche Gestaltungen zu vermeiden, vollständig schief: Pflichtteilsberechtigte Miterben schlagen die Erbschaft bei Gestaltungen, die sie in einer unerwünschten Weise und für einen längeren Zeitraum binden, aus und machen den Pflichtteilsanspruch geltend. Gestaltungsmodelle, die die Versorgung des überlebenden Ehepartners sichern sollen, wie beispielsweise der Nießbrauch des überlebenden zweiten Ehepartners an den Erbteilen der ersteheliche Abkömmlinge und die Anordnung der Testamentsvollstreckung können nach der Ausschlagung der Erbschaft durch die belasteten Abkömmlinge gerade bewirken, dass der überlebende Ehepartner durch Pflichtteilszahlungen in finanzielle Schwierigkeiten gerät. Es ist auch nicht selten, dass sich nach dem Tod des Erblassers die Familienverhältnisse ändern. Der überlebende Ehepartner heiratet erneut oder einer der Abkömmlinge stirbt und dessen Erben rücken an seine Stelle in die gegebenenfalls noch bestehende Erbengemeinschaft nach dem Erblasser nach. Es ist völlig unmöglich, dass ein Erblasser so entscheidet und testiert, dass er Konflikte tatsächlich vorhersehen und vermeiden kann. Dafür benötigte er die sagenumwobene Kristallkugel, die es ihm möglich machen würde, in die Zukunft zu schauen. Möchte der Erblasser den vom Erbfall Begünstigten Vorgaben machen, wie sie sich in Bezug auf Konflikte nach seinem Tod verhalten sollen, hat er mehrere Möglichkeiten:

I. Die Äußerung eines Wunsches

Der Erblasser kann, was bei handschriftlichen Verfügungen von Todes wegen oft geschieht, den Wunsch äußern, die Beteiligten mögen sich nicht streiten oder Meinungsverschiedenheiten friedlich beilegen. Beispiel: „Wir haben uns immer bemüht, alle Kinder gleich zu behandeln. Bitte streitet euch nicht. Es ist alles recht so, wie es ist."

Der Wunsch des Erblassers, die Beteiligten mögen sich nicht streiten, ist für die Beteiligten nicht rechtlich bindend. Die Praxis zeigt aber, dass dieser Wunsch, oftmals in einem Ehegattentestament enthalten und verbunden mit dem Hinweis, die Eltern hätten sich immer bemüht, alle Kinder gleich zu behandeln, Konflikten zwischen Abkömmlingen die Spitze nehmen kann. Es gibt bei Äußerungen des Erblassers dieser Art gewisse Hemmungen bei den Streitbeteiligten, diesem Wunsch entgegenzuhandeln, was oft zu einer schnelleren Vergleichsbereitschaft führt.

II. Die Verwirkungsklausel

Der Erblasser kann anordnen, dass derjenige, der das Testament und die darin enthaltenen Regelungen nicht akzeptiert, sondern „Streit beginnt“, enterbt sein solle. Beispiel: „Sollte einer meiner Erben/Vermächtnisnehmer entgegen meinem Willen dieses Testament anfechten, soll er von der Erbfolge ausgeschlossen sein/soll das Vermächtnis entfallen.“

Die Verwirkungsklausel sanktioniert unerwünschtes Verhalten mit erheblichen Nachteilen. Rechtlich handelt es sich im Regelfall um ein auflösend bedingtes Herausgabevermächtnis oder um eine auflösende Bedingung in Bezug auf die Erbenstellung. Hinsichtlich der Verwendung der Begriffe „Streit beginnen“ oder „Testament nicht akzeptieren“ ist die Bedingung oft unbestimmt, sodass im Einzelfall eine Auslegung vorzunehmen ist. Kann geklärt werden, welches Ereignis der Erblasser meinte, so können die Verwirkungsklauseln wirksam sein.[269] Sie sind jedoch ein rechtlicher Unsicherheitsfaktor, da es erbrechtliche Streitgegenstände gibt, bei denen sie nicht wirksam sind und somit nicht den gewünschten Erfolg erzielen können. So kommt eine Anwendung bei der Geltendmachung der Nichtigkeit einer Verfügung von Todes wegen nicht in Betracht.[270] Ebenso wenig eine Anwendung bei der Testamentsanfechtung.[271] Die vorstehend im Beispiel genannte Klausel ist in Bezug auf die Frage, was der Erblasser mit „Testament anfechten“ gemeint hat, nicht eindeutig. Es muss davon ausgegangen werden, dass der Erblasser den Begriff der Anfechtung nicht als *terminus technicus* im Rechtssinne verwendete, sondern unter „Anfechtung“ die allgemeine Unzufriedenheit des Beteiligten mit dem Inhalt des Testaments meinte. Unklar ist, in welcher Hinsicht die Unzufriedenheit nach außen treten muss. Muss der Erbe erst ein nachlassgerichtliches Verfahren oder ein ordentliches Verfahren beginnen, oder reicht es, wenn er wütend ist und seine Miterben in E-Mails beleidigt. Eine Verwirkungsklausel ist unwirksam, wenn sie das Vorgehen eines Beteiligten gegen die Verletzung materiell-rechtlicher Vorschriften, die für den Erblasser *ius cogens* darstellen, pönalisiert.[272] Hier ist an §§ 2215, 2216, 2218, 2219 BGB zu denken. Unwirksam dürfte eine Verwirkungsklausel auch in einem

---

269 OLG Düsseldorf, Beschluss vom 18.07.2011 – 3 Wx 124/11; BGH, Urteil vom 24.06.2009 – IV ZR 202/07; *Blomberg*, S. 250 ff.; Palandt/*Weidlich*, BGB, § 2075 Rn. 5; a. A. *Otte*, Verwirkungsklauseln, S. 535 f., der alle Verwirkungsklauseln u. a. wegen des Verstoßes gegen den Justizgewährleistungsanspruch für unwirksam hält.

270 MünchKomm/*Zimmermann*, BGB, § 2074 Rn. 36.

271 MünchKomm/*Zimmermann*, BGB, § 2074 Rn. 37; *Otte*, Verwirkungsklauseln, S. 537.

272 *Blomberg*, S. 242 ff. mit w. Nw.

Fall sein, in dem ein Erbe eine wegen Verstoßes gegen die Formvorschriften unwirksame Vermächtnisanordnung des Erblassers rügt. Verwirkungs- und sonstige Strafklauseln müssen entweder sehr präzise formuliert oder (besser) weggelassen werden.

III. Die Schiedsklausel

Der Erblasser kann in die Verfügung von Todes wegen eine Klausel aufnehmen, nach der die am Erbfall Beteiligten verpflichtet sind, bei Streitigkeiten anstelle der ordentlichen Gerichte ein Schiedsgericht anzurufen. Beispiel: „Sollte nach meinem Tod zwischen den Erben über dieses Testament Streit entstehen, soll das Schiedsgericht entscheiden. Zum Schiedsrichter bestimme ich meinen Bruder X."

Die Schiedsklausel in der Verfügung von Todes wegen kann mit Einschränkungen als rechtswirksam angesehen werden.[273] Im Falle ihrer Wirksamkeit kann sie durch die Erhebung der Schiedseinrede durch einen Streitbeteiligten zur Unzulässigkeit des ordentlichen Rechtswegs führen.

IV. Die Mediationsklausel

Der Erblasser kann anordnen, dass die am Erbfall Beteiligten bei Streitigkeiten aus dem Erbfall an einer Mediation teilnehmen müssen. Beispiel: „Wenn meine Erben und meine Frau Meinungsverschiedenheiten haben oder in Streit geraten, sollen sie an einer Mediation teilnehmen und dort ihren Streit beilegen."

Andere Mediationsklauseln formulieren die Verpflichtung der am Erbfall Beteiligten, vor Klageerhebung an einem Mediationsverfahren teilzunehmen. Was aber, wenn eine Streitpartei keine Klage erheben, sondern einen (streitigen) Erbscheinsantrag stellen, gegen den Beschluss der Anordnung einer Nachlasspflegschaft Beschwerde erheben oder ein (streitiges) Testamentsvollstreckerzeugnis beantragen möchte? Dilatorischer „Klageverzicht" in Bezug auf einen Erbschein? Warum nicht? Voraussetzung dafür ist (nur), dass die vorgenannten Verhaltensanordnungen von einer aus der Testierfreiheit des Erblassers sich ableitenden Rechtsnorm oder der allgemeinen Testierfreiheit des Erblassers gedeckt sind.

---

273 Unten 3. Kapitel § 2 F. VII. 5.

V. Sonstige Streitbeilegungsklauseln

Der Erblasser kann anordnen, dass die am Erbfall Beteiligten bei Streitigkeiten an einer Schlichtung oder einem Streitbeilegungsverfahren teilnehmen sollen. Beispiel: „Sollten meine Kinder im Zusammenhang mit diesem Testament Meinungsverschiedenheiten haben oder einen Streit, soll eine Schlichtung stattfinden. Herr X soll Schlichter sein." Denkbar ist auch die Erweiterung der vorgenannten Anordnung: „Herr X soll den Streit entscheiden, wenn es zu keiner Einigung der Streitparteien kommt." Die Zulässigkeit dieser oder ähnlicher Anordnungen muss im Einzelfall geprüft werden.

§ 4 Zusammenfassung des zweiten Kapitels

A. Auf der Suche nach den Konfliktgründen

Erbrechtliche Konflikte im weiten Sinne, somit Konflikte, die „großräumig" im Themenbereich „Erben und Vererben" angesiedelt sind, haben eine lange Geschichte. Ihre Geschichte geht Hand in Hand mit Vermögensübergängen, die aufgrund des Todes einer Person stattfinden oder eben erwartungswidrig nicht stattfinden. Das Zusammentreffen der Interessen des Erblassers, die durch die Verfügung von Todes wegen nach seinem Tod bekannt werden, die Interessen der Personen, die Erben werden oder die davon ausgingen, Erben zu werden, und die Interessen der Personen, die keine Erbschaft erwarteten, aber andere Ansprüche haben (Nacherben, Pflichtteilsberechtigte), treffen nach dem Todesfall im gleichen Zeitfenster aufeinander. Konflikte sind vorprogrammiert. Auch wenn es nicht immer *nur* um Geld geht, so geht es doch immer *auch* um Geld. Es geht um den Nachlass des Erblassers, somit um die materiellen und immateriellen Güter, die sein Vermögen darstellten, die ihm wichtig waren, die ihn ausmachten. Der Lebensbereich „Erben und Vererben" war schon immer und ist noch immer ein großes Konfliktfeld.

Nur eine Gesellschaft, in der ein gewillkürter Vermögensübergang von Todes wegen nicht stattfindet, könnte eine Gesellschaft ohne erbrechtliche Konflikte sein. Die Historie der verschiedenen politischen Bewegungen, die das Erben als Akt des Vermögenserwerbs als unverdient und unfair ansahen, zeigt jedoch, dass die vollständige Abschaffung des Erbrechts nie ein nachhaltig verfolgtes politisches Ziel war.[274] Es ging den verschiedenen politischen Bewegungen in

274 *Beckert*, S. 254 f.

erster Linie um die Umverteilung des Vermögens und nicht um die Vermeidung erbrechtlicher Konflikte.

Erbrechtliche Konflikte werden im Regelfall im „Großraum" Familie ausgetragen. Das Bedürfnis des Erblassers, vorhandenes Hab und Gut an eine oder mehrere ausgewählte Personen innerhalb des Systems Familie weiterzugeben, ist die Regel. Nach *Muscheler* zieht der Erblasser im Testament eine „Lebensbilanz"[275]. Der Erblasser bringe sein Verhältnis zu den nächsten Angehörigen zum Ausdruck und gebe durch die Bestimmung seines Erben, der in sein ganzes Vermögen nachfolge, damit auch ein Urteil über die ganze Person des Erben und jedes einzelnen Kindes ab.[276]

Dem ist zuzustimmen. Das Testament stellt die letzte Kommunikation des Erblassers mit seiner Familie, seinen Erben, aber auch den nichtbegünstigten oder gar nicht erwähnten Personen dar. Durch das Bekanntwerden des Inhalts des Testaments greift der Erblasser zum einen „direkt und dauerhaft in das Verhältnis der Kinder untereinander"[277] ein, zum anderen wird die eigene Beziehung des Erblassers zu Familienangehörigen und anderen Personen oder Personengruppen bestätigt, sie kann neu entstehen oder sie kann zerstört werden. Wie wird diese „letzte Kommunikation" des Erblassers aufgenommen? Das hängt vom Inhalt der „letzten Kommunikationsform" des Erblassers ab, zumindest von dem Inhalt, wie ihn die von den Anordnungen Betroffenen verstehen. Das „Verstehen" der Gründe des Erblassers für seine Anordnungen ist im Zusammenhang mit erbrechtlichen Konflikten ein „Dreh- und Angelpunkt".

Vorstehend wurden verschiedene Ursachen erbrechtlicher Konflikte näher beleuchtet und die Frage gestellt, welche Ereignisse, Geschehnisse oder Zustände den erbrechtlichen Konflikt bewirken oder veranlassen können. Alle erbrechtlichen Konflikte haben einen Auslöser. Das kann das Verhalten des Erblassers zu seinen Lebzeiten sein, eine enttäuschte Erwartung der Abkömmlinge, die fehlende Anerkennung für Leistungen eines Miterben, die Trauer nach dem Tod des Erblassers oder Probleme, die aus der Struktur des Systems erwachsen, dem die Konfliktbeteiligten angehören. Die Konfliktursachen können auch erst lange nach dem Erbfall entstehen. Die Gründe sind Misstrauen, Konkurrenzverhalten der Miterben, „totale Blockade" eines Miterben. Die Aufzählung kann beliebig lange fortgeführt werden.

---

275 *Muscheler*, Ungerechtigkeit, S. 42.
276 Vgl. *Muscheler*, Ungerechtigkeit, S. 42.
277 *Muscheler*, Ungerechtigkeit, S. 35.

Negative Gefühle der von den testamentarischen Anordnungen Betroffenen, wie Wut, Enttäuschung und das Gefühl der Ungerechtigkeit, das *Muscheler* als „Empörung“[278] bezeichnet, entstehen, wenn die Anordnungen des Erblassers „nicht verstanden“ werden. Damit ist nicht gemeint, dass die Beteiligten nicht verstehen, *was* der Erblasser meinte, sondern dass sie nicht verstehen, *warum* der Erblasser so und nicht anders testierte.

Warum bekommen alle Kinder eine gleiche Erbquote, nachdem sich zwei Kinder überhaupt nicht um den kranken Erblasser gekümmert haben und ein Kind alles für diesen getan hat? Warum hat ein Kind zu Lebzeiten des Erblassers bereits eine Immobilie geschenkt erhalten? Warum hat der Erblasser zu Lebzeiten einem Kind zugestanden, dass es jahrelang „zum Nulltarif“ in einer Wohnung des Erblassers lebte, während ein anderes Kind einen kleinen Zuschuss des Erblassers zum Auto, welcher als Darlehen gewährt wurde, über Jahre mühsam abstottern musste? Warum setzt der Erblasser die erwachsenen Kinder seiner zweiten Frau als Schlusserben ein und „vergisst“ seine Kinder aus erster Ehe? Warum sagte der Erblasser: „Nach meinem Tod soll alles dir gehören“, aber jemand anderes wird Erbe?

Würde man den Erblasser befragen, so könnte er Gründe für seine Entscheidungen nennen. Nach dem Erbfall ist die Klärung dieser Fragen nicht mehr möglich. Vor dem Erbfall ist sie in vielen Familien auch nicht möglich. Entweder möchten die Abkömmlinge, Ehepartner oder auch die Erblasser nicht über ihr Testament und schon gar nicht über die Gründe für die Anordnungen sprechen. Gespräche über das, was nach dem Tod einer Person geschehen soll, sind in vielen Familien ein Tabu. Viele Erblasser wollen Diskussionen und Streit vermeiden und Abkömmlinge wollen sich oftmals nicht als gierig und herzlos zeigen oder gar den Erblasser verärgern. Wenn es zwischen den später am Erbfall Beteiligten und dem Erblasser zu Gesprächen käme, würden diese sehr schnell in Gerechtigkeitsfragen münden.

B. Auf der Suche nach der Gerechtigkeit

Gerechtigkeit ist für die meisten Menschen ein wichtiger Bestandteil des Zusammenlebens. Fragen des Inhalts, wie Menschen Gerechtigkeit subjektiv beurteilen, wie sie auf Ungerechtigkeit reagieren und warum Gerechtigkeit für Menschen wichtig ist, sind Themen der psychologischen Gerechtigkeitsforschung.[279] Die

---

278 *Muscheler*, ebd.

279 *Lotz/Gollwitzer/Streicher/Schlösser*, S. 13 ff.

Frage, was Gerechtigkeit ist, lässt sich nicht allgemein klären. Die Gerechtigkeitsforschung zeigt, dass Urteile über Gerechtigkeit von befragten Personen sehr schnell und intuitiv gefällt werden. Als wesentliche Prinzipien werden fast immer das Gleichheitsprinzip, das Bedürftigkeitsprinzip und das Beitragsprinzip genannt.[280] Diese Aufzählung zeigt, dass die Kriterien für die Beurteilung der Frage, was gerecht oder ungerecht ist, vollständig unterschiedlich sind und sich gegenseitig ausschließen. Beurteilen Parteien einen Sachverhalt mit ihren divergierenden Vorstellungen von dem, was gerecht oder ungerecht sei, und hat diese Beurteilung irgendwelche Handlungskonsequenzen, ist bereits ein Konflikt im Sinne verschiedener Konfliktdefinitionen entstanden.

Aristoteles entwickelte in der *Nikomachischen Ethik* den Begriff der Gerechtigkeit mithilfe des Begriffes der Proportionalität. Die Proportionalität sei die Gleichheit der Verhältnisse. Das Gerechte sei die Mitte zwischen den gegen die Proportionalität verstoßenden Möglichkeiten, somit gerade die Proportionale selbst.[281] *Aristoteles* erklärte „Streitigkeiten und Prozesse [daraus), dass [...] entweder Gleiche Ungleiches oder Ungleiche Gleiches haben und zugeteilt erhalten“[282].

Zur Vermeidung erbrechtlicher Konflikte müsste der Erblasser in Bezug auf lebzeitige Zuwendungen und Begünstigungen durch sein Testament die perfekte Balance, mithin die *Proportionale* im Sinne der aristotelischen Ethik finden. Dies ist unmöglich. Außerdem kann über die Frage, ob die Beteiligten „gleich“ oder „ungleich“ sind, trefflich gestritten werden, was dazu führt, dass die Frage, was gerecht oder ungerecht ist, nicht geklärt werden kann. Treten die Konfliktbeteiligten in einen Dialog mit anderen Konfliktbeteiligten, sehen sie, dass ihre Vorstellung von Gerechtigkeit nicht die einzige ist. Oftmals halten Konfliktbeteiligte jedoch daran fest, dass ihre Vorstellung von Gerechtigkeit die „richtige“ ist. *Rüthers* sieht diesen Glauben an „die eine unverbrüchliche, letzte Gerechtigkeit“[283] als „[...] prägendes Merkmal unseres Kulturkreises, ja vielleicht humaner Existenz überhaupt“[284].

---

280 Vgl. *Lotz/Gollwitzer/Streicher/Schlösser*, S. 14, verstehen unter dem Gleichheitsprinzip, dass jeder das Gleiche bekommen bzw. gleich behandelt werden soll, unter dem Bedürftigkeitsprinzip, dass jeder das bekommen bzw. so behandelt werden soll, wie er es nötig hat, und unter dem Beitragsprinzip, dass jeder so viel bekommen soll, wie ihm aufgrund seiner Leistungen, seiner Qualifikationen, seiner Beiträge etc. zusteht.

281 *Aristoteles*, Nikomachische Ethik, S. 103 ff.

282 *Aristoteles*, Nikomachische Ethik, S. 104.

283 *Rüthers*, S. 7.

284 *Rüthers*, S. 8.

Dies liegt darin begründet, dass jeder Mensch normative Erwartungen an seine Umwelt hat. Diese normativen Erwartungen stammen aus unterschiedlichen Quellen. *Montada* nennt u. a. Verfassungen, Gesetze, Gewohnheitsrechte, Rollenerwartungen, Verträge und Versprechen.[285] Bei erbrechtlichen Konflikten wird die Erwartung der am (späteren) Erbfall Beteiligten in der Regel durch ihre Eigenschaft als Ehepartner oder Abkömmlinge des Erblassers beeinflusst. Diese Erwartung führt zu einer mentalen Antizipation des Status *post hereditatem*. Oftmals sind die Vorstellungen ganz „klassisch": Der Ehepartner soll versorgt sein, die Kinder sollen mit gleichen Quoten bedacht werden. Hat eines der Kinder den Erblasser gepflegt, soll dies berücksichtigt werden, hat eines der Kinder eine lebzeitige Zuwendung erhalten, soll dies ebenfalls berücksichtigt werden. Kommt es nun durch die Entscheidungen des Erblassers zu Abweichungen, können diese als ungerecht empfunden werden.

Im Zusammenhang mit dem Themenbereich „Erben und Vererben" handelt es sich bei dem Gefühl eines Betroffenen, ungerecht behandelt worden zu sein, um eine ganz persönliche Empfindung. Die hat er. Gegen diese kann er nichts machen. Ein außenstehender Dritter hat diese Empfindung nach der Schilderung der Situation möglicherweise nicht. Er sieht oder empfindet die Situation anders. Vielleicht rechnet er dem Betroffenen vor, dass dieser wirtschaftlich gleich, ja sogar besser stehe. Der Betroffene bleibt dabei: Das war ungerecht!

Dies kann daran liegen, dass der außenstehende Dritte möglicherweise eine „Norm" akzeptiert, die der Erblasser gesetzt hat und die der Betroffene für sich nicht akzeptiert. Unter „Norm" ist hier nicht eine gesetzliche Regelung zu verstehen, sondern eine Kategorie, die das Handeln des Erblassers begründet.[286] Ist der Betroffene der Ansicht, das von dem Erblasser zugrunde gelegte – wie *Muscheler* sagt: „Differenzierungskriterium"[287] sei falsch, akzeptiert er dieses für sich nicht, woraus das Gefühl der Ungerechtigkeit entsteht. Es ist gleichgültig, ob der Betroffene die Begründung des Erblassers nicht akzeptiert, weil er sie generell für falsch hält – wie zum Beispiel die Entscheidung des Erblassers, dass der Sohn als „Stammhalter der Familie" mehr bekommen solle als die Tochter –, oder ob der Betroffene die Begründung des Erblassers nicht akzeptiert, weil er

285 *Montada*, Gerechtigkeitskonflikte, S. 36 f.

286 Vgl. *Muscheler*, Ungerechtigkeit, S. 26 f.: „Im Akt des ungerechten Zuteilens unter Hinweis auf ein Differenzierungskriterium setzt der Zuteilende zugleich stillschweigend eine Norm. Er nötigt dem von der Zuteilung Betroffenen ab, das hinter seinem Handeln stehende Prinzip als verpflichtende Norm zu akzeptieren."

287 *Muscheler*, a. a. O., S. 26.

sagt, der Sachverhalt stimme nicht. Ein solcher Fall liegt beispielsweise vor, wenn der Erblasser schreibt, die Tochter habe sich jahrelang rührend um ihn gekümmert, sie solle das Haus bekommen. Der Sohn ist der Ansicht, das stimme nicht, er habe sich in Wirklichkeit um alles gekümmert.

In Bezug auf die Frage, ob der Erblasser seine Differenzierungskriterien überhaupt mitteilen soll, steckt er in einem Dilemma: Teilt er diese mit, werden sie von den Erben auf den Prüfstand gestellt, kritisiert und für richtig oder falsch befunden. Dadurch kann das Gefühl der Ungerechtigkeit bei den Betroffenen verstärkt werden. Dieses kann wiederum erhebliche Konflikte generieren. Teilt der Erblasser seine Gründe nicht mit, kann dies für die Erben sehr unbefriedigend sein. Sie werden vor vollendete Tatsachen gestellt und können über die Gründe des Erblassers nur Vermutungen anstellen, was das Gefühl der Ungerechtigkeit ebenfalls verstärken kann.

Der Erblasser hat die Möglichkeit, Anordnungen vorzunehmen, die *post mortem* gelten. Die am Erbfall Beteiligten müssen diese Anordnungen (falls sie wirksam sind) akzeptieren oder die Erbschaft ausschlagen. Der Aspekt, dass die von den Anordnungen Betroffenen diese verstehen wollen und aus dem Verstehen möglicherweise eine höhere Akzeptanz der Anordnung erwächst, sollte bei der Testamentserstellung und insbesondere bei Testamentsänderungen berücksichtigt werden.

Bei der Analyse eines erbrechtlichen Konflikts muss im Zusammenhang mit der Suche nach einer Lösung die Frage nach der Gerechtigkeit gestellt werden. Warum? Alle Wege führen nach Rom und alle Wege eines Konflikts führen zurück zu ihrer eigentlichen Quelle: dem Gefühl, ungerecht behandelt worden zu sein.

C. Auf der Suche nach den Konfliktlösungsmöglichkeiten

Es gibt eine Vielzahl von Konfliktlösungsmöglichkeiten, zwischen denen Konfliktparteien wählen können und zwischen denen sie hin und her pendeln können. Wie die Konfliktparteien sich entscheiden, ist nicht nur vom Konfliktgegenstand abhängig, sondern auch vom Konfliktverlauf und davon, welche persönliche Einstellung die Konfliktparteien haben. Erkennen die Konfliktparteien, dass es keine objektive Wahrheit über die Frage gibt, ob ein Ereignis oder Verhalten des Erblassers in der Vergangenheit gerecht oder ungerecht war? Ist eine Konfliktpartei bereit, sich darauf einzulassen, dass die andere Konfliktpartei die von ihr empfundene Ungerechtigkeit artikuliert? Sieht sich eine Konfliktpartei so stark als „Opfer" einer Ungerechtigkeit, dass sie destruktive Verhaltensweisen zeigt, um alle Beteiligten zu schädigen? Welche Erfahrungen haben die Streitparteien mit verschiedenen Konfliktlösungsmethoden? Diese Fragen werden die Streitparteien manchmal spontan, manchmal darüber reflektierend für sich beantworten und danach ihr weiteres Verhalten ausrichten. Aus dieser Interaktion zwischen den Streitparteien, die den weiteren Konfliktverlauf unmittelbar beeinflusst, wird sich das Konfliktlösungsverfahren herauskristallisieren, das für den Konflikt dieser Streitparteien das richtige ist. Allgemein „richtige" oder „falsche" Streitbeilegungsverfahren gibt es bei erbrechtlichen Konflikten nicht. Unterliegen die Streitparteien keiner Bindung durch eine letztwillige Anordnung, haben sie die Wahl.

Diese sollte man ihnen auch lassen. Die von *Greger* angedachte gesetzlich vorgeschriebenen Pflicht für Rechtsanwälte, vor Beschreitung des Rechtsweges über die Vor- und Nachteile verschiedener Konfliktlösungsverfahren aufklären und diese Aufklärung dokumentieren zu müssen,[288] ist abzulehnen. Wenn Streitparteien einen Rechtsanwalt aufsuchen, ist der Konflikt bereits fortgeschritten. Die Streitparteien wollen im Regelfall von dem Rechtsanwalt nicht nur eine rechtliche Beratung, sondern sie haben weitere Motive, wie z. B. den Wunsch, das „Recht haben" nach außen zu zeigen und „zu beweisen". Sie wollen Druck auf die andere Streitpartei ausüben oder sie wollen eine Bestätigung ihrer Ansichten oder sie wollen die Verantwortung für den weiteren Konfliktverlauf auf den Rechtsanwalt übertragen. Im Rahmen dieser übernommenen Verantwortung wird der Anwalt sich nach einer Konfliktanalyse Gedanken machen, ob der Konflikt durch einen Vergleich oder eine Mediation beigelegt werden kann, und diese Überlegungen mit dem Mandanten besprechen. Wenn der Anwalt die *Pflicht* hätte, der Streitpartei erklären zu müssen, welche verschiedenen Konfliktlösungsmodelle es außerhalb eines Zivilprozesses gibt, dieses dokumentieren und womöglich die Entscheidungsfindung der Streitpartei schriftlich festhalten muss, so ließe sich dies mit dem Berufsbild des Rechtsanwalts nicht vereinbaren. Ein Rechtsanwalt ist für eine solche Aufklärungspflicht die „falsche Adresse". Wenn die Überlegungen, eine jede Streitpartei müsse über die Möglichkeiten verschiedener Konfliktlösungsverfahren aufgeklärt werden, rechtspolitisch Kontur bekämen, müssten sie in die Richtung weitergedacht werden, dass neutrale Beratungsstellen eingerichtet werden, die jeder kostenfrei aufsuchen und sich über die verschiedenen Möglichkeiten der Konfliktbeilegung beraten lassen kann. Jede Streitpartei wäre dann über die verschiedenen Konfliktlösungsmöglichkeiten informiert und könnte ihre eigene Entscheidung über das weitere Vorgehen, einschließlich der Frage, ob sie einen Anwalt aufsuchen möchte, treffen.

---

288 *Greger*, NJW 2007, 3258 (3261).

Das Selbstbestimmungsrecht der Konfliktparteien, wie sie ihren Konflikt beilegen möchten, besteht nicht, wenn der Erblasser in der Verfügung von Todes wegen den von ihm begünstigten Personen Vorgaben macht, ob sie Konflikte durch ein Schiedsgericht entscheiden zu lassen haben oder an einer Mediation teilnehmen müssen. Ob der Erblasser letztwillige Anordnungen dieses Inhalts rechtswirksam treffen kann und wie weit deren Bindungswirkung geht, wird im weiteren Untersuchungsverlauf dieser Arbeit eingehend behandelt.

Neben den rechtlichen Fragen stellt sich auch die Frage, warum der Erblasser seinen Erben und Vermächtnisnehmern überhaupt Vorgaben zum Verhalten im Konfliktfall machen möchte. Eigentlich kann es ihm egal sein, wie diese nach seinem Tod ihre Konflikte regeln. Möchte er die am Erbfall Beteiligten „erziehen" (Manipulation)? Möchte er zeigen, dass er immer noch „Herr im Hause" ist (Machtdemonstration), oder möchte er einen der Beteiligten dadurch besonders bevorzugen, dass er die Rechtsverfolgung anderer Beteiligter erschwert (Diskriminierung)? Wären dies die Motive des Erblassers, dienten letztwillige Schieds- und Mediationsklauseln dazu, Ungerechtigkeiten zu schaffen oder zu vertiefen. Vielleicht spiegeln die „Konfliktanordnungen" in der Verfügung von Todes wegen aber auch nur die Vorstellungen des Erblassers wider, die er von der „perfekten Familie" hat? Kinder sollen sich nicht streiten, Nachbarn oder Dritte dürfen nicht erfahren, dass das Innenleben der Familie gar nicht so harmonisch ist, wie es nach außen dargestellt wird? Auch hier gilt: Wenn der Erblasser den am Erbfall Beteiligten die Gründe für seine Entscheidung, eine letztwillige Schieds- oder Mediationsklausel in sein Testament aufzunehmen, mitteilt, wird sich dadurch die Akzeptanz der Anordnung erhöhen.

Der Erblasser hat das Kommunikationsmittel *Testament/Erbvertrag* zur Verfügung. Durch dieses muss er nicht immer nur „anordnen". Er kann auch Anerkennung aussprechen, sich bedanken, sich entschuldigen, Lebensweisheiten mitteilen und Erklärungen abgeben – *ad libitum*.

Kapitel 3 Die Schiedsklausel in Verfügungen von Todes wegen

§ 1 Einleitung

A. Ausgangsfall

A ist verwitwet. Mit seiner verstorbenen Frau F hatte er ein gemeinsames Ehegattentestament errichtet, durch welches sich die Eheleute als „unbeschränkte“ Alleinerben eingesetzt und die drei Kinder zu Schlusserben bestimmt hatten. Das Testament verfügt über eine Abänderungsklausel in Bezug auf die Schlusserbeneinsetzung der Kinder. Die Abänderungsklausel ist unbeschränkt. Bei der Vorbesprechung des Testaments bei dem beratenden Rechtsanwalt Z war Hintergrund der unbeschränkten Abänderungsklausel die Sorge der Eltern, ein Kind könne sich „unerwünscht“ entwickeln. Dieses „Motiv“ für die Abänderungsklausel wurde nicht näher beschrieben und nicht in das Testament aufgenommen. Die Tochter T soll als Vermächtnis die Wohnung erhalten, in der sie seit Jahren wohnt. Diese Wohnung stand im Alleineigentum der F. Dem Testament ist nicht klar zu entnehmen, ob die Wohnung im Fall des möglichen Erstversterbens der F – von dem niemand wirklich ausging, da F erheblich jünger war als A – gleich an T übertragen werden sollte, ob das Vermächtnis aufschiebend bedingt auf den Tod des A angeordnet war oder ob das Vermächtnis als Anordnung des länger lebenden Ehepartners zu verstehen ist. Einige Jahre nach der Erstellung des Testaments verstarb – überraschenderweise vor ihrem Ehemann – die F. Sie hinterließ wenig Liquidität, aber Immobilien und Schmuck von erheblichem Wert. F hatte die Immobilien von ihren Eltern geerbt. Eine Pflichtteilsstrafklausel war im Testament nicht enthalten. Die drei Kinder machten keinen Pflichtteilsanspruch geltend. Alle Kinder gingen davon aus, nach dem Vater Schlusserben zu werden. T macht keine Ansprüche auf Übertragung der Wohnung geltend. Fünf Jahre nach dem Tod der Ehefrau heiratete der inzwischen hochbetagte A erneut. Es flossen reichlich Gelder an die erwachsenen Kinder seiner zweiten Frau. A und seine zweite Frau errichteten, wieder beraten durch Rechtsanwalt Z, einen Erbvertrag. In diesem setzten sie sich gegenseitig zu Alleinerben ein. Eine Schlusserbeneinsetzung erfolgte nicht. Zwei Jahre nach seiner Verheiratung stirbt A. Nach seinem Tod fallen seine Kinder aus allen Wolken. Sie waren davon ausgegangen, dass sie das wesentliche Vermögen der Eltern, insbesondere die mütterlichen und väterlichen Nachlassgegenstände erben würden und an die zweite Ehefrau des Vaters „einen Geldbetrag x“ zu zahlen hätten. In dem Testament ist folgende Anordnung enthalten: „Über alle Streitigkeiten, die zwischen den Erben und den sonstigen Nachlassbeteiligten entstehen, soll ein Schiedsrichter entscheiden. Herr Rechtsanwalt Z soll aus seinem Kollegenkreis einen Schiedsrichter benennen. Die Kosten des Schiedsverfahrens tragen die Parteien, die den Streit begonnen haben." Die Konflikte lassen nicht lange auf sich warten: Die zweite Frau des A kooperiert in Bezug auf die geltend gemachten Pflichtteilsansprüche nicht, respektive sie erteilt keine Auskunft und vertritt die Auffassung, die Wohnung, die ursprünglich T erhalten sollte, sei nach dem Tod der F in das Vermögen des A gefallen und „gehöre nun ihr". Alle drei Kinder des A sind über die Schiedsklausel entsetzt. Rechtsanwalt Z war ein guter Freund des Vaters und hatte diesen zu den Testamentsgestaltungen beraten. Nun solle er den Schiedsrichter auswählen. Offenkundig solle jetzt „das Recht mit Füßen getreten" werden. – Hätten die Kinder nach dem Tod der Mutter und der ersten Eröffnung des Ehegattentestaments dieses genau gelesen und sich beraten lassen, wäre ihnen das wirtschaftliche Risiko aufgefallen, welches dieses Testament durch die Abänderungsklausel beherbergt. Durch die Abänderungsklausel war es A möglich, neu zu testieren und seine Kinder zu enterben. Der Pflichtteilsanspruch berechnet sich aus dem Reinnachlass des A. Die (nachweisbaren) Vermögensabflüsse während der zweiten Ehe des A können über § 2325 BGB Berücksichtigung finden. Mehr nicht.

B. Begriff und praktische Bedeutung

Bei der letztwilligen Schiedsklausel[289] handelt es sich um die Anordnung des Erblassers in einer Verfügung von Todes wegen des Inhalts, dass Streitigkeiten der Erben oder Vermächtnisnehmer, die im Zusammenhang mit dem Erbfall entstehen, nicht von dem ordentlichen Gericht, sondern von einem Schiedsgericht entschieden werden müssen.

Der Begriff Anordnung ist zivilrechtlich im Zusammenhang mit den erbrechtlichen Regelungen rein inhaltlich definiert. Die Verfügung von Todes wegen ist ein Rechtsgeschäft, durch das Anordnungen getroffen werden, die Regelungen in Bezug auf das vererbte Vermögen enthalten.[290] Die dem Erblasser explizit „erlaubten" Anordnungen sind im BGB und in der EuErbVO verstreut und nicht sämtlich als Anordnungen bezeichnet. So sprechen zwar beispielsweise die §§ 2048, 2049, 2189 und 1639 BGB explizit davon, der Erblasser könne etwas

289 Im Folgenden werden die Begriffe *letztwillige Schiedsklausel*, *letztwillige Schiedsgerichtsanordnung* und *letztwillige Schiedsanordnung* synonym verwendet.

290 Staudinger/*Otte*, BGB, Vorbem. zu §§ 1937 ff. Rn. 2.

„anordnen“. In weiteren Normen werden andere Verben verwendet. So sprechen beispielsweise § 1937 BGB von „bestimmen“, §§ 1938, 2044 BGB von „ausschließen“, §§ 1939, 1940 BGB von „verpflichten“ und „zuwenden“, §§ 2197, 1777 Abs. 3 BGB von „ernennen“ und „benennen“. Die Vorschriften sind sämtlich als „Kannvorschrift“ formuliert. Dass es sich hierbei um „Ermächtigungsnormen“[291] für Anordnungen handelt, ist dem Wortlaut und Sinn der Vorschriften zu entnehmen.

Der Erblasser muss die Anordnung durch letztwillige Verfügung vornehmen. Nach § 1937 BGB ist eine letztwillige Verfügung eine einseitige Verfügung von Todes wegen. Diese wird auch als *Testament* und *letztwillige Verfügung* bezeichnet. Alle Anordnungen, die nach dem Tod des Erblassers Rechtswirksamkeit erlangen sollen, mithin auch eine letztwillige Schiedsanordnung, müssen durch Verfügung von Todes wegen getroffen werden. Die Verfügungen von Todes wegen sind die einseitige Verfügung von Todes wegen (Testamente), das gemeinschaftliche Testament als besondere Testamentsform mit oder ohne wechselbezügliche Verfügungen und der Erbvertrag. Nach § 1941 BGB können in erbvertraglicher Form jedoch nur Erben eingesetzt und Vermächtnisse oder Auflagen angeordnet werden und das anzuwendende Erbrecht bestimmt werden kann. Somit kann eine letztwillige Schiedsklausel nicht in erbvertraglicher Form erstellt werden. Für gemeinschaftliche Testamente verwehrt es § 2270 Abs. 3 BGB, eine letztwillige Schiedsanordnung als wechselbezügliche Anordnung zu erstellen.

Ein Schiedsgericht ist eine einzelne Person oder ein Gremium, der/dem aufgrund einer privatautonomen Regelung die Befugnis verliehen ist, bestimmte bürgerliche Streitigkeiten zu entscheiden.[292] Der Erblasser kann die konkrete Besetzung eines Schiedsgerichts anordnen, muss dies aber nicht. Er kann auf die Schiedsordnung einer Vereinigung oder eines Verbandes, die Schiedsdienstleistungen anbieten, Bezug nehmen oder eigene Regelungen treffen. Hat der Erblasser keine eigenen Regelungen getroffen oder auf eine externe Schiedsordnung verwiesen, kommt § 1066 ZPO zum Tragen, der auf die schiedsverfahrensrechtlichen Normen der ZPO verweist.

In praxi hat die letztwillige Schiedsklausel keine große Bedeutung. Hierfür gibt es mehrere Gründe. Schiedsgerichtsbarkeit wird von vielen Mandanten

---

291 Der Begriff *Ermächtigungsnorm* wird hier für Normen verwendet, die dem Erblasser einen konkret bezeichneten Anordnungstyp für seine letztwilligen Anordnungen zur Verfügung stellen.

292 Zöller/*Geimer*, ZPO, vor § 1025 Rn. 1 ff.

gedanklich mit internationalen Rechtsgeschäften oder der Klärung von Handelsstreitigkeiten zwischen Staaten verbunden und in diesem Zusammenhang oftmals kritisiert.[293] Obwohl die Sachverhalte bei erbrechtlichen Beratungen zur Gestaltung von Verfügungen von Todes wegen auch für die Mandanten erkennbar von den öffentlich diskutierten Fragen zu der Zulässigkeit von internationalen Schiedsgerichten abweichen, stellt sich in Bezug auf erbrechtliche Schiedsgerichte als Gestaltungselement einer Verfügung von Todes wegen bei den Mandanten eine gewisse Zurückhaltung ein. Die Vorteile des Schiedsverfahrens wie Nichtöffentlichkeit und Vertraulichkeit[294] sind für viele Erblasser nicht entscheidend. Etwas anderes gilt in Einzelfällen, wenn sich im Vermögen des Erblassers Firmenanteile befinden und die Firma regional oder überregional bekannt ist. Oft werden in diesen Fällen Personen als Schiedsrichter vorgesehen, die die Familien- und Firmeninterna kennen. Auch nicht erbende Familienangehörige können sich manche Erblasser als Schiedsrichter vorstellen. Das Modell, dass unbekannte Schiedsrichter, die von einer Institution ausgewählt werden, das Amt übernehmen, kommt für viele Erblasser jedoch nicht in Betracht.

Viele Erblasser hatten mit einer letztwilligen Schiedsklausel selbst noch nie zu tun. Dies ist ein häufiger Grund dafür, dass Erblasser, auch wenn sie beruflich in Branchen tätig sind, in denen Schiedsverfahren stattfinden, wie beispielsweise in der Baubranche, dennoch für ihren privaten Bereich ein Schiedsgericht nicht anordnen wollen. Ein weiterer Grund für die Zurückhaltung in Bezug auf die Verwendung letztwilliger Schiedsklauseln liegt darin, dass sich der Umfang des Testaments erheblich erhöht, wenn präzise und rechtssichere Regelungen zur Zusammensetzung des Schiedsgerichts, den Fällen seines Einsatzes und zu Kosten- und Verfahrensfragen aufgenommen werden sollen.

Außerdem gibt es im Zusammenhang mit der letztwilligen Schiedsklausel eine Reihe rechtlicher Fragen, die im kautelarjuristischen Beratungsgespräch angesprochen werden müssen. Dies kann dazu führen, dass ein interessierter Erblasser Abstand nimmt. Ein Erblasser erhofft sich mit einer letztwilligen Schiedsklausel im Regelfall, dass nach seinem Tod keine Konflikte entstehen oder dass er zu seinen Lebzeiten diese irgendwie beeinflussen könne.

Zu den seit Langem in der Literatur streitigen Themen gehört die Frage, aus welcher Rechtsquelle die Befugnis zur letztwilligen Anordnung eines Schiedsgerichts gespeist wird. Darüber hinaus sind viele Fragen zur Rechtsnatur und

---

293 *Risse*, SchiedsVZ 2014, 265 ff., zur Kritik der Schiedsgerichtsbarkeit, insbesondere der Investitionsschiedsgerichtsbarkeit in der öffentlichen Meinung.

294 *Kahlert*, S. 9 ff.; *Schütze*, S. 120 f.

dem möglichen Einsatz der letztwilligen Schiedsklauseln streitig. Zum einen ist dies die Frage, ob es sich bei der letztwilligen Anordnung eines Schiedsgerichts um eine Auflage im Sinne des § 1940 BGB handelt. Des Weiteren ist fraglich, für welche Streitgegenstände der am Erbfall Beteiligten ein Schiedsgericht letztwillig rechtswirksam anordnet werden kann. In diesem Zusammenhang wird insbesondere kontrovers diskutiert, ob der Erblasser rechtswirksam anordnen kann, dass Streitigkeiten über das Bestehen und den Umfang von Pflichtteilsansprüchen[295] und Streitigkeiten über die Entlassung eines Testamentsvollstreckers nach § 2227 BGB[296] einem Schiedsgericht übertragen werden können.

Trotz der offenen Fragen und der allgemeinen Zurückhaltung in Bezug auf die Aufnahme der Schiedsgerichtsanordnung in Verfügungen von Todes wegen kommt die letztwillige Schiedsklausel immer wieder zum Einsatz, führt immer wieder zu Rechtsstreitigkeiten und somit immer wieder zu obergerichtlicher und höchstrichterlicher Judikatur.[297] Die Aussage von *Otte*, „Veröffentlichte Entscheidungen, die testamentarische Schiedsklauseln zum Gegenstand haben [...] sind Raritäten“[298], trifft nicht mehr zu. Es bleibt spannend, ob irgendwann auch das BVerfG mit einer Frage zur Zulässigkeit der letztwilligen Schiedsklauseln

295 Beispielhaft: verneinend: BGH, Beschluss vom 16.03.2017 – I ZB 49/16; OLG München, Beschluss vom 25.04.2016 – 34 Sch 12/15; LG Heidelberg, Urteil vom 22.10.2013 – 2 O 128/13; MünchKomm/*Leipold*, BGB, § 1937 Rn 34; Staudinger/*Otte*, BGB, Vorbem. zu § 1937 f. Rn. 8a. Bejahend: *Crezelius*, Fs. Westermann, S. 161 (170 f.); *Dawirs*, S. 51 ff.; *Grunsky*, in: Fs. Westermann, S. 255 (260 f.); *Haas*, ZEV 2007, 49 (53); *Harder*, S. 98 ff.; *Wegmann*, ZEV 2003, 20 (21); *Pawlytta*, ZEV 2003, 89 (90).

296 Pro Anordnungskompetenz des Erblassers: *Geimer*, in: Fs. Schlosser, S. 197 (207); *Grunsky* in: Fs. Westermann, S. 255 (264); *Muscheler*, ZEV 2018, 120 ff.; ders., ZEV 2009, 317 ff.; Stein/Jonas/*Schlosser*, ZPO, § 1066 Rn. 3. Kontra Anordnungskompetenz des Erblassers: BGH, Beschluss vom 17.05.2017 – IV ZB 25/16; OLG Stuttgart, Beschluss vom 07.11.2016 – 8 W 166/16; OLG Karlsruhe, Urteil vom 28.07.2009 – 11 Wx 94/07; *Dawirs*, S. 63 ff.; *Haas*, ZEV 2007, 49 (53); *Harder*, S. 142 ff.; MünchKomm/*Zimmermann*, BGB, § 2227 Rn. 1; *Otte* in: Fs. Notar, S. 241 (252); *Selzener*, ZEV 2010, 285 ff.; Staudinger/*Reimann*, BGB, § 2227 Rn. 4; *Wegmann*, ZEV 2003, 20 (21).

297 BGH, Beschluss vom 17.05.2017 – IV ZB 25/16; BGH, Beschluss vom 16.03.2017 – I ZB 49/16; OLG Stuttgart, Beschluss vom 07.11.2016 – 8 W 166/16; OLG München, Beschluss vom 25.04.2016 – 34 Sch 12/15; OLG Celle, Beschluss vom 10.12.2015 – 6 W 204/15; LG Heidelberg, Urteil vom 22.10.2013 – 2 O 128/13; OLG Karlsruhe, Urteil vom 28.07.2009 – 11 Wx 94/07; OLG Karlsruhe, Beschluss vom 26.11.2007 – 10 Sch 6/07; OLG Hamm, Urteil vom 08.10.1990 – 8 U 38/90; RG, Urteil vom 23.06.1931 – RGZ 133, 128-137; RG, Urteil vom 27.09.1920 – RGZ 100, 76-79.

298 *Otte*, Fs. Notar, S. 241 (241 FN 2).

befasst sein wird. Diese Frage stellt auch *Geimer* in den Raum.[299] Auf die Frage, ob private Zivilrechtsprechung, die den Erben oder Vermächtnisnehmern durch Verfügung von Todes wegen „oktroyiert" wird, den Justizgewährleistungsanspruch der am Erbfall Beteiligten und ihren Anspruch auf den gesetzlichen Richter gefährdet und welche rechtlichen Konsequenzen sich daraus ergeben können,[300] wird im Rahmen dieser Arbeit nicht eingegangen.

Es soll im Folgenden die Frage nach der Rechtsgrundlage für die letztwillige Schiedsklausel gestellt werden und daraus folgend der Frage nachgegangen werden, für welche Streitigkeiten der Erblasser rechtswirksam ein Schiedsgericht anordnen kann.

§ 2 Die Rechtsgrundlage der letztwilligen Schiedsklausel

A. Ausgangslage

Das OLG Stuttgart hat in seiner Entscheidung vom 07.11.2016, in der die Frage zu klären war, ob für Streitigkeiten über Pflichtverletzungen eines Testamentsvollstreckers und dessen Entlassung letztwillig ein Schiedsgericht angeordnet werden kann, Folgendes formuliert: „Zwar kann gemäß § 1066 ZPO die Zuständigkeit eines Schiedsgerichts grundsätzlich auch durch letztwillige Verfügung angeordnet werden."[301]

Dem BGH, der sich mit dem Beschluss des OLG Stuttgart im Zuge der Rechtsbeschwerde beschäftigen musste, war dies zu unpräzise. Die Entscheidung des OLG Stuttgart vom rechtlichen Inhalt im Wesentlichen bestätigend, korrigierte der BGH die Ausführungen des OLG Stuttgart zum § 1066 ZPO als Ermächtigungsgrundlage der letztwilligen Schiedsgerichtsanordnung, indem er darauf hinwies, dass § 1066 ZPO eine prozessuale Regelung sei, die für Schiedsgerichte, die in gesetzlich statthafter Weise angeordnet werden, in die Vorschriften der ZPO über das schiedsgerichtliche Verfahren verweise. § 1066 ZPO setze somit die Zulässigkeit testamentarisch angeordneter Schiedsgerichte voraus, begründe diese aber nicht.[302]

---

299 *Geimer*, Fs. Schlosser, S. 197 (197).

300 Hierzu *Ebbing*, S. 16 ff., zu den verfassungsrechtlichen Fragen bei der privaten Zivilrechtsprechung im Allgemeinen. *Münch*, Privatisierung, S. 198 ff., beurteilt das Schiedsverfahrensrecht unter Verweis auf dessen normativen „legislatorischen Gesamtrahmen" als grundgesetzgemäß.

301 OLG Stuttgart, Beschluss vom 07.11.2016 – 8 W 166/16.

302 BGH, Beschluss vom 17.05.2017 – IV ZB 25/16, Tz. 12.

Woraus der BGH das Recht des Erblassers, eine Schiedsklausel letztwillig anordnen zu können, herleitet, sagt er nicht. Dies deutet darauf hin, dass der BGH davon ausgeht, die Möglichkeit eines Erblassers, rechtswirksam letztwillig ein Schiedsgericht anzuordnen, leite sich aus der Testierfreiheit ab. Hierbei handelt es sich auch um die im Schrifttum überwiegend vertretene Auffassung.[303] Es gibt auch Gegenstimmen: So sieht *Geimer* in § 1066 ZPO die Ermächtigungsgrundlage für die letztwillige Anordnung eines Schiedsgerichts.[304]

Nicht verwechselt werden darf die hier aufgeworfene Frage, ob § 1066 ZPO eine eigene materiell-rechtliche Ermächtigungsnorm darstellt, mit der Überlegung, die Zulässigkeit einer letztwilligen Schiedsanordnung müsse in Anbetracht des § 1066 ZPO grundsätzlich gegeben sein.[305] Dem Ansatz, dass § 1066 ZPO sinnlos wäre, wenn die letztwillige Schiedsanordnung unzulässig sei, ist zuzustimmen. Die Zulässigkeit, auf die aus § 1066 ZPO geschlossen werden kann, muss dennoch auf einer Ermächtigungsgrundlage beruhen. Diese kann eine Norm in materiell-rechtlichen Regelwerken, § 1066 ZPO oder die Testierfreiheit sein.

Die fast einstimmige Selbstverständlichkeit, mit der die herrschende Meinung die letztwillige Schiedsgerichtsanordnung aus der Testierfreiheit ableitet, ist abzulehnen. Es muss erstens geprüft werden, ob die letztwillige Schiedsklausel unter eine der in §§ 1937 bis 1940 BGB genannten letztwilligen Verfügungen zu subsumieren ist. Dann muss geprüft werden, ob § 1066 ZPO gemäß dem Willen des (historischen) Gesetzgebers eine eigene Ermächtigungsnorm

---

303 *Crezelius*, Fs. Westermann, S. 161, 162, spricht von einer „prinzipiellen Zulässigkeit". Ebenso: *Grunsky*, Fs. Westermann, S. 255 ff.; Staudinger/*Otte*, BGB, Vorbem. zu §§ 1937 f. Rn 8: „[…] ist Ausfluss der Testierfreiheit […]"; Stein/Jonas/*Schlosser*, ZPO, § 1066 Rn. 1 m. wN. Ausführliche Darstellung des Meinungsstandes (bis 2007) bei *Harder*, S. 51 ff., der die allgemeine Zulässigkeit der letztwilligen Schiedsklausel in der Testierfreiheit verortet, aber die Wirksamkeit einer letztwilligen Schiedsklausel von der objektiven Schiedsfähigkeit einzelner erbrechtlicher Streitigkeiten abhängig macht.

304 *Geimer*, Fs. Schlosser, S. 197, 202, der § 1066 ZPO als „eigenständige Grundlage für die einseitige Anordnung eines Schiedsgerichts […]" sieht. So auch Zöller/*Geimer*, ZPO, § 1066 Rn. 16 a, der davon spricht, dass der Erblasser „[…] im Rahmen des ihm durch § 1066 ZPO zugestandenen Regelungsspielraums für die Parteien […] den Zugang zu den staatlichen Gerichten ausschließen [könne] […]".

305 So: BGH, Beschluss vom 17.05.2017 – IV ZB 25/16, Tz. 12; Reichsgericht, Urteil vom 27.09.1920 – IV 2/20: „Gegen die Zulässigkeit einer solchen Anordnung ist kein Bedenken zu erheben. In § 1048 ZPO wird die Anordnung ohne weitere Erörterungen als zulässig vorausgesetzt […]".

für eine letztwillige Schiedsklausel darstellt. Falls dies verneint wird, stellt sich die Frage, ob sich die Möglichkeit eines Erblassers, rechtswirksam letztwillig ein Schiedsgericht anzuordnen, aus der Testierfreiheit ableiten kann. In diesem Zusammenhang müssen zwingend die Stichworte „erbrechtlicher Numerus clausus" und „Typenzwang" fallen. An dieser Messlatte muss sich die letztwillige Schiedsanordnung als „reine" Anordnung messen lassen. Ist dagegen § 1066 ZPO eine eigenständige materiell-rechtliche Ermächtigungsnorm für die letztwillige Schiedsklausel, gehört sie – trotz ihrer Platzierung im Prozessrecht – zum erbrechtlichen Numerus clausus und ist, wenn die formalen Voraussetzungen erfüllt sind, aus sich heraus wirksam.

B. Das BGB als Rechtsquelle der letztwilligen Schiedsklausel

I. Die letztwillige Schiedsklausel als Auseinandersetzungsanordnung nach § 2048 BGB

Im BGB ist eine ausdrückliche materiell-rechtliche Norm, die die letztwillige Schiedsgerichtsanordnung erwähnt, nicht enthalten. Es kann daran gedacht werden, die letztwillige Schiedsgerichtsanordnung unter § 2048 Satz 1 BGB zu subsumieren.[306] Das ergibt sich aus dem Wortlaut des § 2048 BGB, der allgemein „Anordnungen für die Auseinandersetzung" zulässt. *Strohal* begründet dieses Ergebnis noch unter Berufung auf § 2048 Satz 2 BGB. Wenn ein Dritter die Auseinandersetzung vornehmen könne, müsse es umso mehr zulässig sein, die Auseinandersetzung einem Schiedsgericht zu übertragen,[307] respektive Streitigkeiten über die Auseinandersetzung von einem Schiedsgericht entscheiden zu lassen.[308]

Wird die letztwillige Schiedsklausel nur auf § 2048 BGB bezogen, so kann sie sich nur auf die Auseinandersetzung[309] des Nachlasses und die Nachlassverwaltung[310] beziehen. In Bezug auf die Verwaltung des Nachlasses muss in der Verfügung von Todes wegen deutlich gemacht werden, dass es sich um eine schiedsrichterliche Entscheidung handeln soll und nicht um eine

306 *Muscheler*, Erbrecht, Band II, § 50 Rn. 4017; Palandt/*Weidlich*, BGB, § 2042 Rn. 23; Staudinger/*Löhnig*, BGB, § 2048 Rn. 7.

307 *Strohal*, S. 66 Fn. 3.

308 Diese Argumentation ist nach *Strohal* auch in Bezug auf §§ 2156, 2193 BGB einschlägig (vgl. *Strohal*, S. 66).

309 Dies im Sinne einer Beendigung der vermögensrechtlichen gesamthänderischen Bindung (vgl. Staudinger/ *Löhnig*, BGB, § 2042 Rn. 1 ff.).

310 MünchKomm/*Ann*, BGB, § 2048 Rn. 6.

Verwaltungsvollstreckung nach § 2209 BGB. Hier sollten Unklarheiten in der Formulierung vermieden werden. Wenn sich die letztwillige Schiedsklausel auf alle Streitigkeiten der durch den Erbfall Begünstigten, die sich aus dem Erbfall ergeben, beziehen soll, kommt § 2048 BGB als Rechtsgrundlage für die letztwillige Schiedsklausel nicht in Betracht.

II. Die letztwillige Schiedsklausel als Auflage nach § 1940 BGB

1. Meinungsstand in der Rechtsliteratur und Rechtsprechung

Hinsichtlich der Frage, ob die letztwillige Schiedsklausel eine Auflage ist, gibt es in der Rechtsliteratur und der Rechtsprechung keine einheitliche Linie. Als die Frage verneinende Argumente werden angeführt: (1) die Auflage wirke schuldrechtlich, § 1066 ZPO führe jedoch über das 10. Buch der ZPO, auf das er verweise, zu einer prozessrechtlich relevanten Einrede,[311] (2) die letztwillige Schiedsklausel als Auflage zu betrachten sei nicht wünschenswert, da in diesem Falle nur Erben und Vermächtnisnehmer verpflichtet werden könnten, nicht aber der Testamentsvollstrecker[312], (3) § 2306 Abs. 1 Satz 2 BGB komme bei der Qualifikation der letztwilligen Schiedsklausel als Auflage zur Anwendung, was nicht wünschenswert sei.[313] *Geimer* lehnt die Einordnung der letztwilligen Schiedsklausel als Auflage mit der Begründung ab, § 1066 ZPO sei als *„eigenständige Grundlage für die einseitige Anordnung eines Schiedsgerichts zu interpretieren“*[314]. Nur als Mindermeinung wird im Schrifttum die Einordnung der letztwilligen Schiedsklausel als Auflage bejaht.[315]

Die Rechtsprechung hat sich mit dieser Frage nur selten befasst.[316] Die wenigen Entscheidungen kommen, jeweils ohne Anführung von Gründen, zu dem Ergebnis, dass die letztwillige Schiedsklausel keine Auflage sei.

2. Die Einordnung der letztwilligen Schiedsklausel als Auflage

Das Argument, der Testamentsvollstrecker könne über § 1940 BGB nicht mit einer letztwilligen Schiedsgerichtsanordnung beschwert werden, ist richtig, stellt aber kein praktisches Problem dar. Der Erblasser ist erstens in der Lage, dem

311 *Crezelius*, Fs. Westermann, S. 161 (166); *Harder* S. 61; *Otte*, Fs. Notar, S. 241 (243).

312 *Crezelius*, ebd.; *Harder*, ebd.; *Otte*, Offene Fragen, S. 62 (64); *ders.*, Fs. Notar, S. 241 (243).

313 *Harder*, S. 62.

314 *Geimer*, Fs. Schlosser, S. 197 (202); Zöller/*Geimer*, ZPO, § 1066 Rn. 16a.

315 *Henn*, S. 84; *Kohler*, DNotZ 1962, 125 (127); Nieder/Kössinger/*Kössinger*, S. 812.

316 RGZ 100, 76 ff.; OLG Frankfurt, Urteil vom 04.05.2012 – 8 U 62/11, Tz. 36.

Testamentsvollstrecker bindende Verwaltungsanweisungen nach § 2216 BGB zu geben, zweitens kann der Testamentsvollstrecker *nie* über § 1940 BGB beschwert werden, da er – wenn er nicht selbst Miterbe oder Vermächtnisnehmer ist –, nicht durch den Erbfall begünstigt ist.[317] Der Erblasser muss die letztwillige Schiedsklausel für den Testamentsvollstrecker separat formulieren, was über § 2216 BGB möglich ist.

Die Bedenken, die letztwillige Schiedsklausel könne umgangen werden, sind ebenfalls nicht geeignet, die Frage nach der rechtlichen Qualifikation der Schiedsklausel als Auflage zu beeinflussen. Ob Auflage oder nicht, der Erblasser trägt immer das Risiko, dass seine Anordnung nicht umgesetzt wird. Sei es, dass bei Klageerhebung keiner die Einrede erhebt,[318] sei es, dass einer der Beschwerten die Erbschaft oder das Vermächtnis ausschlägt oder dass sich keiner aus dem in § 2194 BGB genannten Personenkreis für die Sache interessiert.

Das Argument, die Qualifizierung einer letztwilligen Schiedsklausel als Auflage führe zur Anwendung des § 2306 Abs. 1 HS 2 BGB, was nicht wünschenswert sei, ist kein sachliches Argument, sondern eine subjektive Einschätzung. Manch Betroffener wird es als wünschenswert empfinden, wenn § 2306 Abs. 1 HS 2 BGB zur Anwendung kommt.

Es ist zuzugeben, dass die Qualifikation der letztwilligen Schiedsanordnung als Auflage verführerisch ist. Die strukturelle Grundidee des § 1940 BGB passt: Die Auflage gibt dem Erblasser die Möglichkeit, den Erben und Vermächtnisnehmern Handlungsanweisungen zu geben. Gegenstand der Auflage kann jedes Tun oder Unterlassen sein. Die Leistung des Beschwerten muss keinen Vermögenswert haben.[319] So würde der Inhalt der Anordnung, den vom Erbfall Begünstigten vorzugeben, wie und wo sie ihre Rechte, deren Verletzung sie beklagen, durchsetzen können, in das Spektrum der Auflage sehr gut hineinpassen.

Das Charakteristische der Auflage ist jedoch, dass sie einem etwaigen Begünstigten kein selbständiges, insbesondere klagbares, Recht auf die Leistung einräumt. Ordnet der Erblasser nun rechtswirksam den Ausschluss des ordentlichen Rechtswegs und die Pflicht der durch den Erbfall Begünstigten,

317 Der Vergütungsanspruch des Testamentsvollstreckers stellt, wenn er nicht erheblich über der „üblichen Vergütung" liegt und somit als zusätzliches Vermächtnis auszulegen ist, keine auf einer Verfügung von Todes wegen beruhende Begünstigung dar.

318 *Münch*, Schiedsbindung, S. 461 (480): „Die Befürchtung, die „Beteiligten könnten den Erblasserwillen hintergehen […], will nicht so recht stören oder gar etwa überzeugend abschrecken".

319 Statt vieler: *Muscheler*, Erbrecht, Band II, § 39 Rn. 2661; Staudinger/*Otte*, BGB, § 1940 Rn. 5.

Streitigkeiten durch ein Schiedsgericht entscheiden zu lassen, an, erhalten die Betroffenen aus dem Schiedsverfahrensrecht der ZPO verschiedene Rechte. Hier ist zuerst an das Recht der Erhebung der Unzuständigkeitsrüge nach § 1032 ZPO zu denken. Des Weiteren entstehen schuldrechtliche Ansprüche der Betroffenen untereinander, bei einem Schiedsverfahren mitzuwirken und den Kostenvorschuss zu bezahlen.[320] Damit erhielten die Betroffenen gegeneinander verschiedene schuldrechtliche Ansprüche.

§ 1940 BGB verlangt als Tatbestandsmerkmal, dass der durch die Auflage Begünstigte *kein Recht* erhalten soll. § 1940 BGB ist nicht so formuliert, dass es gleichgültig ist, ob der Auflagenbegünstigte durch die Auflage ein Recht bekommt oder nicht. § 1940 BGB ist so formuliert, dass der Auflagenbegünstigte ein solches Recht nicht haben darf. Hat er ein Recht, liegt keine Auflage vor.[321]

Diese vorstehend genannten Rechte aus dem Schiedsverfahrensrecht führen dazu, dass die tatbestandlichen Voraussetzungen des § 1940 BGB für eine letztwillige Schiedsklausel nicht erfüllt sind. Es ist in Bezug auf diese Rechte gleichgültig, ob sie im Einzelfall geltend gemacht werden oder nicht. Die Rechte bestehen und wurden durch die Anordnung des Erblassers ausgelöst, wenn auch nur mittelbar durch die Verweisung des § 1066 ZPO auf § 1032 ZPO.

III. Resümee

Die letztwillige Schiedsklausel lässt sich nicht unter die im 5. Buch des BGB genannten zulässigen Inhalte letztwilliger Verfügungen subsumieren. Als zweiter Schritt soll im Folgenden untersucht werden, ob § 1066 ZPO als Ermächtigungsnorm für eine letztwillige Schiedsanordnung in Betracht kommt.

C. § 1066 ZPO als materiell-rechtliche Grundlage der letztwilligen Schiedsklausel

I. Wortlaut der Norm und Rechtsfolge

§ 1066 ZPO lautet: „Für Schiedsgerichte, die in gesetzlich statthafter Weise durch letztwillige […] Verfügungen angeordnet werden, gelten die Vorschriften dieses Buches[322] entsprechend."

320 *Frohloff*, S. 39 f.; *Schütze*, S. 80 f.

321 Aus diesem Grunde die Einordnung der letztwilligen Schiedsklausel als Auflage verneinend: *Muscheler*, Letztwillige Schiedsklauseln, S. 96.

322 10. Buch der ZPO.

Nach dem Gesetzestext des § 1066 ZPO gelten die Vorschriften […] *entsprechend*. Dies bedeutet, dass § 1066 ZPO eine sogenannte Analogieverweisung ist. Die Analogieverweisung ist ein gesetzestechnisches Mittel, um Wiederholungen zu vermeiden.[323] Der Bezugstext passt jedoch im Regelfall nicht wörtlich. Es kommt somit nur eine „entsprechende" oder „sinngemäße" Geltung in Betracht.[324] Eine „entsprechende Geltung" bedeutet, dass die einzelnen Elemente des durch die Verweisung geregelten und desjenigen Tatbestandes, auf dessen Rechtsfolgen verwiesen wird, miteinander so in Beziehung zu setzen sind, dass den jeweils nach ihrer Funktion und ihrer Stellung im Sinnzusammenhang des Tatbestandes gleich zu erachtenden Elementen die gleiche Rechtsfolge zugeordnet wird.[325] Die „entsprechende Geltung" erfordert demnach bei jeder einzelnen Norm die Prüfung, ob sie unverändert übernommen werden kann.

§ 1066 ZPO regelt somit, dass im Falle eines letztwillig angeordneten Schiedsgerichts als Rechtsfolge die Paragrafen des 10. Buches der ZPO anzuwenden sind. Dies jedoch nur soweit, als sie von ihrem Sinngehalt her zu einer letztwillig angeordneten, also einseitig verfügten Schiedsklausel passen und soweit der Erblasser keine eigenen Verfahrensanordnungen getroffen hat.

II. Fragestellung

Der Wortlaut des § 1066 ZPO stellt die Rechtsfolge der Schiedsgerichtsanordnung in den Vordergrund. Die Frage nach dem rechtlichen Können des Erblassers, letztwillig ein Schiedsgericht anzuordnen, beantwortet § 1066 ZPO nicht explizit.

Es ist durchaus nahe liegend zu argumentieren, allein aus dem Vorhandensein des § 1066 ZPO müsse das rechtliche Können des Erblassers abgeleitet werden.[326] Dieser Argumentation ist jedoch entgegenzuhalten, dass die Bestätigung des rechtlichen Könnens des Erblassers in § 1066 ZPO nicht per se bedeutet, dass § 1066 ZPO die „Ermächtigungsnorm" darstellt. Auch wenn es eine andere Ermächtigungsnorm gibt oder das rechtliche Können des Erblassers aus der Testierfreiheit abzuleiten ist, kann § 1066 ZPO als prozessrechtliche Norm, deren einzige Aufgabe die Verweisung ist, ihre Berechtigung haben. Der Versuch, das rechtliche Können des Erblassers aus der Existenz des § 1066 ZPO herzuleiten, muss erst dogmatisch belegt werden.

---

323 *Larenz/Canaris*, Methodenlehre, S. 82; *Rüthers/Fischer/Birk*, Rechtstheorie, S. 85.

324 *Handbuch BMJ*, Teil B. 4.1. Rz. 232.

325 *Larenz/Canaris*, a. a. O., S. 82; *Rüthers/Fischer/Birk*, a. a. O., S. 85.

326 Vgl. *Muscheler*, Letztwillige Schiedsklauseln, S. 96.

Das rechtliche Können des Erblassers müsste, um alle Zweifel zu beseitigen, beispielsweise wie folgt normiert sein: „Der Erblasser *kann anordnen*, dass über Streitigkeiten, die nach seinem Tod entstehen, ein Schiedsgericht zu entscheiden hat", oder „Der Erblasser kann für Streitigkeiten, die nach dem Erbfall entstehen, einen oder mehrere Schiedsrichter *benennen*". Eine solche deutliche „Ermächtigungsnorm" ist weder im BGB noch in anderen Gesetzen vorhanden.

Es gibt einige wenige erbrechtliche Normen, die nur die Rechtsfolgen einer Anordnung benennen, ohne die Anordnung ausdrücklich zuzulassen. So stellen §§ 2074, 2075 BGB keine ausdrücklichen Ermächtigungsnormen für eine Anordnung des Inhalts dar, dass der Erblasser eine letztwillige Zuwendung vom Eintritt einer Bedingung abhängig machen kann. Dass der Erblasser dies anordnen kann, ist unstreitig. Dies lässt sich nach der Auffassung des BGH aus dem allgemeinen Schuldrecht ableiten.[327] Auch § 83 BGB ist keine ausdrückliche „Kannvorschrift", sondern folgt der Struktur „wenn, dann". Dass der Erblasser letztwillig eine Stiftung errichten kann, beweist *Muscheler* durch das akribische Nachvollziehen des Willens des Gesetzgebers aus den Materialien zur Entstehung des BGB.[328]

Bei den vorgenannten Beispielen fällt auf, dass die angeführten Normen in einem materiell-rechtlichen Regelwerk enthalten sind und nicht in einem prozessrechtlichen, oder der Wille des Gesetzgebers aus den vorhandenen Gesetzesmaterialien durch eine rechtshistorische Auswertung deutlich erkennbar ist.

Es soll im Folgenden anhand einer rechtshistorischen Untersuchung untersucht werden, auf welchen Vorgängernormen § 1066 ZPO beruht und ob den vorhandenen Materialien zur Entstehung des § 1066 ZPO und seiner Vorgängernormen ein expliziter Wille des Gesetzgebers zu der Frage des rechtlichen Könnens des Erblassers in Bezug auf eine letztwillige Schiedsanordnung zu entnehmen ist, und daraus folgend die Frage beantwortet werden, ob § 1066 ZPO als materiell-rechtliche Grundlage der letztwilligen Schiedsklausel angesehen werden kann.

---

327 BGH, Urteil vom 24.06.2009 – IV ZR 202/07, Tz. 17: „Dass ein Erblasser die Wirksamkeit einer letztwilligen Zuwendung vom Eintritt einer Bedingung abhängig machen kann, ist nicht ausdrücklich geregelt, aber allgemein anerkannt und ergibt sich aus den §§ 158 ff. in Verbindung mit den §§ 2074 ff. BGB."

328 *Muscheler*, Stiftungsrecht, S. 97 ff.

III. Rechtshistorische Analyse des § 1066 ZPO

Der heutige § 1066 ZPO, der wortgleich mit der Vorgängernorm § 1048 ZPO ist, die durch das *Gesetz zur Neuregelung des Schiedsverfahrens*[329] zu § 1066 ZPO wurde, blickt auf eine belegbare Reihe von Vorgängernormen zurück, die aus den Bayerischen Prozessordnungen stammen. Nachweisbar beginnend ab dem Jahre 1753 wird der Regelungsinhalt des § 1066 ZPO mit nur unwesentlichen sprachlichen Änderungen in die heutige Gesetzeslandschaft transportiert. In der folgenden Übersicht können die Vorgängernormen des § 1066 ZPO auf einen Blick verglichen werden. Die genauen Hintergründe der Entstehung und der rechtliche Inhalt der einzelnen Normen werden anschließend dargestellt.

1. Übersicht

1. Codex Juris Bavarici Iudiciarii 1753, 17. Kapitel, § 2 Nummer 12 *„So viel endlich 12 mo die durch letztwillig, und andere Dispositiones verordnete Compromissen belangt, kann sich deren kein Successor ohne Bewilligung anderer mit interißirter entschlagen, wo im übrigen es aber mit dergleichen Schiedsrichtern die nämliche Beschaffenheit hat, wie mit jenen, welche sich die Partheyen selbst aus freyen Willen erwählet haben, und soll der hierin vorgeschriebene Modus allzeit ohnabweichlich beybehalten werden."*
2. Prozeßordnung in bürgerlichen Rechtsstreitigkeiten für das Königreich Bayern 1869, Artikel 1344 *„Auf Schiedsgerichte, welche in gesetzlich statthafter Weise durch letztwillige Verfügungen oder andere nicht auf Übereinkunft beruhende Dispositionen angeordnet werden, finden die für die Fälle des Art. 1319 Abs. 2 gegebenen Vorschriften Anwendung."*
3. Civilprozeßordnung 1877, § 872 *„Auf Schiedsgerichte, welche in gesetzlich statthafter Weise durch letztwillige oder andere nicht auf Vereinbarung beruhende Verfügungen angeordnet werden, finden die Bestimmungen dieses Buches entsprechende Anwendung."*
4. Zivilprozeßordnung 1898, § 1048 Keine Änderung zu 3.
5. Zivilprozessordnung 1998, § 1066 *„Für Schiedsgerichte, die in gesetzlich statthafter Weise durch letztwillige oder andere nicht auf Vereinbarung beruhende Verfügungen angeordnet werden, gelten die Vorschriften dieses Buches entsprechend."*

329 Gesetz vom 22. Dezember 1997, Bundesgesetzblatt Jahrgang 1997 Teil I Nr. 88, ausgegeben zu Bonn am 30. Dezember 1997, S. 3224-3241.

2. Die Vorgängernormen des § 1066 ZPO im Einzelnen

a. Der Codex *Iuris Bavarici Iudiciarii*

aa. Einleitung

Der *Codex Iuris Bavarici Iudiciarii* aus dem Jahre 1753 besteht aus 20 Kapiteln, die jeweils in Paragrafen unterteilt sind. Die einzelnen Paragrafen haben keine Absätze, sondern laufende Nummern im Fließtext. Der *Codex Iuris Bavarici Iudiciarii* war ein Teil einer ausgedehnten Gesetzesreform, die ab dem Jahr 1751 in Chur-Bayern[330] durchgeführt wurde, und stellte die Prozessordnung für bürgerliche Rechtsstreitigkeiten dar. Der *Codex Iuris Bavarici Iudiciarii* wurde ebenso wie die anderen Gesetzeswerke dieser Jahre von *Wiguläus von Kreittmayr* erstellt. *Von Kreittmayr* war Rechtsgelehrter, Kanzler des Hofrats und Geheimer Ratskanzler, ab 1745 im bayerischen Staatsdienst[331], und ein äußerst gewissenhafter Beamter, der alle Gesetzestexte eigenhändig anfertigte.[332] Nach dem Erlass der Gesetze verfasste *Kreittmayr* ausführliche Anmerkungen, die umfangreiche Hinweise zu den Entstehungsgründen, der Auslegung und der Anwendung der einzelnen Paragrafen enthielten.

Kreittmayr beschreibt in seiner Vorrede zu den Anmerkungen zum *Codex Iuris Bavarici Iudiciarii* ausführlich das Entstehen der Prozessordnung aus dem Bedarf der Zeit heraus. Die frühere politische Situation und auch die „Simplicität der Vor = Eltern“[333] habe eine Gerichtsreform unentbehrlich erscheinen lassen. Faustrecht oder gewählte Schiedsrichter hätten die Streite entschieden, was dazu geführt habe, dass die Prozessordnung in bürgerlichen Streitigkeiten defizitär sei und überholt werden müsse.[334] Das Verfahren vor den ordentlichen Gerichten beschreibt *Kreittmayr* so:

> *„Was vor Obrigkeit kam, wurde kurzum durch mündliche Verhören der jenigen Ordnung nach verhandelt, welche uns die Natur selbst mehr durch das Liecht der Vernunft, als durch papierne Vorschriften zu erkennen gegeben hat. So gar in den wichtigisten Geschäften gestattete man keine Weitläuffigkeit, oder Schriften=Wechslung, sondern der Gerichts-Schreiber zeichnete den wesentlichen Innhalt des beederseitigen mündlichen Anbringens mit wenigen Worten auf, fertigte mit Einverleibung des ertheilten Abschieds einen schriftlichen Recess, oder sogenannten Täding darüber aus, und damit hatte der Handel ein Ende.“*[335]

330 Heutiges Gebiet ungefähr: Oberbayern, Niederbayern, Oberpfalz.

331 *Rall*, S. 741 f.

332 *Welsch*, S. 12 f.

333 *Kreittmayr*, Anmerkungen Codex Iuris, S. 5.

334 Vgl. *Kreittmayr*, a. a. O., S. 3.

335 *Kreittmayr*, a. a. O., S. 3.

Kreittmayr erwähnt auch, dass, bevor es zu einer Entscheidung kam, oft Jahre vergingen, in denen es keinerlei Prozessfortschritt gab, sodass deshalb viele Streitigkeiten durch Schiedsgerichte entschieden wurden.[336] *Kreittmayr* war, obgleich ihm die Mängel der Justiz bekannt waren, von der Schiedsgerichtsbarkeit, die von ihm im Zuge der Neubearbeitung des *Codex Iuris Bavarici Iudiciarii* durch Gesetzesvorschriften geregelt wurde, nicht überzeugt und warnte in seinen Anmerkungen vor zu hohen Erwartungen an die Schiedsgerichtsbarkeit:

> *„Der Compromiss-Weeg scheint zwar dem ordentlichen Rechts-Weeg praeferabler zu seyn, weil man dadurch geschwind zu Ende kommt[...] allein das deutsche Sprichwort sagt nicht umsonst: mach kein Compromiss, du verliehrst es gewiss [...].“*[337]

bb. Die letztwillige Anordnung des Schiedsgerichts

(1) Wortlaut und Rechtsfolge

Das 17. Kapitel, § 2, 12mo des *Codex Iuris Bavarici Iudiciarii* lautet:

> *„So viel endlich 12 mo die durch letztwillig, und andere Dispositiones verordnete Compromissen belangt, kann sich deren kein Successor ohne Bewilligung anderer mit intereßirter entschlagen, wo im übrigen es aber mit dergleichen Schiedsrichtern die nämliche Beschaffenheit hat, wie mit jenen, welche sich die Partheyen selbst aus freyen Willen erwählet haben, und soll der hierin vorgeschriebene Modus allzeit ohnabweichlich beybehalten werden.“*[338]

In dem Gesetzestext finden wir den Begriff „letztwillige [...] Dispositiones“. Hierbei handelt es sich offenkundig um letztwillige Verfügungen, mithin Testamente. Das Wort „Compromiss“ ist die verkürzte Form des Wortes „compromissum“, das aus dem klassischen römischen Recht stammt und das gegenseitige Versprechen der Parteien, den bestehenden Streit der Entscheidung eines Schiedsgerichts zu unterwerfen, darstellte. Es handelte sich nicht um einen selbstständigen Vertrag, sondern um eine Zusage, die durch eine Strafstipulation gesichert wurde.[339] Bei dem „Sucessor“ handelt es sich um den Erben, der sich der Anordnung nicht

---

336 *Kreittmayr*, Anmerkungen Codex Iuris, S. 4.

337 *Kreittmayr*, a. a. O., S. 581.

338 Codex Iuris Bavarici Iudiciarii 1753, 17. Kapitel, § 2, 12mo.

339 Vgl. hierzu: *Ziegler*, Schiedsgericht, S. 47 f. *Ziegler*, Schiedsgericht, S. 10 Fn 16., 49, weist darauf hin, dass der Begriff *compromissum* zu den wenigen „unzweideutigen termini technici des klassischen Juristenlateins“ gehörte und sich regelmäßig auf das Schiedsgericht bezog.

„entschlagen" kann. Nach dem Wörterbuch der *Brüder Grimm*[340] hat *entschlagen* u.a. die Bedeutung von *sich abwenden, sich entziehen.*

„Übersetzt" lautet § 2, 12mo (*lat.* zwölftens) somit, dass sich kein Erbe der testamentarischen Anordnung des Erblassers, dass über Streitigkeiten ein Schiedsgericht zu entscheiden habe, entziehen kann.

Die Möglichkeit der Anordnung eines „Compromisses" durch letztwillige Verfügung wird als zulässig vorausgesetzt und in ihrer Bindungswirkung verdeutlicht: „[...] es kann sich kein Successor entschlagen [...]"[341].

Als Rechtsfolge verweist der Text auf die übrigen im 17. Kapitel zum Schiedsgericht und zu den Schiedsrichtern enthaltenen Regelungen. Diese Vorschriften beschäftigen sich ausführlich mit dem Ablauf des Schiedsverfahrens, mit der Auswahl der Schiedsrichter und deren Pflichten und Rechten. Die Schiedsfähigkeit eines Streitgegenstandes wird an die Bedingung geknüpft, dass es sich um eine bürgerliche Sache handle, die einem Vergleich zugänglich sei,[342] und es wird die Möglichkeit der Streitparteien beschrieben, einen Schiedsspruch durch den ordentlichen Richter überprüfen zu lassen, außer die Parteien hätten etwas anderes vereinbart, so zum Beispiel die Überprüfung abbedungen oder eine Strafzahlung vereinbart, die fällig werde, wenn sich der Teilnehmer des Schiedsverfahrens nicht an den Schiedsspruch halten wollte.[343] Dem Imperativ, es könne sich kein Erbe der Anordnung entziehen, steht nichts gegenüber, was die Durchsetzbarkeit gewährleisten kann. In den Anmerkungen *Kreittmayrs* zum *Codex Iuris Bavarici Iudiciarii* wird in Bezug auf die Bindungswirkung der Anordnung erwähnt, „[...] daß einer auf Begehren des anderen intereßirten Theils Obrigkeitlich dazu angehalten werden mag"[344]. Wie dies erfolgen kann, wird nicht beschrieben. Der Gesetzestext spricht nur davon, dass die Erben (*sucessores*) gebunden seien.

(2) Wirkungen

Nach ihrem Wortlaut ist die vorstehende Norm eine „Kann"-Vorschrift und es ist zuzugeben, dass sie den Anschein erweckt, eine Ermächtigungsnorm zur

---

340 Deutsches Wörterbuch von Jacob und Wilhelm Grimm, Leipzig 1878, Onlineausgabe der Universität Trier (Der digitale Grimm): http://woerterbuchnetz.de/cgi-bin/WBNetz/wbgui_py?sigle=DWB (Internet: abgerufen am 27.08.2019).

341 Codex Iuris Bavarici Iudiciarii 1753, 17. Kapitel, § 2, 12mo.

342 Codex Iuris Bavarici Iudiciarii 1753, 17. Kapitel, § 2, 3tio.

343 Codex Iuris Bavarici Iudiciarii 1753, 17. Kapitel, § 2, 7mo f.

344 *Kreittmayr*, Anmerkungen Codex Iuris, S. 588.

letztwilligen Anordnung eines Schiedsgerichts zu sein. Stutzig macht jedoch, dass sich die „Kann"-Klausel nur auf die Erben bezieht, und zwar in negativer Hinsicht. Diese können sich der Anordnung nicht entziehen. Aber kann der Erblasser unter Rekurs auf § 2, 12mo des 17. Kapitels das Recht herleiten, letztwillig ein Schiedsgericht anzuordnen? Dem Text ist eine solche Ermächtigung nicht ausdrücklich zu entnehmen, es ist jedoch der Begriff „Modus" enthalten. Wie ist dieser Begriff zu verstehen?

Wir wenden uns den Ausführungen *Kreittmayrs* in seinen Anmerkungen zum *Codex Iuris Bavarici Iudiciarii* zu. *Kreittmayr* führt in diesen zu dem vorstehenden § 2, 12mo Folgendes aus:

> *„Zuweilen verordnet Testator oder primus Fideikommittens wie es auf den Fall, wann sich zwischen seinen Nachkömmling Streit und Irr ergiebt, gehalten werden soll, und setzt nicht nur gewisse Schieds=Richter, sondern schreibt auch den Modum tractandi & finiendi Litem vor. Da nun die successores zu Befolgung deren ab Antecessoribus gemachter rechtmäßiger Verordnungen überhaupt verbunden seynd, cum quisque rei suae legem dicere possit, so müssen sie sich solche auch in diesem Stück unabweichlich gefallen lassen […]."*[345]

Kreittmayr schildert als Ausgangslage das mögliche Bestehen eines erbrechtlichen Konflikts und weist darauf hin, dass der Erblasser die Art und Weise der Streitbeilegung bestimmen könne (*Modum tractandi & finiendi Litem*) und dass er die Rechtsmacht habe, seine Angelegenheiten zu regeln (*cum quisque rei suae legem dicere possit*). Daraus folge die Bindung der Erben (*successores zu Befolgung […] verbunden seynd*). Er verwendet im Zusammenhang mit dem Wort „Verordnungen" das Adjektiv „rechtmäßig", sucht also einen Schulterschluss zum materiellen Recht. Die Normen, an die er dabei denkt, nennt er nicht explizit. Er spricht aber von dem *Modum tractandi & finiendi Litem*. Das lässt darauf schließen, dass *Kreittmayr* davon ausgeht, dass es sich bei der letztwilligen Schiedsanordnung um einen „Modus" im Sinne des Bayerischen Landrechts handelt.

Das Bayerische Landrecht, der *Codex Maximilianeus Bavaricus Civilis*, der ebenfalls federführend von *Kreittmayr* verfasst wurde und 1756 in Kraft trat,[346] behandelt in seinem dritten Teil das Erbrecht und dort im 3. Kapitel ausführlich die Errichtung und den zulässigen Inhalt von Testamenten. Ein Testament beinhaltete, im Gegensatz zum Kodizill, nur die Benennung der Erben.[347] Neben

345 *Kreittmayr*, Anmerkungen Codex Iuris, S. 589.

346 Ausführlich zur Entstehung: *Zimmermann*, Monita.

347 Codex Maximilianeus Bavaricus Civilis 1756, 3. Teil, 3. Kapitel, § 1: *„Testament heißt eigentlich ein solch letzter Will, worin der Erb directe benamset ist […]"*. 5. Kapitel, § 1: *„Codizill heißt eie letzter Will, welcher nichts als Legata und Fideicommissa oder andere*

den umfangreichen Regelungen zu den Fragen, wer ein Testament erstellen kann und wie dies abgefasst werden muss, wird dem Erblasser die Möglichkeit eröffnet, die Erbeinsetzung mit „gewissen Zusätzen"[348] zu versehen. Der *Codex Maximilianeus Bavaricus Civilis* spricht von „[…] der Erb-Einsatzung sub Conditione, Die, Modo, Causa vel Demonstratione […]".[349]

Auch zu dem *Codex Maximilianeus Bavaricus Civilis* erstellte *Kreittmayr* umfangreiche Anmerkungen. In diesen beschreibt er die im *Codex* genannten „Zusätze" genau und unterlegt sie mit Beispielen. Bei der *Conditio* handele es sich um eine echte Bedingung, bei *Dies* um eine Befristung, *Causa* sei, was den Erblasser zur Verfügung bewogen habe, *Demonstratio* sei eine Beschreibung der begünstigten Person oder vererbten Gegenstände.[350] Über den „Modus" schreibt *Kreittmayr*, dass er eine Verfügung sei, die eine Haupt- oder Nebenabsicht des Erblassers darstellte, der Unterschied zur *Conditio* bestehe aber darin, dass die *Conditio* bei Nichteintritt oder Wegfall eines Ereignisses dazu führe, dass auch die Erbschaft entfalle. Der Modus stelle zwar eine Verpflichtung dar, wenn diese nicht erfüllt würde, ändere dies aber nichts an der Erbeinsetzung.[351] Der Modus „suspendirt"[352] nicht.

Kreittmayr geht in seinen Ausführungen fraglos davon aus, dass der Erblasser berechtigt ist, durch einen Zusatz zu der Erbeinsetzung in der Form des *modus* die Streitbeilegung zwischen den Erben zu regeln und ein Schiedsgericht anzuordnen. Er sah in dem gesetzlich normierten erbrechtlichen Institut *modus* des Bayerischen Landrechts die materiell-rechtliche Grundlage für die letztwillige Anordnung des Schiedsgerichts. Seine Überlegungen hierzu teilt er dem Leser nicht mit. Dass ein *modus* mit dem Inhalt der letztwilligen Anordnung eines Schiedsgerichts gegen die von *Kreittmayr* in den Anmerkungen zu dem *Codex Iuris Bavarici Iudiciarii* aufgestellte Maxime, es können niemand gezwungen werden „zu compromittieren"[353], verstößt, kann nicht verborgen bleiben. *Kreittmayr* suchte offenkundig deshalb „Verstärkung". Diese fand er in den *Meditationes ad Pandectas.*

---

dergleichen in Kraft eines Testaments nicht bestehende letztwillige Dispositiones in sich halt […]".

348 *Kreittmayr*, Anmerkungen Codex Maximilianeus, S. 1010.

349 Codex Maximilianeus Bavaricus Civilis 1756, 3. Teil, 3. Kapitel, §§ 9, 10.

350 *Kreittmayr*, Anmerkungen Codex Maximilianeus, S. 1010 ff.

351 *Kreittmayr*, a. a. O., S. 1022 f.

352 *Kreittmayr*, a. a. O., S. 1022.

353 *Kreittmayr*, Anmerkungen Codex Iuris, S. 582.

cc. Die *Meditationes ad Pandectas*

In den Anmerkungen *Kreittmayrs* zum *Codex Iuris Bavarici Iudiciarii* befindet sich am Ende seiner Ausführungen zu der letztwilligen Schiedsanordnung ein kleiner Hinweis. Dieser lautet: „Leyser Spec. cit. 65. § vo 6."[354] Mehr nicht. Geht man dieser Quelle nach, so stößt man auf folgende Aussage:

> *„Testator heredibus suis necessitatem imponere potest, arbitros in controversiis suis assumendi."*[355]

Dieser Satz stammt aus den *Meditationes ad Pandectas*, einer Sammlung rechtlicher Fragen aus den Jahren 1713 bis 1748, die von dem Juristen *Augustin Leyser* formuliert wurden. Bei dem vorstehenden Satz handelt es sich um eine der ältesten auffindbaren Quellen, die sich ausdrücklich mit der letztwilligen Schiedsklausel beschäftigen. Der Satz postuliert, dass der Erblasser berechtigt sei, letztwillig zu verfügen, dass seine Erben bei Streitigkeiten ein Schiedsgericht anrufen müssen. *Leyser* war ein Vertreter des *usus modernus pandectarum*, also der Strömung in der Rechtswissenschaft des 17. und 18. Jahrhunderts, deren Anliegen es war, das rezipierte römische Recht durch die Aufnahme naturrechtlicher Ideen und einheimischer tradierter Rechtsinstitute einer „modernen", zeitgemäßen und vor allem praktischen Anwendung zuzuführen.[356]

Die in den *Meditationes ad Pandectas* formulierten Sätze stellte *Leyser* selbst auf und ließ sie von seinen Studenten verteidigen und begründen.[357] So gibt es eine Dissertation von *Ernst Wilhelm Ziegler* aus dem Jahr 1737, in der ebenfalls geschrieben steht, der Erblasser könne anordnen (*si testator in testamento dixerit*), dass seine Erben (*inter suos heredes*) bei Streitigkeiten (*controversiae*) ein Schiedsgericht anzurufen haben (*arbitros certo*).[358]

Es stellt sich nun die Frage, wie dieser „Rechtssatz" einzuordnen ist. Nähere Ausführungen *Leysers* zu dem Herkommen der Rechtsidee der letztwilligen Schiedsklausel oder zu den konkreten Fällen, von denen ausgehend er den Satz formuliert hatte, fehlen. In dem in den *Meditationes ad Pandectas* auf den genannten Satz folgenden Text unterscheidet *Leyser* zwischen *arbiter* und

---

354 *Kreittmayr*, a. a. O., S. 588.

355 *Leyser*, S. 706 (SP. LXV, VI). Eigene Übersetzung der Verfasserin: „Der Erblasser kann seinen Erben den Zwang auferlegen, für ihre Streitigkeiten Schiedsrichter hinzuziehen zu müssen."

356 *Repgen*, S. 157 ff.; *Luig/Liebs*, Profil, S. 299 ff.

357 *Luig/Liebs*, Profil, S. 299.

358 *Ziegler*, De arbitris, S. 17 (§ VIII).

arbitrator.[359]. *Leyser* verwendet den Begriff *arbiter.* Da er in einem weiteren Text den Schlichter unter Bezug auf die Bibelstelle Lukas 12, 14 als „Mediator" bezeichnet,[360] liegt es nahe, dass er die Verwendung des Begriffes „arbiter" für den streitentscheidenden Schiedsrichter bewusst wählte. Des Weiteren formuliert *Leyser,* „nichts sei in Testamenten häufiger, als dass Eltern ihren Kindern auferlegen, Streitigkeiten durch bestimmte Schiedsrichter nach einer vorgegebenen Art und Weise entscheiden zu lassen"[361].

Dieser Satz macht stutzig. Sollte die Verwendung einer letztwilligen Schiedsklausel zu Beginn des 18. Jahrhunderts tatsächlich so beliebt gewesen sein, dass in Testamenten „nichts häufiger" geschrieben worden ist als diese Klausel? Dies entspricht nicht den Ergebnissen der rechtshistorischen Untersuchung.[362]

Liest man jedoch *Leysers* Text über diesen Satz hinaus, wird klar, auf was *Leyser* anspricht: Als Beispiele für Testamente mit Schiedsgerichtsanordnungen führt er das Testament des Kurfürsten Johann Georg I von Sachsen an, des Weiteren das Testament des Herzogs zu Braunschweig Georg Wilhelm.[363] *Leyser* bezieht sich ausdrücklich auf den Anhang 6 der Schrift *De Cautelis Testamentorum* von *Samuel Stryk* aus dem Jahr 1716, in dem das Testament des Herzogs zu Braunschweig Georg Wilhelm vollständig abgedruckt ist. Auch *Ziegler* erwähnt in seiner Abhandlung explizit diese beiden Testamente. Es kann also davon ausgegangen werden, dass die fürstlichen Testamente bei *Leysers* Ausführungen zugrunde lagen.

Des Weiteren ist der Aspekt der Parallelität zwischen dem römischen und dem gemeinen Recht zu betrachten. In Rechtsstreitigkeiten, die vor Gericht ausgetragen wurden, kam es häufig zu einer Konkurrenz zwischen dem in den Pandekten beschriebenen römischen Recht und den Landrechten. Es galt die *fundata intentio,*[364] was bedeutete, dass vor Gericht eine Vermutung für die Geltung des römischen Rechts bestand. Diese Vermutung konnte durchbrochen werden, wenn eine der Streitparteien bewies, dass es zu einer bestimmten Frage eine andere Rechtsauffassung gab und diese in dem Landesteil üblicherweise angewendet

---

359 *Leyser,* S. 706. Auch *Bader,* Schwaben, S. 166 f., weist in einer Abhandlung über Schiedsverfahren im Mittelalter unter Bezugnahme auf *Wilhelm Durantis* darauf hin, dass ein Unterschied in der Bezeichnung *arbiter* und *arbitrator* zu sehen sei. Der *arbiter* habe „zu richten, zu entscheiden", der *arbitrator* habe „den Ausgleich zu suchen".

360 *Leyser,* S. 701.

361 *Leyser,* S. 706.

362 Unten 3. Kapitel § 2 D. III. 1. b.

363 *Leyser,* S. 706.

364 *Luig,* Conring, S. 366 ff.

wurde, um den Streit beizulegen. Nach *Luig*[365] war der Grund für die Vermutung des römischen Rechts, dass dieses aufgezeichnet war und den Richtern somit ein direkter Zugriff auf Quellentexte möglich war. Die Juristen des *usus modernus pandectarum* mussten also versuchen, durch Veröffentlichung von Schriften, die übliche oder allgemein anerkannte materiell-rechtliche Normen enthielten, dem geschriebenen römischen Recht entgegenzutreten.[366] Diese Normen wurden nicht durch die Verschriftlichung Teil des Rechts. Die Verschriftlichung führte nur dazu, dass die Richter den Vortrag überhaupt prüften.[367]

In den Pandekten gab es keinen Rechtssatz, der eine letztwillige Schiedsklausel als unwirksam bezeichnete. Es kann deshalb nicht erforderlich gewesen sein, dass *Leyser* abweichende Rechtsregeln aus dem gemeinen Recht formulieren wollte. Es muss vielmehr davon ausgegangen werden, dass *Leyser* bei seinem Studium verschiedener Testamente Adeliger oder prominenter Bürger, also eines Personenkreises, deren Testamente überhaupt bekannt wurden, auf diese letztwillige Schiedsgerichtsanordnung stieß und durch seinen Rechtssatz „*Testator heredibus suis necessitatem imponere potest, arbitros in controversiis suis assumendi*" nicht dem römischen Recht widersprechen wollte, sondern eine offenkundige Lücke im römischen Recht schließen wollte.[368]

Außerhalb des *Codex Iuris Bavarici Iudiciarii* wurde, soweit ersichtlich, nach *Leyser* und *Ziegler* die letztwillige Schiedsgerichtsanordnung in der Pandektenwissenschaft nicht mehr explizit erwähnt.

b. Die Bayerische Prozeßordnung 1869

Ungefähr 80 Jahre nach Inkrafttreten des *Codex Iuris Bavarici Iudiciarii* war in Bayern das Bedürfnis entstanden, eine neue Prozessordnung für zivilrechtliche Streitigkeiten zu erstellen. Obgleich eine Änderung der Prozessordnung als dringend erforderlich angesehen wurde und bereits seit 1825 ein erster Entwurf vorlag, begannen erst ab 1864 konkrete Beratungen zu einer Änderung. Der erste Entwurf des Jahres 1825 hatte in den §§ 67 bis 77 Vorschriften über Schiedsgerichte vorgesehen. Die Möglichkeit, die Klageerhebung durch einen Beteiligten eines Schiedsvertrages zu verhindern oder dieser entgegenzutreten, war nicht vorgesehen. Auch die letztwillige Anordnung eines Schiedsgerichts war in diesem ersten Entwurf nicht erwähnt. Ein zweiter Entwurf aus dem Jahr

365 *Luig*, Römisches Recht, S. 124 ff.
366 *Mittermaier*, S. 125 ff.
367 *Mittermaier*, S. 129.
368 *Luig*, Profil, S. 329.

1861 enthält in seinem ersten Buch, erstes Hauptstück, Art. 36 bis 43, ebenfalls Regelungen zum Schiedsverfahren. Auch hier wurde die letztwillige Schiedsklausel nicht erwähnt. In dem Protokoll über die Sitzung des Gesetzgebungsausschusses der Kammer der Abgeordneten legte der Referent *von Neumayr* den Vorschlag vor, einen neuen Artikel als Artikel 43 h hinzuzufügen. Dieser sollte lauten: „Auf Schiedsgerichte, welche in gesetzlich statthafter Weise durch letztwillige oder andere etc. (wie im Referate)“[369].

Eine nähere mündliche Erörterung erfolgte nicht. Bei dem „Referate“, auf das Bezug genommen wird, handelte es sich um einen Vortrag des Abgeordneten und Referenten *von Neumayr*, den er vor dem Gesetzgebungsausschuss der bayerischen Kammer der Abgeordneten 1864 gehalten hatte. Unter verschiedenen Ausführungen zu den schiedsgerichtlichen Regelungen trägt er Folgendes vor:

> *„Schließlich ist hier noch ein Punkt zu berühren, der bei Abfassung dieses Hauptstückes außer Acht geblieben zu sein scheint. Schiedsgerichte können nämlich nicht bloß durch Vertrag, sondern auch durch letztwillige Verfügung oder andere Dispositionen, wie z.B. Fideikommißstiftungen, Familienstatuten und dergleichen bestellt werden (Vgl. bayr. Ger.=Ord. Cap. XVII § 2 Nr. 12). – Es wird keinem Bedenken unterliegen, daß auf solche Schiedsgerichte die Bestimmungen des gegenwärtigen Hauptstücks – und zwar insbesondere die für die analogen Fälle des Art. 36 Abs. 2 aufgestellten – Anwendung zu finden haben. Nothwendig aber dürfte es sein, dies im Gesetz ausdrücklich auszusprechen, weil außerdem aus der bloß vom Partei=Übereinkommen handelnden Fassung des Art. 36 das Gegentheil gefolgert werden müßte. Ich proponire daher als Schlußartikel dieses Hauptstückes folgenden Art. 43 h. „Auf Schiedsgerichte, welche in gesetzlich statthafter Weise durch letztwillige oder andere, nicht auf Uebereinkunft der Parteien beruhende Dispositionen angeordnet werden, finden die Vorschriften des gegenwärtigen Hauptstücks – und zwar insbesondere die für die Fälle des Art. 36 Abs.2 gegebenen – gleichfalls Anwendung.“*[370]

Dem *von Neumayr* am Ende der Sitzung am 06.11.1867 gestellten Antrag, den von ihm vorformulierten Art. 43 h anzunehmen, wurde zugestimmt.[371]

Von Neumayr geht in seinem Referat und den Beratungen ohne Weiteres davon aus, dass die Anordnung eines Schiedsgerichts durch eine Verfügung von Todes wegen zulässig sei. Er erklärt das Fehlen einer entsprechenden Regelung in den Texten, die den Verhandlungen zugrunde liegen, als „vergessen“. Es gibt

369 Verhandlungen der Kammer der Abgeordneten des Bayerischen Landtages, Bd: 1866/69, [6],3 = Beil.-Bd, 3, Abt. 3.4., Protokoll vom 06.11.1867, Nr. CLX, S. 603.

370 Verhandlungen der Kammer der Abgeordneten des Bayerischen Landtages, Bd: 1863/65, [2],2 = Beil., Bd. 2, Abt.1-3, Beilage E, S. 30 (Vortrag des Referenten v. *Neumayr*).

371 Verhandlungen der Kammer der Abgeordneten des Bayerischen Landtages, Bd: 1866/69, [6],3 = Beil.-Bd, 3, Abt. 3.4., Protokoll vom 06.11.1867, Nr. CLX, S. 609.

in den Beratungsprotokollen keine bekannte Stelle, der zu entnehmen ist, dass er mit dieser Überzeugung auf Widerspruch gestoßen wäre.

Albert Vierling schreibt zum Artikel 43 h, der als Artikel 1344 in die Bayerische Prozeßordnung 1869 aufgenommen wurde:

> *„Es sollen aber die Bestimmungen dieser Rechte, daß Schiedsgerichte auch noch in anderer Weise als durch Vertrag z.B. durch letztwillige Verfügung, Familienstatuten, Fideikommißstiftungen etc. giltig errichtet werden können, nicht aufgehoben sein. Nur haben auf sie hinsichtlich der Bildung des Schiedsgerichts und des Verfahrens die Bestimmungen, welche für den accessorischen Schiedsvertrag gegeben sind, zu gelten und keine anderen mehr."*[372]

Von Neumayr ging es primär um Folgendes: Die schiedsgerichtlichen Regelungen der Bayerischen Prozeßordnung 1869 unterschieden in Artikel 1319 Abs. 1 und Abs. 2 (in den Verhandlungen Artikel 36 Abs. 1 und Abs. 2) zwischen einem Schiedsvertrag, der von streitenden Parteien *ad hoc* über eine bestehende Streitigkeit abgeschlossen wird, und einem Schiedsvertrag mit dem Inhalt, dass bestimmte *zukünftige Streitigkeiten* durch ein Schiedsgericht entschieden werden sollen. Die Vereinbarung über künftige Streitigkeiten *wurde akzessorischer Schiedsvertrag* genannt. Die Vereinbarung über bestehende Streitigkeiten wurde als *selbstständiger Schiedsvertrag* bezeichnet. Der Gesetzgeber ging davon aus, dass sich die Parteien in einem konkreten Fall über die erforderliche Ausgestaltung des Schiedsvertrages einigen werden. Für den selbstständigen Schiedsvertrag galten deshalb die allgemeinen Vorschriften. Anders beim akzessorischen Schiedsvertrag: Der Gesetzgeber versuchte, die bei Vertragsabschluss bestehende mangelnde Konkretisierung durch verschiedene zusätzliche Regelungen auszugleichen. Hier sind insbesondere die Art. 1325, 1326 und 1327 zu nennen. In diesen war geregelt, dass bei Streitigkeiten, welche nach einem akzessorischen Schiedsvertrag zu entscheiden waren, der Kläger, sofern keine Einigung über die Bildung des Schiedsgerichts zustande kam, nach Maßgabe der im Schiedsvertrag enthaltenen Regelungen vorgehen musste. Gab es solche nicht, so war der Gegenpartei durch einen Gerichtsvollzieher ein Schriftstück zuzustellen, welches die Wahl eines Schiedsrichters durch den Kläger und die Aufforderung an den Beklagten enthielt, ebenfalls einen Schiedsrichter zu benennen.[373] Wurde eine Einigung über die Schiedsrichter nicht erzielt, so konnte die Sache „mittels Klage an das in Ermangelung eines Schiedsvertrages zuständige Gericht" gebracht werden.[374]

372 *Vierling*, S. 511 f.

373 Artikel 1326 Abs. 1 Ziff. 3. der Bayerischen Prozessordnung 1869.

374 Artikel 1327 Abs. 1 der Bayerischen Prozessordnung 1869.

Über die Zulässigkeit einer letztwilligen Schiedsklausel sagt Artikel 1344 nichts. Er verweist nur auf die Vorschriften zum schiedsgerichtlichen Verfahren, wenn eine letztwillige Schiedsklausel zu beurteilen ist, die in „gesetzlich statthafter Weise“ angeordnet wurde.

c. Die Civilprozeßordnung 1877 (CPO 1877)

Der Bayerischen Prozeßordnung 1869 war keine lange Geltungsdauer beschieden. Nach der Gründung des Deutschen Reiches 1871 wurde zügig eine Vielzahl von Reichsgesetzen erstellt. Am 30. Oktober 1879 trat die Civilprozeßordnung in Kraft.[375]

§ 872 CPO, der die Regelung der letztwilligen Schiedsklauseln enthielt, wurde, gemessen an Art. 1344 der Bayerischen Prozeßordnung 1869, fast unverändert aus dieser übernommen. Aus den vorhandenen Unterlagen, die den Prozess der Entstehung der *CPO 1877* dokumentieren, ist zu entnehmen, dass eine umfangreiche Auseinandersetzung mit dem Schiedsverfahren stattfand. Die bestehenden Normen des *Code de procédure* Art. 1003 bis 1028 und die Regelungen der preußischen AGO[376] zum Schiedsverfahren wurden als untauglich angesehen und als „Quelle zahlreicher Kontroversen“ bezeichnet.[377] Im Zuge der beispielhaften Aufführung gelungener Regelungen des Schiedsverfahrens wurden die Art. 1319 bis 1344 der Bayerischen Prozessordnung 1869 aufgeführt.[378] Eine Bezugnahme auf diese erfolgte explizit.

> *„Der § 800 [379] schreibt im Anschlusse an die bayer. Proz. Ord. Art. 1344 die analoge Anwendung dieser Bestimmungen auf Schiedsgerichte vor, welche in gesetzlich statthafter Weise durch letztwillige oder andere nicht auf Vereinbarung beruhende Verfügungen angeordnet werden.“*[380]

Der Text des § 872 CPO 1877 entspricht im Wesentlichen dem Art. 1344 der Bayerischen Prozeßordnung 1869. Der Anfang der Vorschrift wurde sprachlich dahingehend modernisiert, dass anstatt des Wortes „Übereinkunft“ das Wort „Vereinbarung“ und statt des Wortes „Dispositionen“ das Wort „Verfügungen“

---

375 Civilprozeßordnung (1877), RGBl. 1877, Nr. 6, S. 83-243.

376 Allgemeine Gerichtsordnung für die Preußischen Staaten I. 2. §§ 127-176; I. 30. §§ 48-56.

377 *Begründung CPO*, S. 610.

378 *Begründung CPO*, S. 611.

379 In den Beratungen erst als § 783 a, später als § 872 der CPO (1877) vom 30.01.1877 geführt.

380 *Begründung CPO*, S. 611.

verwendet wurde. Die Protokolle der vom Bundesrat eingesetzten CPO-Kommission sind in Bezug auf die Anordnung eines Schiedsgerichts durch letztwillige Verfügungen nicht ergiebig. Im 62. Protokoll zu der Sitzung vom 26.02.1872 steht als letzter Absatz, dass die folgende Vorschrift als § 783 a zur Annahme gelangt sei: „Auf Schiedsgerichte, welche in gesetzlich statthafter Weise durch letztwillige oder andere nicht auf Übereinkunft beruhende Verfügungen angeordnet werden, finden die Bestimmungen dieses Buches entsprechende Anwendung."[381] § 783 a wurde in der Endfassung zu § 872 CPO. Auch in § 872 CPO erfolgte der Schulterschluss zum materiellen Recht durch den Halbsatz „in gesetzlich statthafter Weise".

d. Die Zivilprozeßordnung 1898 und heutiges Recht

Im Jahre 1898 wurde die CPO überarbeitet. Aus § 872 wurde § 1048 der ab dann mit „Z" geschriebenen ZPO 1898. Durch das *Gesetz zur Neuregelung des Schiedsverfahrensrechts 1997*[382] wurde § 1048 mit einem eigenen 10. Abschnitt „Außervertragliche Schiedsgerichte" als § 1066 ZPO zum Solitär dieses 10. Abschnittes der ZPO.

3. Zwischenergebnis. Weiterer Untersuchungsverlauf

Die vorstehende rechtshistorische Untersuchung zeigt folgende Ergebnisse.

Erstens: Der heutige § 1066 ZPO hat Vorgängernormen, wobei in diesem Zusammenhang unter einer Vorgängernorm nicht eine Norm verstanden werden soll, die aus dem gleichen Gesetz wie die zu betrachtende Norm stammt und nur ihren Inhalt oder ihren Platz veränderte wie § 1048 ZPO, der zu § 1066 ZPO wurde. Vielmehr sind unter Vorgängernormen Normen zu verstehen, deren Rechtsidee, obgleich aus einem anderen zeitlichen Zusammenhang und rechtlichen Umfeld stammend, von der Folgenorm rezipiert wurde.

Der rechtliche Inhalt des 17. Kapitels, § 2, 12mo des *Codex Iuris Bavarici Iudiciarii* war, dass die im selben Gesetz beinhalteten Vorschriften für das Schiedsverfahren entsprechende Anwendung finden sollten, wenn der Erblasser letztwillig ein Schiedsgericht angeordnet habe. Durch die ausdrückliche Bezugnahme auf diese Norm aus dem *Codex Iuris Bavarici Iudiciarii* wurde diese Rechtsidee in den Artikel 43 h (später Artikel 1344) der *Bayerischen Prozeßordnung 1869* getragen. Durch eine direkte Bezugnahme auf Artikel 1344 der *Bayerischen*

381 *Schubert*, Band I, S. 471.

382 Gesetz vom 22. Dezember 1997, Bundesgesetzblatt Jahrgang 1997 Teil I Nr. 88, ausgegeben zu Bonn am 30. Dezember 1997, S. 3224-3241.

Prozeßordnung entstand im Jahr 1877 § 872 CPO, der dann zu § 1048 ZPO und später zu § 1066 ZPO wurde. Es ist also zu sehen, dass § 1066 ZPO in belegbarer Weise auf das 17. Kapitel, § 2, 12mo des *Codex Iuris Bavarici Iudiciarii* von 1753 zurückführen ist und dass der rechtliche Inhalt aller Vorgängernormen insoweit gleich geblieben ist, als sie die Zulässigkeit der letztwilligen Schiedsklausel nicht explizit formulieren, sondern nur im Falle ihres Vorliegens in Bezug auf die jeweiligen Normen zum Schiedsverfahren verweisen.

Zweitens: Die Vorgängernormen § 1048 ZPO (1898), § 872 (CPO 1877) und Artikel 1344 Bayerische Prozessordnung (1869) geben keinen Hinweis, aus welchen materiell-rechtlichen Normen eine letztwillige Schiedsklausel abzuleiten sei. Sie lassen die Rechtswirksamkeit der letztwilligen Schiedsklausel offen und verweisen in diesem Zusammenhang mithilfe des unbestimmten Rechtsbegriffes „in gesetzlich statthafter Weise" auf materiell-rechtliche Vorschriften. Die Gesetzgeber der Vorgängernormen § 1048 ZPO (1898), § 872 (CPO 1877) und Artikel 1344 Bayerische Prozessordnung (1869) nehmen sich keine Zeit, sich mit den materiell-rechtlichen Normen, die die Rechtswirksamkeit der letztwilligen Schiedsklausel betreffen, zu beschäftigen.

Dies gilt jedoch nicht für *Kreittmayr*, den Verfasser des *Codex Iuris Bavarici Iudiciarii (1753)*. In seinen Anmerkungen zum *Codex Iuris Bavarici Iudiciarii* weist *Kreittmayr* darauf hin, dass die letztwillige Schiedsgerichtsanordnung *rechtmäßig* sein müsse. Er nimmt sich auch die Zeit zu weiteren Ausführungen. *Kreittmayr* qualifiziert die letztwillige Schiedsanordnung als *Modus*, mithin als eine im Erbrecht des Bayerischen Landrechts ausdrücklich als zulässig bezeichnete Nebenbestimmung. Der *Modus* wird im Gesetzestext des Bayerischen Landrechts nur im Zusammenhang mit den anderen möglichen Nebenbestimmungen kurz gestreift, indem darauf hingewiesen wird, er müsse erfüllt werden und er komme hauptsächlich zur Anwendung, wenn der Erblasser eine bestimmte Absicht habe.[383] Der *Modus* war somit ein erbrechtliches Konstrukt, das zwar als Nebenbestimmung derivativ von einer Erbeinsetzung oder einem Vermächtnis war, aber als eigene Ermächtigungsnorm für Anordnungen des Erblassers zur Verfügung stand. Hinsichtlich der Begründung, dass die letztwillige Schiedsanordnung als *Modus* zulässig sei, verweist *Kreittmayr* auf *Augustin Leyser*, der die generelle Zulässigkeit einer letztwilligen Schiedsklausel bestätigt, allerdings ohne diese einem konkreten erbrechtlichen Konstrukt zuzuordnen.

Als Ergebnis der rechtshistorischen Untersuchung kann festgehalten werden, dass die letztwillige Schiedsanordnung ihre materiell-rechtliche Grundlage in

383 Codex Maximilianeus Bavaricus Civilis, 1759, 3. Teil, 4. Kapitel, § 11.

dem erbrechtlichen Konstrukt des *Modus* fand. Was ist mit diesem erbrechtlichen Konstrukt geschehen?

Zur Zeit der Entstehung des BGB gab es in den meisten Zivilrechten der Länder das Recht des Erblassers, Nebenbestimmungen zur Erbeinsetzung zu treffen. Diese wurden teilweise als *Modus*[384] oder als *Auflage*[385] bezeichnet. Den Protokollen zur Entstehung des BGB ist zu entnehmen, dass der Begriff *Modus*, der in den Pandekten und verschiedenen Landesrechten enthalten war, nicht weiterverwendet werden sollte.[386] Bei den Beratungen der Kommissionen wurde beschlossen, den Begriff *Modus* gegen den Begriff *Auflage* auszutauschen.[387] Dieses Vorhaben wurde in § 1940 BGB umgesetzt.

Rechtlich trennten sich jedoch damit die Wege von *Auflage* und *Modus*. Der *Modus* im Erbrecht war immer, wie auch *Kreittmayr* in Bezug auf das Bayerische Landrecht ausführt, ein „Zusatz" zu einer erbrechtlichen Anordnung im Sinne einer unselbständigen Nebenbestimmung.[388] Die Auflage nach § 1940 BGB ist ein eigenes erbrechtliches Rechtsinstitut, das auch ohne eine weitere Verfügung von Todes wegen existieren kann. Diese Abweichung allein würde zwar nicht dazu führen, in der letztwilligen Anordnung eines Schiedsgerichts keine Auflage sehen zu können. Wie vorstehend unter § 2, B. II ausgeführt, verhindern jedoch die Rechte, die die vom Erbfall Begünstigten aus dem Schiedsverfahrensrecht erhalten, eine Qualifikation der letztwilligen Schiedsklausel als Auflage. Nach dem Inkrafttreten des BGB stand für die letztwillige Schiedsanordnung der *Modus* nicht mehr zur Verfügung. Die Auflage passt nicht. Es soll im Folgenden untersucht werden, welche weiteren Ermächtigungsgrundlagen für die letztwilligen Schiedsklauseln in Betracht kommen.

Dafür sehen wir uns § 1066 ZPO noch einmal genau an: „Für Schiedsgerichte, die in gesetzlich statthafter Weise durch letztwillige [...] Verfügungen angeordnet werden, gelten die Vorschriften dieses Buches[389] entsprechend." § 1066 ZPO verweist nicht nur auf das Schiedsverfahrensrecht, sondern auch auf materiellrechtliche Normen (in gesetzlich statthafter Weise). Diesen Passus haben alle

---

384 In den Digesten sind damit Nebenbestimmungen gemeint.

385 *Dernburg/Sokolowski*, System, S. 204: „Modus ist die an eine Zuwendung geknüpfte Auflage. Der Modus wird namentlich bei Schenkungen und letztwilligen Verfügungen erwähnt [...]."

386 *Kipp/Coing*, Erbrecht, S. 370; *Muscheler*, Erbrecht, Band II, § 39 Rn. 2656 ff.

387 *Jakobs/Schubert*, Beratung BGB, S. 1362: „Die Terminologie *Auflage* für *Modus* ist gebilligt."

388 *Kreittmayr*, Anmerkungen zum Codex Maximilianeus, S. 1010 ff.

389 10. Buch der ZPO.

Vorgängernormen des § 1066 ZPO. Über die Frage, was darunter zu verstehen ist, besteht in der neuen und älteren Rechtsliteratur weitgehend Uneinigkeit.

So vertritt *Leipold* die Auffassung, die Zulässigkeit einer letztwilligen Schiedsklausel sei anerkannt. Das Tatbestandsmerkmal „in gesetzlich statthafter Weise" sei nicht als Verweisung in das materielle Recht zu sehen, sondern es werde damit auf die allgemeinen Wirksamkeitsvoraussetzungen wie Testierfähigkeit und Formwirksamkeit Bezug genommen.[390] *Muscheler* weist darauf hin, dass nach dem Wortlaut des § 1066 ZPO die Anordnung *durch* letztwillige Verfügung erfolgen müsse und nicht *in* einer letztwilligen Verfügung. Dies bedeute, dass alle Wirksamkeitsvoraussetzungen einer letztwilligen Verfügung auch für die Schiedsanordnung erfüllt sein müssen.[391] Dem ist zuzustimmen. Sind die obligatorischen Wirksamkeitsvoraussetzungen einer Verfügung von Todes wegen nicht gegeben, kann der Erblasser gar nichts rechtswirksam anordnen. Der Gesetzgeber hätte aber keinen Grund, hierauf durch den Begriff „in gesetzlich statthafter Weise" noch explizit hinzuweisen.

Der BGH argumentiert in seiner Entscheidung vom 16.03.2017, ein Schiedsgericht sei nur dann in gesetzlich statthafter Weise errichtet, wenn die eigene materielle Verfügungsbefugnis des Erblassers hierfür reiche.[392] Auch hier handelt sich um eine Selbstverständlichkeit, die sich auf alle erbrechtlichen Anordnungen, ja auf alle Rechtsgeschäfte bezieht. Jedes Rechtsgeschäft muss so betrachtet in „gesetzlich statthafter Weise" vorgenommen werden, ansonsten liegt ein Verstoß gegen §§ 134, 138 BGB vor und das Rechtsgeschäft ist nichtig.

Die Kommentatoren der CPO 1877[393] weisen darauf hin, der Einschub „in gesetzlich statthafter Weise" sei ein Verweis auf die Reichs- bzw. Landesrechte. Diese Aussage wurde in der neueren Literatur übernommen und es wurde argumentiert, die Landesrechte seien zur Zeit des Inkrafttretens der CPO 1877 nicht einheitlich gewesen, weshalb die Frage nach der materiell-rechtlichen Zulässigkeit einer Schiedsklausel über eine Bezugsnorm in das jeweilige Landesrecht habe geklärt werden müssen.[394] Nach dem Inkrafttreten des BGB seien die

390 MünchKomm/*Leipold*, Bd. 9, BGB, § 1937 Rn. 29; ebenso: *Harder*, S. 60.

391 *Muscheler*, Letztwillige Schiedsklauseln, S. 96.

392 BGH, Beschluss vom 17.05.2017 – IV ZB 25/16.

393 *Bülow von*, S. 586: „in gesetzlich statthafter Weise", d. h. in Gemäßheit der Landesgesetze; *Gaupp*, S. 584: „Ob ein Schiedsgericht aufgrund anderer Rechtstitel als Vereinbarung gültig konstituiert werden kann, z. B. durch letztwillige Verfügung, Familienstatut etc., richtet sich nach den Reichs = bzw. Landesgesetzen."

394 *Harder*, S. 54 mit w. Nw.

Landesrecht nach Artikel 55 EGBGB entfallen, sodass deshalb die Formulierung „in gesetzlicher Weise" überflüssig geworden sei.[395]

Hier muss differenziert werden. Erstens: Es ist davon auszugehen, dass *Kreittmayr*, als er in seinen Anmerkungen zum *Codex Iuris Bavarici Iudicarii* von „rechtmäßiger Verordnung"[396] sprach und davon ausging, dass die letztwillige Schiedsanordnung via *Modus* angeordnet werden könne, mit dem Begriff „rechtmäßig" die allgemeinen Wirksamkeitsvoraussetzungen der Testamentserstellung meinte. Zweitens: Geht man davon aus, dass unter dem Begriff „in gesetzlich statthafter Weise", den die übrigen Vorgängernormen des § 1066 ZPO verwenden, eine Verweisung auf Landesrechte zu verstehen ist, müssen diese Landesrechte konkretisiert werden. Es stellt sich die Frage, ob es Partikularrechte oder sonstige ältere Gesetzestexte gab, die die letztwillige Schiedsklausel explizit oder in Form einer Nebenbestimmung als erbrechtliche Anordnung zuließen. Diese Landrechte sind mit dem Inkrafttreten des BGB untergegangen. Drittens: Es gab jedoch Landesrechte, die trotz Artikel 55 des EGBGB auch nach dem Inkrafttreten des BGB weitergalten. Es handelt sich hierbei um die besonderen Landesrechte, die die Autonomie des hohen Adels schützten und erst im Jahr 1919 abgeschafft wurden.[397] Somit gab es erst ab dem Jahr 1919 keinen Grund mehr für eine Verweisung auf diese Landesrechte. Darauf wird im Folgenden noch genauer eingegangen.

Für den Zeitraum nach Inkrafttreten des BGB respektive nach 1919 kommt als Rechtsquelle der letztwilligen Schiedsklausel neben der allgemeinen Testierfreiheit das Gewohnheitsrecht in Betracht. Da Gewohnheitsrecht nicht angenommen werden kann, wenn der zu untersuchende Rechtssatz als geschriebenes Recht (*ius scriptum*) existiert, werden zunächst verschiedene Rechtsquellen *vor* der Kodifikation des BGB dahingehend untersucht, ob sich die letztwillige Schiedsklausel aus diesen herleitet.

D. Gewohnheitsrecht als Rechtsquelle der letztwilligen Schiedsklausel

I. Der Begriff des Gewohnheitsrechts

Der Begriff *Gewohnheitsrecht* steht im Gegensatz zu dem Begriff *Gesetzgebung*.[398] Nach der Definition des Bundesverfassungsgerichts entsteht Gewohnheitsrecht

---

395 *Cleef van*, S. 26; *Harder*, S. 56.

396 *Kreittmayr*, Anmerkungen Codex Iuris, S. 589.

397 Siehe im Folgenden E.I.

398 *Meder*, S. 115.

durch eine „längere tatsächliche Übung, die eine dauernde und ständige, gleichmäßige und allgemeine ist und von den Beteiligten als verbindliche Rechtsnorm anerkannt wird“[399]. *Meder* sieht die Gegensätzlichkeit von Gewohnheitsrecht und Gesetzgebung in dem „Normbildungsmechanismus“[400]. Die Bildung eines Gewohnheitsrechts könne nur stattfinden, wenn in Bezug auf das ausgeübte Recht kein geschriebenes Gesetz (*ius scriptum*) vorliege, wobei es unerheblich sei, wenn das als Gewohnheitsrecht entstandene Recht später aufgezeichnet werde. Der Normbildungsprozess ändere sich dadurch nicht, weshalb das Recht Gewohnheitsrecht, also *ius non scriptum*, bleibe.[401]

Unstreitig steht Gewohnheitsrecht als Rechtsquelle gleichwertig neben dem Gesetzesrecht, ist also Rechtsnorm.[402] Gewohnheitsrecht kann aus der Zeit vor der Kodifikation des BGB stammen und trotzdem weiter gelten.[403] Dies gilt nicht, wenn entweder durch das BGB eine entgegenstehende Regelung in Kraft getreten wäre oder das Gewohnheitsrecht nach Inkrafttreten des BGB durch die Kodifikation einer abweichenden Regelung außer Kraft gesetzt worden wäre.[404] Es ist somit die Frage zu klären, ob die Befugnis eines Erblassers, in einer Verfügung von Todes wegen für die durch den Erbfall Begünstigten ein Schiedsgericht anzuordnen, auf Gewohnheitsrecht beruht, welches *vor* der Kodifikation des BGB entstand. Hier ist die Frage voranzustellen, ob das Recht des Erblassers, letztwillig eine Schiedsgerichtsanordnung vorzunehmen, auf einer Rechtsquelle beruht, die *vor* Entstehung des BGB Gesetzesrecht war.

---

399 BVerfG, Beschluss vom 15.01.2009 – 2 BvR 2044/07, Tz. 62; BGH, Beschluss vom 04.09.2013 – XII ZB 526/12, Tz. 16.: „Gewohnheitsrecht beruht nach ständiger Rechtsprechung auf einer lang andauernden und ständigen, gleichmäßigen und allgemeinen tatsächlichen Übung, mit der ein bestimmter Lebenssachverhalt durch die beteiligten Verkehrskreise behandelt wird. Hinzutreten muss in subjektiver Hinsicht, dass diese Übung von der Überzeugung getragen wird, mit ihrer Anwendung geltendes Recht zu befolgen.“

400 *Meder*, S. 115.

401 Vgl. sehr ausführlich mit w. Nw.: *Meder*, S. 116 ff.

402 BGH, Beschluss vom 04.09.2013 – XII ZB 526/12, Tz. 17.

403 Art. 2 EGBGB lautet: „Gesetz im Sinne des Bürgerlichen Gesetzbuchs und dieses Gesetzes ist jede Rechtsnorm.“ Ausführlich zu den Beratungen der BGB-Kommissionen: *Meder*, S. 120 f.; *Meder*, S. 173 f. sieht es als besondere Leistung des BGB-Gesetzgebers an, dem *ius non scriptum* neben dem *ius scriptum* den notwendigen Rahmen überlassen zu haben. *Meder*, S. 174: „[…] zu einem Bündnis zusammengeschlossen […]“.

404 BGH, a. a. O. Tz.17; Palandt/*Grüneberg*, BGB, Einleitung Rn. 22.

II. Die letztwillige Schiedsklausel als *ius scriptum*

1. Klassisches römisches Recht

Obgleich das klassische römische Recht nur in geringem Umfang geschriebenes Recht ist,[405] soll es im Folgenden als *ius scriptum* eingeordnet werden.

Im klassischen römischen Recht bestand für jeden römischen Bürger die Möglichkeit, ein Testament zu erstellen. Für einen *pater familias*,[406] dessen *potestas* sich nicht nur auf das Vermögen der Familie, sondern auch auf die Familienmitglieder und Sklaven bezog, war es *Pflicht*, ein Testament zu erstellen und seine *potestas* in die Hände des Rechtsnachfolgers zu legen.[407]

Bis auf die Anordnungen, ein Grabmal oder Denkmal zu errichten, waren die wesentlichen Regelungsinhalte des römischen Testaments die Erbfolge, die Legate und die vormundschaftsrechtlichen Regelungen betreffend die Familie, Sklaven und sonstigen Hausgenossen.[408] Darüber hinausgehende Anordnungen passten nicht in das Bild der Weitergabe der *potestas* von dem *pater familias* auf seinen Rechtsnachfolger. Dieser Rechtsnachfolger sollte die gleiche *potestas* ausüben wie der Verstorbene. Dies wäre nicht möglich, wenn er von dem Verstorbenen eine Reihe von Verhaltensmaßregeln bekommen hätte, die er als neuer *pater familias* befolgen müsste. Der daraus folgende Macht- und Autoritätsverlust des Erben wäre auch auf den Erblasser zurückgefallen. Darüber hinaus war eine Schiedsabrede im römischen Recht kein eigener Vertragstypus und somit nur beschränkt bindend,[409] was zum dem Schluss führen muss, dass eine verbindliche letztwillige Anordnung, Streitigkeiten von einem Schiedsgericht entscheiden zu lassen, für das klassische römische Recht nicht in Betracht kommt. Auf den in der Rechtsliteratur geführten Meinungsstreit, ob es sich bei

---

405 *Flume*, S. 7 f.

406 *Babusiaux*, S. 49 f.

407 So wird in der rechtshistorischen Forschung zu den römischen Testamenten teilweise die Auffassung vertreten, das Zwölftafelgesetz habe ursprünglich den Satz „*pater familias* uti legassit […]" enthalten, dem nicht nur das *Recht*, sondern die *Pflicht* des *pater familias* zur Testamentserstellung zu entnehmen sei (vgl. *Heineccius*, S. 211 ff.). *Cato der Ältere* warf sich rückblickend auf seine Biografie als großes Versäumnis vor, einmal einen Tag ohne Testament gelebt zu haben (vgl. *Plutarch*, Cato maior 9, 6); *Honsell*, Römisches Recht, S. 190.

408 *Bund*; S. 353 (371): „[…] dem Erblasser nur insoweit rechtlich sanktionierte Macht über die Hinterbliebenen zuzugestehen […], als es vernünftige wirtschaftliche oder mit dem Totenkult zusammenhängende Interessen zu verwirklichen galt."

409 *Ziegler*, Schiedsgericht, S. 48 ff.; *Krause*, Schiedsgerichtswesen, S. 48 ff.

dem umfangreichen nicht geschriebenen Recht der klassischen römischen Zeit um Gewohnheitsrecht oder um nicht geschriebenes gesetztes Recht handelt,[410] kommt es somit nicht an.

2. *Corpus Iuris Civilis (CIC)*

In der Spätantike war die Machtfülle des *pater familias* geschwunden. Die Pandekten waren entstanden. In diesen tauchen immer wieder und unsystematisch Fragen im Zusammenhang mit der Bindungswirkung testamentarischer Nebenbestimmungen auf. Es muss geprüft werden, ob in diesem Zusammenhang die rechtliche Möglichkeit des Erblassers zur letztwilligen Anordnung eines Schiedsgerichts relevant war.

Schloßmann, der sich intensiv mit der Behandlung testamentarischer Nebenbestimmungen in den Pandekten beschäftigt hat, führt aus, dass in der Pandektenwissenschaft teilweise die Meinung vorgeherrscht habe, „jedem Wunsch oder jeder Anordnung eines Testators, auch wenn sie nicht Erbeinsetzung oder Vermächtnis ist, müsse unbedingte Geltung verschafft werden“[411]. *Schloßmann* widerlegt diese Auffassung der Pandektenwissenschaft, indem er nachweist, dass die bekannten Stellen aus dem *Corpus Iuris Civilis* erstens Einzelfallentscheidungen waren und zweitens primär vormundschaftliche Fragen, Erziehungsfragen, Fragen zum Verkauf von Sklaven durch den Erben und Fragen über letztwillige Zuwendungen an Stadtgemeinden für gemeinnützige oder religiöse Zwecke betrafen. Häufig gehe es auch um die letztwillige Anordnung, der Erbe oder Vermächtnisnehmer solle ein Grabmal errichten oder eine Porträtstatue aufstellen. *Schloßmann* weist durch Benennung diverser Quellen aus dem *Corpus Iuris Civilis* nach, dass keineswegs alle Wünsche und Vorstellungen des Erblassers umgesetzt wurden.[412] Die Frage, ob eine Anordnung, die über die Erbeinsetzung und Vermächtnisbestimmung hinausging, rechtswirksam war und Bindungswirkung entfalten konnte, hing immer von dem der Anordnung zugrunde liegenden *Motiv* ab[413] und von der Frage, ob die Anordnung nur den Erblasser posthum begünstigte, beispielsweise durch eine „Ansehenserhöhung“ (Pflicht zur Aufstellung eines Grabmales oder zur Abhaltung einer Gedenkfeier) oder ob ein Dritter

---

410 *Flume*, S. 7.

411 *Schloßmann*, S. 309.

412 Vgl. *Schloßmann*, S. 313 ff.

413 Hierauf verweist auch *Bund*, S. 353 (370) für das klassische römische Recht im Zusammenhang mit dem *legatum poena nomine* oder Legaten, die den Legatar beleidigen sollten.

begünstigt war.[414] Im Regelfall wurden über die Anordnungen betreffend die Erziehung und Versorgung der Kinder, vormundschaftliche Angelegenheiten und Grabmalerrichtungen hinaus nur Anordnungen als wirksam erachtet, die dem Begünstigten auferlegten, *mit dem Erhaltenen* irgendetwas zu tun.[415] Diese Nebenbestimmung wurden als *modus* bezeichnet und als wirksam angesehen.

In den Digesten ist an keiner Stelle von einer Anordnung des Erblassers die Rede, durch die die Begünstigten verpflichtet werden können, bei Streitigkeiten ein Schiedsgericht anzurufen[416] oder ihre Rechtsdurchsetzung in einer von dem Erblasser vorgegeben Art und Weise vornehmen zu müssen.

Der *Corpus Iuris Civilis* kommt als explizite schriftliche Rechtsquelle letztwilliger Schiedsklauseln nicht in Betracht.

3. *Corpus Iuris Canonici (CICa)*

Der *CICa*[417] stellt keinen einheitlichen Normenkomplex dar. Es handelt sich vielmehr um eine Sammlung von Rechtssätzen, die über verschiedene Jahrhunderte gewachsen ist und aus allgemeinen Regelungen, Zuständigkeiten, Verfahrensnormen, Rechten und Pflichten sowie Ausnahmeregelungen besteht.

Der *CICa* bestand anfänglich aus verschiedenen Kompilationen, die auf den *Codex Justinianus* zurückzuführen sind. Für kirchliche Angelegenheiten, somit bei Streitigkeiten der Geistlichen untereinander oder bei Fehlverhalten gegenüber der Kirche, wurde die Streitbeilegung immer Schiedsgerichten überlassen.[418] Geistliche wurden auch als Schiedsrichter für Streitigkeiten Privater hinzugezogen, da sie oftmals rechtskundig waren und von ihnen Vermittlung, aber auch ein Schlichtungsspruch erwartet wurde. Konfliktregelungskonzept war die *amicabilis compositio*, mithin der Versuch, ein „gütliches Einvernehmen"

---

414 *Schloßmann*, S. 313 f.

415 *Babusiaux*, S. 243, übersetzt die Bestimmung in D. 32.19 Valens 5 fideicommissorum: *„Si tibi legatum est […] relictum, uti quid facias[…]"* mit: „Ist dir ein Vermächtnis […] mit der Auflage hinterlassen worden, dass du etwas tust […]". Diese Übersetzung ist dahingehend missverständlich, dass sie nicht mit der Auflage nach § 1940 BGB vergleichbar ist. *„[…] uti quid facias[…]"* führte dazu, dass der Erbe vor Herausgabe eine Sicherheit für die Erfüllung verlangen konnte, was in den §§ 2192 ff. BGB nicht vorgesehen ist. *Uti quid facias* sollte deshalb mit dem Begriff „Nebenbestimmung" übersetzt werden.

416 *Schloßmann*, S. 321.

417 Gemeint ist der CICa vor dem CIC/1917 und CIC/1983.

418 Ausführlich zur Schiedsgerichtsbarkeit im Kirchenrecht: *Engelhardt*, S. 95 ff; *Caspers*, S. 6 ff.

herzustellen. Aus diesem Grunde war die Abgrenzung von Schiedsverfahren zu Schlichtungsverfahren bei den kirchlichen Verfahren unscharf.[419] In den Dekretalen sind zwar verschiedene Hinweise auf Vermittlungs- und Schiedsverfahren enthalten, die abgehalten wurden und über die eine Urkunde erstellt wurde, ein explizites Schiedsverfahrensrecht findet sich jedoch nicht.[420] Erst im CIC/1917 und dem CIC/1983 finden sich ausführliche Regelungen für ein mögliches Schiedsverfahren.[421] Auch wenn in Bezug auf die kirchlichen Schiedsgerichte viele Fragen offen sind, kann festgestellt werden, dass ein essenzieller Bestandteil der kirchlichen Schiedsverfahren immer die Freiwilligkeit der Teilnahme und Unterwerfung unter den Schieds- oder Schlichtungsspruch der Kirche war.[422] Dies ist auch den Canones des CIC/1917 und des CIC/1983 zu entnehmen.

Im Zusammenhang mit kirchlichen Schiedsgerichten ist keine Regelung bekannt, die es dem Erblasser ermöglicht, durch letztwillige Verfügung ein Schiedsgericht anzuordnen, das die Erben im Konfliktfall zwingend anzurufen haben. Es ist davon auszugehen, dass ein solches Schiedsgericht als Zwangsschiedsgericht angesehen und deshalb abgelehnt worden wäre.

4. Partikularrechtliche Zivilgesetzbücher

Van Cleef[423] und *Schloßmann*[424] weisen nach, dass es in den Partikularrechten keine Bestimmungen gab, die die letztwillige Schiedsklausel explizit als erbrechtliche Anordnung zuließen. Es ist davon auszugehen, dass die letztwillige Schiedsklausel unter das Recht der Nebenbestimmungen fiel. Dieses war ein wichtiger Teil in den landesrechtlichen Privatrechten des 18. Jahrhunderts. Wir wissen, warum *Kreittmayr* es nicht für nötig hielt, im Rahmen des neu entstehenden Gesetzeswerkes *Codex Maximilianeus Bavarici Civilis* eine Ermächtigungsnorm für die letztwillige Anordnung eines Schiedsgerichts aufzunehmen: Er

419 *Schäfer*, S. 35 ff., weist darauf hin, dass gerade die *amicabilis compositio* zu einer starken Vermischung von Schiedsverfahren und Schlichtungsverfahren führte.

420 *Engelhardt*, S. 97.

421 CIC/1917: 4. Buch, Sectio II, Titulus XVIII, Caput I, Ca. 1929-1932; CIC/1983: 7. Buch, Teil III, Titel III, Ca. 1713-1716.

422 *Engelhardt*, S. 97. In Bezug auf die *episcopalis audientia*: *Ziegler*, Schiedsgericht, S. 167 ff.; *Schmoeckel*, S. 59 f.

423 *Cleef van*, S. 22 ff.

424 *Schloßmann*, S. 302.

subsumierte die letztwillige Schiedsanordnung unter den erbrechtlichen Begriff *Modus*.[425]

Der Begriff *Modus* wurde in den Zivilrechtsbüchern und der Rechtsliteratur des 18. und 19. Jahrhunderts nicht einheitlich verstanden. Er umfasste alle an eine Zuwendung geknüpften Belastungen des Erben, die die Art und Weise der Verwendung des erhaltenen Vermögens betrafen, ohne Bedingung zu sein. Hierunter fielen alle Verhaltensanweisungen, Verwendungszwecke hinsichtlich des Vermögens und Verpflichtungen zur Weitergabe des Vermögens, also auch die Generierung eines Anspruchs eines Dritten auf Herausgabe.[426] *Savigny* definiert den Modus als „Verpflichtung des Empfängers"[427], differenziert jedoch zwischen allgemeinen Verpflichtungen des Erben und der Verpflichtung, „einem Dritten etwas [zu] gebe[n]"[428]. Dies seien Legate, der Begriff des Modus sei hier nicht passend. Teilweise werden die Begriffe Modus und Auflage synonym verwendet.[429] *Sintenis* grenzt die Begriffe Modus und Auflage ab, indem er den *Modus* auf die *Verwendung der Gegenstände* bezieht, die die Begünstigung ausmachen. Den Begriff *Auflage* verwendet er, wenn es um *Verhaltensvorgaben* geht.[430] Auch im Allgemeinen Preußischen Landrecht sind Nebenbestimmungen zu Testamenten vorgesehen.[431]

Die verschiedenen Landrechte enthielten sämtlich Vorschriften, die die Anordnung von Nebenbestimmungen in Testamenten regeln. Es ist davon auszugehen, dass die letztwillige Schiedsanordnung unter diese Nebenbestimmungen subsumiert wurde. Es liegt somit kein *ius scriptum* vor, womit das Ausschlussmerkmal des Gewohnheitsrechts *Schaffung des Rechts durch den Gesetzgeber* nicht gegeben ist. Es wird im Folgenden untersucht, ob die letztwillige Schiedsklausel als Gewohnheitsrecht in Erscheinung getreten ist. Gewohnheitsrecht erfordert als Begriffsmerkmal eine „längere tatsächliche Übung". Liegt dieses

425 Siehe oben: Kapitel 3, § 2, C. a.

426 *Dernburg/Sokolowski*, S. 204 ff. „Modus ist die an eine Zuwendung geknüpfte Auflage. Der Modus wird namentlich bei Schenkungen und letztwilligen Verfügungen erwähnt […]."

427 *Savigny*, S. 227.

428 Vgl. *Savigny*, S. 227.

429 *Dernburg/Sokolowski*, S. 204 f.

430 *Sintenis*, S. 181 ff.

431 ALR 2. Teil, 12. Titel, § 61: „Der Erblasser kann das dem Erben oder Legatario zugedachte Recht durch Beyfügung einer Bedingung, Bestimmung eines Zwecks, oder Auferlegung einer gewissen Pflicht einschränken."

Begriffsmerkmal bei der letztwilligen Schiedsklausel vor? Wo und in welchem Zusammenhang taucht die letztwillige Schiedsklausel auf?

III. Die letztwillige Schiedsklausel als Gewohnheitsrecht

Es soll im Folgenden der Versuch unternommen werden, eine kurze Übersicht über die Geschichte der Schiedsgerichtsbarkeit zu geben, die jedoch im Gegensatz zu den bekannten und vielfältigen Darstellungen der Geschichte der Schiedsgerichtsbarkeit[432] der Frage nachgehen soll, ob die Geschichte der Schiedsgerichtsbarkeit Rückschlüsse auf das Vorkommen letztwilliger Schiedsgerichtsanordnungen ermöglicht.

1. Die letztwillige Schiedsklausel in der Geschichte der Schiedsgerichtsbarkeit

a. Geschichtlicher Überblick

Die Schiedsgerichtsbarkeit ist ein altes Rechtsinstitut, dessen Herkommen, trotz intensiver rechtshistorischer Forschung, nicht klar ist. Es wird teilweise davon ausgegangen, dass Schiedsgerichte über das kanonische Recht aus dem römischen Recht rezipiert wurden.[433] Andere Autoren vertreten die Ansicht, das Schiedsgericht habe einen deutschrechtlichen Ursprung.[434] Fest steht, dass die frühe Rechtspraxis das ordentliche Verfahren und das schiedsrichterliche Verfahren oftmals vermischt hatte. So weist *Ziegler* für das klassische römische Recht darauf hin, dass der Formularprozess zwar strikte Verfahrensgrundsätze gehabt habe, aber trotzdem ein Verfahren gewesen sei, das die Parteien mitgestalten konnten. Die Parteien hätten die Möglichkeit gehabt, den Richter auszuwählen, das Verfahren sei kostenfrei gewesen und bis zur Kaiserzeit seien die Urteile unanfechtbar gewesen, d. h. es habe für die Parteien nicht die Gefahr bestanden, dass sich die Sache nach einem Urteil durch die Anrufung eines weiteren Gerichts in die Länge zog. Daneben hätten auch echte Schiedsgerichtsverfahren, also Verfahren ohne Bezug zum staatlichen Gericht, ihren Platz in der Rechtspraxis gehabt.[435]

---

432 *Bader*, Schwaben, S. 161 ff.; *ders.* Schiedsidee, S. 226 ff.; *Bornhak*, ZZP, S. 1 ff.; *Caspers*, S. 6 ff.; *Eslami*, S. 7 ff.; *Kornblum*, S. 289 ff.; *Krause*, Schiedsgerichtswesen, S. 2 ff.; *Schäfer*, S. 25 ff.; *Schütze*, S. 1 ff.; *Thomsch*, S. 23 ff.; *Ziegler*, Aspekte, S. 669 f.; *Zieren*, S. 37 ff.

433 *Bader*, Schiedsidee, S. 230 ff.

434 *Krause, Hermann*, Schiedsgerichtswesen, S. 3 ff.

435 Vgl. *Ziegler*, Schiedsgericht, S. 162 ff.

Jens-Uwe Krause sieht den Bedarf für die Schiedsgerichtsbarkeit in dem Rechtsverständnis des Mittelalters und der frühen Neuzeit. In der spätrömischen Zeit und im Mittelalter sei für die Zunahme der Schiedsgerichtsbarkeit verantwortlich gewesen, dass die Menschen kein Vertrauen in die staatliche Gerichtsbarkeit gehabt hätten. Es habe sich zwar langsam der Beruf des juristisch geschulten Advokaten gebildet, die Bestechlichkeit der Richter sei jedoch so erheblich gewesen, dass für arme und unbedeutende Zeitgenossen kaum die Möglichkeit bestanden habe, vor Gericht Recht zu erlangen. Die Richter hätten es als selbstverständlich angesehen, dass eine Partei, die über eine höhere soziale Position als die andere Partei verfügte, vor Gericht Recht bekommen müsse.[436] Die Folgen seien die Flucht in ein starkes Patronat[437] oder die Flucht in die Schiedsgerichtsbarkeit gewesen.

Das Schiedswesen hatte im Laufe des Mittelalters und in der frühen Neuzeit einen weiteren deutlichen Aufschwung. *Bader* führt dies auf den Zerfall der Reichsgewalt und das Erstarken der Territorialfürsten zurück. Der Adel sei an der Schwächung der Zentralgewalt des Königs aus dem Grunde des eigenen Machtgewinns interessiert und zunehmend nicht bereit gewesen, sich der königlichen Gerichtsbarkeit zu unterwerfen. Auch das Erstarken der Ständegesellschaft spielte eine Rolle. Der Adel wollte eine eigene Gerichtsbarkeit.[438]

Hinzu kommt, dass ab Beginn der frühen Neuzeit durch die Verkomplizierung der Lebensverhältnisse und durch die vermehrte Bildung von Vermögen bei Handwerkern und dem Bürgertum bei Streitigkeiten oftmals Rechts- und Sachverhaltsfragen relevant waren, für die sehr profunde Rechtskenntnisse erforderlich waren. *Schott* weist durch die Auswertung der Akten früherer Prozesse nach, dass sich die Richter häufig bei den juristischen Fakultäten der Universitäten Rechtsrat einholten und dort das Urteil entwerfen ließen. In verschiedenen Landesgesetzen wurde dieses Vorgehen beschrieben und sogar bestimmt, dass die Entscheidungen der juristischen Fakultäten für die Gerichte verbindlich seien. Die juristische Fakultät der Universität Freiburg sei in vielen Fällen auch als Schiedsgericht tätig geworden. Manchmal sei die juristische Fakultät der Universität Freiburg als Schiedsgericht erst angefragt worden, wenn in dem

436 Vgl. *Krause, Jens-Uwe*, Patronatsformen, S. 34 ff.

437 *Krause, Jens-Uwe*, Patronatsformen, S. 39 f.: Der Patronus war neben dem Advokaten erforderlich, wenn man einen Prozess führen wollte. Der Advokat hatte die Rechtskenntnisse, dagegen konnte der Patronus durch seinen „sozialen Einfluß“ auf den Richter einwirken.

438 Vgl. *Bader*, Schwaben, S. 164.

ordentlichen Verfahren bereits entschieden worden war. Es sei dann das Urteil bestätigt oder abgeändert worden. [439]

Bader erwähnt, dass Schiedsgerichtsbarkeit für Erbstreite sehr beliebt gewesen sei.[440] Es erfolgt in den Quellen jedoch nirgends eine Differenzierung, ob das Schiedsgericht aufgrund einer Vereinbarung zwischen den zerstrittenen Parteien oder einer Anordnung des Erblassers zustande kam.

Seit der Aufklärung nahm die Anzahl der Schiedsgerichte ab.[441] Damit musste auch der unbekannte Prozentsatz der Schiedsgerichte, die auf einer letztwilligen Schiedsklausel beruhten, abgenommen haben. In den einzelnen Landesteilen wurde versucht, die Schiedsgerichtsbarkeit für Bagatellstreitigkeiten oder Streitigkeiten über bestimmte Themenbereiche[442] gesetzlich vorzuschreiben. Bis zum Beginn des 20. Jahrhunderts hatte die Schiedsgerichtsbarkeit jedoch weiter an Bedeutung verloren. Nur einige wenige Publikationen und Gerichtsurteile beschäftigen sich in diesem Zeitraum mit der letztwilligen Schiedsklausel.

Als Ergebnis des vorstehenden kurzen Überblicks lässt sich festhalten, dass Schiedsverfahren, die auf einer testamentarischen Anordnung eines Erblassers beruhten, in den historischen Quellen zur Schiedsgerichtsbarkeit als solche nicht erkennbar sind. Eine eigene Geschichte „letztwilliger Schiedsgerichtsbarkeit" gibt es nicht.

b. Das Vorkommen der letztwilligen Schiedsklausel

In der historischen Testamentsforschung für den Zeitraum zwischen dem 16. und 18. Jahrhundert wird davon ausgegangen, dass vor allem wohlhabende Personen

---

439 Vgl. *Schott*, S. 13 ff.

440 *Bader*, Schwaben, S. 199.

441 *Puchta*, S. 10, beklagt im Jahr 1823, dass vom Institut des Schiedsgerichts so wenig Gebrauch gemacht werde, dass es „beinahe veraltet erscheint". In den Motiven zur CPO 1877 erfolgt eine Erklärung für die Aufnahme des schiedsrichterlichen Verfahrens in die CPO. Für schiedsrichterliche Verfahren gebe es immer Bedarf, was die Rechtsgeschichte gelehrt habe. Die Unzufriedenheit mit den schiedsrichterlichen Verfahren läge nicht an dem Rechtsinstitut selbst, sondern an der ungenügenden Regelung in den Gerichtsordnungen der Länder. Dem werde durch die CPO abgeholfen. Man hoffe nun auf die „gedeihliche Entfaltung des schiedsrichterlichen Instituts" (vgl. *Hahn*, S. 489 f.); *Cleef van*, S. 3 und RGZ 100, 76 ff.

442 Gesetz über Familienschlüsse bei Familien=Fideikommissen, Familienstiftungen und Lehnen vom 15.02.1840 in: Gesetzessammlung für die Königlich-Preußischen Staaten (Verordnungen vom 16. Jan. bis zum 7. Dez. 1840) Nr. 1 bis incl. 23, S. 20-26, Berlin 1840.

Testamente errichteten.[443] Die Testamente der souveränen Herrscher und anderer Mitglieder des hohen Adels waren meistens langatmig und sehr detailliert.[444] Genaue testamentarische Regelungen waren erforderlich, um die Erbfolge in das Familienvermögen zu sichern und Vermögenszersplitterung vorzubeugen. In den Ständen außerhalb des Adels stammten die meisten Testamente von Bürgermeistern und Ratsherren, die oftmals gleichzeitig den Kaufmannsberuf ausübten.[445] Ebenfalls viele Testamente sind von Akademikern und Handwerkern überliefert.[446] *Andreetti* bestätigt dies in einer Studie über Basler Testamente des 17. und 18. Jahrhunderts. Die Repräsentativität der überlieferten Testamente stehe jedoch unter Vorbehalt. Nach *Andreetti* wurden letztwillige Verfügungen oftmals nur berücksichtigt, wenn die „Kernfunktion eines Testaments, die Weitergabe von Eigentum"[447] erfüllt gewesen sei. So beschreibt *Andreetti* einen Fall, in welchem eine Frau, die über kein Vermögen verfügte, ihren Mann zu ihrem Haupterben bestimmt hatte. Die Eröffnung des Testaments wurde nicht vorgenommen und vom zuständigen Schultheißengericht dahingehend kommentiert, dass eine Eröffnung nicht erforderlich sei, da nichts vorhanden sei, was die Frau hätte vererben können.[448]

Neben der Vermutung, dass nur Testamente wohlhabender Bürger aufbewahrt wurden, muss berücksichtigt werden, dass bis zur Mitte des 18. Jahrhundert der Analphabetismus sehr verbreitet war.[449] Wenn außerhalb des gehobenen Bürgertums und des Adels testiert wurde, geschah dies mündlich unter Hinzuziehung von Zeugen. Die Landrechte regelten diese Form des Testierens sehr akribisch.[450] Solche Testamente konnten zwar umgesetzt, aber nicht

443 *Häberlein*, S. 13.

444 *Schulze*, S. 3 ff. Insbesondere die Testamente der Territorialherrscher stellten die Herrschaftsübertragung an den Nachfolger dar (vgl. *Klippel*, S. 30 f.).

445 *Eßmann*, S. 205.

446 *Eßmann*, ebd.

447 Vgl. *Andreetti*, S. 202.

448 *Andreetti*, ebd.

449 Dies betraf nicht nur die Landbevölkerung. In Berlin konnte im Jahr 1615 die Hälfte der Bürgerschaft nicht schreiben. Forschungen zeigen, dass im Jahr 1700 in Frankfurt am Main von 50 Nachlässen von Kaufleuten 28 % ohne ein Buch waren. Im Jahr 1750 waren von 107 Nachlässen noch 16 % ohne ein Buch. Bei den Handwerkern waren die Zahlen noch höher (vgl. *Engelsing*, S. 45 f.).

450 Nach dem *Codex Maximilianeus Bavaricus Civilis* musste der Erblasser vor sieben anwesenden Zeugen die Verfügungen von Todes wegen erklären. Des Weiteren konnten Notare beigezogen werden. Der Notar konnte den gesprochenen Inhalt des Testamentes notieren und von den Testamentszeugen bestätigen lassen. Waren die Zeugen

für die Nachwelt aufbewahrt werden. Es kann mithin durch die Tatsache, dass die schriftlich überlieferten Testamente primär von wohlhabenden Bürgern und dem Adel stammen, nicht davon ausgegangen werden, dass einfache oder arme Menschen, insbesondere die Landbevölkerung nicht testiert haben.

In vielen ausgewerteten Testamenten des genannten Zeitraums war von den Erblassern ein Testamentsvollstrecker eingesetzt worden, der die Aufgabe hatte, dafür zu sorgen, dass die getroffenen Verfügungen umgesetzt wurden.[451] Im Zusammenhang mit diesem Testamentsvollstrecker wurde in manchen Testamenten eine Art „Streitbeilegungsklausel" aufgenommen, die dem Testamentsvollstrecker, teilweise unter Hinzuziehung weiterer Personen, das Recht gab, einen Erbstreit zu entscheiden.[452] Je höher das Ansehen und der Bekanntheitsgrad der Familie des Erblassers war, desto weniger sollten Streitigkeiten nach dem Tod des Erblassers in der Öffentlichkeit ausgetragen werden. So beinhalten etliche der von der weitverzweigten Familie Fugger erhaltenen Testamente die Klausel, die Erben sollten sich friedlich einigen, da eine streitige Auseinandersetzung um das Erbe ihnen selbst „zu Spott und Nachteil und anderen Leuten zu Freude gereichen würde"[453].

Eßmann weist nach, dass die Einsetzung eines Testamentsvollstreckers außerordentlich weit verbreitet war. Die historischen Testamentsforschungen zeigten, dass die Testamente des 16. bis 18. Jahrhunderts zumeist einem regional üblichen Aufbauschema folgten. Im Zusammenhang mit der Testamentsvollstreckung sei oftmals, neben einer Strafklausel für den Fall, dass die Erben den weiteren Anordnungen widersprechen sollten, die Aufforderung an die Erben erfolgt, sich über Streitigkeiten intern zu einigen. Sollte dies nicht möglich sein, sollte der Testamentsvollstrecker den Streit entscheiden.[454]

Eine ähnlich lautende Regelung befindet sich im Preußischen Allgemeinen Landrecht.[455] Die Testamente der Familien des hohen Adels, die überliefert sind, hatten ausnahmslos Schiedsgerichtsanordnungen oder es waren für

---

dann verstorben, konnte über dieses „förmliche(s) Notariats-Instrument" der volle Beweis für den Inhalt des Testaments geführt werden (vgl. *Kreittmayr*, Anmerkungen Codex Maximilianeus, S. 995).

451 *Porzelt*, S. 222.

452 *Eßmann*, S. 337 ff. Abgedruckt ist ein Testament vom 23.10.1685 aus Köln.

453 *Pettinger*, S. 238 f.

454 *Eßmann*, S. 71 ff., 209 ff.

455 PrALR 1. Teil, 12. Titel, 1. Abschnitt I. § 561: „Wenn über den Sinn einer Verordnung des Erblassers zwischen dem Testamentsvollzieher und dem Erben gestritten wird; so gebührt, im zweifelhaften Falle, der Meinung des Erstern der Vorzug."

alle Streitigkeiten in den Hausverträgen und Familienverfassungen, die für alle Familienangehörigen galten, Schiedsgerichtsanordnungen formuliert.[456]

2. Resümee

Es lässt sich feststellen, dass in den frühen Testamenten der Bürger und Handwerker die ausdrückliche letztwillige Anordnung eines Schiedsgerichts soweit ersichtlich nicht oder nur sehr selten verwendet wurde.[457] In vielen Testamenten des 17. und 18. Jahrhunderts ist nachweislich die gestalterische Idee des Erblassers enthalten, dass bei entstehenden Streitigkeiten diese nicht vor dem ordentlichen Gericht ausgetragen werden sollten, sondern durch den Testamentsvollstrecker und neben diesem noch durch weitere „Vertrauenspersonen" entschieden werden sollte. In manchen Fällen äußerte der Erblasser den Wunsch, die Erben sollten Streitigkeiten einvernehmlich beilegen. Solche „Konsensklauseln" dürften recht häufig gewesen sein. Darauf lassen die hier verwendeten Studien schließen.

Weiter ist davon auszugehen, dass die Schlichtung oder Streitentscheidung durch einen Testamentsvollstrecker oder benannte Vertrauenspersonen im Kreis der Familien stattgefunden hat, so dass nachvollziehbar ist, dass die Quellen zur Geschichte der Schiedsgerichtsbarkeit über erbrechtliche Schiedsgerichte nichts hergeben. Die Ergebnisse des Schieds- oder Schlichtungsverfahrens blieben im Familienkreis und traten nicht nach außen.

Es ist weiter davon auszugehen, dass eine Klausel in Testamenten, durch die eine Streitentscheidung durch den Testamentsvollstrecker angeordnet wurde, nach der Kodifikation des BGB sehr selten geworden ist. Die Rechtslandschaft hat sich durch das BGB verändert. Dies kann der Entscheidung des Reichsgerichts aus dem Jahr 1920[458] entnommen werden. Nach dem der Entscheidung zugrunde liegenden Sachverhalt hatte die Erblasserin in ihr Testament die Regelung aufgenommen, dass bei etwaigen Streitigkeiten bei der Testamentsvollstreckung der Testamentsvollstrecker entscheiden solle. Genau diese Regelung war in § 561 des Allgemeinen Preußischen Landrechts[459] enthalten und kann rechtshistorisch betrachtet durchaus nahe liegend als Anordnung eines Schiedsgerichts ausgelegt werden. Das Reichsgericht akzeptiert die Auslegung dieser Klausel als Schiedsgerichtsanordnung durch das Untergericht, kritisiert diese Auslegung

456 *Loening*, S. 145 ff.; *Oertmann*, S. 70 ff. Unten 3. Kapitel § 2 E. I.-V., S. 135 ff.
457 So in der Verfügung von Todes wegen, die der Entscheidung des Reichsgerichts, RGZ 130, 128 ff., zugrunde liegt.
458 Reichsgericht, Urteil vom 27.09.1920, RGZ 100, 76 ff.
459 Vorstehend Fn. 163.

jedoch als „fernliegend"[460]. Das Reichsgericht weist in diesem Zusammenhang weiter darauf hin, dass die letztwillige Schiedsgerichtsanordnung seit vielen Jahren „völlig aus dem Rechtsleben verschwunden sei"[461]. Natürlich konnte das Reichsgericht nur insoweit eine Aussage treffen, als es selbst mit Fällen, in denen eine letztwillige Schiedsklausel streitig war, zu tun hatte.

Anhand der verwendeten Quellen konnte nachgewiesen werden, dass es für die letztwillige Schiedsklausel nie eine eigene gesetzliche Normierung gab, die Teil eines materiellen Erbrechts war. Es muss daran festgehalten werden, dass die letztwilligen Schiedsklauseln als Nebenbestimmungen (*Modus*) zu den Erbeinsetzungen und Vermächtnissen erfolgten. Damit waren sie nach Inkrafttreten des BGB ohne rechtliche Grundlage, da der *Modus* nicht in das BGB „umgezogen" wurde und als Landesrecht unterging. Die Auflage nach § 1950 war nicht geeignet, die letztwillige Schiedsanordnung aufzufangen.[462]

Es gingen jedoch mit Inkrafttreten des BGB nicht alle Landesrechte unter. Sowohl die Behandlung der letztwilligen Schiedsklausel im *Codex Iuris Bavarici Iudiciarii* als auch die Ausführungen zu den Folgegesetzen *von Neumayrs* und *Vierlings* zeigen eine deutliche thematische Verknüpfung der letztwilligen Schiedsklauseln mit Fideikommissstiftungen, Familienverträgen und den Hausgesetzen des hohen Adels. *Vierling* weist ausdrücklich darauf hin, dass die Rechte, Schiedsgerichte durch letztwillige Verfügungen, Familienstatuten und Fideikommissstiftungen errichten zu können, nicht aufgehoben werden sollen.[463] Schiedsgerichtsanordnungen konnten offensichtlich ihre Rechtsgrundlage in der Autonomie des Adels haben.

E. Die Autonomie des hohen Adels als Rechtsgrundlage für die letztwillige Schiedsgerichtsanordnung

I. Der Begriff der Autonomie

In den alten Landrechten, beispielsweise dem *Sachsenspiegel* und dem *Schwabenspiegel*, konzentrierte sich die Frage nach der Gleichheit des Standes, die für Eheschließungen und die sonstigen Lebensverhältnisse relevant war, auf das dichotomische Begriffspaar *frei und unfrei*.[464] Aus dieser Zweiteilung entstand

460 RGZ 100, 76 (78): „[…] liegt […] die Annahme nicht gerade nahe […]".
461 RGZ 100, 76 (78).
462 Siehe oben: 3. Kapitel, § 2, C. 3.
463 *Vierling*, S. 511.
464 *Heck*, S. 267 ff.; *Sydow von*, S. 10.

die Ständegesellschaft, aus der sich weitere Stände wie Adel und Bürgertum entwickelten.[465] Der Bauernstand wurde als „Nichtstand" angesehen.[466] Aus der in den Landrechten geforderten Gleichheit des Standes als Freie und dem Erfordernis der ehelichen Geburt als Voraussetzung der Erbfähigkeit[467] bildete sich langsam eine Art „Oberschicht", die sich als geschlossene Gesellschaft korporierte und aus Gründen der Ansehenserhöhung und Machtsteigerung über die von den Landrechten formulierten Erfordernisse der Erbfähigkeit hinausging. Aus dieser „Oberschicht" ging der Adel hervor. Im Folgenden fand eine Unterteilung des Adels in den hohen und den niederen Adel statt.[468] Die Familien des hohen Adels hatten im Regelfall Reichsstandschaft, Reichsunmittelbarkeit und Landeshoheit.[469] Der hohe Adel galt als besonderer Geburtsstand.[470] Dieser Geburtsstand hatte einen hohen Machtanspruch, den er erhalten und ausbauen wollte. Über viele Jahrhunderte war es das Bestreben des hohen Adels, den Glanz der Familie, *splendor familiae,*[471] zu vergrößern. Dies führte schon ab dem 14. Jahrhundert[472] dazu, dass sich der hohe Adel durch Familienverträge und Hausgesetze autonome Regelungen schuf, die sich auf die Eigentums- und Vermögensangelegenheiten der Familien bezogen, insbesondere auf die Themen Erbfolge, Erbteilungen und Ebenbürtigkeit in Bezug auf die Heiraten der Familienmitglieder.

So hatten jede Familie des hohen Adels und meistens auch die Familien des niederen Adels ein eigenes Hausgesetz, das irgendwann einer der Patriarchen mit der Zustimmung aller lebenden männlichen potenziellen Erbfolgeberechtigten (Agnaten) „erlassen" hatte. Wurde ein Fideikommiss gegründet, waren mit dieser Gründung immer umfangreiche Regelungen zur Erbfolge, zu

465 *Bosl*, S. 61 f.; *Pütter*, S. 22 f.

466 *Buhl*, S. 15.

467 *Sydow von*, S. 46 f.

468 *Pütter*, S. 43 f.

469 *Phillips*, S. 173 f.

470 *Gierke von*, S. 397 f.; *Pütter*, S. 77. *Pütter* leitet den besonderen Geburtsstand des hohen Adels aus der vollständigen Unabhängigkeit der souveränen Familien ab, die zur erblichen Thronfolge führe. Das Reichskammergericht folgt dieser Auffassung nicht bedingungslos. In einem der vielen Rechtsstreitigkeiten um die Frage der Ebenbürtigkeit einer Ehe zwischen einem Abkömmling des hohen Adels und einem Abkömmling des niederen Adels bejahte das Reichskammergericht die Ebenbürtigkeit des niederen Adels im Verhältnis zum hohen Adel (vgl. hierzu *Anschütz*, S. 172 ff.).

471 *Loening*, S. 39.

472 *Mizia*, S. 102.

Ausgleichszahlungen an weichende Erben und Töchter und zur Frage der Ebenbürtigkeit verbunden. Diese Hausgesetze und Familienverträge waren für die Familienmitglieder aufgrund ihrer Zugehörigkeit zu der Familie bindend. Diese Hausgesetze und Familienverträge waren ganz auf die Vorstellungen und Ziele der jeweiligen Familie ausgerichtet. Es waren deshalb oft Regelungen enthalten, die gegen das geltende Recht verstießen.

Gegen das geltende Recht verstieß beispielsweise das Erfordernis der Ebenbürtigkeit bei Heiraten. Danach musste der Ehepartner eines Mitgliedes aus einer Familie des hohen Adels ebenfalls aus dem hohen Adel gebürtig sein. War dies nicht der Fall, kam eine wirksame Ehe nicht zustande. Diese Regelung hatte weitreichende Konsequenzen. Sie führte dazu, dass Kinder aus einer nicht ebenbürtigen Ehe nicht erbberechtigt waren und dass der nicht ebenbürtigen Ehepartner (meistens die Ehefrau) rechtlos war.[473] Die auf der Standesungleichheit gründende Unwirksamkeit einer Ehe ließ sich weder auf das römische noch auf das gemeine Recht stützen. Der Normenbestand des römischen Rechts führte eher zu einer Ablehnung der Ebenbürtigkeitsregeln des hohen Adels.[474] In den gemeinen Rechten herrschte der Grundsatz vor, rechtlich unvollkommene Ehen unter freien Personen seien nicht möglich.[475] Ebenso war die Stiftung eines Familienfideikommisses kein Recht, das nach den geltenden Rechten jedem zustand.[476] Den souveränen Fürsten war die Errichtung des Fideikommisses möglich,[477] dem sonstigen Adel nur nach Genehmigung durch den Landesfürsten oder Kaiser. Dem „Nichtadel“ war es verwehrt.

Die Möglichkeit der Abweichung von den geltenden Rechten wurde durch die Autonomie des hohen Adels begründet.[478] Der Begriff Autonomie bedeutet

---

473 Aus dieser Problematik wurde die Idee der sogenannten morganatischen Ehe entwickelt. Hierbei handelte es sich um eine nichtstandesgemäße Ehe, die durch einen Ehevertrag rechtlich abgesichert und teilweise als Zweitehe (!) eingegangen wurde.

474 Nach *Mommsen*, S. 13, galt jede Ehe, die innerhalb des Kreises der römischen Bürger geschlossen wurde, als „echte Ehe“ und bewirkte für die Kinder das Bürgerrecht und daraus folgend das Erbrecht. Auch: *Willoweit*, S. 105 f.

475 *Bollmann*, S. 2. Diese Rechtsauffassung wurde auch durch das kanonische Recht bestärkt, das davon ausging, dass Standesungleichheiten der Eheleute keine Auswirkungen auf die Rechtswirkung der Ehe haben und somit auch keine Auswirkungen auf die Erbrechte der Kinder haben können.

476 *Wildner*, S. 385 f., „[…] ein Privilegium, eine Ausnahme vom Gesetz […]“.

477 *Salza von*, S. 129.

478 Ausführlich zur rechtsgeschichtlichen Entwicklung des Autonomierechts des hohen Adels: *Leven*, S. 4 f.

in dem hier verwendeten Zusammenhang das Recht, durch Normsetzung[479] die eigenen Angelegenheiten ohne Einwirkung von außen regeln und bestimmen zu können.[480] Diese Autonomie, die der hohe Adel gewohnheitsrechtlich erworben hatte,[481] bewirkte, dass die Hausgesetze und Familienverträge keine unverbindlichen Regelungskomplexe, sondern echte Normen, mit für die Familienmitglieder bindenden Wirkungen, darstellten.[482] Die Autonomie war eine „wirkliche Rechtsquelle“[483], gleichberechtigt mit anderen Entstehungsgründen des Rechts. Die Wirkungen der Hausgesetze konnten zwar nicht als *inter omnes* bezeichnet werden, jedoch auch nicht nur als „inter partes“[484]. Wenn es beispielsweise um die Frage ging, ob eine Ehe nach dem Hausgesetz wirksam geschlossen wurde, betraf dies auch den Ehepartner und die Kinder in ihrem Personenstand.

II. Die letztwillige Schiedsklausel in den Hausgesetzen

Die Hausgesetze und Familienverträge beinhalteten sämtlich Schiedsgerichtsanordnungen für den Fall von Streitigkeiten oder für den Fall, dass festgestellt werden musste, ob eine im Hausgesetz vorgesehene Voraussetzung einer Ehe oder Erbberechtigung, beispielsweise die Ebenbürtigkeit des Ehepartners, erfüllt war.[485] Das Schiedsgericht oder der Familienrat waren im Regelfall mit Agnaten oder auch Geistlichen besetzt. Noch bevor Hausgesetze und Familienverträge in allen Familien des Adels die familiären und vermögensrechtlichen Angelegenheiten regelten und dadurch die in den Hausgesetzen und Familienverträgen enthaltenen Schiedsgerichtsanordnungen zur Anwendung kamen, galt für den hohen Adel immer schon, dass Schiedsgerichte für die streitigen Angelegenheiten zuständig waren.[486] Der Grund hierfür lag in reinem Standesdenken: Ein Schiedsgericht musste aus Standesgenossen bestehen.[487] Reichsunmittelbare Kläger konnten in der Regel andere reichsunmittelbare Beteiligte nicht vor dem

---

479 *Mizia*, S. 148.

480 Umfassend zu der Autonomie des hohen Adels, insbesondere unter Darstellung der verschiedenen Rechtsansichten in verschiedenen Epochen: Zusammenfassend *Gerber*, S. 35 ff.; *Mizia*, S. 124 f. *Muscheler*, Stiftungsrecht, S. 258 f.

481 *Rehm*, Juristische Persönlichkeit, S. 4.

482 *Gerber*, S. 37.

483 *Gerber*, ebd.

484 *Oertmann*, S. 10, 21 ff.

485 *Schulze*, S. 1 f.; *Loening*, S. 145 f.

486 *Rehm*, Standesherrliche Schiedsgerichtsbarkeit, S. 2 ff.

487 *Rehm*, a. a. O., S. 2 f.

ordentlichen Gericht verklagen. Es war immer ein Schiedsgericht zuständig, das von den Reichsunmittelbaren untereinander gebildet wurde.[488]

Einer Klage vor dem ordentlichen Gericht konnte als Prozesshindernis die Schiedseinrede entgegengehalten werden.[489] Die Schiedsgerichtsanordnungen bestanden auch für Streitigkeiten, die nach einem Erbfall eintraten, insbesondere für Streitigkeiten über die Erbfolge. In Fachkreisen hatte die Entscheidung des BVerfG[490] aus dem Jahr 2004 „Hohenzollern", die die im Jahr 1998 in derselben Sache ergangene Entscheidung des BGH[491] aufhob, zu umfangreichen Diskussionen über die Kollision der Testierfreiheit mit dem Recht eines Erben, eine Ehe mit einem frei gewählten Partner einzugehen, geführt.[492] Streitgegenstand war die Wirksamkeit einer Verfügung von Todes wegen aus dem Jahr 1938 eines Abkömmlings einer Familie des ehemaligen hohen Adels. In dieser Verfügung von Todes wegen war eine sogenannte Ebenbürtigkeitsklausel enthalten, deren Anwendung dazu führen sollte, dass der zur Erbfolge berufene Primogenitus nach einer gemäß den Hausgesetzen nicht standesgemäßen Verheiratung nicht zur Erbfolge gelangen konnte. Es soll im Folgenden auf diese Entscheidungen nicht eingegangen werden, ebenso wenig auf die Entscheidung des BayObLG aus dem Jahr 1999[493] „Leiningen", in der es um eine inhaltlich gleiche Ebenbürtigkeitsklausel in einem Erbvertrag aus dem Jahr 1925 ging.

Es soll der Blick auf die in den Entscheidungen enthaltenen Auszüge aus den Erbverträgen gerichtet werden, die die Schiedsklauseln betreffen.[494] § 1 des Erbvertrages im Fall „Hohenzollern" enthält den Satz: „Erbe kann nicht sein (erbunfähig ist), wer nach den Feststellungen des Schiedsgerichts (§ 10) nicht aus einer den Grundsätzen [...]"[495]. § 10 des Erbvertrages enthält eine Schiedsklausel,

488 *Salm-Salm zu*, S. 53 Fn. 43.

489 *Salm-Salm zu*, S. 53.

490 BVerfG, Beschluss vom 22.03.2004 – 1 BvR 2248/01.

491 BGH, Beschluss vom 02.12.1998 – IV ZB 19/97.

492 Statt vieler: *Kroppenberg*, S. 29 ff.; *Muscheler*, Erbrecht Band I, § 9 Rn. 230, § 13 Rn. 336 ff.

493 BayObLG, Beschluss vom 04.08.1999 – 1 Z BR 187/97. Die gegen diesen Beschluss eingelegte Verfassungsbeschwerde wurde nicht zur Entscheidung angenommen (vgl. BVerfG, Beschluss vom 21.02.2000 – 1 BvR 1937/97).

494 Zu der Schiedsklausel im Erbvertrag „Hohenzollern" und dem Umgang der verschiedenen mit der Sache befassten Gerichte siehe *Otte*, FamRZ 2006, 309 (312): „Der Umgang der Gerichte mit der Schiedsklausel [...] war [...] durch und durch fehlerhaft."

495 Zitiert nach BGH, Beschluss vom 02.12.1998 – IV ZB 19/97.

wonach über „[...] alle Streitigkeiten und Meinungsverschiedenheiten, die bei der Auslegung und Ausführung dieses Erbvertrages, insbesondere über die Voraussetzungen der Erbunfähigkeit (§ 1 Abs. 2) [...] entstehen," unter Ausschluss des ordentlichen Rechtswegs ein in § 10 II näher bezeichnetes Schiedsgericht entscheiden soll.[496] Im Fall „Leiningen" lautet § 25 Ziffer 3 des Erbvertrages: „Glaubt ein Familienmitglied, daß ihm die Einwilligung zur Vermählung seitens des Fürsten ohne zureichenden Grund verweigert worden sei, so steht ihm die Berufung eines Schiedsgerichtes (§ 40) zu, dessen Einwilligung diejenige des Fürsten ersetzt."[497]

Bei beiden Schiedsklauseln handelt es sich um klassische Formulierungen aus den Erbverträgen, Erbverbrüderungen, Hausgesetzen und Familienverträgen des hohen Adels.[498]

Die Abbedingung der ordentlichen Gerichtsbarkeit für die Erben oder Legatare nach dem Tod des Erblassers und die Anordnung eines Schiedsgerichts war eine typische Regelung aus dem Privatfürstenrecht, die entweder in einem Testament, Erbvertrag oder in einem Hausgesetz oder einem Familienvertrag enthalten war.[499] Aber auch hier muss differenziert werden: Eine Schiedsgerichtsanordnung konnte nur eine für alle Familienmitglieder verbindliche Wirkung entfalten, wenn sie in einem Hausgesetz oder Familienvertrag enthalten war, da zum Beschluss dieser Regelungskomplexe im Zeitpunkt ihrer Gründung die ausdrückliche Zustimmung aller Agnaten erfolgt sein musste. Neue Anordnungen konnte ein Erblasser nur über sein eigenes oder neu hinzugekommenes Vermögen erlassen.[500]

Auch die Rechtsliteratur des ausgehenden 19. und beginnenden 20. Jahrhunderts sah es als Ausfluss der bestehenden Autonomie des hohen Adels an,

---

496 Zitiert nach LG Hechingen, Beschluss vom 07.12.2000 – 3 T 15/96 (FamRZ 2001, 721 f.).

497 Das LG Hechingen hatte in seiner Entscheidung der Schiedsklausel in Bezug auf Streitigkeiten über die Frage, wer Erbe geworden sei, die Wirksamkeit abgesprochen und die erhobene Schiedseinrede zurückgewiesen. Die Frage der Erbfolge und der Inhalt eines Erbscheins sei nicht vergleichsfähig und somit auch nicht schiedsfähig. *Otte*, ZEV 2004, 393 (398 Fn 4), ist der Ansicht, das Landgericht hätte prüfen müssen, ob die Schiedsklausel gegebenenfalls als „Konsensklausel" auszulegen sei, wodurch die fehlende Anerkennung der Eheschließung und nicht die Erbunfähigkeitsklausel als Streitgegenstand in den Mittelpunkt der Betrachtung gerückt wäre.

498 Weitere Beispiele bei: *Gerber*, S. 86 f.; *Loening*, S. 151 Anm. 1 und 2.

499 *Loening*, S. 145 ff.

500 *Loening*, S. 92 ff.; *Rehm*, Standesherrliche Schiedsgerichtsbarkeit, S. 15 ff.

dass in Hausgesetzen, Familienverträgen oder Verfügungen von Todes wegen für die Mitglieder der einzelnen Familien im Streitfall der ordentliche Rechtsweg ausgeschlossen und ein Schiedsgericht angeordnet wurde.[501] Dies war offenkundig *usus*.

III. Die Rechtslage nach Inkrafttreten der CPO 1877

1. Einführung

Gegen Mitte des 19. Jahrhunderts führte ein umfassender sozialer Wandel mit starken gesellschaftspolitischen Erschütterungen zum kontinuierlichen Verlust der Akzeptanz der besonderen Rechte, die der Adelsstand für sich reklamierte. Die Bestrebungen zur Gründung eines Nationalstaates und zur Rechtsvereinheitlichung führten zu einer Fokussierung auf den Aspekt der Einheit und Gemeinsamkeit und machten dadurch die Unterschiede zwischen den Ständen besonders deutlich. Die Abschaffung der Standesrechte war ein kontinuierlicher Prozess.

Bereits mit der Kodifikation der CPO 1877 kamen Fragen auf, wie standesrechtliche Unterschiede in Bezug auf die Rechtsanwendung zu handhaben seien. Nach § 14 EGZPO sollten alle prozessrechtlichen Vorschriften der Landesgesetze für die bürgerlichen Streitigkeiten außer Kraft treten, soweit nicht die ZPO auf sie verweise oder bestimmt sei, dass sie weitergelten sollten. Wie nachstehend beschrieben wird, gab es eine Reihe von Landesrechten, die sich nur auf die adeligen Familien bezogen. Diese sollten bestehen bleiben. *Oertmann* sieht in § 1048 ZPO (§ 1066 ZPO) die in § 14 EGZPO geforderte Verweisung der ZPO und schließt über den Begriff „in gesetzlich statthafter Weise“ auf die Weitergeltung der Landesgesetze, die die Schiedsgerichtsklauseln in Hausgesetzen betreffen.[502]

2. Die aufgrund der Rheinbundakte und der Deutschen Bundesakte erlassenen Landesgesetze

Bei diesen Landesgesetzen handelt es sich nicht um die Zivilrechtsbücher der einzelnen Territorien, sondern um Gesetze, die geschaffen wurden, um die Weitergeltung der Autonomie der 1806 mediatisierten Adelsfamilien zu sichern. In der *Rheinbundakte vom 12.07.1806* war den von der Mediatisierung betroffenen Familien die Autonomie und Weitergeltung der Hausverfassungen nicht

---

501 *Oertmann*, S. 5; *Rehm*, Standesherrliche Schiedsgerichtsbarkeit, S. 16 ff.

502 *Oertmann*, S. 2.

ausdrücklich gestattet worden, sondern es war bestimmt worden, dass diese Fragen durch Landesrecht zu klären seien. Darauf erlies eine Vielzahl von Ländern Gesetze, die sich des Themas annahmen, allerdings in völlig unterschiedlicher Art und Weise: Bayern bestimmte die Weitergeltung der Familienverträge und Erbfolgeordnungen, Hessen und Baden erkannten ausdrücklich die Autonomie an, die Königreiche Württemberg und Westfalen hoben die Hausverfassungen auf und erkannten das Recht der Autonomie nicht an.[503]

Loening schildert ausführlich die Situation nach Abschluss der *Deutschen Bundesakte vom 08./09.06.1815*. In Art. XIV hatten sich die deutschen Staaten verpflichtet, die Autonomie des hohen Adels zu belassen und in Bezug auf die mediatisierten Familien teilweise wiederherzustellen.[504] Daraus folgend seien wieder landesrechtliche Gesetze mit unterschiedlichen Inhalten erlassen worden. Die Rechtszersplitterung sei erheblich gewesen, da zur Umsetzung des Art. XIV der Deutschen Bundesakte nicht nur die Rheinbundstaaten verpflichtet gewesen seien, sondern alle Staaten des Deutschen Bundes. Es habe dutzende Landesrechte, die die Autonomie des hohen Adels und die Geltung der Hausverfassungen und Familienverträge regelten, gegeben. Teilweise habe es in einem Bundesstaat mehrere Regelungen gegeben. So sei das Königreich Württemberg von der Verordnung des Jahres 1808 zurückgerudert, die Ordnung der Rechtsverhältnisse des hohen Adels erfolgte nun durch Königliche Deklarationen, die sich jeweils nur auf eine Familie bezogen hätten. Insgesamt habe es im Königreich Württemberg zwischen den Jahren 1819 und 1839 22 Deklarationen gegeben. In den anderen Bundesstaaten habe es nicht besser ausgesehen.[505]

IV. Die Rechtslage nach Inkrafttreten des BGB 1900

Nach Inkrafttreten des BGB gewährleistete Artikel 57 EGBGB[506] die Weitergeltung der Hausverfassungen. Dies führte dazu, dass alle Hausgesetze der

503 *Loening*, S. 13 ff.

504 Vgl. *Loening*, S. 13.

505 Vgl. *Loening*, S. 45.

506 Art. 57 EGBGB in der Fassung von 1899 lautete: „In Ansehung der Landesherren und der Mitglieder der landesherrlichen Familien sowie der Mitglieder der Fürstlichen Familie Hohenzollern finden die Vorschriften des Bürgerlichen Gesetzbuchs nur insoweit Anwendung, als nicht besondere Vorschriften der Hausverfassungen oder der Landesgesetze abweichende Bestimmungen enthalten. Das Gleiche gilt in Ansehung der Mitglieder des vormaligen Hannoverschen Königshauses, des vormaligen Kurhessischen und des vormaligen Herzoglich Nassauischen Fürstenhauses."

regierenden Häuser und die Hausgesetze des hohen Adels wirksam blieben und bei deren Auslegung nicht nur privatrechtliche Abweichungen von den Regelungen des BGB nicht zu berücksichtigen waren, sondern dass die Sonderstellung der vorgenannten Familien gewahrt blieb.[507]

Die früheren reichsständischen und seit 1806 mittelbar gewordenen mediatisierten Familien hatten diesen Gesamtvorbehalt nicht.[508] Für sie galt Artikel 58 EGBGB.[509] Danach blieben die Vorschriften der Hausverfassungen wirksam, allerdings nur nach Maßgabe der Landesrechte, also der Gesetze, die aufgrund des Artikel XIV der Deutschen Bundesakte erlassen worden waren.[510] Eine weitere Einschränkung bestand darin, dass nur Regelungen in den Hausgesetzen erhalten blieben, die „in Ansehung der Familienverhältnisse und der Güter" erfolgt waren. Dieser Begriff wurde sehr weit ausgelegt. Er umfasste alle Familien- und Güterrechtsfragen, erbrechtliche und vermögensrechtliche Fragen.[511] Dass davon auch die hausgesetzlichen Schiedsgerichtsanordnungen mitumfasst waren, wurde als unstreitig angesehen.[512]

Die Autonomie des Adels „rettete" sich durch die vorgenannten Ausnahmebestimmungen über das Inkrafttreten der ZPO und des BGB bis ins Jahr 1919. Erst durch die Weimarer Reichsverfassung gab es eine Änderung, wenn auch nicht sofort. Art. 109 Abs. 3 Satz 1 WRV lautete: „*Öffentlichrechtliche Vorrechte oder Nachteile der Geburt oder des Standes sind aufzuheben.*" Die Durchführung der Beseitigung sollte den Reichs- und den Landesgesetzgebern überlassen bleiben (Art. 14 WRV).[513] Im Laufe der folgenden Jahre erließen die Länder

---

507 *Kuchinke*, S. 403 (405).

508 *Kuchinke,* S. 403 (406).

509 Art. 58 EGBGB in der Fassung von 1899 lautete: „In Ansehung der Familienverhältnisse und der Güter derjenigen Häuser, welche vormals reichsständisch gewesen und seit 1806 mittelbar geworden sind oder welche diesen Häusern bezüglich der Familienverhältnisse und der Güter durch Beschluß der vormaligen deutschen Bundesversammlung oder vor dem Inkrafttreten des Bürgerlichen Gesetzbuchs durch Landesgesetz gleichgestellt worden sind, bleiben die Vorschriften der Landesgesetze und nach Maßgabe der Landesgesetze die Vorschriften der Hausverfassungen unberührt. Das Gleiche gilt zu Gunsten des vormaligen Reichsadels und derjenigen Familien des landsässigen Adels, welche vor dem Inkrafttreten des Bürgerlichen Gesetzbuchs dem vormaligen Reichsadel durch Landesgesetz gleichgestellt worden sind."

510 Diese Gesetze galten also trotz Artikel 55 EGBGB weiter.

511 *Oertmann*, S. 8 f.

512 *Oertmann*, S. 8.

513 *Leven*, S. 27 f.

Ausführungsbestimmungen zur Verfassung, die alle auf dem öffentlichen Recht beruhenden Vorrechte des bisherigen Adelsstandes, einschließlich der Sonderrechte, abschafften.[514] Damit war das Privatfürstenrecht unabhängig von seinem Entstehungsgrund und seiner Einordnung als öffentliches Recht[515] oder „privates Recht“[516] als Recht zur Normsetzung abgeschafft. Die Hausverfassungen und Familienverträge waren ab diesem Zeitpunkt unwirksam.

V. Resümee. Weiterer Untersuchungsverlauf

Im Rahmen ihrer Autonomie hatten die adeligen Familien verbindliche Regelungen über ihre jeweiligen erbrechtlichen, familienrechtlichen und vermögensrechtlichen Verhältnisse festgelegt und in Hausgesetzen und Familienverträgen, oftmals kombiniert mit Erbverträgen, verschriftlicht. In diesen Regelungskomplexen waren immer Schiedsgerichtsanordnungen enthalten, die sich auf sämtliche Streitigkeiten und offene Rechtsfragen der Familienmitglieder bezogen. Somit sollten auch die Fälle umfasst werden, in denen, im Zusammenhang mit der Erbfolge oder der Nachlassauseinandersetzung, ein Streit entstanden war. Die Autonomie des hohen Adels war neben den erbrechtlichen Nebenbestimmungen eine weitere Rechtsquelle für die letztwilligen Schiedsklauseln.

Nach der vollständigen Abschaffung aller Standesvorrechte, somit auch der Autonomie des Adels, entfiel die Rechtsgrundlage für die letztwilligen Schiedsklauseln. Dadurch wurden die Hausgesetze und Familienverträge, sofern sie gegen geltendes Recht verstießen, unwirksam. Die Mitglieder der betroffenen Familien wurden dem allgemeinen bürgerlichen Recht unterworfen.[517] Alle landesrechtlichen Regelungen, die die Autonomie über die Kodifizierung des BGB hinaus gerechtfertigt hatten, wurden unwirksam. Die Frage nach der Rechtswirksamkeit der letztwilligen Schiedsklausel war somit nur nach allgemein geltendem Recht zu entscheiden. Eine explizite materiell-rechtliche Vorschrift enthielt das BGB nicht. Der *Modus* war in seiner früheren Form aufgegeben

514 *Hoyningen-Huene von*, S. 32 f.; *Leven*, S. 49 f.

515 *Leven*, S. 22: „Die „Autonomie (ist) eine Befugnis, die über die rechtsgeschäftliche Dispositionsbefugnis der sonstigen Rechtssubjekte weit hinausgeht“; *Loening*, S. 7, 24 f.: Objektives Recht liege vor, da auch weitere Beteiligte mitumfasst waren, die nicht zugestimmt hatten; *Oertmann*, S. 2: „Selbstgesetzgebung“; Entscheidung des Staatsgerichtshofs vom 10.05.1924, RGZ 111, Anhang, S. 5: „Autonomie ist die Befugnis, objektives Recht zu schaffen.“

516 *Gerber*, S. 35 ff.

517 *Kuchinke*, S. 410.

worden. Es blieb nur die allgemeine Testierfreiheit. Der Einschub „in gesetzlich statthafter Weise", den die damalige Vorgängernorm zu § 1066 ZPO § 1048 (ZPO 1898) enthielt, war zur allgemeinen Wirksamkeitsvoraussetzung von Verfügungen von Todes wegen mithin zur Selbstverständlichkeit degradiert worden. Er ist seitdem überflüssig.

Als Rechtsgrundlage für die letztwillige Schiedsklausel als freie Anordnung kommt nur die *allgemeine Testierfreiheit* in Betracht. Auf den ersten Blick wird dies spontan bejaht werden. Es handelt sich bei der letztwilligen Schiedsklausel erkennbar nicht um eine sittenwidrige oder anstößige Anordnung. Schiedsgerichtsbarkeit und staatliche Gerichtsbarkeit gehen Hand in Hand[518] und die selbstverständliche Annahme der Zulässigkeit der letztwilligen Schiedsklausel ist allgemeiner Tenor. Die Euphorie wird etwas gedämpft durch das Vorhandensein des erbrechtlichen Numerus clausus. Wurde er stillschweigend um die letztwillige Schiedsklausel erweitert? Wenn nein, kann auch die Testierfreiheit nicht helfen. Dann hat sie offensichtlich da eine ihrer Grenzen. Dieser Frage soll im Folgenden nachgegangen werden. Nur wenn die letztwillige Schiedsklausel mit den Prinzipien des erbrechtlichen Numerus clausus und des Typenzwangs vereinbar ist, kann die letztwillige Schiedsklausel als reine Anordnung im Rahmen der Testierfreiheit zulässig sein und rechtswirksam, mit den vom Erblasser gewünschten rechtlichen Konsequenzen, angeordnet werden.

F. Die allgemeine Testierfreiheit als Rechtsquelle der letztwilligen Schiedsklausel

I. Der erbrechtliche Numerus clausus und Typenzwang

1. Begriffsbestimmungen

„Testierfreiheit ist die erbrechtliche Ausprägung der Privatautonomie."[519] Die Testierfreiheit ist jedoch nicht unbeschränkt. So ergeben sich Einschränkungen, wenn der Erblasser bei Errichtung der Verfügung von Todes wegen nicht testierfähig im Sinne des § 2229 Abs. 1, Abs. 4 BGB ist oder wenn er einer Bindungswirkung durch eine frühere Verfügung von Todes wegen unterliegt. An Grenzen

518 Begründung zum Entwurf eines Gesetzes zur Neuregelung des Schiedsverfahrensrechts (Schiedsverfahrens-Neuregelungsgesetz–SchiedsVfG), BT-DS 13/5274 vom 12.07.96, S. 34: „Sieht man die Schiedsgerichtsbarkeit als eine der staatlichen Gerichtsbarkeit im Prinzip gleichwertige Rechtsschutzmöglichkeit an, […]"; *Münch*, S. 198 ff.; *Schütze*, S. 2 f.

519 *Muscheler*, Erbrecht, Band I, § 13 Rn. 327.

stößt die Testierfähigkeit durch §§ 2064, 2065 BGB (Persönliche Errichtung, Bestimmung durch Dritte), durch die Formvorschriften §§ 2231 ff. BGB, durch das Pflichtteilsrecht (§§ 2303 ff. BGB) und durch zwingende Vorschriften des materiellen Erbrechts, von denen der Erblasser nicht abweichen kann, beispielsweise § 2220 BGB (Zwingendes Recht).

Eine weitere Einschränkung der Testierfreiheit kann daraus entstehen, dass sich der Erblasser zwei erbrechtlichen Strukturprinzipien unterwerfen muss, nach denen er seine Verfügungen auszurichten hat. Diese sind der Numerus clausus des Erbrechts und der Typenzwang. Verstoßen die letztwilligen Verfügungen des Erblassers gegen diese Strukturprinzipien, sind sie unwirksam. Sie können möglicherweise ausgelegt oder umgedeutet werden. So stehenbleiben, wie der Erblasser sich dies vorstellte, können sie nicht.

Der Gesetzgeber hat für das Erbrecht einen Numerus clausus von zulässigen Verfügungstypen geschaffen, der dazu führt, dass der Erblasser nur unter Rückgriff auf die in dem Numerus clausus enthaltenen Verfügungstypen rechtswirksam eine Verfügung von Todes wegen erstellen kann.[520] Diese „erlaubten" Verfügungstypen sind zum Großteil in den materiell-rechtlichen Normen des Erb- und Familienrechts explizit genannt. Die wichtigsten Regelungstypen sind §§ 1937, 1938, 2096, 2100 BGB (Regelung der Erbfolge), §§ 1939 (Vermächtnis), 1940 (Auflage), 1969 Abs. 1 S. 2 (Entziehung des Deißigsten), 2044 (Ausschluss der Auseinandersetzung), 2048 (Teilungsanordnung), 2197 (Ernennung des Testamentsvollstreckers), 2333 (Pflichtteilsentziehung), 2338 (Pflichtteilsbeschränkung) BGB. Daneben gibt es noch familienrechtliche Anordnungen mit erbrechtlichen Auswirkungen. Hier ist an §§ 1418 Abs. 2 Nr. 2, 1486 Abs.1, 1509 (Regelungen zur Gütergemeinschaft), 1638 Abs. 3 (Ausschluss der Verwaltung von Vermögen), 1777 Abs. 3 BGB (Benennung eines Vormundes) zu denken. Auch Art. 22 EGBGB (Gleichstellung bei Adoption nach ausländischem Recht) und Art. 22 Abs. 1, Abs. 2 EuErbVO[521] (Rechtswahl) ermöglichen die letztwillige Anordnung.

Neben diesen ausdrücklich bezeichneten Anordnungstypen stehen dem Erblasser noch Anordnungstypen zur Verfügung, die im Gesetz keine ausdrückliche „Ermächtigungsnorm" haben. Dies sind die Errichtung einer Stiftung durch

---

520 *Muscheler*, Erbrecht, Band I, § 13 Rn. 331; *ders.* Universalsukzession, S. 2; Staudinger/*Otte*, BGB, Vorbem. zu §§ 1937 Rn. 14.

521 Verordnung (EU) Nr. 650/2012 des Europäischen Parlaments und des Rates vom 04.07.2012. Amtsblatt der Europäischen Union L 201/07.

Verfügung von Todes wegen (§ 83 BGB), die Entziehung des Voraus (§ 1932 BGB)[522], die aufschiebende und auflösende Bedingung (§§ 2074, 2075 BGB).

Die Begriffe Numerus clausus und Typenzwang werden in der Rechtsliteratur häufig synonym verwendet.[523] Dies ist jedoch unpräzise. Betrachten wir das Wort „Typenzwang" genau. Zum einen kann es bedeuten, dass der Verwender eines bestimmten Typus dem „Zwang" unterliegt, genau diesen Typus zu verwenden. Zum anderen kann das Wort „Typenzwang" bedeuten, dass der Typus gezwungenermaßen in seiner bestehenden Form und mit seinem bestehenden Inhalt verbleiben muss, was zur Folge hat, dass der Verwender diesen Typus gerade so nehmen muss, wie er ist. Eine Modifizierung der Form oder des Inhalts ist nicht möglich.

Zum Einstieg in die folgende Abgrenzung im Zusammenhang mit Verfügungen von Todes wegen ist festzustellen, dass der Erblasser nicht testieren *muss.* Testiert der Erblasser nicht, hat das Gesetz mit der gesetzlichen Erbfolge ein System materiell-rechtlicher Normen geschaffen, das für diesen Fall die Erbfolge regelt. Der „Typenzwang" kommt mithin erst zum Zuge, wenn der Erblasser eine Verfügung von Todes wegen errichten möchte.

Testiert der Erblasser, muss er sich aus dem Numerus clausus der erbrechtlichen Anordnungstypen diejenigen Typen heraussuchen, die er verwenden will. Dieser „Typenzwang" ist die Folge des erbrechtlichen Numerus clausus. Bei dem Numerus clausus (*lat.* beschränkte Zahl) handelt es um die „zahlenmäßig beschränkte Zurverfügungstellung" von verschiedenen erbrechtlichen Regelungsmustern. Wenn man nur aus einem Numerus clausus auswählen kann, ist die Bezeichnung der Auswahl als „Typenzwang" ein Pleonasmus. Es ist der Numerus clausus selbst, der vorgibt, dass nur eine bestimmte Anzahl Typen zur Verfügung stehen. Es könnte lediglich argumentiert werden, der Numerus clausus sei die tatsächliche Aufzählung im Sinne einer Liste. Daneben sei der Typenzwang die Beschreibung der subjektiven Situation des Verwenders, der sich eine Gestaltung überlegt und nun die „Qual der Wahl" hat. Auch wenn so

---

522 MünchKomm/*Leipold*, 9. Bd., BGB, § 1932 Rn. 7.

523 *Blomberg*, S. 80: „[...] nur eine beschränkte Nummer von Rechtsgestaltungen zugelassen und damit einen erbrechtlichen Typenzwang geschaffen"; *Deeg*, S. 2 ff.; *Füller*, S. 371 f.; *Kipp/Coing*, S. 134, spricht nur vom Typenzwang: „Die Verfügung von Todes wegen ist nur für Anordnungen bestimmter Art offen, deren Rechtsfolgen im wesentlichen zwingend gestaltet sind."; *Kroppenberg*, S. 122, Fn. 26 mit w. Nw.: „[...] Rechtsfiguren und den dazugehörenden Rechtsfolgen".; *Möslein*, S. 21; *Radke*, S. 53, gibt nach anfänglicher Begriffstrennung seine Unterscheidung zwischen Numerus clausus und Typenzwang auf. Unterscheidend: *Strothmann*, Jura 1982, 349 (350).

argumentiert wird, was vertretbar ist, können die Begriffe Numerus clausus und Typenzwang nicht gleichgestellt werden, da der Fokus der Betrachtung in beiden Fällen nicht identisch ist.

Der Numerus clausus ist mithin die zahlenmäßig beschränkte Zurverfügungstellung verschiedener „Regelungsmodelle". Dagegen ist unter dem Begriff „Typenzwang" zu verstehen, dass die zur Verfügung stehenden „Regelungsmodelle" vom Gesetzgeber *inhaltlich* ausgestaltet wurden, sodass der „Zwang" dieser Typen in mehr oder minder starker Weise die Gestaltungsfreiheit des Verwenders beschränkt. *Muscheler* spricht in diesem Zusammenhang vom Typenzwang im engen Sinne.[524] Diese Bezeichnung soll im Folgenden beibehalten werden. Sie dient der Klarstellung dahingehend, dass im weiteren Verlauf der Untersuchung der „Typenzwang", der sich unabdingbar aus dem Numerus clausus ergibt (im Folgenden als Typenzwang im weiten Sinne bezeichnet), und der Typenzwang, der sich aus dem Inhalt der Typen ergibt (im Folgenden als Typenzwang im engen Sinne bezeichnet), nicht identisch sind.

2. Numerus clausus vs. Typenzwang im engen Sinne

Die Beziehung zwischen dem Numerus clausus und dem Typenzwang im engen Sinne gestaltet sich mehrschichtig.

Ein Typenzwang ist vernünftigerweise ohne Numerus clausus nicht möglich. Die bekannten Typen wären zwar inhaltlich ausgestaltet und könnten nicht modifiziert werden, aber es könnten neue unbekannte Typen geschaffen werden und somit die Verwendung der bekannten Typen umgangen werden.[525] *Westermann* vertritt die Auffassung, es könne einen Numerus clausus ohne gleichzeitigen Typenzwang geben. Dies setze lediglich voraus, dass die zugelassenen Typen mit wenigen, den Ordnungsvorstellungen des Gesetzgebers entsprechenden Eckpfeilern ausgestaltet seien, die das Rechtssubjekt beschränkten, ihm aber im Übrigen Gestaltungsfreiheit gäben.[526] Dem kann nicht zugestimmt werden. Ein Numerus clausus ohne jede Ausgestaltung der einzelnen Typen würde durch eine beliebige Erweiterung der Typeninhalte dazu führen, dass der Numerus clausus faktisch durchbrochen wird. Denkbar ist es, den Typeninhalt so gering auszugestalten, dass er nur wenig „Zwang" ausübt. Hier ist an § 2048 BGB zu denken. § 2048 BGB regelt lediglich, dass der Erblasser „Anordnungen für die Auseinandersetzung" treffen kann. Welche Anordnungen dies genau sind, wie

---

524 *Muscheler*, Erbrecht I, S. 192; *ders.* Universalsukzession, S. 2.

525 *Westermann*, S. 115 f.

526 *Westermann*, S. 117.

diese wirken etc. ist nicht geregelt. Im Gegensatz zu den Rechtsinstituten Testamentsvollstreckung, Nacherbschaft oder Vermächtnis ist der Regelungsgehalt des § 2048 BGB gering. Hätten alle Rechtsinstitute des Numerus clausus diesen geringen Regelungsinhalt, könnte die Ausgestaltung der Typen beliebig erweitert werden, wodurch der Numerus clausus obsolet wäre.

Um der Frage nach dem Umfang des Typenzwanges im engen Sinne weiter nachgehen zu können und die aufgezeigte Komplexität der Beziehung zwischen dem Numerus clausus und dem Typenzwang im engen Sinne zu erhellen, ist darüber nachzudenken, weshalb sich der historische Gesetzgeber für einen erbrechtlichen Numerus clausus entschieden hat.

Es wird in der erbrechtlichen Literatur und in der Rechtsprechung überwiegend davon ausgegangen, dass ein Numerus clausus des Erbrechts bestehe,[527] weil auch Dritte die Zuordnung von Gütern, die durch die Universalsukzession auf den Rechtsnachfolger übergehen, gegen sich gelten lassen müssten.[528] Die Universalsukzession, so *Blomberg*, benötige ein hohes Maß an Rechtssicherheit. Das Erbrecht habe insoweit eine strukturelle Ähnlichkeit mit dem Sachenrecht, das ebenfalls über einen Typenzwang verfüge.[529] *Deeg* begründet den erbrechtlichen Typenzwang mit verschiedenen Ordnungsprinzipien, die die Testierfreiheit „kanalisieren“[530] sollten.

II. Die Kritik *Kroppenbergs* am erbrechtlichen Typenzwang

Kroppenberg kritisiert die Begründung des erbrechtlichen Typenzwangs[531] aus dem Sachenrecht. Eine Herleitung aus dem Sachenrecht, als Recht der Lebenden, überzeuge nicht.[532] *Kroppenberg* beschäftigt sich intensiv mit den im

527 BGH, Urteil vom 29.03.1972 – IV ZR 1200/68; MünchKomm/*Leipold*, 9. Bd., BGB, § 1937 Rn. 10 f.; Staudinger/*Otte*, BGB, Vorbem. zu §§ 1937 Rn. 14; *Strothmann*, Jura 1982, 349 ff.; kritisch: *Radke*, S. 37. *Radke* rügt die vorschnelle Annahme eines Numerus clausus. Diese habe einen „[…] axiomatischen Charakter“.

528 *Blomberg*, S. 80 f.; *Kipp/Coing*, S. 134 f.; *Strothmann*, Jura 1982, 349 (352).

529 *Blomberg*, S. 81: „Dass der Typenzwang eine notwendige Voraussetzung für eine funktionierende Güterzuordnung ist, zeigt erneut ein Vergleich zum Sachenrecht.“

530 *Deeg*, S. 22 f. Auch *Deeg* unterscheidet nicht zwischen den Begriffen Numerus clausus und Typenzwang.

531 *Kroppenberg, Privatautonomie*, S. 122, Fn. 26, verwendet die Begriffe Typenzwang und Numerus clausus teilweise synonym: „Rechtsfiguren und den dazugehörenden Rechtsfolgen“, teilweise nebeneinander: vgl. *Kroppenberg*, a. a. O., S. 123.

532 *Kroppenberg*, a. a. O., S. 123: „Wenn es denn im Erbrecht einen Typenzwang und einen *numerus clausus* der rechtsgeschäftlichen Instrumente geben sollte, so muss er

Schrifttum verwendeten Argumenten für den erbrechtlichen Typenzwang und untersucht diese auf ihre Bestandskräftigkeit. So betrachtet sie den Begründungsansatz „Belange des Verkehrsschutzes“[533], schließt diesen jedoch aus, da die erbrechtliche Güterzuordnung kraft Gesetzes bewirkt werde und nicht durch ein dingliches Rechtsgeschäft, weshalb sie eines erbrechtlichen Typenzwangs nicht bedürfe. Auch die Argumente in der Rechtsliteratur, durch den Typenzwang würde für Rechtssicherheit und für das Interesse der Allgemeinheit an eindeutigen und verlässlichen Gestaltungen gesorgt, lässt *Kroppenberg* nicht gelten. Die Erbeinsetzung habe im Falle ihres Vollzugs „unmittelbar gegenstandsrechtliche Wirkung“[534], die für die erforderliche Rechtsklarheit sorge und nicht nach der „Kanalisierung in Typen“[535] verlange. Ein *argumentum e contrario*, also die Folgerung, dass aus der Aufzählung der zulässigen Anordnungen im Erbrecht gefolgert werden könne, dass andere Anordnungen nicht zulässig seien, lehnt *Kroppenberg* unter Hinweis auf die Aufzählung der Rechtsgeschäftstypen im besonderen Schuldrecht, aus der niemand auf einen abschließenden Charakter schließe, ab.[536] Als Nächstes untersucht *Kroppenberg* die Erforderlichkeit eines Typenzwangs als Korrektiv für das rechtsgeschäftliche Handeln zulasten Dritter. Das Argument, die Gestaltungsfreiheit des Erblassers könne zu einem Gefahren- und Konfliktpotenzial für die Erben werden und auch Dritte treffen, weist *Kroppenberg* mit der Untauglichkeit des Typenzwangs zur Kontrolle rechtsgeschäftlichen Verhaltens, das Dritte betreffe, zurück. Erben könnten jederzeit das „in der Gestaltungsfreiheit liegende Gefahren- und Konfliktpotential“[537] durch Ausschlagung kompensieren. Die Gefahr einer Verfügung zulasten Dritter beinhalte die Verfügung von Todes wegen nie, da der Erblasser die Verfügung von Todes wegen zu Lebzeiten errichte und in dieser Verfügungen über seinen „eigenen Herrschaftsbereich“[538] tätige. Diese behielten ihre Qualität als „eigener Herrschaftsbereich“ auch nach dem Tod des Erblassers und könnten somit keine Regelungen zulasten Dritter darstellen.[539]

---

erbrechtlich erklärt werden, oder man muss sich eingestehen, dass es ihn hier nicht gibt, weil es ihn nicht geben muss.“

533 *Kroppenberg*, a. a. O., S. 249.

534 *Kroppenberg*, Privatautonomie, S. 249.

535 *Kroppenberg*, ebd.

536 *Kroppenberg*, Privatautonomie, S. 250.

537 *Kroppenberg*, a. a. O., S. 253.

538 *Kroppenberg*, ebd.

539 Vgl. *Kroppenberg*, a. a. O., S. 249 ff.

III. Kritik der Kritik *Kroppenbergs*

Den Argumenten *Kroppenbergs* zur Güterzuordnung kraft Gesetzes ist teilweise zuzustimmen. Die Prinzipien Universalsukzession und Vonselbsterwerb führen nach dem Erbfall zu einem vollständigen Übergang aller vererbbaren Rechte auf den Erben.[540] Diese Prinzipien sind zwingend und können vom Erblasser nicht abbedungen werden. Die Wirkung einer Verfügung von Todes wegen tritt gemäß § 1922 Abs. 1 BGB mit dem Erbfall ein. Auch der Zeitpunkt ist zwingend. Es ist jedoch nicht nachvollziehbar, warum diese Güterzuordnung qua Gesetz gegen einen Typenzwang sprechen sollte. Die Festschreibung der Rechtsfolgen stellt gerade den Typenzwang im hier verstandenen Sinne dar. *Kroppenbergs* Einwand, aus der Aufzählung der Rechtsgeschäftstypen im besonderen Schuldrecht schließe niemand auf deren abschließenden Charakter, ist nicht stringent in Bezug auf ihr Postulat, der erbrechtliche Typenzwang müsse erbrechtlich erklärt werden oder könne nicht bestehen.[541] Dieses voraussetzend, kann auch kein Gegenargument für den Typenzwang aus dem Schuldrecht, als Recht der Lebenden, gezogen werden.

Kroppenbergs Ansicht, eines Typenzwangs zum Schutze der Erben bedürfe es nicht, da der Erblasser mit seiner Verfügung von Todes wegen ausschließlich seinen eigenen Herrschaftsbereich regle und die Erben die von ihnen als Belastung empfundenen Anordnungen des Erblassers durch Ausschlagung abschütteln könnten, überzeugt nicht. Natürlich können Erben ausschlagen. Sie machen aber damit genau den Willen des Erblassers, den dieser ursprünglich in Bezug auf seine Rechtsnachfolge hatte, zunichte. Die meisten Testamente beinhalten Ersatzerbenregelungen oder Strafklauseln, die eine Ausschlagung durch Ausscheiden des gesamten Stammes des Ausschlagenden aus der Erbfolge pönalisieren. Dennoch kommt der Wille des Erblassers, den er offensichtlich hatte, da er ansonsten gleich anderweitig testiert hätte, nicht mehr zur Geltung. Wenn er daran auch noch „selbst schuld" ist, war er schlecht beraten. Mancher Erblasser würde sich im sprichwörtlichen Grabe herumdrehen, wenn er wüsste, dass nach einer Kettenausschlagung ein Nachlasspfleger den Nachlass abwickelt und entfernte Verwandte sucht, während seine Abkömmlinge, die er durch Verhaltensanordnungen „im Zaum" zu halten gedachte, den Pflichtteil verlangen. Es ist davon auszugehen, dass der Erblasser hier gerne zurückrudern würde. Auch die Interessen der Erben verdienen mehr Berücksichtigung als den Hinweis, sie könnten ja ausschlagen, wenn ihnen die Sache nicht passe.

---

540 Ausführlich: *Muscheler*, Universalsukzession, S. 2 f., S. 35 f.

541 *Kroppenberg*, Privatautonomie, S. 123.

Der Numerus clausus der erbrechtlichen Anordnungsmöglichkeiten sorgt für Gestaltungsklarheit beim Erblasser und mehr Rechtssicherheit bei den Erben. Es wird ein normativer Rahmen vorgegeben, der gerade vor den von *Kroppenberg* richtigerweise angeprangerten unglücklichen Vermischungen des Erbrechts mit dem Schuldrecht schützt.

IV. Die letztwillige Schiedsklausel im System des erbrechtlichen Numerus clausus

In dem Numerus clausus der erbrechtlichen Anordnungstypen findet sich die letztwillige Schiedsgerichtsanordnung nicht, zumindest nicht explizit durch eine im Gesetz erfolgte Nennung. Stattdessen wird sie mit der Begründung, sie basiere auf der Testierfreiheit, für zulässig erachtet. Dies bedeutet, dass die letztwillige Schiedsgerichtsanordnung als neuer Typus institutionalisiert wird. Durch ihre Einreihung in den erbrechtlichen Numerus clausus wird dieser erweitert. Ist dies zulässig?

Es mag eingewandt werden, dass der Numerus clausus der Typen in anderen Rechtsgebieten, beispielsweise im Sachenrecht, fortwährend durch Rechtsfortbildung gelockert werde.[542] Dies gilt nicht im Erbrecht. Der Numerus clausus der erbrechtlichen Anordnungstypen ist der Rechtsfortbildung durch die Gerichte weitgehend entzogen. Als Beispiel diene das Urteil des OLG München vom 26.03.2008. Nach den Ausführungen des OLG München treffen die §§ 2050 ff., 2315 BGB abschließende Sonderregelungen für formlos mögliche Anrechnungsbestimmungen. Andere Anrechnungsbestimmungen verstießen gegen den Typenzwang und seien nur in erbrechtlich vorgesehenen Formen möglich.[543] Als weiteres Beispiel ist das Urteil des BGH vom 29.03.1972[544] zur Rechtswahlklausel in einem Testament zu nennen. Der BGH sah sich, mit der Begründung, weder die erbrechtlichen Anordnungen des BGB noch die Normen des deutschen Kollisionsrechts sähen eine Rechtswahlklausel vor, nicht in der Lage, die Rechtswahlklausel als zulässige Anordnung anzuerkennen. Nachdem

542 Ausführlich: *Westermann*, S. 115 f.; sehr umfangreich: *Füller*, S. 405 ff.

543 OLG München, Urteil vom 26.03.2008 – 15 U 4547/07, Tz. 42 ff. (Tz. 47): „Die §§ 2050 ff., 2315 BGB treffen Sonderregelungen für formlos mögliche Anrechnungsbestimmungen, die im Umkehrschluss ergeben, dass Anrechnungsanordnungen im Übrigen nur in erbrechtlich vorgesehenen Formen und Verfügungen möglich sind.“

544 BGH, Urteil vom 29.03.1972 – IV ZR 1200/68: „Die Testierfreiheit enthält nach deutschem Recht nicht die Befugnis zu entscheiden, nach welcher Rechtsordnung sich Erbfolge und erbrechtliche Ansprüche bestimmen sollen.“

das Erfordernis für eine letztwillige Rechtswahlklausel durch die gesellschaftlichen Veränderungen offenkundig gegeben und rechtspolitisch gewünscht war, musste der Gesetzgeber reagieren.[545]

Eine solche bedürfnismotivierte gesetzliche Neuschaffung eines erlaubten Anordnungstypus (hier: die letztwillige Schiedsklausel) wird von dem Gesetzgeber nicht gesehen. Der Grund hierfür liegt in der seltenen Verwendung der letztwilligen Schiedsklausel. Bereits der historische Gesetzgeber hatte die Möglichkeit, die letztwillige Schiedsklausel als eigenen Anordnungstyp in den Katalog der expliziten Anordnungstypen mit aufzunehmen. Da dies unterblieb, ist davon auszugehen, dass die letztwillige Schiedsklausel keinen eigenen Anordnungstyp darstellen sollte. Wenn es ein rechtspolitisches Erfordernis gäbe, die letztwillige Schiedsklausel als weiteres erbrechtliches Rechtsinstitut zu institutionalisieren, ist der Gesetzgeber aufgerufen, dies zu tun. Bis dahin muss davon ausgegangen werden, dass die letztwillige Schiedsklausel kein eigener Anordnungstyp des Erbrechts ist, was allerdings nicht heißt, dass sie nicht zulässig sein kann.

V. Ansätze von *Kroppenberg* und *Deeg* zur Erweiterung des erbrechtlichen Numerus clausus

Es gibt im Schrifttum verschiedene Ansätze, den Numerus clausus des Erbrechts zu erweitern. So ist *Kroppenberg* der Auffassung, es müssten alle erbrechtlichen Anordnungen zulässig sein, die nicht gegen das Prinzip der Universalsukzession verstoßen.[546]

Deeg differenziert. Er verwendet verschiedene Ordnungsprinzipien, die er aus den einzelnen Bestimmungen der erbrechtlichen Vorschriften des BGB generiert, und ordnet die erbrechtlichen Anordnungen diesen Ordnungsprinzipien unter.[547] *Deegs* Ziel ist es, die Gründe darzustellen, wieso der erbrechtliche Typenzwang die Gestaltungsrechte des Erblassers beschränken kann. Der Typenzwang stellt nach *Deegs* Argumentation den Schutz erbrechtlicher Ordnungsprinzipien dar. *Deeg* kommt zu dem Ergebnis, dass Anordnungen, die das Gesetz nicht vorsehe, die aber nicht gegen das Wertesystem verstoßen, das er in den Ordnungsprinzipien beschreibt, trotz des Typenzwangs wirksam sein können. Von den von *Deeg* beschriebenen Ordnungsprinzipien ist der Grundsatz, dass „der Erblasser nur über seinen eigenen Bereich bestimmen kann“[548], näher

545 Zuerst durch Artikel 25 Abs. 2 EGBGB, später Artikel 22 EuErbVO.

546 *Kroppenberg*, Privatautonomie, S. 256.

547 *Deeg*, S. 26 ff.

548 *Deeg*, S. 34.

zu betrachten. Diesen Grundsatz nennt *Deeg* „Eigenbereichsbezogenheit“[549]. Das Prinzip der Eigenbereichsbezogenheit führe zum einen dazu, dass der Erblasser grundsätzlich nur denjenigen Personen, die von ihm durch seine Verfügung von Todes wegen begünstigt seien, eine Belastung anordnen könne. Zum anderen könne der Erblasser von verschiedenen erbrechtlichen Vorschriften nicht abweichen, da diese Rechte der Erben oder Vermächtnisnehmer beträfen, die nicht zum eigenen Bereich des Erblassers gehörten.[550] *Deeg* führt noch eine Reihe weiterer Ordnungsprinzipien auf, wie beispielswiese den Grundsatz der Universalsukzession, den Grundsatz der Höchstpersönlichkeit der Verfügungen von Todes wegen und den Grundsatz der Beteiligung der Familie des Erblassers am Nachlass.[551]

VI. Kritik der Ansätze von *Kroppenberg* und *Deeg*

Kroppenbergs Ansatz, beliebige testamentarische Anordnungen zuzulassen und deren Rechtswirksamkeit nur abzulehnen, wenn durch sie das Prinzip der Universalsukzession gestört wird, greift zu kurz. Die Universalsukzession ist ein tragendes Prinzip im Erbrecht. Unstreitig kann der Erblasser rechtswirksam keine Anordnungen treffen, die dieses Prinzip stören. Dies ergibt sich aus § 1922 Abs. 1 BGB, dessen Qualifikation als zwingende Norm unstreitig ist. Es gibt jedoch im Erbrecht noch weitere zwingende Normen, von denen der Erblasser nicht abweichen darf.[552] Beliebige testamentarische Anordnungen würden mit den zwingenden Normen kollidieren. Rechtsunsicherheit und ein erhebliches Konfliktpotenzial wären die Folge.

Deegs Aufzählung der erbrechtlichen Ordnungsprinzipien hat das Verdienst, die erbrechtlichen Normen im Hinblick auf das rechtliche Können des Erblassers zu strukturieren. Damit werden jedoch die vorhandenen Anordnungstypen nicht umfasst. So würde jede Auflage, die Verhaltensanweisungen an die Erben enthält, über die „Eigenbereichsbezogenheit“ des Erblassers hinausgehen, wenn nicht ein für den Erblasser wichtiger Grund für die Anordnung vorlag. Hat der Erblasser zu diesen Gründen im Testament nichts geschrieben, muss versucht werden, die Gründe des Erblassers *post mortem* zu erforschen. Dies dürfte ein Einfallstor für Hypothesen aller Art sein. Gerade bei Verhaltensanordnungen ist

---

549 *Deeg*, S. 90.

550 Vgl. *Deeg*, S. 93. Als Beispiele nennt *Deeg* u. a. § 2056 S. 1 BGB, § 2044 Abs. 1 S. 2 BGB in Verbindung mit § 751 S. 2 BGB, § 2121 Abs. 4 BGB.

551 Vgl. *Deeg*, S. 82 f.

552 Unten 3. Kapitel § 2 F. VII. 4. und 5.

der Grat zwischen dem Bereich, der als eigener Bereich des Erblassers anerkannt werden kann (Interesse des Erblassers), und dem eigenen Bereich der Betroffenen (Interesse des Erben oder Vermächtnisnehmers) sehr schmal. Hier kann es sehr schnell zu Kollisionen kommen, die über die Gegenüberstellung von Motivlagen und „berechtigten Interessen" aufgelöst werden müssten. Insbesondere stellt sich in Bezug auf eine letztwillige Schiedsklausel das Motiv für die Anordnung des Erblassers nicht auf den ersten Blick dar.

Aber selbst wenn der Erblasser in der Verfügung von Todes wegen nähere Erklärungen abgegeben hätte, müssten diese bei Nichtakzeptanz durch die Erben von einem Gericht dahingehend überprüft werden, ob diese Gründe noch zum eigenen Bereich des Erblassers gehören oder nicht. Ein solches Vorgehen wäre nicht nur schwerfällig, sondern in vielen Fällen auch ergebnislos. Die wahren Gründe des Erblassers für seine testamentarischen Anordnungen lassen sich im Regelfall *post mortem* nicht wirklich feststellen.

Zusammenfassend lässt sich feststellen, dass sich die Erweiterung des erbrechtlichen Numerus clausus durch die letztwillige Schiedsklausel als reine Anordnung nicht ohne Schwierigkeiten begründen lässt.

VII. Eigener Ansatz: Die Zweistufentheorie der erbrechtlichen Optionsmodelle

1. Einleitung

Der erbrechtliche Numerus clausus besteht aus einer Aufzählung verschiedener Anordnungstypen im BGB, dem EGBGB und der EuErbVO. Beschränkt durch die vorgegebenen Regelungsmuster kann der Erblasser, weiter beschränkt durch die allgemeinen Wirksamkeitsvoraussetzungen seines jeweiligen Rechtsgeschäfts, seine Testierfreiheit ausüben.

Die Suche nach einem Begriff, der das Recht des Erblassers, seine Testierfreiheit in dem vorgesehenen Rahmen ausüben zu können, passend einfängt, gestaltete sich als schwierig. Der Begriff *Abschlussfreiheit* stammt aus dem Vertragsrecht und ist nur für den Abschluss eines Erbvertrages passend. *Kroppenberg* verwendet die Bezeichnung „Errichtungsfreiheit"[553]. Der Begriff *Errichtungsfreiheit* bezieht sich jedoch nur darauf, dass sämtliche erbrechtlichen Anordnungen durch eine Verfügung von Todes wegen, mithin durch Testament oder Erbvertrag, erfolgen müssen. Der Begriff *Gestaltungsfreiheit* erscheint passend, wenn die Ebene der Zulässigkeitsfragen hinsichtlich der Anordnungen des Erblassers

553 *Kroppenberg*, Privatautonomie, S. 238.

verlassen ist und die *Ausgestaltung* des „letztwilligen Konstrukts“ des Erblassers Thema wird.[554]

Die verschiedenen „Freiheitsbegriffe“, die unter dem Oberbegriff *Testierfreiheit* verwendet werden, lassen sich nicht wirklich scharf voneinander abgrenzen. Im Folgenden soll deshalb der allgemeine Begriff der Verfügungsfreiheit verwendet werden. Dieser Begriff soll einerseits für die Freiheit des Erblassers, aus dem erbrechtlichen Numerus clausus einen Anordnungstypus oder mehrere Anordnungstypen auszuwählen, verwendet werden. Des Weiteren soll sich der Begriff *Verfügungsfreiheit* auf die Freiheit des Erblassers, den von ihm gewählten Anordnungstypus zu modifizieren, beziehen. Die Verfügungsfreiheit des Erblassers wird somit im Folgenden getrennt betrachtet: zum einen bezogen auf den Numerus clausus der Anordnungstypen im Sinne einer „Wahlfreiheit“, zum anderen bezogen auf die inhaltliche Ausgestaltung der einzelnen Rechtsinstitute im Sinne einer „Ausgestaltungsfreiheit“.

2. Die Anordnungstypen als Optionsmodelle

Seit einiger Zeit beschäftigt sich die Rechtswissenschaft verstärkt mit sogenannten Optionsmodellen. Optionsmodelle sind gesetzliche Regulierungsmodelle, die im Spektrum von rein zwingendem Recht bis zu rein dispositivem Recht Regelungsmuster anbieten. Optionsmodelle können die Gestaltungsfreiheit der Beteiligten dadurch einschränken, dass die Beteiligten gezwungen sind, bestimmte gesetzliche Modelle zu wählen, oder sie können bloße Regelungsvorschläge enthalten, von denen abgewichen werden kann.[555] Die Beteiligten müssen in das Modell hineinoptieren, wenn es sich um sogenannte „strenge“ Optionsmodelle handelt, die typischerweise in einem gesetzlich normierten Numerus clausus vorliegen.[556] „Weiche“ Optionsmodelle[557] liegen vor, wenn der Gesetzgeber das Regelungsmuster nicht rein zwingend ausgestaltet, sondern für die Anwender Raum für eigene rechtliche Ausgestaltungen lässt.

Der Begriff der Optionsmodelle passt sehr gut für die erbrechtlichen Anordnungstypen. Bei dem Numerus clausus der erbrechtlichen Anordnungstypen handelt es sich um Optionsmodelle in „strenger“ Form. Das heißt, der Erblasser kann in diese Optionsmodelle hineinoptieren oder er kann es lassen. Will er

---

554 So ist auch *Kroppenberg*, Privatautonomie, S. 271 zu verstehen: „Die Gestaltungsfreiheit akzentuiert [...] das eigentlich Schöpferische privatautonomer Betätigung.“

555 *Bachmann*, JZ 2008, S. 11 (14-16).

556 *Bachmann*, a. a. O., S. 15.

557 *Bachmann*, a. a. O., S. 15.

optieren, muss er zwingend eines oder mehrere der vorgesehenen Optionsmodelle wählen. Das macht den erbrechtlichen Numerus clausus aus. Typisch für das Erbrecht ist, dass der Erblasser frei in seiner Entscheidung ist, ob er überhaupt aktiv werden will. Der Erblasser *muss nicht* in die Regelungsmuster „Testamentsvollstreckung“ oder „Nacherbfolge“ hineinoptieren. Er steht ihm auch frei, überhaupt in den Normenkomplex „gewillkürte Erbfolge“ einzutreten. Tut er dies nicht, hat der Gesetzgeber den Normenkomplex „gesetzliche Erbfolge“ parat, der die zwingende Frage der Rechtsnachfolge nach dem Tod des Erblassers regelt. Die Testierfreiheit des Erblassers besteht darin, zu entscheiden, ob er überhaupt letztwillig verfügen will, und bejahendenfalls darin, aus dem vorgegebenen Angebot des Gesetzgebers beliebig viele Anordnungstypen auszuwählen und mit diesen sein persönliches „letztwilliges Konstrukt“ zu gestalten. Der Erblasser kann beispielsweise zur gesetzlichen Erbfolge optieren, er kann zum Vermächtnis optieren, zur Nacherbfolge, Testamentsvollstreckung oder Teilungsanordnung. Er muss sich jedoch an die in dem erbrechtlichen Numerus clausus aufgeführten Optionsmodelle halten. Er kann keine weiteren Optionsmodelle schaffen.

Betrachten wir nun die erbrechtlichen Optionsmodelle genau, kann festgestellt werden, dass die einzelnen Typen in Bezug auf ihren Umfang und Inhalt sehr unterschiedlich sind. So gibt es einzelne Anordnungstypen, die nur die Möglichkeit zur Anordnung formulieren und keine oder nur wenige weitere Regelungen enthalten. Hier sind beispielhaft die §§ 1638 Abs. 3, 1777 Abs. 3, 1937, 2044 Abs. 1 Satz 1, 2048 Satz 1 BGB zu nennen. Der Erblasser hat viel Raum für eigene Gestaltungen, wodurch diese Normen als inhaltlich „weich“ bezeichnet werden können. Andere Anordnungstypen enthalten umfangreiche Regelungskomplexe, die sich aus zwingenden Normen und dispositiven Normen zusammensetzen. Hier sind beispielhaft die §§ 2100 bis 2146, 2147 bis 2191, 2197 bis 2228, 2265 bis 2272, 2274 bis 2300, 2333 bis 2337 BGB zu nennen. Allein an der Anzahl der Normen ist zu erkennen, dass es sich um umfangreiche Regelungsmuster handelt.

Der Gesetzgeber hätte die Möglichkeit gehabt, alle durch den erbrechtlichen Numerus clausus bezeichneten Anordnungstypen vollumfänglich auszugestalten und durch zwingende Vorschriften festzuschreiben. Der Gestaltungsfreiheit des Erblassers wäre dadurch ein nur sehr geringer Rahmen beschieden. Folgendes Beispiel soll dies verdeutlichen: Der Erblasser möchte einen Erben und einen Nacherben bestimmen. Wenn nun das Konstrukt „Nacherbfolge“ vom Gesetzgeber vollständig reguliert wäre, wenn also Rechte und Pflichten des Vorerben und Nacherben, einschließlich des Zeitpunkts des Eintritts der Nacherbfolge, vom Gesetzgeber zwingend vorgeschrieben wären, hätte der Erblasser nur noch die

Möglichkeit, die begünstigten Personen zu bestimmen. Die Testierfreiheit läge darin, dass der Erblasser, der testieren möchte, einen vollständig ausgestalteten vorgegebenen Anordnungstypus auswählt und als „i-Tüpfelchen" die Bestimmung der Erben vornimmt. Bei einer solchen Überregulierung des Gesetzgebers bliebe für den Willen des Erblassers wenig Raum. Die Bezeichnung der verbleibenden Testierfreiheit als „kupierter rechtsgeschäftlicher Aktionsradius"[558] verdiente Bestätigung.

Der Gesetzgeber hat in den materiell-rechtlichen Vorschriften des Erbrechts einen Mittelweg zwischen totaler Verfügungsfreiheit und totaler Regulierung gewählt. Dieser Mittelweg eröffnet dem Erblasser auch die Möglichkeit, Anordnungen vorzunehmen, die im erbrechtlichen Numerus clausus nicht genannt sind, aber bestimmte Bedingungen erfüllen. Dies wird im Hinblick auf die letztwillige Schiedsklausel im Folgenden gezeigt werden.

3. Die Zweistufentheorie der erbrechtlichen Optionsmodelle

a. Die Zweistufentheorie der erbrechtlichen Optionsmodelle im Einzelnen

Die Zweistufentheorie der erbrechtlichen Optionsmodelle basiert auf der strikten Unterscheidung zwischen dem erbrechtlichen Numerus clausus als einer bestimmten Anzahl von Optionsmodellen, die der Erblasser aktiv auswählen kann, und dem Inhalt der einzelnen Optionsmodelle (Typenzwang im engen Sinne). Deshalb müssen letztwillige Anordnungen streng danach getrennt werden, ob sie im Rahmen der abschließenden Auflistung der Optionsmodelle (Numerus clausus) oder im Rahmen der inhaltlichen Ausgestaltung der Optionsmodelle (Typenzwang im engen Sinne) zu betrachten sind.

Der Numerus clausus, also die abschließende Auflistung der Optionsmodelle, kann als erste Stufe, die inhaltliche Ausgestaltung der Optionsmodelle als zweite Stufe bezeichnet werden. Diese *Zweistufentheorie der erbrechtlichen Optionsmodelle* kann wie folgt visualisiert werden: Die erbrechtlichen Anordnungstypen, die der Gesetzgeber bereitstellt, sind als eine zahlenmäßig vorgegebene Reihe von Häusern unterschiedlicher Größe anzusehen. Die Inhalte der einzelnen unterschiedlich ausgestatteten Häuser müssen nach Betreten des Hauses entweder zwingend darin verbleiben (zwingendes Recht), können freiwillig darin gelassen oder aktiv hinausgetragen werden (dispositives Recht), oder die Häuser werden als nicht vollständig ausgestattet empfunden, weshalb andere, noch nicht

558 *Kroppenberg*, Privatautonomie, S. 246.

vorhandene Gegenstände in das Haus hineingetragen werden können (fehlende Regelungen). Auf der ersten Stufe der Zweistufentheorie der erbrechtlichen Optionsmodelle wird der Erblasser aktiv und wählt eines oder mehrere der zur Verfügung stehenden Häuser aus. Auf der zweiten Stufe gestaltet er die Innenausstattung der Häuser individuell. Er hat jedoch bestimmte unverrückbare Gegebenheiten zu beachten und im Rahmen seiner individuellen Gestaltung zu berücksichtigen. Möchte er dies nicht, kann er auf der ersten Stufe „hinausoptieren", somit das Haus verlassen.

Wie sind nun die „Inhalte der Häuser" einzuordnen? Die Inhalte sind Regelungsmuster, die der Gesetzgeber vorgibt. Ein normativ gerahmtes Regelungsmuster soll nicht nur für „Recht und Ordnung" sorgen, sondern beinhaltet bereits Ordnungs- und Wertevorstellungen des Gesetzgebers.[559] Je nachdem, in welche Richtung diese Ordnungs- und Wertevorstellungen des Gesetzgebers gehen,[560] erfolgt eine stärkere Regulierung durch zwingendes Recht oder eine schwächere Regulierung durch dispositives Recht oder es liegt eine Nichtregelung vor. Das *zwingende Recht* ist für den Erblasser „Zwang". Ihm sind in Bezug auf die eigene Ausgestaltung weitgehend die Hände gebunden. Das ist beabsichtigt. Das dispositive Recht ist insoweit „zwingend", als es unabhängig von dem Willen des Erblassers gilt, soweit dieser nicht aktiv wird und das dispositive Recht abbedingt.[561] Ist der Erblasser mithin untätig, wird das dispositive Recht temporär zum „zwingenden Recht", respektive es gilt, so wie es der Gesetzgeber bestimmt hat. Die „Nichtregelung" führt dazu, dass der Erblasser frei ist. Er kann eigene neue Anordnungen formulieren. Auch im Falle der Nichtregelung muss der Erblasser darauf achten, dass er die Ordnungs- und Wertevorstellungen des Gesetzgebers, die auch ohne umfangreichen Regelungsgehalt dem Optionsmodell immanent sind, nicht stört. Folgendes Beispiel soll dies verdeutlichen: Nach § 2048 BGB kann der Erblasser durch letztwillige Verfügung Anordnungen für die Auseinandersetzung treffen und anordnen, dass ein Dritter entscheiden solle. § 2048 Satz 3 BGB regelt bereits den Fall einer Unbilligkeit der Entscheidung des Dritten. Bestimmt nun der Erblasser seinen 7-jährigen Sohn als „Dritten" im Sinne des § 2048 BGB, ist die Anordnung unwirksam. §§ 138, 242 BGB geben die Rechtsgrundlage. Dahinter steht jedoch der Verstoß gegen die Ordnungs- und Wertevorstellungen des Gesetzgebers, die auch über die *ratio legis* zum Tragen kommen kann.

---

559 *Westermann*, S. 44 f.

560 Vgl. Motive V, S. 1 ff.

561 *Kähler*, S. 34; *Möslein*, S. 71.

Die Zweistufentheorie der erbrechtlichen Optionsmodelle verdeutlicht, dass der Erblasser auf der ersten Stufe in Bezug auf den erbrechtlichen Numerus clausus, der als eigenes Regelungssystem angesehen werden kann, gebunden ist. Der Erblasser kann nur diese Optionsmodelle wählen, wenn er überhaupt testieren möchte. Er kann diese Optionsmodelle zwar kombinieren, dennoch ist seine Testierfreiheit, die hier in der Freiheit über das „ob" und bejahendenfalls anschließend in einer „Auswahlfreiheit" besteht, beschränkt. In Bezug auf die in den Optionsmodellen sich befindenden Regelungsmuster, also auf der zweiten Stufe, ist der Erblasser freier. Er kann zwar nicht vom zwingenden Recht abweichen, er kann aber aktiv zu den dispositiven Normen optieren oder von diesen abweichen. Darüber hinaus kann er Regelungslücken der Regelungsmuster durch eigene neue Anordnungen ausfüllen.

Die Abbedingung einer dispositiven Norm führt nicht zu einer Störung des Regelungsmusters. Die Möglichkeit der Abbedingung ist vom Gesetzgeber durch die Dispositivität der Norm vorgesehen. Nimmt der Erblasser in seiner Verfügung von Todes wegen Anordnungen vor, die dispositive Normen ersetzen oder die einen ganz neuen Themenbereich regeln sollen, wird seine Regelsetzung nur wirksam, wenn sie das vorhandene Regelungsmuster nicht stört. Es muss beachtet werden, dass auch dispositive Normen einen Maßstab[562] vorgeben, dessen vollständige Außerachtlassung zur Unwirksamkeit der „Ersatzregelung" führen kann. Die Regelsetzung darf nicht gegen das Wesen des Anordnungstypus, mithin die in dem Regelungsmuster zum Ausdruck kommende Ordnungs- und Wertevorstellung des Gesetzgebers verstoßen.

b. Resümee. Weiterer Untersuchungsverlauf

Die Zweistufentheorie der erbrechtlichen Optionsmodelle führt zu dem Ergebnis, dass Anordnungen des Erblassers, die in dem erbrechtlichen Numerus clausus, somit auf der ersten Stufe, nicht vorgesehen sind, dennoch als Anordnung in den einzelnen Optionsmodellen, somit auf der zweiten Stufe,

562 *Möslein*, Dispositives Recht, S. 152 f., sieht im dispositiven Recht zum einen eine Ordnungsfunktion. Diese liege darin, dass das dispositive Recht eine „Reserveordnung" bereitstelle, um Lücken in Rechtsgeschäften zu ergänzen, des Weiteren, dass den privaten Akteuren ein Handlungsrahmen vorgegeben werde. Außerdem habe das dispositive Recht eine Kontrollfunktion, indem es einen Rahmen vorgebe, an dem sich die Rechtsgeschäfte der Akteure messen lassen müssten. *Bechtold*, S. 14 f., nennt als weitere Funktion dispositiven Rechts die Entlastungsfunktion gegenüber den Vertragspartnern, die durch das dispositive Recht zeitraubende Vertragsgestaltungen unterlassen könnten.

wirksam sein können. So lässt sich auch die Entscheidung des Reichsgerichts vom 27.09.1920[563] nachvollziehen. In dieser führte das Reichsgericht aus, der Inhalt der letztwilligen Anordnungen unterliege keinen anderen als den sich aus dem Gesetz ergebenden Einschränkungen. Diese Aussage des Reichsgerichts wurde im Schrifttum teilweise auf den Numerus clausus bezogen und argumentiert, dieser müsse beliebig erweiterbar sein.[564] Dem ist nicht zuzustimmen. Das Reichsgericht zählt in seiner Entscheidung gerade die dem erbrechtlichen Numerus clausus angehörenden Rechtsinstitute auf. Die Aussage des Reichsgerichts beziehen sich offensichtlich nicht auf den Numerus clausus, sondern auf die Inhalte der Optionsmodelle, also auf die zweite Stufe. Damit kann sie vollinhaltlich bestätigt werden: In den einzelnen Optionsmodellen kann der Erblasser unter der Beachtung der „sich aus dem Gesetz ergebenden Einschränkungen“[565] neue eigene letztwillige Anordnungen platzieren. Bei den „sich aus dem Gesetz ergebenden Einschränkungen“ handelt es sich nach der Zweistufentheorie der erbrechtlichen Optionsmodelle um die Ordnungs- und Wertevorstellung des Gesetzgebers, die insbesondere im zwingenden Recht eklatant ist.

Es wird im Folgenden anhand der einzelnen erbrechtlichen Optionsmodelle untersucht, ob sich die letztwillige Schiedsklausel in die jeweiligen Regelungsmuster störungsfrei einfügt oder ob sie mit der Ordnungs- und Wertevorstellung des Gesetzgebers, respektive mit den zwingenden Normen der erbrechtlichen Optionsmodelle, in die der Erblasser hineinoptiert, kollidiert.

4. Das zwingende Recht in den Regelungsmustern der Optionsmodelle

Viele Normen, die zu den Regelungsmustern der erbrechtlichen Optionsmodelle gehören, sind zwingendes Recht.[566]

Zwingendes Recht ist eine eigenständige Regelung eines Rechtsverhältnisses in Bezug auf eine bestimmte Materie und entzieht diese Regelung abweichenden privatautonomen Verfügungen.[567] Das zwingende Recht ist ein Regelungsinstrument vor allem aus dem Vertragsrecht, das dazu dient, die autonomen Gestaltungsmöglichkeiten der Parteien einzuschränken. Die Gründe des Gesetzgebers

---

563 Reichsgericht, Urteil vom 27.09.1920 – RGZ 100, 76.

564 Stein/Jonas/*Schlosser*, ZPO, § 1066 Rn. 3; *Dawirs*, S. 40 mit w. Nw.

565 Reichsgericht, a. a. O., S. 77.

566 Die folgenden Ausführungen beziehen sich nicht auf die zwingenden Vorschriften zur Formwirksamkeit der Verfügungen von Todes wegen und auf die zwingenden Vorschriften aus dem Abschnitt 2, Titel 1 und 2 des 5. Buches des BGB.

567 *Deinert*, S. 3 ff.

für die Schaffung zwingenden Vertragsrechts sind vielfältig. Als „main topics" werden der Schutz des schwächeren Vertragspartners, die Ordnung und Sicherheit des Rechtsverkehrs und die Vermeidung grober Ungerechtigkeiten,[568] das „Versagen selbstregulierender Mechanismen"[569] und „Marktversagen"[570] angesehen. *Kähler* betont insbesondere den Aspekt der Rechtssicherheit. Alle Beteiligten könnten sich auf das „einheitliche Recht"[571] einstellen und müssten nicht damit rechnen, dass Verträge dieses modifizieren. So müssen die Beteiligten keine Rechtsnachteile befürchten.[572]

Dieser „Vorteil" der zwingenden Normen, der im Vertragsrecht gerechtfertigt ist, kann nicht ohne Weiteres auf das Erbrecht übertragen werden. Wenn wir an unsere Regelungsmuster der ersten und der zweiten Stufe denken, ist das Erbrecht in Bezug auf die „Grundfreiheiten" des Erblassers wesentlich enger geschnitten als die Vertragsfreiheit. Die Regelungsmuster auf der ersten Stufe stellen bereits Einschränkungen dar. Im Gegensatz zur Vertragsfreiheit gibt die Testierfreiheit dem Erblasser nicht die Möglichkeit, beliebige Rechtsgebilde zu schaffen. Zwingende Normen im Erbrecht bedürfen deshalb einer genuin erbrechtlichen Begründung, die sich mit dem Aspekt der „Doppelbelastung" des Erblassers auseinanderzusetzen hat. Argumente aus dem Bereich des Vertragsrechts sind nicht geeignet, zwingende Normen im Erbrecht zu begründen.

So ist beispielsweise die Qualifikation des § 2220 BGB als zwingendes Recht in erster Linie auf die Unsicherheit des Gesetzgebers in Bezug auf die rechtliche Stellung des Testamentsvollstreckers zurückzuführen. Den *Motiven* ist zu entnehmen, dass zu Beginn der Beratungen des historischen Gesetzgebers unklar war, welche Stellung der Testamentsvollstrecker haben sollte. Die Vorschläge reichten von „Mandatar des Erblassers" über „Mandatar des Erben" bis zu „Repräsentant des Erblassers".[573] Auch die Machtbefugnisse des Testamentsvollstreckers, die dieser für die Verwaltung des Nachlasses benötigte, wurden als problematisch angesehen. Der Grund für diese Unsicherheit war ein strukturelles Problem: Das BGB sollte den Bürgern die Möglichkeit eröffnen, via Selbstregulation für eine gerechte marktwirtschaftliche Ordnung zu sorgen.

568 *Bechtold*, S. 43 ff.; *Cziupka*, S. 35 ff.; *Kähler*, S. 33.
569 *Bachmann*, Private Ordnung, S. 51 f.; *Wagner*, Prozessverträge, S. 71 ff.
570 *Bechtold*, S. 43.
571 *Kähler*, S. 34.
572 *Kähler*, ebd.
573 Vgl. *Motive* V, S. 217.

Es präferierte die Privatautonomie. Hier passte der Testamentsvollstrecker mit seiner „Machtkonzentration" nicht ins Bild.

Das Reichsgericht hatte im Jahr 1931 die Frage zu entscheiden, ob ein Erblasser durch eine letztwillige Schiedsanordnung verhindern kann, dass die Erben die Entlassung des Testamentsvollstreckers beim Nachlassgericht beantragen können. Das Reichsgericht verneinte die Frage. Der Erblasser könne den Testamentsvollstrecker nicht von dessen Verpflichtungen nach §§ 2215, 2216, 2218 und 2219 BGB befreien, was § 2220 BGB zu entnehmen sei, und daraus folgend § 2227 BGB weder abbedingen noch durch eine letztwillige Schiedsanordnung unmöglich machen.[574] Als Begründung führte das Reichsgericht aus, der Wille des Gesetzgebers gehe dahin, „ [...] nicht zuzulassen, dass ein Erblasser den Erben mit gebundenen Händen dem ausgedehnten Machtbereich des Testamentsvollstreckers [...]"[575] überliefere.

Mit dieser Begründung seines Urteils war das Reichsgericht weit über das Ziel hinausgeschossen. Die „Gebundene-Hände-Aussage" entspricht nicht der *ratio legis* des § 2220 BGB. Den *Motiven* ist zu entnehmen, dass die Pflicht des Testamentsvollstreckers zur Erstellung eines Nachlassverzeichnisses deshalb als zwingend normiert werden sollte, weil dem Erblasser nicht gestattet werden könne, Anordnungen zu treffen, die die *Erstellung eines Inventars durch den Erben* verhindern könnten.[576]

Die *Motive* fokussierten offenkundig auf die *Haftung des Erben für Nachlassverbindlichkeiten*. Es ging also um die Rechte Dritter. Das Reichsgericht fokussierte auf die Rechte der Erben. Dies ist nicht überzeugend. Warum sollte ein Erblasser, der zum einen den „geschützten" Erben auch enterben könnte und zum anderen das Optionsmodell Testamentsvollstreckung gar nicht verwenden muss, durch zwingende Normen eingeschränkt werden? Der Grundsatz, dass der Erbe beliebig beschränkt werden kann, da sein „Minus" immer noch mehr sei als ein „Nichts", wird in dieser Abhandlung nicht vorbehaltslos vertreten.[577] Dennoch hätte sich das Reichsgericht mit den konfligierenden Interessen des Testamentsvollstreckers, der Erben und der Nachlassgläubiger auseinandersetzen müssen.

574 Reichsgericht, Urteil vom 23.06.1931 – VII 237/30, RGZ 133, 128 ff.

575 Reichsgericht, Urteil vom 23.06.1931 – VII 237/30, RGZ 133, 128 (135).

576 Vgl. *Motive* V, S. 242.

577 Unten 3. Kapitel § 3 A. III.

5. Wichtige Optionsmodelle im Einzelnen unter Betrachtung des zwingenden Rechts

Die Durchsicht der erbrechtlichen Normen führt zu der Erkenntnis, dass nur sehr wenige Normen ausdrücklich als zwingend bezeichnet werden oder vom Wortlaut her offenkundig zwingend sind. Hier sticht sofort § 2220 BGB ins Auge: „Der Erblasser kann [...] nicht ...", ist deutlich formuliert. Ebenso § 2302 BGB: „Ein Vertrag [...] ist nichtig." Auch § 2278 Abs. 2 BGB gehört dazu: „Andere Verfügungen [...] können [...] nicht getroffen werden." In diesen Fällen hat der Erblasser keine Rechtsmacht, die Verfügung vorzunehmen. Aber nicht alle zwingenden Normen können auf den ersten Blick erkannt werden. Das Postulat *Westermanns*, der Gesetzgeber sei verpflichtet, die Grenzen der Privatautonomie deutlich abzustecken, indem die zwingenden Normen offenkundig als solche gekennzeichnet seien,[578] ist im Erbrecht nicht erfüllt. Es muss für fast jede einzelne Norm ermittelt werden, ob und in welchem Umfang sie zwingend ist.[579]

Die historische Auslegung der erbrechtlichen Normen ist sehr ergiebig. Insbesondere in den *Motiven* finden sich im Zusammenhang mit den Vorüberlegungen zur Kodifikation des BGB viele Ausführungen zur Dispositivität oder dem zwingenden Charakter der geplanten erbrechtlichen Normen.[580] Im Folgenden werden einige wichtige erbrechtliche Rechtsinstitute betrachtet. Dies unter zwei Aspekten: Zum einen wird untersucht, welche Normen des jeweiligen Normenkomplexes zwingend sind, und zum anderen wird untersucht, ob eine letztwillige Schiedsgerichtsanordnung als eigene Anordnung des Erblassers in diesem jeweiligen Rechtsinstitut eine Störung darstellt respektive gegen zwingende Normen verstößt.

a. Das Optionsmodell Erbeinsetzung

aa. Problembeschreibung

Die Erbeinsetzung ist ein im Numerus clausus des Erbrechts vorgesehener Anordnungstypus. § 1937 BGB ermöglicht dem Erblasser, von der gesetzlichen Erbfolge abzuweichen und in die testamentarische Erbfolge zu optieren.

---

578 *Westermann*, S. 56.

579 *Ehrlich*, S. 222 ff.; *Möslein*, S. 175 f., ausführlich zum System der Auslegung einer Rechtsnorm zum Zweck der Qualifikation als zwingend oder dispositiv.

580 Vgl. *Motive*, V, S. 1 ff.

Die im Zusammenhang mit dem Optionsmodell Erbeinsetzung bestehenden zwingenden Normen sind §§ 1922, 1923 BGB. Der Anfangstermin der Erbfolge (Tod einer Person), die Erbfähigkeit der vorgesehenen Erben (§ 1923 BGB) sowie die Universalsukzession als zwingendes Strukturelement der Erbeinsetzung[581] sind nicht dispositiv. Der Grund für das zwingende Recht im Bereich der Erbeinsetzung liegt im öffentlichen Interesse. §§ 1922, 1923 BGB sorgen für die Rechtssicherheit an der Schnittstelle des Erbrechts zu anderen Rechtsgebieten und schützen die Rechte der am Erbfall nicht direkt beteiligten Dritten. Das Optionsmodell Erbeinsetzung in seiner einfachsten Form, also ohne die Berücksichtigung der Möglichkeit des Erblassers, weitere Optionsmodelle zu kombinieren, ermöglicht dem Erblasser, die Erben und die Höhe von deren Erbteilen zu bestimmen.

Es stellt sich nun die Frage, ob die letztwillige Schiedsgerichtsanordnung als eigene Anordnung des Erblassers in das Optionsmodell Erbeinsetzung aufgenommen werden kann. Dies wäre nicht der Fall, wenn sie die Universalsukzession oder die übrigen zwingenden „Eckpfeiler" des Optionsmodells in irgendeiner Form stören würde.

bb. Schuldrechtliche Wirkungen der letztwilligen Schiedsklausel

Ein Schiedsvertrag oder eine wirksam in einen schuldrechtlichen Vertrag aufgenommene Schiedsklausel derogiert für beide Parteien den ordentlichen Rechtsweg und weist Rechtsstreitigkeiten zwischen den Vertragsparteien umfassend einem Schiedsgericht zu.[582]

Wenn diese Wirkung durch eine Verfügung von Todes wegen erreicht werden soll, bedeutet dies, dass der Erblasser durch seine Verfügung von Todes wegen den Schiedsvertrag in seinen rechtlichen Wirkungen zwischen den Personen, denen gegenüber die Verfügung von Todes wegen Rechtswirksamkeit entfaltet, ersetzt. Es ist unstreitig, dass der Erblasser auf die gegenseitigen Beziehungen der durch ihn Begünstigten einwirken kann. Dies zeigen die §§ 2044, 2048, 2050, 2136, 2137, 2138, 2139 BGB.

In Bezug auf die letztwillige Schiedsklausel gilt, dass der Erblasser mit seiner Anordnung keinen Schiedsvertrag zwischen den Erben generiert. Ein Vertrag kann nach den allgemeinen schuldrechtlichen Vorschriften nur durch

---

581 Ausführlich: *Muscheler*, Universalsukzession, S. 5 f.

582 OLG Koblenz, Beschluss vom 23.04.2010 – 1 U 833/09: „Die Schiedsklausel derogiert für beide Parteien den Rechtsweg zur staatlichen Gerichtsbarkeit und weist Rechtsstreitigkeiten [...] umfassend dem Schiedsgericht zu."

übereinstimmende Willenserklärungen zwischen den Parteien abgeschlossen werden. Die Anordnung des Erblassers führt jedoch zu einer schuldrechtlichen Bindung der Erben. Diese ist mit der schuldrechtlichen Bindung der Erben im Falle des Vorliegens einer wirksamen Teilungsanordnung vergleichbar.[583] Die schuldrechtliche Bindung ist für alle Miterben verbindlich und ersetzt weitere Vereinbarungen im Innenverhältnis der Erben. Somit erübrigt sich die Klärung der in der Rechtsliteratur und Rechtsprechung dauerhaft streitigen und von permissiver Meinungsvielfalt geprägten Frage nach der Rechtsnatur des Schiedsvertrages.[584] Bei einer rechtswirksamen letztwilligen Anordnung eines Schiedsgerichts sind die Erben aus ihrer schuldrechtlichen Bindung verpflichtet, das Erforderliche zu tun, damit aus dem Erbfall entstehende Streitigkeiten vor ein Schiedsgericht kommen.[585]

cc. Prozessrechtliche Wirkungen der letztwilligen Schiedsklausel

Für die Erben und sonstigen durch den Erbfall Begünstigten gelten grundsätzlich die allgemeinen Regelungen für den Zugang zu den staatlichen Gerichten. Schließen Parteien eine Schiedsvereinbarung, so begründen sie durch übereinstimmende Willenserklärung die Zuständigkeit des Schiedsgerichts und begründen die Rechtsmacht zur schiedsrichterlichen Entscheidungsbefugnis.[586] Die Zuständigkeit des ordentlichen Gerichts wird derogiert,[587] aber nicht automatisch und in jedem Fall.[588] Dies liegt darin begründet, dass § 1032 ZPO den

---

583 Hierzu: BGH, Urteil vom 17.04.2002 – IV ZR 226/00: „Diese hat schuldrechtliche Wirkung wie eine Miterbenvereinbarung."Dazu auch: Staudinger/*Löhnig*, BGB, § 2048 Rn. 8.

584 *Bosch*, S. 17 f.; *Schütze*, S. 63; *Wagner*, S. 579 ff.; *Wieczorek/Schütze*, ZPO, § 1029 Rn. 4.

585 Hierzu ausführlich: *Frohloff*, S. 20 f., der das Postulat, die Schiedsparteien seien verpflichtet, alles zu tun, was zum Zustandekommen des Schiedsspruches erforderlich sei, nur als „leere Phrase" bezeichnet. *Frohloff* definiert die Pflichten der Schiedsparteien aus der Sanktionierbarkeit der Nichtbefolgung und kommt überzeugend zu dem Ergebnis, dass die Parteien zum einen die Pflicht haben, Klagen vor dem staatlichen Gericht zu unterlassen, und zum anderen die Pflicht haben, an der Konstituierung des Schiedsgerichts mitzuwirken und anteilig die Kosten vorzuschießen.

586 *Spohnheimer*, S. 73.

587 OLG Koblenz, Beschluss vom 23.04.2010 – 1 U 833/09.

588 OLG Stuttgart, Beschluss vom 10.09.2009 – 1 SchH 1/09: „Es bleibt vielmehr den Parteien überlassen, sich auf die Zuständigkeit des Schiedsgerichts zu berufen und dies durch entsprechende Prozesseinrede geltend zu machen (§ 1032 Abs.1 ZPO). Wird diese nicht oder nicht rechtzeitig erhoben, so sind die staatlichen Gerichte für die Entscheidung des Rechtsstreits zuständig und haben in der Sache zu entscheiden."

Beteiligten als singuläres prozessuales Element eine Einrede gibt, es aber den Parteien überlassen bleibt, sich auf die Zuständigkeit des Schiedsgerichts zu berufen und dies durch die entsprechende Prozesseinrede geltend zu machen. Wird die Einrede nicht oder nicht rechtzeitig erhoben, wird der Rechtsstreit von dem zuständigen angerufenen Gericht entschieden. Da § 1066 ZPO in das 10. Buch der ZPO, mithin auf § 1032 ZPO verweist, erhalten die Beteiligten, die der letztwilligen Schiedsklausel unterworfen werden sollen, die Einrede nach § 1032 ZPO.

Diese Einrede liegt im Interesse des Erblassers. Ohne Einrede wäre die letztwillige Schiedsklausel nur schuldrechtlich bindend, was sie weitgehend „zahnlos" machen würde. Die Einrede beschränkt sich auf den vom Erbfall begünstigten Personenkreis und auf die Streitgegenstände, die aus dem Erbfall erwachsen. Dieser Wirkungskreis der Anordnung des Erblassers soll hier nicht unter dem Aspekt der subjektiven und objektiven Schiedsfähigkeit betrachtet werden, sondern nur unter dem Aspekt des sachlichen und personellen Umfangs der Einrede. Die letztwillige Schiedsklausel ist eine Verfügung von Todes wegen. Sie kann mithin nur die Personen beschweren, die vom Erblasser begünstigt wurden.[589] Des Weiteren kann die Anordnung des Erblassers nur zu einer Einrede führen. Die Einrede muss erhoben werden, von Amts wegen berücksichtigt wird sie nicht.[590] Der Erblasser ist somit rechtlich nicht in der Lage, den ordentlichen Rechtsweg vollständig auszuschließen. Er kann nur das Innenverhältnis der von ihm begünstigten Personen regeln.

dd. Resümee

Der Erblasser ist in der Lage, in das Optionsmodell Erbeinsetzung eine neue eigene Anordnung des Inhalts, dass die Erben ihre durch den Erbfall entstehenden Streitigkeiten vor einem Schiedsgericht austragen müssen, zu implementieren. Die letztwillige Schiedsgerichtsanordnung gestaltet das Innenverhältnis der Erben. Weder die Universalsukzession noch das in dem Anordnungstypus Erbeinsetzung liegende Ordnungs- und Wertesystem wird durch die letztwillige Schiedsgerichtsanordnung gestört. Da es sich um eine Anordnung im Rahmen des Optionsmodells Erbeinsetzung handelt, kann sich die Anordnung nur auf die Erben beziehen und nur auf Streitigkeiten, die sich aus dem Erbfall ergeben. Der Erblasser kann die Anordnung nur vornehmen, soweit seine Befugnisse in diesem Optionsmodell reichen.

---

589 Unten 3. Kapitel § 2 F. VII. 5. b. cc. (1)., S. 163 f.

590 Zöller/*Geimer*, ZPO, § 1032 Rn. 4 mit w. Nw.; vorstehend Fn. 302.

Im Ergebnis ist festzuhalten, dass der Erblasser eine letztwillige Schiedsklausel mit der Erbeinsetzung verbinden kann. Diese ist rechtswirksam und für die Erben bindend.

b. Das Optionsmodell Testamentsvollstreckung

aa. Problembeschreibung

Die *Motive* beschreiben die Ernennung eines Testamentsvollstreckers als „Erweiterung der Testierbefugnis des Erblassers“[591]. Des Weiteren wird hervorgehoben, dass dem Testamentsvollstrecker eine „absolute Rechtsstellung“[592] zukomme, die einen gewissen Schutz der Erben und Nachlassgläubiger bedinge.[593] Aus dieser Ordnungs- und Wertevorstellung des Gesetzgebers resultieren die §§ 2197 bis 2228 BGB mit ihrer Mischung aus zwingenden und dispositiven Normen.

Optiert der Erblasser durch die Benennung eines Testamentsvollstreckers in das Optionsmodell Testamentsvollstreckung, so trifft er auf eine Reihe zwingender Normen, die er nicht abbedingen kann. Dies sind im Einzelnen: §§ 2201, 2205 Satz 3, 2206 Abs. 2, 2213, 2215, 2216, 2218, 2219, 2220, 2225, 2227 BGB. Unstreitig ist, dass der Erblasser diese Normen und daraus erwachsend die Verpflichtungen des Testamentsvollstreckers und bei § 2206 Abs. 2 BGB *die Pflicht des Erben* nicht abbedingen kann. Aber was ist, wenn er diese gar nicht abbedingt, sondern nur Streitigkeiten, die im Zusammenhang mit diesen Normen zwischen den Erben und dem Testamentsvollstrecker entstehen, einem Schiedsgericht zuweisen möchte?

Grundsätzlich würde eine solche Anordnung das System nicht stören. Der Testamentsvollstrecker behielte seine Verpflichtungen, die Erben ihre Rechte. Streitigkeiten kommen vor ein entscheidungsfähiges Gericht, aber eben nicht vor das ordentliche Gericht. Es soll im Folgenden untersucht werden, ob gerade darin eine Störung des Systems des Optionsmodells Testamentsvollstreckung liegt.

In diesem Zusammenhang ist auf die Entscheidung des BGH vom 17.05.2017[594] einzugehen, die sich mit der Frage beschäftigt, ob eine letztwillige Schiedsklausel, die sich auf Streitigkeiten bezieht, die auf einer für den Erblasser zwingenden Norm beruhen, wirksam ist. Die folgenden Ausführungen betreffen nur die vorstehende Frage und die Auswirkungen ihres Ergebnisses auf die Zulässigkeit der letztwilligen Schiedsklausel. Die vom BGH in der vorgenannten

591 *Motive* V, S. 217.

592 *Motive* V, S. 226.

593 Vgl. *Motive* V, S. 242 f.

594 BGH, Beschluss vom 17.05.2017 – IV ZB 25/16.

Entscheidung ebenfalls angeschnittene und im Schrifttum streitige Frage, ob für sogenannte echte Streitsachen der freiwilligen Gerichtsbarkeit eine Übertragung der Zuständigkeit des Nachlassgerichts auf ein Schiedsgericht möglich ist,[595] ist nicht Gegenstand dieser Abhandlung.

bb. Die Entscheidung des BGH vom 17.05.2017

Der Entscheidung des BGH vom 17.05.2017[596] lag ein gemeinschaftliches Ehegattentestament aus dem Jahr 2006 zugrunde, in welchem sich die Ehegatten als Alleinerben eingesetzt und eine Schlusserbeneinsetzung vorgenommen hatten. Das Testament enthielt eine letztwillige Schiedsgerichtsanordnung, die dahingehend formuliert war, dass „im Wege der Auflage" die Erblasser alle Erben, Vermächtnisnehmer und Auflagenbegünstigten verpflichteten, „Streitigkeiten, die durch dieses Testament hervorgerufen sind und die ihren Grund in dem Erbfall haben", unter Ausschluss der ordentlichen Gerichte dem Schiedsgericht zu unterwerfen. Des Weiteren war Testamentsvollstreckung angeordnet. Aufgrund diverser Streitigkeiten beantragten die Erben beim Nachlassgericht die Entlassung des Testamentsvollstreckers. Dieser wandte ein, das Nachlassgericht als staatliches Gericht sei nicht zuständig und verwies auf die letztwillige Schiedsgerichtsanordnung. Sowohl das Beschwerdegericht[597] als auch der BGH stellten fest, dass Streitigkeiten über die Entlassung eines Testamentsvollstreckers nach § 2227 BGB in einer Verfügung von Todes wegen nicht, unter Ausschluss der staatlichen Gerichtsbarkeit, einem Schiedsgericht zugewiesen werden können.[598]

Die entscheidenden Ausführungen des BGH betreffen nicht den Diskurs, ob für echte Streitsachen der freiwilligen Gerichtsbarkeit eine Übertragung der Zuständigkeit des Nachlassgerichts auf ein Schiedsgericht möglich ist. Diese Frage wird vom BGH nur kurz gestreift. Der BGH argumentiert, ein Schiedsgericht sei nur dann in „gesetzlich statthafter Weise" im Sinne des § 1066 ZPO errichtet, wenn die „eigene materielle Verfügungsbefugnis" des Erblassers

595 Ausführlich: *Muscheler*, ZEV 2018, 120 ff.; *ders.* ZEV 2009, 317 ff., jeweils mit w. Nw.

596 BGH, Beschluss vom 17.05.2017 – IV ZB 25/16.

597 OLG Stuttgart, Beschluss vom 07.11.2016 – 8 W 166/16.

598 Rechtsprechung zu dem Thema mit demselben Ergebnis: OLG Stuttgart, Beschluss vom 07.11.2016 – 8 W 166/16; OLG Karlsruhe, Beschluss vom 28.07.2009 – 11 Wx 94/07; RGZ 133, 128 ff. Ebenfalls diese Ansicht vertretend: *Haas*, ZEV 2007, 49 (53); *Harder*, S. 145 ff.; *Selzener*, ZEV 2010, 285 (285, 286); Staudinger/*Otte*, BGB, Vorbem. zu §§ 1937 Rn. 11; *Storz*, SchiedsVZ 2010, 200 (202); *ders.* ZEV 2009, 265 (269). A. A. *Geimer*, Fs. Schlosser, S. 197; *Muscheler*, ZEV 2018, 120 ff.; *ders.* ZEV 2009, 317 ff.; *Reimann*, FamFZ 2017, 1295 (1298).

hierfür reiche. Anschließend weist der BGH darauf hin, dass die materielle Verfügungsbefugnis des Erblassers ihre Grenze in § 2220 BGB finde, der für den Erblasser zwingendes Recht darstelle. § 2227 BGB sichere § 2220 BGB ab, weshalb nach der *ratio legis* des § 2227 BGB auch dieser zwingendes Recht sei. Auch in Bezug auf § 2227 BGB habe der Erblasser keine Verfügungsbefugnis. Die Entlassung des Testamentsvollstreckers könne nur durch das Nachlassgericht erfolgen. – Die Aussage des BGH ist deutlich: Das zwingende Recht ist die Grenze der Verfügungsmacht des Erblassers und somit die Grenze seiner Testierfreiheit.[599]

cc. Kritik der Entscheidung des BGH

(1) Ausgangslage

Auch wenn *Wendt* in seiner „Werkanalyse"[600] die Stringenz der BGH-Entscheidung lobt, muss gefragt werden, wie der BGH in dem beschriebenen Fall überhaupt zu der fehlenden materiell-rechtlichen Verfügungsbefugnis der Erblasser kommt. Die Aussage des BGH, der Erblasser könne nur dann ein Schiedsgericht anordnen, wenn seine materiell-rechtliche Verfügungsbefugnis hierzu reiche, ist sicherlich nicht falsch, aber selbstverständlich. Die letztwillige Schiedsgerichtsanordnung erfolgt durch Verfügung von Todes wegen und hat in Bezug auf ihre Wirkungen da ihre Grenze, wo alle Verfügungen von Todes wegen ihre Grenze haben: in der fehlenden Verfügungsbefugnis des Erblassers. Es fragt sich nur, wann diese Verfügungsbefugnis fehlt.

Unstreitig gilt, dass nur derjenige, der vom Erblasser begünstigt wird, auch belastet werden kann. Dieses Grundprinzip der Verfügungsbefugnis des Erblassers wurde bereits in den Digesten vorausgesetzt und vielfach in der Pandektenwissenschaft behandelt.[601] Bei den Beratungen des historischen Gesetzgebers zum BGB wurde dieses Grundprinzip als selbstverständlich zugrunde gelegt.[602] Dieses Prinzip galt als so selbstverständlich, dass es nicht in das BGB aufgenommen wurde.

Die weitere Frage, die sich stellt, ist, ob außerhalb dieses „Grundprinzips der Begünstigung" noch andere materiell-rechtlichen Parameter die Frage der Verfügungsbefugnis des Erblassers beeinflussen können. Nach der Aussage des BGH ist ein solcher weiterer Parameter das zwingende Recht. Unstreitig handelt es sich bei § 2220 BGB um zwingendes Recht. Dies soll hier auch für § 2227 BGB

599 Ebenso: OLG Karlsruhe, Beschluss vom 28.07.2009 – 11 Wx 94/07.

600 *Wendt*, ErbR 2017, 470 (474).

601 *Brinz*, S. 880.

602 *Motive* V, S. 10, „Diesen Satz […] näher zu spezialisieren, ist nicht erforderlich."

nicht infrage gestellt werden. Die Erblasser sind in ihrer Verfügung von Todes wegen jedoch gar nicht von § 2220 BGB abgewichen, sondern sie haben „nur" eine Anordnung getroffen, die die Art und Weise der Rechtsdurchsetzung der Erben in Bezug auf ihre nach §§ 2215, 2216, 2218 und 2219 BGB bestehenden Rechte betreffen. Die Erblasser haben also eine „Nebenbestimmung" zu Ansprüchen getroffen, die den Beteiligten aus Normen erwachsen, die für *die Erblasser* zwingend sind. Hier liegt die Betonung auf dem Wort „Erblasser". Welche Normen sind für ihn zwingend, welche möglicherweise auch für die Erben? Welche Konsequenzen ergeben sich daraus?

(2) Die Auswirkungen des zwingenden Rechts

Um die Aussage des BGH, zwingendes Recht stelle eine Grenze der Verfügungsmacht des Erblassers dar, zu überprüfen, muss differenziert werden.

Der Erblasser kann zwingende Normen des Erbrechts nicht abbedingen. D`accord. Einige der zwingenden Normen sind sogar ausdrücklich so formuliert, dass der Erblasser bestimmte Anordnungen nicht treffen kann. Eine solche Norm ist § 2220 BGB. Der Erblasser hat keine Verfügungsmacht. D`accord.

Dieses Fehlen der Verfügungsmacht bezieht sich nach dem ausdrücklichen Gesetzeswortlaut aber nur auf die aufgeführten Verpflichtungen des Testamentsvollstreckers. Die Frage, ob der Erblasser, wenn er von den genannten Normen gar nicht abweicht, dennoch mit einer „begleitenden Anordnung" den Erben die Art und Weise der Durchsetzung ihrer Rechte vorschreiben kann, ist im Gesetz nicht geregelt. Eine ausdrückliche Beschränkung des Erblassers (beispielsweise: „Der Erblasser darf die Art und Weise der Rechtsdurchsetzung der Erben nicht vorgeben, erschweren, beeinflussen oder unmöglich machen".) gibt es nicht. Festzuhalten ist, dass es keine (zwingende) Norm gibt, die dem Erblasser verbietet, für Streitigkeiten, die aus seinem Erbfall herrühren, ein Schiedsgericht anzuordnen.

Also hat der Erblasser Verfügungsmacht? Nicht hinsichtlich des Abbedingens zwingender Normen, sondern hinsichtlich der Rechtsdurchsetzung der Ansprüche der Erben aus dem zwingenden Recht?

Da das zwingende Recht seinen Grund im Regelfall im Schutzgedanken hat, gibt es immer eine durch das zwingende Recht geschützte Person oder Personengruppe. Dies sind bei § 2220 BGB die Erben, bei § 2206 Abs. 2 BGB der Testamentsvollstrecker, bei §§ 2171, 2187 BGB der (Haupt-)Vermächtnisnehmer etc. Was folgt für diese geschützten Personen aus dem zwingenden Recht? Sind auch sie in irgendeiner Form gebunden? Dies ist zu verneinen. Der geschützte Personenkreis hat in Bezug auf die Ansprüche, die dem für den Erblasser zwingenden Recht erwachsen, die volle Dispositionsfreiheit. Das bedeutet, dass der geschützte Personenkreis seine Rechte geltend machen kann oder dies unterlassen kann.[603] Es gibt keine Abweichung zu der rechtlichen Situation, die vorliegt, wenn von den Erben Rechte aus für den Erblasser dispositiven Normen, von denen er nicht abgewichen ist, geltend oder nicht geltend gemacht werden.

Die Beteiligten sind rechtlich in der Lage, über Streitigkeiten aus Ansprüchen aus den Normen, die für den Erblasser zwingend waren, einen Vergleich zu schließen. Die Erben können auf ein Nachlassverzeichnis nach § 2215 BGB oder eine Rechnungslegung verzichten. Sie können die Verfügungsbeschränkung des Testamentsvollstreckers nach § 2205 Satz 3 BGB aufheben. Die Parteien behalten ihre prozessuale Dispositionsfreiheit. Sie können nicht nur die Erhebung einer Klage oder den Antrag auf Entlassung des Testamentsvollstreckers unterlassen, sondern sie können auch untereinander oder mit dem Testamentsvollstrecker einen Schiedsvertrag schließen. Das für den *Erblasser zwingende Recht* ist für die Erben nicht zwingend.

Dies führt zu der Frage, worin der Schutz der Begünstigten liegt. Wie wirkt sich aus, dass nicht die Parteien die mögliche Schiedsvereinbarung schließen, sondern dass der Erblasser das Schiedsgericht angeordnet hat? *Wagner*[604] führt im Hinblick auf Parteien, die selbst zwingendem Recht unterliegen, aus, dass diese trotz des zwingenden Rechts ihre prozessuale Dispositionsfreiheit behalten, also jederzeit einen Schiedsvertrag schließen können. Wird jedoch eine Prozessvereinbarung geschlossen, die das zwingende Recht nur in einer „prozessual verkrüppelten Gestalt“[605] entstehen ließe, sei diese Prozessvereinbarung unwirksam. Für unsere Frage muss überlegt werden, ob der Erblasser, wenn er von den zwingenden Normen nicht abweicht, aber für auftretende Streitigkeiten ein Schiedsgericht anordnet, den Anspruch der Erben in „prozessual verkrüppelter Gestalt“ entstehen lässt. In diesem Fall wäre die letztwillige Schiedsanordnung unwirksam. Hier ist an den Fall zu denken, dass der Erblasser den Begünstigten keine Möglichkeit zu einer Streitentscheidung gibt. Hierdurch könnte der Erblasser die für ihn zwingenden Normen umgehen, was die Rechtsordnung nicht zulassen kann.

603 Siehe hierzu ausführlich: *Bachmann*, Private Ordnung S. 44, Fn. 102, der das Unterlassen der Geltendmachung von Ansprüchen aus zwingenden Normen als „rechtsfreien Raum“ bezeichnet; *Wagner*, Prozeßverträge, S. 107.

604 *Wagner*, Prozeßverträge, S. 112 ff.

605 *Wagner*, ebd.

Ordnet der Erblasser ein Schiedsgericht an, muss überlegt werden, ob hierdurch die Ansprüche der Erben nur in „beschädigter Form" entstehen. Dies ist zu verneinen. Wenn Parteien, die selbst zwingendem Recht unterliegen, zwar keine schuldrechtlichen Verpflichtungen begründen können, die gegen das zwingende Recht verstoßen,[606] aber einen Rechtsstreit einem Schiedsgericht übertragen können, muss es dem Erblasser, der durch zwingendes Recht beschränkt ist und dieses tatsächlich auch nicht abbedingt, möglich sein, für Streitigkeiten aus seinem Erbfall ein Schiedsgericht anzuordnen. Durch die Neuregelung des Schiedsverfahrensrechts wurde auf die Voraussetzung der Vergleichsfähigkeit in § 1030 ZPO verzichtet, die für zwingendes Recht eine Hürde darstellte. In Bezug auf das Erbrecht spielt dieser Aspekt jedoch keine Rolle, da die für den Erblasser zwingenden Normen nicht für die Begünstigten zwingend sind.

Daraus folgend muss der Erblasser dafür sorgen, dass das von ihm angeordnete Schiedsgericht eine Entscheidung treffen kann, das bestehendes Recht anwenden kann und nicht parteiisch oder rechtlich unbedarft ist. Hierin läge eine Umgehung der zwingenden Normen, die der Erblasser beachten muss und deren Durchsetzung er auch nicht stören oder unmöglich machen darf. Ob diese Voraussetzungen gegeben sind, ist keine Frage des „ob", sondern eine Frage des „wie". Also: Inhaltskontrolle der letztwilligen Schiedsanordnung.

(3) Schiedsgericht und zwingendes Recht

Grundsätzlich sind Schiedsrichter verpflichtet, den Rechtsstreit auf der Grundlage des anzuwendenden Rechts zu entscheiden. Das Schiedsgericht hat somit auch zwingendes Recht zu beachten.[607] Der BGH konstatiert, dass bei der Anwendung deutschen Rechts durch ein deutsches Schiedsgericht das zwingende Recht durch das Schiedsgericht zu beachten ist. Sei dies nicht der Fall, käme eine Aufhebung des Schiedsspruches durch das zuständige ordentliche Gericht infrage.[608] Ist der Erblasser tatsächlich von dem für ihn zwingenden Recht abgewichen, hat er also beispielsweise bestimmt, dass der Testamentsvollstrecker kein Nachlassverzeichnis erstellen muss und gibt es dann zwischen den Erben und dem Testamentsvollstrecker Streit über das Erfordernis der Erstellung eines Nachlassverzeichnisses in der Form des § 2215 BGB, muss diese Streitfrage bei

606 *Ebbing*, S. 150 ff.

607 *Gaier*, NJW 1367 (1369): „[…] ist die Bindung des Schiedsgerichts an das materielle Recht nicht nur im Sinne einer Orientierung, sondern zwingend gestaltet." Ebenso: *Horn*, SchiedsVZ 2008, 209 (213).

608 BGH, Urteil vom 06.06.1991 – III ZR 68/90.

einer im Testament vorhandenen letztwilligen Schiedsgerichtsanordnung von einem Schiedsgericht entschieden werden. Dieses Schiedsgericht muss § 2220 BGB beachten und zum Ergebnis kommen, dass der Erblasser nicht rechtswirksam anordnen konnte, dass der Testamentsvollstrecker kein Nachlassverzeichnis zu erstellen habe. Das Schiedsgericht muss somit den Testamentsvollstrecker verurteilen, das Nachlassverzeichnis in der Form des § 2215 BGB zu erstellen.

Eine Anordnung des Erblassers, das Schiedsgericht habe nach § 1051 Abs. 3 BGB nach Billigkeit zu entscheiden, ist unwirksam, da darin die Umgehung der für den Erblasser zwingenden Normen liegen kann.[609] Eine Umgehung kommt auch in Betracht, wenn der Erblasser in seiner Verfügung von Todes wegen ein Schiedsgericht benennt, das, juristisch fachfremd, nicht in der Lage ist, zu erkennen, dass die Verfügung des Erblassers wegen Verstoßes gegen zwingendes Recht unwirksam ist. Durch Umgehungen dieser Art wird der Schutzzweck des Gesetzes vereitelt, weshalb eine letztwillige Schiedsklausel, die darauf abzielt, die Anwendung zwingender Normen auszuschließen, nichtig ist. Die letztwillige Schiedsklausel muss also einer Inhaltskontrolle unterzogen werden. Es muss gewährleistet sein, dass zwingendes Recht, welches den Erblasser bindet, beachtet wird.

Grundsätzlich muss von dem Schiedsgericht das anzuwendende Recht beachtet werden. Der Erblasser ist rechtlich in der Lage, in Bezug auf die dispositiven Normen der Optionsmodelle anzuordnen, dass das Schiedsgericht eine Billigkeitsentscheidung treffen kann. „Personalunionen" dahingehend, dass der bei der Erstellung des Testaments beratende Rechtsanwalt Testamentsvollstrecker und Schiedsrichter wird oder für die Auswahl der Schiedsrichter zuständig ist, müssen dazu führen, dass die gesamte Schiedsklausel nichtig ist. Die „Sehnsucht" nach einem mit diesen „Personalunionen" „nicht verwobenen Streitentscheidungsgremium wie einem staatlichen Gericht"[610] ist verständlich. Sie darf aber nicht dazu führen, dass die letztwillige Schiedsklausel per se mit der Begründung der fehlenden Verfügungsmacht des Erblassers als nichtig angesehen wird, wenn sie sich auch auf Streitigkeiten der Erben und Vermächtnisnehmer beziehen soll, die sich aus Normen ergeben, die für den Erblasser zwingend sind. Der Erblasser kann die Beziehungen der Erben und der sonstigen durch

609 Eine solche Anordnung könnte zur vollständigen Unwirksamkeit der Schiedsklausel führen, wenn, den Rechtsgedanken des BGH, Urteil vom 18.12.1958 – II ZR 351/56 aufgreifend, unterstellt wird, der Erblasser wollte die Schiedsrichter „anweisen", gegen geltendes Recht zu verstoßen.

610 *Wendt*, ErbR 2017, 470 (475).

ihn begünstigten Personen frei gestalten. Da die Rechtsdurchsetzung vor dem ordentlichen Gericht nicht als zwingende Norm in den Optionsmodellen enthalten ist, kann der Erblasser den Modus der Rechtsdurchsetzung unter Beachtung der vorstehend genannten Eckpfeiler bestimmen.

(4) Resümee. Weiterer Untersuchungsverlauf

Die Argumentation des BGH, eine Verfügungsbefugnis des Erblassers läge in Bezug auf zwingende Normen nicht vor, ist richtig. Diese Argumentation kann sich jedoch nur darauf beziehen, dass der Erblasser nicht die Verfügungsmacht hat, von den zwingenden Normen abzuweichen. Falsch ist die Argumentation, diese fehlende Verfügungsbefugnis bezöge sich auf die Anordnung eines Schiedsgerichts, wenn dieses über Ansprüche der Beteiligten zu entscheiden hat, die sich aus dem *für den Erblasser* zwingenden Recht ergeben. Für diese neben dem vorhandenen zwingenden Recht entstehende weitere Einschränkung der Testierfreiheit des Erblassers gibt es, bei einer entsprechenden Inhaltskontrolle der von dem Erblasser festgelegten Schiedsordnung oder in Bezug auf die Auswahl der Schiedsrichter, keinen Grund.

Insgesamt hätte die Entscheidung des BGH zur Entlassung des Testamentsvollstreckers differenzierter ausfallen müssen.[611] Auch wenn die Auffassung vertreten wird, die Entlassung des Testamentsvollstreckers müsse gemäß § 2227 BGB zwingend bei dem Nachlassgericht beantragt und von diesem entschieden werden, wäre es nahe liegend gewesen, die letztwillige Schiedsgerichtsanordnung dahingehend auszulegen, dass die Beteiligten zuerst verpflichtet sind, Ansprüche gegen den Testamentsvollstrecker aus den §§ 2215 bis 2219 BGB *auf Erfüllung* geltend zu machen.[612] Dies vor einem Schiedsgericht. § 2227 BGB ist vom Sinn und Zweck her *ultima ratio*. Das sofortige Zugreifen auf § 2227 BGB

---

611 *Geimer*, ZEV 2017, 416 (421): „Da erscheint es doch etwas ‚abrupt', wenn beide Instanzen die nach ihrer Ansicht fehlende Anordnungsbefugnis des Erblassers von Amts wegen feststellen [...] und zur Basis ihrer Entscheidung machen [...]." Dem ist zuzustimmen.

612 Der Erbe kann den Testamentsvollstrecker unmittelbar auf Erfüllung seiner sich aus §§ 2215 ff. BGB ergebenden Verpflichtungen in Anspruch nehmen (vgl. BGH, Urteil vom 4.11.1987 – IVa ZR 118/86; RGZ 73, 26 (28)). Das wäre (schuldrechtlich betrachtet) das nahe liegende Vorgehen gegen den Testamentsvollstrecker. In der Praxis ist diese Möglichkeit weitgehend unbekannt. Hinzu kommt, dass die Erben oftmals jede Chance nutzen, den unliebsamen Testamentsvollstrecker loszuwerden, was sofort nach dem Auftreten einer (vermeintlichen) Pflichtverletzung zu Absetzungsbemühungen der Erben führt.

liegt keinesfalls im Interesse des Erblassers. Auf diesen Aspekt ist der BGH mit keinem Wort eingegangen.

Als Ergebnis ist festzuhalten, dass zwingende Normen, die sich in einem der Optionsmodelle befinden und die den Erblasser hinsichtlich seiner Gestaltungsmöglichkeiten binden, nicht bedingen, dass die Durchsetzung der Rechte der Beteiligten aus diesen Normen nicht durch den Erblasser einem Schiedsgericht unterworfen werden kann. Der Erblasser muss jedoch beachten, dass die Anordnung des Schiedsgerichts nicht dazu führt, dass die Rechtsdurchsetzung der Beteiligten erschwert oder unmöglich gemacht wird. Darin kann eine Umgehung der für den Erblasser zwingenden Normen liegen, die die letztwillige Schiedsklausel unzulässig macht. Ist dies nicht der Fall, muss die letztwillige Schiedsklausel als eigene Anordnung innerhalb des Optionsmodelles zulässig sein, gleichgültig, auf welchen Normen die von den Beteiligten geltend gemachten Rechte beruhen. Dieses Ergebnis wird im Folgenden zugrunde gelegt und für einige weitere erbrechtliche Optionsmodelle im Einzelnen überprüft.

c. Das Optionsmodell Nacherbschaft

Wählt der Erblasser das Optionsmodell Nacherbschaft, ist von Folgendem auszugehen: Es gibt einen Erben, der für den vom Erblasser bestimmten Zeitraum Erbe ist. Anschließend wird der benannte Nacherbe Erbe. Den *Motiven* ist zu entnehmen, dass der gemeinrechtliche Grundsatz *semel heres, semper heres* zwar diskutiert, aber bei den Beratungen zum BGB abgelehnt wurde.[613] Es wurde ausdrücklich festgestellt, dass der Nacherbe zu dem Zeitpunkt, den der Erblasser bestimmt, kraft Gesetzes Erbe wird. Die Universalsukzession findet somit auch hier statt. Den *Motiven* ist des Weiteren zu entnehmen, dass sich die Vorstellungen des Gesetzgebers in Bezug auf das Rechtsinstitut der Nacherbschaft auf zwei wesentliche Punkte zusammenfassen lassen: Zum einen soll der Vorerbe ordnungsgemäß verwalten können,[614] zum anderen soll der Nacherbe in seinem Recht auf die Erbschaft geschützt werden.[615]

Aus diesen zwei Eckpfeilern erwachsen in dem Optionsmodell Nacherbfolge eine Reihe zwingender Vorschriften, deren Zweck es ist, einerseits den Vorerben in seiner aktuellen Position und andererseits den Nacherben in seiner anstehenden Rechtsposition zu schützen. Die wichtigsten zwingenden Normen aus dem Rechtsinstitut der Nacherbschaft sind §§ 2113 Abs. 2, 2115, 2120, 2121, 2122,

613 *Motive* V, S. 81 f.
614 *Motive* V, S. 107.
615 *Motive* V, S. 117.

2124, 2125, 2126, 2132, 2138 Abs. 2 BGB. Von diesen Vorschriften, die teilweise dem Schutz des Vorerben und teilweise dem Schutz des Nacherben dienen, vermag der Erblasser durch eine Verfügung von Todes wegen nicht abzuweichen. Ebenso stehen als zwingend die Universalsukzession des Vorerben, des Nacherben und die Erbfähigkeit beider im Raum. Die Regelungsmöglichkeiten des Erblassers in Bezug auf das Optionsmodell Nacherbfolge sind äußerst beschränkt. Regelungen, die die Rechtsdurchsetzung der Beteiligten betreffen, sind im Gesetz nicht vorhanden.

Die vorstehenden Ausführungen zu der rechtlichen Möglichkeit des Erblassers, für die Rechte der Beteiligten, die aus für den Erblasser zwingendem Recht erwachsen, letztwillig ein Schiedsgericht anzuordnen, gelten auch in Bezug auf das Optionsmodell Nacherbschaft. Auch im Optionsmodell Nacherbschaft können die Beteiligten übereinstimmend von Regelungen abweichen, von denen der Erblasser nicht abweichen konnte. Erfolgt die Anordnung des Schiedsgerichts unter den vorstehend genannten Voraussetzungen der Gewährleistung des Rechtsschutzes der Beteiligten durch das Schiedsgericht, ist auch in diesem Optionsmodell die letztwillige Schiedsgerichtsanordnung als eigene Anordnung des Erblassers zulässig. Eine letztwillige Schiedsgerichtsanordnung lässt sich in dieses System eingliedern, ohne das vorgegebene zwingende Recht zu stören. Im Gegenteil: Die letztwillige Schiedsklausel betrifft grundsätzlich das Innenverhältnis der Beteiligten, das dadurch vom Erblasser ausgestaltet wird. Eine Störung des einzigen auch für die Beteiligten zwingenden Prinzips der Universalsukzession erfolgt durch die letztwillige Schiedsklausel nicht.

d. Das Optionsmodell Vermächtnis

Das Vermächtnis begründet einen schuldrechtlichen Anspruch des Vermächtnisnehmers auf Leistung des vermachten Gegenstandes. Das dingliche Rechtsgeschäft muss hinzukommen, woraus sich ergibt, dass die zwingenden Normen des entsprechenden dinglichen Rechtsgeschäfts auch für das Vermächtnis gelten. Ein dingliches Recht kann von dem Erblasser nicht unmittelbar begründet werden.[616] Diese Normen sind auch für die Beteiligten, also den Erben und den Vermächtnisnehmer, zwingend.

Weitere für den Erblasser zwingende Normen sind § 2171 BGB, der die Unwirksamkeit eines Vermächtnisses bei objektiver Unmöglichkeit bestimmt, und § 2187 Abs. 1 BGB, der dem Hauptvermächtnisnehmer für den Fall, dass der Wert des Untervermächtnisses den Wert des Hauptvermächtnisses überschreitet,

616 Auf das Urteil des EuGH vom 12.10.2017 – C-218/16, wird hier nicht eingegangen.

ein Erfüllungsverweigerungsrecht gibt. Ebenso handelt es sich bei § 2186 BGB um eine zwingende Norm.[617]

Die genannten zwingenden Normen sind nur für den Erblasser zwingend. Die Erben und Vermächtnisnehmer haben vollständige materiell-rechtliche und prozessuale Dispositionsfreiheit. Eine letztwillige Schiedsklausel betrifft nur die Rechtsbeziehung zwischen dem Erben und Vermächtnisnehmer oder zwischen dem Haupt- und Untervermächtnisnehmer. Auch hier gilt somit, dass eine letztwillige Schiedsklausel das zwingende Recht nicht stört, wenn das Schiedsgericht das geltende Recht beachtet.

e. Das Optionsmodell Erbvertrag

aa. Die letztwillige Schiedsklausel im Erbvertrag

Das Optionsmodell Erbvertrag hält die Vertragspartner an der kurzen Leine. §§ 1941 Abs. 1, 2278 Abs. 2 BGB schreiben vor, dass der Erbvertrag nur Erbeinsetzung, Vermächtnis und Auflage enthalten darf. Natürlich kann man noch mehr reinschreiben – das gilt dann über § 2299 BGB als einseitige Regelung –, ist aber nicht vertraglich bindend.

Das gilt auch für die letztwillige Schiedsgerichtsanordnung. Soll diese in einen Erbvertrag aufgenommen werden, muss differenziert werden: Soll sich die Schiedsklausel auf Streitigkeiten der Erbvertragsparteien beziehen, die zu deren Lebzeiten auftreten, beispielsweise über die Rechtswirksamkeit eines Rücktritts, handelt es sich um eine Schiedsvereinbarung. Die Aufnahme dieses „eigenen Vertrages" in das Dokument, das den Erbvertrag beinhaltet, ist unschädlich. Die mangelnde Form nach § 1031 Abs. 5 Satz 3 ZPO wird durch die zwingend notarielle Form des Erbvertrages gemäß § 1031 Abs. 5 Satz 3 Hs. 2 ZPO geheilt. Der Anwendungsbereich einer solchen Schiedsvereinbarung dürfte gering sein.

Handelt es sich um eine Schiedsklausel, die sich auf die Zeit nach dem Tod des Erblasser bezieht, kommt eine solche nur in Betracht, wenn es mehrere Begünstigte, also mehrere Erben oder mindestens einen Erben und einen Vermächtnisnehmer gibt.[618] In diesen Fällen kann es sich um eine einseitige Anordnung des Erblassers im Sinne des § 1066 ZPO handeln oder es kann eine Schiedsvereinbarung zwischen den Vertragserben oder Vertragsvermächtnisnehmern vorliegen. Auch hier gilt, dass die mangelnde Form durch § 1031 Abs. 5 Satz 3 Hs. 2 ZPO

---

617 Palandt/*Weidlich*, BGB, § 2186 Rn. 1.

618 Staudinger/*Otte*, Vorbem. zu §§ 1937 Rn. 6.

geheilt wäre. Im Streitfalle nach dem Erbfall wäre eine solche Schiedsvereinbarung wirksam.

bb. Die letztwillige Schiedsklausel als „Beeinträchtigung" im Sinne des § 2289 Abs. 1 BGB

Im Zusammenhang von Erbvertrag und letztwilliger Schiedsgerichtsanordnung taucht immer wieder die Frage auf, ob die nachträgliche Anordnung einer Schiedsklausel durch Verfügung von Todes wegen eines gebundenen Erblassers eine beeinträchtigende Verfügung im Sinne des § 2289 Abs. 1 Satz 2 BGB darstellt. Hierzu werden verschiedene Ansichten vertreten. Das OLG Hamm war im Jahr 1990[619] der Ansicht, § 2289 Abs. 1 Satz 2 BGB schütze den Bedachten in seinem Vertrauen auf die erbvertragliche Bindung. Er sei somit hinsichtlich späterer Beeinträchtigungen durch weitere Verfügungen von Todes wegen des Erblassers geschützt. Das Gericht bejahte die Einsetzung eines Schiedsgerichts als beeinträchtigende Verfügung und untermauerte dies mit einer Begründung, die darauf schließen lässt, dass das Gericht von Schiedsgerichten generell nichts hält: „Durch die nachträgliche Einsetzung eines Schiedsrichters [...] der uneingeschränkten Interpretationsmacht des Schiedsrichters unterworfen [...]"[620]. Dem widersprechen verschiedene Stimmen.[621] *Harder* rekurriert auf die zwischenzeitlich erfolgte explizite Gleichwertigkeit der Schiedsgerichtsbarkeit gegenüber der staatlichen Gerichtsbarkeit und weist darauf hin, dass das Schiedsgericht verpflichtet sei, materielles Recht anzuwenden.[622]

cc. Eigene Stellungnahme

Es geht bei der Frage, ob es sich bei der nachträglichen Anordnung einer Schiedsklausel um eine beeinträchtigende Verfügung handelt, nicht darum, ob ein Schiedsgericht materielles Recht korrekt anwendet oder nicht. Auch bei

---

619 OLG Hamm, Urteil vom 08.10.1990 – 8 U 38/90.

620 OLG Hamm, a. a. O., Tz. 13.

621 OLG Celle, Beschluss vom 10.12.2015 – 6 W 204/15, das in der nachträglichen Anordnung eines Schiedsgerichts durch den länger lebenden Ehepartner keine Beschränkung des Schlusserben sah. Als „gewogen und zu leicht befunden" kritisiert *Wendt*, ErbR 2016, 248, insbesondere die in dieser Entscheidung fehlende Begründung der Rechtsauffassung und die fehlende Auseinandersetzung mit der übrigen Rechtsprechung. Auch *Wendt* stellt als Beurteilungsmaßstab auf die „letztwillig formulierte und damit begründete Rechtsstellung" des Schlusserben ab.

622 *Harder*, S. 91 f.

ordentlichen Gerichten, die fraglos materielles Recht anzuwenden haben, gibt es falsche Entscheidungen. Das zeigen alle Berufungs- und Revisionsentscheidungen, die den Vorinstanzen Fehler in der rechtlichen Beurteilung bescheinigen. Davor dürfte kein Gericht gefeit sein, gleichgültig ob es sich um ein ordentliches Gericht oder ein Schiedsgericht handelt.

Die Parteien des Erbvertrages legen in dem Erbvertrag die rechtliche Position des Vertragserben fest. Diese rechtliche Position kann von dem Erblasser nicht einseitig verändert werden. Dies gilt auch hinsichtlich einer Anordnung, die die Durchsetzung der Rechte eines der Vertragserben betrifft. Auch hier hilft die Zweistufentheorie der erbrechtlichen Optionsmodelle bei der Begründung: Der (überlebende) Vertragspartner hat keine Befugnis zur Anordnung eines Schiedsgerichts, da das Optionsmodell in der vereinbarten Form „geschlossen" ist. Kann der Erblasser durch einseitigen Widerruf aus dem Erbvertrag rechtswirksam aussteigen, also aus dem von ihm geschaffenen Regelungsmuster hinausoptieren, muss er dies tun, wenn er ein neues Regelungsmuster möchte. Ist dies aufgrund seiner Bindung rechtlich nicht möglich, verbleibt es bei der vertraglich festgelegten Rechtsposition des Vertragserben. Der Erblasser hat keine Verfügungsmacht, innerhalb des Optionsmodells neue Anordnungen zu platzieren.[623] Es muss gleichgültig sein, ob der Vertragserbe am Ende rechtlich besser oder schlechter dasteht.[624] Es muss auch gleichgültig sein, ob er wirtschaftlich besser oder schlechter dasteht. Entscheidend ist nur, ob seine rechtliche Position *verändert* wurde. Die nachträgliche einseitige Anordnung eines Schiedsgerichts ist mithin immer „beeinträchtigend" im Sinne des § 2289 Abs. 1 BGB.

f. Das Optionsmodell Pflichtteilsrecht?

Pflichtteilsansprüche entstehen, wenn der Erblasser Personen des in § 2303 BGB genannten Personenkreises mittelbar oder unmittelbar rechtlich oder wirtschaftlich schlechter stellt als sie bei Eintreten der gesetzlichen Erbfolge stünden. Voraussetzung für das Entstehen von Pflichtteilsansprüchen ist, dass der Erblasser in das Optionsmodell *gewillkürte Erbfolge* optiert oder andere Optionsmodelle wählt, die den Status der pflichtteilsberechtigten Person im Verhältnis zu ihrem Status, der bei Eintritt der gesetzlichen Erbfolge vorläge, verschlechtern.

---

623 Ebenso: *Keim*, NJW 2017, 2652 (2655), der aus der Entscheidung des BGH vom 16.03.2017 – I ZB 50/16 die fehlende Dispositionsbefugnis des Erblassers bei einer erbvertraglichen Bindung ableitet.

624 A. A. *Muscheler*, Erbrecht, Band I, § 33 Rn. 2231 f.; Staudinger/*Kanzleiter*, BGB, § 2289 Rn. 12 ff. (Rn. 14); MünchKomm/*Musielak*, BGB, § 2289 Rn. 16 f.

Die Frage, ob ein Erblasser in der Lage ist, eine letztwillige Schiedsklausel in seiner Verfügung von Todes wegen so zu platzieren, dass auch die pflichtteilsberechtigten Personen davon umfasst werden, ist nahe liegend. Sie wurde im Schrifttum immer wieder aufgegriffen und diskutiert. Es gibt „bejahende Zugpferde“ auf der einen und „verneinende Zugpferde“ auf der anderen Seite.[625] Nun hat sich der BGH durch die Entscheidung vom 16.03.2017[626] vor den Karren der verneinenden Zugpferde gespannt.

Der BGH hatte über eine letztwillige Schiedsgerichtsanordnung in einem notariellen Testament aus dem Jahr 2004 zu entscheiden. Gemäß der Schiedsklausel sollten alle Streitigkeiten „über dieses Testament und aus diesem Testament und darüber hinaus über die Erbfolge [...] über eventuelle Pflichtteilsrechte und -ansprüche [...]“ durch ein Schiedsgericht entschieden werden. Der BGH weist darauf hin, dass Streitparteien grundsätzlich einen Streit über einen Pflichtteilsanspruch durch ein Schiedsgericht entscheiden lassen können, führt dann aber weiter aus, dass ein Erblasser durch eine Verfügung von Todes wegen für Streitigkeiten aus dem Pflichtteilsrecht nicht einseitig ein Schiedsgericht anordnen kann. Auch in dieser Entscheidung verweist der BGH darauf, dass eine Verfügung nur dann „in gesetzlich statthafter Weise“ im Sinne des § 1066 ZPO angeordnet sei, wenn die konkrete Anordnung von der Verfügungsmacht des Erblassers umfasst sei. Die Testierfreiheit des Erblassers sei durch die gesetzliche Anordnung der grundsätzlichen Unentziehbarkeit des Pflichtteils beschränkt, sodass die erforderliche Verfügungsmacht des Erblassers diesbezüglich nicht vorliege. Der Senat führt weiter aus: „[...] nur schiedsfähig (ist), was innerhalb der Verfügungsmacht des Erblassers liegt [...].“ Diese Argumentation stammt aus dem Schrifttum, in dem teilweise die Ansicht vertreten wird, im Hinblick auf eine letztwillige Schiedsgerichtsanordnung sei die Schiedsfähigkeit eines Streitgegenstandes nach § 1030 Abs. 1 Satz 1 ZPO nur gegeben, wenn der Erblasser über den Streitgegenstand verfügungsbefugt sei.[627]

---

625 Bejahend: Zöller/*Geimer*, ZPO, § 1066 Rn. 18, 18a mit w. Nw.; *Haas*, ZEV 2007, 52; *Harder*, S. 98 f.; *Crezelius*, Fs. Westermann, 2008, S. 161 (172); *Pawlytta*, ZEV 2003, 89 (94); *Wegmann*, ZEV 2003, 20 (21); *Werner*, ZEV 2011, 506 (508). Verneinend: MünchKomm/*Leipold*, Bd. 9, BGB, § 1937 Rn. 34; *Lange*, ZEV 2017, 1 (3) mit w. Nw.; *Wendt*, ErbR 2016, 484 (487); LG Heidelberg, Urteil vom 22.10.2013 – 2 O 128/13; OLG München, Beschluss vom 25.04.2016 – 34 Sch 12/15 u. a.

626 BGH, Beschluss vom 16.03.2017 – I ZB 49/16.

627 Insbesondere: *Otte*, Fs. Notar, S. 241 (246); MünchKomm/*Leipold*, Bd. 9, BGB, § 1937 Rn. 32; ansatzweise ebenso: *Crezelius*, Fs. Westermann, S. 161 (168).

Diese Ansicht ist jedoch falsch. Die Frage der objektiven Schiedsfähigkeit kann nicht davon abhängig sein, ob die von der Anordnung Betroffenen selbst eine Schiedsvereinbarung über den Streitgegenstand schließen oder ob der Erblasser ein Schiedsgericht anordnet.[628] Gerade durch § 1030 Abs. 1 Satz 1 hat der Gesetzgeber signalisiert, dass Streitigkeiten grundsätzlich schiedsfähig sind, außer es liegen bestimmte Umstände vor, die das Rechtsprechungsmonopol des Staates auf den Plan rufen.[629] Hierzu gehören Streitigkeiten über den Pflichtteilsanspruch nicht. Diese sind für Streitigkeiten zwischen den Erben und den Pflichtteilsberechtigten schiedsfähig. Die fehlende Verfügungsmacht des Erblassers in Bezug auf die Pflichtteilsrechte hat nichts mit der objektiven Schiedsfähigkeit zu tun. Eine *objektive Schiedsfähigkeit* kann nicht für den Pflichtteilsanspruch vorliegen und ein anderes Mal verneint werden. Die objektive Schiedsfähigkeit ist dann keine objektive Schiedsfähigkeit.

Die Entscheidung des BGH zum Pflichtteilsanspruch war dennoch im Ergebnis richtig. Dies lässt sich mithilfe der Zweistufentheorie der erbrechtlichen Optionsmodelle nachweisen: Das Pflichtteilsrecht ist kein Optionsmodell, in das der Erblasser aktiv eintritt. Optiert der Erblasser zur gewillkürten Erbfolge und enterbt er dadurch Personen des in § 2303 BGB genannten Personenkreises, so entstehen deren Pflichtteilsrechte ohne Zutun des Erblassers aufgrund der außerhalb des Optionsmodells Erbeinsetzung geltenden Gesetzeslage. Der Erblasser mag dies wollen oder nicht. Der begünstigte Personenkreis ist dem Erblasser als Regelsetzer „fremd" in dem Sinne, dass er den Personenkreis der Pflichtteilsberechtigten weder begünstigen (beispielsweise dadurch, dass der Erblasser das Pflichtteilsrecht aktiv anordnen muss) noch ihn – außerhalb der Enterbung – benachteiligen kann. Der Erblasser gestaltet ein erbrechtliches Konstrukt und die Pflichtteilsansprüche entstehen. Natürlich hat der Erblasser im Regelfall die Absicht, eine bestimmte Person zu enterben. Darauf kommt es jedoch nicht an. Selbst wenn der Erblasser ihm unbekannte Pflichtteilsberechtigte enterbt, indem er sie in seinem Testament nicht erwähnt, was bei nicht nur verschwiegenen, sondern tatsächlich unbekannten nichtehelichen Abkömmlingen vorkommen kann, entsteht deren Pflichtteilsanspruch. Der Erblasser hat mit den Pflichtteilsberechtigten „nichts zu tun". Er kann ihre Rechtsposition, in die er sie durch die Enterbung gebracht hat, bis auf den Fall der sehr selten zur Anwendung kommenden §§ 2333, 2338 BGB nicht modifizieren. Im Falle der §§ 2333, 2338 BGB kann der Erblasser Beschränkungen des Pflichtteilsrechts anordnen. Der

628 Ebenso: *Haas*, SchiedsVZ 2018, 49 (50); *ders.*, ZEV 2007, 49 (53).
629 *Ebbing*, S. 149.

Grund hierfür liegt darin, dass der Gesetzgeber dem Erblasser in diesen Fällen ein Recht zur Modifikation der Rechtsposition des Pflichtteilsberechtigten *ausdrücklich* einräumt. Der Umfang der Beschränkung ist abschließend.

Aus diesem Grunde kommt eine Veränderung der Rechtsposition des Pflichtteilsberechtigten durch eine letztwillige Schiedsklausel nicht in Betracht. Ein Recht des Erblassers zur Anordnung eines Schiedsgerichts besteht auch dann nicht, wenn der Pflichtteilsberechtigte unter Beachtung des § 2306 BGB sich selbst durch Ausschlagung in diese Position gebracht hat. Macht der Erbe einen Anspruch auf Zusatzpflichtteil nach § 2305 BGB oder auf Pflichtteilsergänzung nach § 2326 BGB geltend, kann eine letztwillige Schiedsgerichtsanordnung für diese (Pflichtteils-)Ansprüche nicht gelten. Eine „Aufspaltung" der Streitigkeiten in Bezug auf ihre rechtliche Durchsetzung lässt sich in einem solchen Fall nicht vermeiden.

Zusammenfassend ist festzustellen, dass der Erblasser keinen Einfluss auf die Rechte des Pflichtteilsberechtigten nehmen kann. Es gibt kein Optionsmodell Pflichtteilsrecht, sondern die Rechte des pflichtteilsberechtigten Personenkreises entstehen qua Gesetz, wenn der Erblasser in andere Optionsmodelle eintritt. Eine Anordnung des Erblassers des Inhalts, der Pflichtteilsberechtigte müsse seine Rechte mithilfe eines Schiedsgerichts durchsetzen, ist unwirksam.

6. Die Auswirkungen der Zweistufentheorie der erbrechtlichen Optionsmodelle auf die letztwillige Schiedsanordnung. Zusammenfassung der wesentlichen Ergebnisse

Die letztwillige Schiedsklausel kann nicht als „neue Anordnung" des erbrechtlichen Numerus clausus institutionalisiert werden. Der Erblasser hat nicht die Möglichkeit, den erbrechtlichen Numerus clausus zu erweitern.

Die letztwillige Anordnung eines Schiedsgerichts ist eine Anordnung, die die in den einzelnen Rechtsinstituten ausgestaltete Beziehung der Beteiligten ergänzt. Die einzelnen erbrechtlichen Optionsmodelle (Rechtsinstitute) regeln die Rechtsverhältnisse der Beteiligten durch zwingende und dispositive Normen. Die Art und Weise der Durchsetzung der Rechte der Beteiligten ist in den erbrechtlichen Optionsmodellen nicht explizit geregelt. Diese „Lücke" füllt er Erblasser durch die Anordnung des Schiedsgerichts.

Die Zweistufentheorie der erbrechtlichen Optionsmodelle zeigt, dass dies rechtlich möglich ist. Nicht auf der ersten Stufe, dem erbrechtlichen Numerus clausus, sondern auf der zweiten Stufe. Das ist der Typenzwang im engen Sinne, mithin die Ausgestaltung der einzelnen Rechtsinstitute.

Es war zu untersuchen, ob die letztwillige Schiedsanordnung die in den erbrechtlichen Rechtsinstituten zum Ausdruck kommende Ordnungs- und Wertevorstellung des Gesetzgebers stört. In diesem Falle wäre sie unwirksam, da sie nicht mehr von der Testierfreiheit, deren Grenze in der Ordnungs- und Wertevorstellung des Gesetzgebers liegt, umfasst wäre.

In Bezug auf das zwingende Recht, das den Erblasser in den Optionsmodellen in seiner Testierfreiheit einschränkt, musste untersucht werden, ob sich dessen Vorhandensein auf eine letztwillige Schiedsanordnung auswirkt. Dies ist nicht der Fall.

Das zwingende Recht hat keine Auswirkungen auf die Anordnung des Erblassers zur Durchsetzung der Rechte, die den Beteiligten aus den zwingenden Normen erwachsen. Dies gilt, wenn der Erblasser die zwingenden Normen gar nicht abbedungen hat, sondern nur die Rechtsverfolgung regelt. Dies gilt auch, wenn der Erblasser eine zwingende Norm rechtswidrig abbedungen hat. In diesem Fall ist die Abbedingung unwirksam, was das Schiedsgericht festzustellen hat. In der letztwilligen Schiedsklausel darf nicht der Versuch einer Umgehung der für den Erblasser zwingenden Normen liegen, beispielsweise dadurch, dass der Erblasser rechtsunkundige Schiedsrichter auswählt oder dass der Erblasser die Schiedsrichter ausdrücklich oder latent, durch die generelle Anordnung einer Entscheidung nach Billigkeit, anweist, das geltende Recht außer Acht zu lassen. Dies führt zu einer Inhaltskontrolle der letztwilligen Schiedsklausel, insbesondere auch im Hinblick auf eine vom Erblasser benannte Schiedsordnung. Das Gericht muss in der Lage sein, das für den Erblasser zwingende Recht zur Anwendung zu bringen. Eine Billigkeitsentscheidung kann der Erblasser nur in Bezug auf dispositive Normen anordnen.

Mit der Zweistufentheorie der erbrechtlichen Optionsmodelle lassen sich weitere Anordnungen des Erblassers, beispielsweise die Abbedingung des Voraus, aufschiebende und auflösende Bedingungen, die letztwillige Errichtung einer Stiftung und Vorgaben zur Verwendung der Erbschaft, die nicht Vermächtnisse oder Auflage sein sollen, begründen. Da die letztwillige Schiedsanordnung eine Anordnung innerhalb des jeweiligen Optionsmodells ist, muss der Erblasser die Anordnung auf den Personenkreis beschränken, mit dem er innerhalb des Optionsmodells zu tun hat. Für die letztwillige Schiedsgerichtsanordnung führt dies dazu, dass der Erblasser diese für seine Erben aus §§ 1937, 2096, 2100 BGB, für die Vermächtnisnehmer und Auflagenbegünstigten aus §§ 2147, 2192 BGB und für den Testamentsvollstrecker aus § 2216 Abs. 2 BGB begründen kann. Der Erblasser ist rechtlich in der Lage, in Bezug auf diese betroffenen Personen, unter Beachtung der ihn bindenden zwingenden Normen, deren jeweilige

Innenverhältnisse zu regeln, respektive die Optionsmodelle insoweit zu modifizieren, dass die Rechtsdurchsetzung vor einem Schiedsgericht zu erfolgen hat.

Durch die Zweistufentheorie der erbrechtlichen Optionsmodelle wird deutlich, dass das Pflichtteilsrecht kein Optionsmodell ist, zu dem der Erblasser optieren kann. Es handelt sich beim Pflichtteilsrecht um ein dem Erblasser nicht zugängliches gesetzlich normiertes Regelungsmuster. Der Erblasser hat nicht die Möglichkeit, dieses Regelungsmuster zu modifizieren. So lässt sich nachweisen, dass der Erblasser die Rechte der Pflichtteilsberechtigten (außerhalb der §§ 2333, 2338 BGB) in keiner Weise modifizieren kann.

§ 3 Zusammenfassung des dritten Kapitels

A. Auf der Suche nach der Rechtsgrundlage der letztwilligen Schiedsklausel

Das Ziel des ersten Teils des dritten Kapitels war es, die Rechtsgrundlage der letztwilligen Schiedsklausel näher zu beleuchten. Als Rechtsgrundlage kam § 1066 ZPO infrage. Der Wortlaut des § 1066 ZPO deutet darauf hin, dass § 1066 ZPO keine „Ermächtigungsnorm" für die letztwillige Schiedsanordnung, sondern eine reine Verweisungsnorm in die ZPO ist. Dieser erste Eindruck musste überprüft werden, gibt es doch, wie beispielsweise § 83 BGB, noch weitere „Ermächtigungsnormen" für Verfügungen von Todes wegen, die die „Erlaubnis" des Erblassers nicht explizit enthalten. Hier war es nahe liegend, die Historie des § 1066 ZPO aufzurollen. Die Untersuchung führte zu den historischen Vorgängernormen des § 1066 ZPO. Die älteste nachweisbare Norm stammt aus dem *Codex Iuris Bavarici Iudiciarii*, einer Zivilverfahrensordnung aus dem Jahr 1753. Auch hier handelt es sich um eine Verweisungsnorm, die auf schiedsrichterliche Regelungen verweist, die sich ebenfalls im *Codex Iuris Bavarici Iudiciarii* befinden. Die Rechtsidee, dass der Erblasser das Recht hat, letztwillig ein Schiedsgericht anzuordnen und seine Erben damit zu binden, wurde nie in einen gesetzlich normierten Rahmen gegossen. Die Spur der letztwilligen Schiedsanordnung verliert sich in der *communis opinio*[630] der Jahre 1713-1753.[631]

Die Suche nach der Rechtsgrundlage wurde intensiviert, und es wurde die Frage gestellt, ob als Rechtsquelle der letztwilligen Schiedsklausel Gewohnheitsrecht in Betracht kommt. Hierfür war die Frage vorzuschalten, ob das Recht des Erblassers, letztwillig ein Schiedsgericht anzuordnen, *ius scriptum* zu entnehmen

630 Herrschende Lehre in der Rechtswissenschaft.

631 Oben 3. Kapitel § 2 B. IV. 2., S. 110 ff.

sei. Diese Untersuchung erfolgte über ein Ausschlussverfahren. Der erste Blick richtete sich auf das klassische römische Recht. Im Ergebnis war festzustellen, dass die letztwillige Schiedsklausel nicht aus dem klassischen römischen Recht stammt. Bereits *Jhrings* Ausführungen zur Stellung des „allmächtigen" römischen Hausherren deuten in diese Richtung.[632] Jemanden, der in den streitigen Angelegenheiten der Familie selbst „Richter" ist, vor ein Schiedsgericht zu zwingen? Undenkbar.

Nachdem weder das kanonische Recht, der *corpus iuris civilis* oder partikularrechtliche Zivilgesetzbücher als Rechtsgrundlage bestätigt werden konnten,[633] führte die Untersuchung zu der Frage, ob und in welcher Häufigkeit die letztwillige Schiedsklausel in historischen Akten über erbrechtliche Streitigkeiten und in den Quellen der historischen Testamentsforschung nachweisbar ist. In den überlieferten Testamenten des Bürgertums des 17. und 18. Jahrhunderts ist oftmals die Bestimmung enthalten, dass eine bestimmte Person den Nachlass regeln und auch entstehende Streitigkeiten schlichten solle. Eine letztwillige Schiedsklausel findet sich jedoch nicht.[634]

Dagegen finden sich letztwillige Schiedsklauseln regelmäßig in den letztwilligen Verfügungen der Mitglieder von Adelshäusern, in den Gründungsunterlagen von Fideikommissen oder in Hausverträgen und Familienverträgen des hohen Adels. Da war sie also die Rechtsgrundlage: die Autonomie des hohen Adels. Die Autonomie des hohen Adels war nicht (nur) das herrschaftliche Auftreten einer kleinen Oberschicht gegenüber einer kuschenden Untertanengesellschaft. Die Autonomie war (für heutige Zeitgenossen unvorstellbar) die Befugnis, objektives Recht zu schaffen. Dies bedeutet, dass Regelungen, die aufgrund der sogenannten standesherrlichen Autonomie geschaffen wurden, gesetzte Normen waren, die für den betroffenen Personenkreis galten. Nachdem durch Artikel 109 Abs. 3 Satz 1 der Weimarer Reichsverfassung alle öffentlich-rechtlichen Vorrechte oder Nachteile der Geburt oder des Standes aufgehoben wurden, fiel die Autonomie des hohen Adels weg. Die Folge war, dass die „Selbstgesetzgebung" des hohen Adels, soweit sie gegen die Bestimmungen des zwischenzeitlich kodifizierten BGB (und anderer Reichsgesetze) verstieß, unwirksam wurde.[635]

Wir kehren zurück zu § 1066 ZPO. Nach der Betrachtung seiner Historie steht fest, dass es sich bei § 1066 ZPO um eine Verweisungsnorm in das 10. Buch

---

632 *Jhring*, Geist des römischen Rechts, S. 195.
633 Oben 3. Kapitel § 2 D. II.
634 Oben 3. Kapitel § 2 D. III.
635 Oben 3. Kapitel § 2 E. IV.

der ZPO handelt. Der Zusatz „in gesetzlich statthafter Weise“ hat sich durch die Geschichte überholt.[636] „Last but not least“ wies auch der BGH unlängst darauf hin, dass § 1066 ZPO eine prozessuale Regelung sei, die die Zulässigkeit testamentarisch angeordneter Schiedsgerichte voraussetze, aber nicht selbst begründe.[637] Nachdem eine letztwillige Schiedsklausel weder Vermächtnis noch Auflage ist,[638] führen alle Wege zur Testierfreiheit? Diese Aussage muss mit einem Fragezeichen versehen werden.

B. Alle Wege führen zur Testierfreiheit?

I. Die letztwillige Schiedsklausel als Erweiterung des erbrechtlichen Numerus clausus

Im Zusammenhang mit der letztwilligen Schiedsklausel richtete sich der Fokus der Betrachtung auf die Frage, ob die letztwillige Schiedsanordnung gegen das Strukturprinzip des erbrechtlichen Numerus clausus und das Prinzip des Typenzwangs verstößt. Die Begriffe Numerus clausus und Typenzwang wurden für die weitere Untersuchung differenziert: Unter dem Numerus clausus wurde die zahlenmäßig beschränkte normative Zurverfügungstellung verschiedener erbrechtlicher Rechtsinstitute verstanden, während der Begriff des Typenzwangs sich nicht auf den „Zwang“ des Erblassers zur *Auswahl* eines solchen erbrechtlichen Rechtsinstitutes bezog, sondern auf seine Möglichkeit der *Ausgestaltung* eines gewählten Rechtsinstituts.[639]

Wenn die letztwillige Schiedsanordnung als reine Anordnung institutionalisiert wird, bedeutet dies eine Erweiterung des erbrechtlichen Numerus clausus. Die Zulässigkeit einer solchen Erweiterung ist jedoch abzulehnen. Ein Grund ist, dass der historische Gesetzgeber in der Lage gewesen wäre, die letztwillige Schiedsklausel als erbrechtliches Rechtsinstitut aufzunehmen. Dies hat er nicht getan. Davon auszugehen, dass er die Zulässigkeit der letztwilligen Schiedsklausel als Selbstverständlichkeit erachtete, überzeugt nicht. In dem Zeitraum der Beratungen der Kommissionen zur Kodifikation des BGB war die Schiedsgerichtsbarkeit bereits seit Langem ein Verfahren, das außerhalb der Streitigkeiten besonders privilegierter Familien (Adel), nicht mehr verwendet wurde. Es spricht viel dafür, dass der historische Gesetzgeber die letztwillige Schiedsanordnung

636 Oben 3. Kapitel § 2 E. V.
637 Oben 3. Kapitel § 2 A. I.
638 Oben 3. Kapitel § 2 C. II. 2.
639 Oben 3. Kapitel § 2 F. I.

nicht als erbrechtliches Rechtsinstitut aufgenommen hat, weil er wegen der Unbedeutendheit und Seltenheit dieser Anordnung keinen Bedarf sah. Den erbrechtlichen Numerus clausus mit großer Selbstverständlichkeit zu erweitern, kommt nicht in Betracht. Einer letztwilligen Schiedsklausel mögen nachvollziehbare Gründe des Erblassers zugrunde liegen, die Schiedsgerichtsbarkeit mag der ordentlichen Gerichtsbarkeit gleichberechtigt gegenüberstehen, die Testierfreiheit mag ein „bestimmendes Element der Erbrechtsgarantie“[640] sein. Der erbrechtliche Numerus clausus wäre kein erbrechtlicher Numerus clausus, wenn er für jede Anordnung, für die ein „fallbezogener Bedarf“ vorliegt, erweitert werden könnte. Ein allgemeines rechtspolitisches Bedürfnis, wie es beispielsweise in Bezug auf eine gesetzliche Normierung der Rechtswahl bestand, ist nicht ersichtlich.

II. Die letztwillige Schiedsklausel als inhaltliche Modifizierung der erbrechtlichen Rechtsinstitute

1. *Quod in controversia est*

Es wurde festgestellt, dass die einzelnen erbrechtlichen Rechtsinstitute über zwingende Normen verfügen, von denen der Erblasser nicht abweichen kann, über dispositive Normen, von denen er abweichen kann, und dass es „Nichtregelungen“ gibt. Damit sind nahe liegende und zu dem Rechtsinstitut thematisch gehörende Sachverhalte gemeint, die der Gesetzgeber nicht geregelt hat. Hier ist an die letztwillige Schiedsklausel zu denken. Keines der erbrechtlichen Rechtsinstitute des Numerus clausus legt fest, wie die Betroffenen im Falle eines Streits nach dem Tod des Erblassers ihre Rechte durchzusetzen haben oder einen Konflikt lösen müssen. Diese Nichtregelung durch den Gesetzgeber könnte es möglich machen, dass der Erblasser aufgrund seiner Testierfreiheit diese „Lücke“ füllt und eine Regelung, im Sinne einer Verhaltensanordnung für die Erben im Konfliktfall, trifft, die seinem Willen entspricht.[641]

Dazu musste untersucht werden, ob sich die letztwillige Schiedsklausel störungsfrei in die jeweiligen Regelungsmuster der erbrechtlichen Rechtsinstitute einfügt. Anordnungen, die ein gesetzliches Regelungsmuster modifizieren, mussten daraufhin geprüft werden, ob sie irgendwie „anecken“, d. h. gegen die

---

640 *Muscheler*, Erbrecht, Band I, § 13 Rn. 224.

641 Da es sich bei einer solchen Regelung um eine Verfügung von Todes wegen handelt, ist die Beachtung sämtlicher Wirksamkeitserfordernisse einer Verfügung von Todes wegen, wie Testierfähigkeit, Formwirksamkeit, keine entgegenstehende Bindungswirkung usw. obligatorisch.

Ordnungs- und Wertevorstellung des Gesetzgebers, die in dem Regelungsmuster des erbrechtlichen Rechtsinstituts und insbesondere in den in diesem Regelungsmuster enthaltenen zwingenden Normen, verstoßen.

2. Die Zweistufentheorie der erbrechtlichen Optionsmodelle

Von der Verfasserin wurde die Zweistufentheorie der erbrechtlichen Optionsmodelle entwickelt, deren Inhalt die Verdeutlichung der Trennung des erbrechtlichen Numerus clausus von dem Typenzwang im hier verwendeten Sinne, mithin dem Regelungsinhalt der einzelnen erbrechtlichen Rechtsinstitute, die ab dann Optionsmodelle genannt wurden, ist.[642] Als Optionsmodelle wurden die gesetzlichen Regelungsmuster der erbrechtlichen Rechtsinstitute bezeichnet, die der Erblasser für die Gestaltung seiner Verfügung von Todes wegen nutzen kann, in die er also „hineinoptieren" kann. Die Zweistufentheorie der erbrechtlichen Optionsmodelle basiert auf einer strikten Trennung zwischen der zahlenmäßig beschränkten Zurverfügungstellung verschiedener Optionsmodelle durch den Gesetzgeber (Numerus clausus des Erbrechts) und dem mehr oder minder bindend vorgegebenen Regelungsinhalt der einzelnen Optionsmodelle (Typenzwang im engen Sinne). Den Numerus clausus kann der Erblasser durch seine Anordnungen nicht erweitern. Die Bezeichnung der letztwilligen Schiedsgerichtsanordnung als Anordnung „*sui generis*"[643] ist somit falsch. Dadurch würde die letztwillige Schiedsklausel als „neue Anordnung" institutionalisiert. Eine Institutionalisierung eines neuen Typus verstößt gegen den erbrechtlichen Numerus clausus. Die letztwillige Anordnung eines Schiedsgerichts ist vielmehr eine „Nebenbestimmung" im Sinne des *modus* der Landrechte,[644] die die in den einzelnen Rechtsinstituten ausgestaltete Beziehung der Beteiligten ergänzt. Diese Ergänzung der Beziehung der Beteiligten nimmt der Erblasser durch die Modifizierung der Regelungsinhalte der erbrechtlichen Rechtsinstitute, somit auf der zweiten Stufe (Ausgestaltung der einzelnen Rechtsinstitute), vor.

Das zwingende Recht, das den Erblasser bindet, steht nicht im Wege. Voraussetzung ist, dass es von dem Erblasser nicht abbedungen wird (dafür reicht seine Verfügungsmacht nicht), sondern dass er, sozusagen um das zwingende Recht herum, weitere Anordnungen, so auch die letztwillige Schiedsklausel, platziert. Er muss dafür sorgen, dass seine weiteren Anordnungen die Wirkungen des

---

642 Oben 3. Kapitel § 2 F. VII. 2.

643 *Dawirs*, S. 40 f.; *Harder*, S. 62 f.; MünchKomm/*Leipold*, BGB, § 1937 Rn. 29; Staudinger/*Otte*, BGB, Vorbem. zu §§ 1937 ff., Rn. 7.

644 Oben 3. Kapitel § 2 D. II. 4.

zwingenden Rechts bei den am Erbfall Beteiligten nicht stören. Gewährleistet er dies, ist die letztwillige Schiedsklausel wirksam. Dies gilt auch, wenn das Schiedsgericht über Ansprüche zu entscheiden hat, die aus Normen erwachsen, die für den Erblasser zwingend sind.[645]

645 Oben 3. Kapitel § 2 F. VII. 5. b. cc. (2) und (3).

Kapitel 4 Die Mediationsklausel in Verfügungen von Todes wegen

§ 1 Einleitung

A. Ausgangsfall

Beispielsfall 1: In dem einseitigen handschriftlichen Testament eines 84-jährig verstorbenen Erblassers ist neben den Erbeinsetzungen und diversen weiteren Anordnungen folgender Passus enthalten: „*Wenn meine Erben und meine Frau Meinungsverschiedenheiten haben oder in Streit geraten, sollen sie an einer Mediation teilnehmen und dort ihren Streit beilegen. Wenn sie sich nicht auf einen Mediator einigen können, bestimme ich, dass der Mediationsverband XY einen Mediator bestimmen soll. Die Kosten der Mediation trägt der Nachlass.*"

Nach der Eröffnung des Testaments sind die Erben irritiert. Bei den Erben handelt es sich um zwei Söhne des Erblassers und seine Enkelin, die Tochter seiner vor fünfzehn Jahren verstorbenen Tochter. Der Erblasser hatte eine Ehefrau. Diese war seine zweite Frau, die er acht Jahre vor seinem Tod und ein Jahr nach dem Tod seiner ersten Frau geheiratet hatte. Der Erblasser war Chefarzt einer Klinik. Die Erben hatten seit seiner Wiederverheiratung keinen Kontakt zu dem Erblasser. Seine Söhne kennen die Ehefrau des Erblassers kaum. In ihren Augen ist sie eine „Erbschleicherin". Die Enkelin, die in Wien studiert, hatte weder zu dem Erblasser noch zu den Brüdern ihrer Mutter Kontakt. Der Erblasser hatte seine zwei Söhne, von denen einer in Frankreich lebt, und die Enkelin als Erben je zu einem Drittel eingesetzt. Der Nachlass ist sehr umfangreich. Er besteht aus mehreren Immobilien. Unter anderem fällt ein Laborgebäude in den Nachlass, das der Erblasser vermietet hatte. Seine Frau sollte an dem Einfamilienhaus, in das sie zu ihm gezogen war, den Nießbrauch erhalten und € 500.000,00 bekommen. Des Weiteren wurden Teilungsanordnungen getroffen. Es ist zwischen den Erben streitig, ob es sich tatsächlich um Teilungsanordnungen oder um Vorausvermächtnisse handelt. Streitig ist auch, ob die Schenkung einer Immobilie an die verstorbene Tochter vor zwanzig Jahren eine ausgleichungspflichtige Ausstattung darstellt. In dem Schenkungsvertrag ist diesbezüglich nichts geregelt. In Bezug auf die Schenkung dieser Immobilie gab es in der Familie schon vor dem Tod der Tochter Streit, da die Söhne des Erblassers beide der Ansicht waren, die Schwester sei durch diese Schenkung unverhältnismäßig begünstigt worden. Sie beide hätten vom Erblasser nur ihr Studium bezahlt bekommen. Der Erblasser und seine erste Ehefrau waren darauf nicht eingegangen. Sie waren der Ansicht, sie hätten immer alle Kinder gleich behandelt. Da der Erblasser einige Jahre vor seinem Tod unter Morbus Parkinson litt und deshalb nur eingeschränkt handlungsfähig war, erteilte er seiner zweiten Ehefrau eine notariell beurkundete General- und Vorsorgevollmacht. Darüber hinaus erhielt die einseitige Tochter der zweiten Ehefrau ebenfalls eine Vollmacht, die sie als alleinvertretungsberechtigte Vollmachtnehmerin auswies. Nachdem noch zu Lebzeiten des Erblassers seine zweite Ehefrau schwer erkrankt war, wurde deren Tochter über einen Zeitraum von zwei Jahren bis zum Tod des Erblassers häufig aufgrund der Vollmacht für den Erblasser tätig. Die Enkelin ist nun der Ansicht, in Anbetracht der Tatsache, dass der Großvater immer sehr viel Geld hatte und sicherlich auch eine stattliche Rente gehabt haben musste, sei doch verhältnismäßig wenig Liquidität übrig. Sie macht gegen die Tochter der zweiten Ehefrau einen Anspruch auf Auskunft und Rechnungslegung nach §§ 1922, 666 BGB geltend. Die Tochter der Ehefrau vertritt die Ansicht, sie sei nicht verpflichtet, Auskunft zu erteilen. Sie habe alles zum „Null-Tarif" gemacht und habe schließlich nicht jede Supermarkt-Quittung aufbewahren können. Dass die Tochter der Ehefrau „die Karten nicht auf den Tisch legt und offensichtlich versucht, sich aus der Sache herauszulavieren", bestärkt die Enkelin des Erblassers in ihrem Misstrauen. Sie überlegt, eine Auskunftsklage gegen die Vollmachtnehmerin zu erheben. Die Ehefrau des Erblassers ist enttäuscht. Ihr Mann habe immer gesagt, sie erhalte nicht nur den Nießbrauch am Einfamilienhaus und Geld, sondern auch den Nießbrauch an dem Laborgebäude. Sie ist der Ansicht, es müsse noch ein weiteres Testament dieses Inhalts geben. Das habe ihr Mann gegenüber verschiedenen Personen geäußert. Diese könne sie als Zeugen dafür benennen. Die jährlichen Bruttomieteinnahmen des Laborgebäudes betragen € 120.000,00. Die Tatsache, dass der Erblasser Mediation überhaupt kannte, ist für die Erben und die Ehefrau unverständlich. Ein Sohn stellt die Hypothese auf, der Vater habe Mediation vielleicht bei einer Schulung für Personal in der Klinik kennengelernt und sei dadurch „auf die Psychoschiene" geraten. Einer der Söhne und die Enkelin sind anwaltlich vertreten. Die Enkelin ist bereit, an einer Mediation teilzunehmen, wobei sie gleich mitteilt, sie wolle sich das einmal anhören, aber wenn ihr das nicht gefalle, würde sie „gehen und Klage erheben". Der anwaltlich vertretene Sohn ist nicht bereit, an einer Mediation teilzunehmen. Er ist der Ansicht, die Beteiligten hätten in der Angelegenheit schon genug gesprochen und E-Mails geschrieben. Nachdem dies alles nicht zu einem Erfolg geführt habe, habe er die Sache seinem Anwalt übergeben. Dieser solle sich jetzt darum kümmern. Der zweite Sohn, der in Frankreich lebt, ist nicht anwaltlich vertreten und äußert sich auch nicht zu der Mediation. Er ist wütend, dass sein Vater „ein solches Chaos" hinterlassen hat. Er überlegt, die Erbschaft auszuschlagen und seinen Pflichtteil zu verlangen. Er ist für niemanden erreichbar.

B. Status der Praxis

Für Erbrechtler sind Fälle wie der vorstehend beschriebene beruflicher Alltag. Man gebe familiäre Beziehungen, mit den später am Erbfall Beteiligten nicht abgestimmte testamentarische Anordnungen, offene Rechtsfragen, ungeklärte Sachverhaltsfragen und gegenteilige Interessen in einen Topf, rühre einmal um und man hat die Suppe, die den Namen „Erbrechtsstreit" trägt. Die am Erbfall Beteiligten müssen „die Suppe selbst auslöffeln". Sie tun dies durch Gespräche, Bildung von Koalitionen, Vorgehen als Einzelkämpfer, Beauftragung von Anwälten, Erbscheinsverfahren, Klageschriftsätze, Widerklagen oder durch totale Blockade.

Erbstreitigkeiten folgen oft ähnlichen Mustern: Sie beginnen latent zu Lebzeiten des Erblassers und werden nach dessen Tod von den am Erbfall Beteiligten fortgeführt. Ungewöhnlich an dem Ausgangsfall ist die letztwillige Mediationsklausel. Wäre die Anordnung im Testament des Erblassers keine Mediationsklausel, sondern eine Schiedsklausel, so käme § 1066 ZPO zum Einsatz. Die Konfliktgegenstände: Teilungsanordnung oder Vorausvermächtnis, Ausgleichspflicht nach § 2050 ff. BGB und Vermächtnisumfang, würden von der letztwilligen Schiedsklausel umfasst. Der Pflichtteilsanspruch der Ehefrau und die Ansprüche der Erbengemeinschaft gegen die Tochter der Ehefrau auf Auskunft gemäß §§ 1922, 666 ff. BGB würden vor dem ordentlichen Gericht landen.[646] Nun geht es aber um eine letztwillige Mediationsklausel. Welche Rechtswirkungen hat diese?

§ 2 Die letztwillige Mediationsklausel

A. Die Mediationsklausel im Allgemeinen

I. Die Mediationsklausel/Mediationsvereinbarung im Schrifttum

Eine Mediationsvereinbarung[647], die im Rahmen eines Vertrages von den Vertragspartnern vereinbart wird, wird im Schrifttum überwiegend als zulässig

646 BGH, Beschluss vom 16.03.2017- I ZB 50/16 (Pflichtteilsanspruch). Zum Prinzip, dass der Erblasser nur denjenigen belasten kann, den er begünstigt: oben 3. Kapitel § 2 F. VII. 5. b. cc. (1)., S. 163 ff.

647 Unter einer Mediationsvereinbarung wird im Folgenden eine Vereinbarung zweier oder mehrerer Parteien verstanden, die zum Inhalt hat, dass die Parteien in Bezug auf

angesehen.[648] Die Rechtsnatur der Mediationsvereinbarung wird zwischen rein materiell-rechtlich[649] und rein prozessrechtlich[650] verortet.

Zum Teil wird die Ansicht vertreten, die Mediationsvereinbarung sei ein Vertrag *sui generis*, der ein Dauerschuldverhältnis darstelle.[651] *Hutner* zieht für die rechtliche Qualifikation einer Mediationsvereinbarung die Möglichkeit in Betracht, dass diese als Gesellschaft bürgerlichen Rechts anzusehen sei. Der gemeinsame Zweck der Vertragsparteien sei der Versuch einer Konfliktlösung im Wege der Mediation durch Gründung einer Innengesellschaft ohne Gesamthandsvermögen.[652] *Hacke* lehnt die Einordnung einer Mediationsvereinbarung als GbR-Innengesellschaft ab. Er erkennt zwar an, dass die Streitparteien mit der Vereinbarung, ihren Konflikt via Mediation aus der Welt zu schaffen, durchaus einen gemeinsamen Zweck formulieren, das primäre Interesse sieht er jedoch darin, dass die Parteien versuchen, ihre Vorstellungen durchzusetzen. Diese Stellung der Parteien als Gegner im Konflikt schlage auf die Betrachtung ihrer Stellung im Konfliktlösungsverfahren durch. Die Parteien suchten sich nicht als Partner zur Konfliktlösung heraus, sondern gerieten aufgrund der Zufälligkeit ihres Konfliktes zusammen. Aufgrund dieser „gegnerischen Position" könne nicht von dem besonderen Vertrauensverhältnis ausgegangen werden, wie es für eine BGB-Gesellschaft wesenstypisch sei.[653]

Im Ergebnis ist der Ansicht *Hackes* zuzustimmen. Es ist jedoch nicht richtig, in Bezug auf die Streitparteien von vornherein davon auszugehen, dass die

---

bestehende oder künftige Streitigkeiten ein Mediationsverfahren durchführen werden. In textlicher Anlehnung an § 1029 ZPO ist eine Mediationsvereinbarung entweder eine selbstständige Vereinbarung (Mediationsabrede) oder eine Klausel in einem Dokument mit einem darüber hinausgehenden Regelungsinhalt (Mediationsklausel).

648 Eidenmüller/Wagner/*Wagner*, Mediationsrecht, S. 47 ff.; *Eidenmüller*, Wirtschaftsmediation, S. 8 ff.; Greger/Unberath/Steffek/*Greger*, MediationsG; § 1 Rn. 143: „Die Hauptwirkung der Mediationsabrede besteht darin, die Pflicht zur Mitwirkung an einem privatautonomen Verfahren zu begründen." *Hutner*, SchiedsVZ 2003, 226 (228); Klowait/Gläßer/*Hagel*, HK-Mediationsgesetz, B 3 Rn. 26 ff.; *Töben*, RNotZ 2013, 321 (323); *Trams*, S. 23 ff.; *Unberath*, NJW 2011, 1320 (1322).

649 *Eidenmüller*, Konsensuale Streitbeilegung, S. 5; *Hutner*, SchiedsVZ 2003, 226 (228).

650 Haft/Schlieffen/ *Heß/Sharma*, in: Handbuch Mediation 2002, S. 682 ff. Diese Ansicht wurde in der 3. Auflage 2016 aufgegeben. In dieser geht *Fischer* (S. 543 ff.) davon aus, dass Mediationsvereinbarungen aus materiell-rechtlichen und prozessualen Teilen bestehen. Ebenso: *Trams*, S. 31 ff. mit w. Nw.

651 *Eidenmüller*, Wirtschaftsmediation, S. 109 ff.

652 Vgl. *Hutner*, SchiedsVZ 2003, 226 (231).

653 Vgl. *Hacke*, ADR-Vertrag, S. 53 ff.

Gegnerschaft im Konflikt ihre Stellung in einem konsensualen Verfahren überlagern muss. Dies hängt vom Umfang des Konflikts ab und ist somit einzelfallabhängig. Außerdem muss das Zusammenwirken der Streitparteien im Hinblick auf die außergerichtliche Streitbeilegung von ihren gegensätzlichen Interessen in Bezug auf den Konfliktgegenstand strikt getrennt werden. Wenn Streitparteien die Absicht haben, einen Konflikt außergerichtlich beizulegen und ihnen dies ein wichtiges und unumstößliches Anliegen ist, gegebenenfalls sogar mit der Konsequenz, bei einem Scheitern einer außergerichtlichen Einigung nicht den Rechtsweg zu beschreiten, sondern den Status quo zu belassen, darf die gegenteilige Interessenslage der Streitparteien in Bezug auf den Streitgegenstand nicht per se als Störfaktor für die Zusammenarbeit der Parteien hinsichtlich einer außergerichtlichen Streitbeilegung angesehen werden.

Eine Gesellschaft bürgerlichen Rechts kann bereits aus folgendem Grund nicht vorliegen: Die tatsächliche Konfliktbeilegung kommt als Gesellschaftszweck nicht in Betracht. Zu Beginn eines Konflikts kann nicht antizipiert werden, wie die Lösung des Konflikts aussehen wird. Damit ist ein Gesellschaftszweck „Konfliktlösung“ zu unbestimmt, um Bestandteil eines Gesellschaftsvertrages zu sein. Gesellschaftszweck könnte somit nur sein, die Konfliktbeilegung mithilfe einer Mediation zu *versuchen*. Durch eine kurzzeitige Mitwirkung an der Mediation, deren Abbruch beispielsweise von Anfang an geplant ist, wäre der Gesellschaftszweck somit erfüllt und die Gesellschaft beendet.[654] Nachdem nach § 2 Abs. 5 Satz 1 MediationsG jede Streitpartei die Mediation jederzeit beenden kann, kann es keine Förder- oder Treuepflicht der Gesellschafter des Inhalts geben, die Mediation nicht abzubrechen.

Fischer unterscheidet zwischen Mediationsvereinbarungen, die einen rechtlich verbindlichen Vertrag darstellen, und solchen, die „unverbindliche Verträge“[655] seien. Die Unterscheidung sei durch Auslegung zu ermitteln. *Fischer* geht jedoch davon aus, dass freiwillig getroffene Mediationsvereinbarungen aufgrund der Privatautonomie möglich seien und vertragliche Pflichten entfalten könnten.[656] Bei der Beschreibung der Vertragspflichten und Vertragsrechte werden die Ausführungen *Fischers* jedoch sehr ungenau. Konkrete vertragliche Verpflichtungen kann *Fischer* nicht nennen. Er vertritt die Auffassung, eine verbindliche Mediationsabrede benötige als einzigen Regelungspunkt die Übereinkunft der Parteien, ein Mediationsverfahren durchzuführen.[657] Auch die

654 Ebenso: *Friedrich*, MDR 481 (482).
655 Haft/Schlieffen/*Fischer*, Handbuch Mediation 2016, S. 542.
656 Vgl. Haft/Schlieffen/*Fischer*, Handbuch Mediation 2016, S. 544.
657 Haft/Schlieffen/*Fischer*, Handbuch Mediation 2016, S. 546.

Beantwortung der Frage, ob in der Mediationsabrede die Vereinbarung eines dilatorischen Klageverzichts liege, müsse durch Auslegung in jedem Einzelfall ermittelt werden.[658]

Wagner geht davon aus, dass eine Mediationsvereinbarung im Regelfall zu einem dilatorischen Klageverzicht führt. Er beruft sich dabei auf die Rechtsprechung des BGH, der bei Schlichtungsklauseln einen dilatorischen Klageverzicht angenommen hat. Die Schnittstelle zwischen Schlichtung und Mediation sieht *Wagner* darin, dass bei beiden außergerichtlichen Konfliktlösungsverfahren die Streitparteien nur einen „Versuch" schuldeten.[659] Mit den strukturellen Unterschieden der Verfahren, die in erster Linie die Themen Eigenverantwortlichkeit der Streitparteien und die Rolle des Schlichters oder Mediators betreffen, beschäftigt sich *Wagner* nicht.

II. Die Mediationsklausel/Mediationsvereinbarung in der Rechtsprechung

Die mediationsrechtliche Rechtsprechung ist überschaubar. Sie betrifft verschiedene Schnittstellen der Mediation zu rechtlichen Teilbereichen wie das anwaltliche Vergütungsrecht, die Haftung des Mediators und die Wirksamkeit von Mediationsvereinbarungen.[660]

1. Kostenrechtliche Entscheidungen

Ein Teil der veröffentlichten Entscheidungen betrifft Fälle *vor* Inkrafttreten des MediationsG, in denen es im Zusammenhang mit einer gerichtsnahen oder gerichtsinternen Mediation darum ging, ob den Parteien Prozess-/Verfahrenskostenhilfe gewährt wird oder den im Rahmen des Mediationsverfahrens tätigen Rechtsanwälten Vergütungsansprüche zuzuerkennen waren. Die diesbezügliche Rechtsprechung war uneinheitlich und einzelfallbezogen. Eine allgemeine Linie war nicht erkennbar.[661]

---

658 Vgl. Haft/Schlieffen/*Fischer*, a. a. O., S. 547.

659 Eidenmüller/Wagner/*Wagner*, Mediationsrecht, S. 83; Greger/Unberath/Steffek/*Greger*, MediationsG, § 1 Rn. 226 ff.

660 Die Entscheidungen sind beispielhaft genannt. Die Darstellung erhebt keinen Anspruch auf Vollständigkeit.

661 VG Stuttgart, Beschluss vom 21.09.2011 – 5 K 2044/10: Kosten der Verfahrensbeteiligten anlässlich der Teilnahme an einer gerichtsinternen Mediation sind Kosten des gerichtlichen Verfahrens; OLG Köln, Beschluss vom 03.06.2011 – 25 UF 24/10: Die dem Antragsteller bewilligte ratenfreie Prozesskostenhilfe erstreckt sich auf die Kosten eines gerichtsnahen Mediationsverfahrens; KG Berlin, Beschluss vom

Durch das Gesetz zur Förderung der Mediation und anderer Verfahren der außergerichtlichen Konfliktbeilegung[662] wurde die gerichtliche Mediation beendet und das Güterichterverfahren ausgebaut. Führt der Güterichter, der nach § 278 Abs. 5 Satz 2 ZPO „[...] alle Methoden der Konfliktbeilegung einschließlich der Mediation“ einsetzen kann, eine Mediation durch, entstehen Gerichts- und Anwaltskosten, die denen entsprechen, die durch einen gerichtlichen Vergleich, einschließlich der Gebühren für einen Mehrvergleich, anfallen.[663] Es ist deshalb nicht zu erwarten, dass es im Zusammenhang mit dem Güterichterverfahren zu weiteren gebührenrechtlichen Entscheidungen kommen wird.

2. Berufsrechtliche Entscheidungen

Verschiedene obergerichtliche Entscheidungen betreffen das Berufsrecht der Mediatoren. Hier ist eine aktuelle Entscheidung des BGH vom 29.01.2018 zu nennen.[664] In dieser Entscheidung hat der Anwaltssenat entschieden, dass eine Bürogemeinschaft zwischen einem Rechtsanwalt und einem Mediator/Berufsbetreuer unzulässig ist. Der BGH begründete diese Entscheidung, obgleich der Mediator/Berufsbetreuer, bevor er seine Zulassung freiwillig zurückgegeben hatte, Rechtsanwalt war, damit, dass nur Mitglieder einer Berufsgruppe mit einem Rechtsanwalt sozietätsfähig sind, die einer strafrechtlich und strafprozessual abgesicherten Verschwiegenheitspflicht unterliegen. Mediatoren seien zwar gemäß dem Mediationsgesetz zur Verschwiegenheit verpflichtet. Dies allein reiche jedoch nicht. Die Verschwiegenheitspflicht eines Mediators könne nicht als gleichwertig mit der Verschwiegenheitspflicht eines Rechtsanwalts betrachtet werden.

31.03.2009 – 1 W 176/06; OLG Celle, Beschluss vom 05.12.2008 – 2 W 261/08; AG Eilenburg, Beschluss vom 20.04.2007 – 002 F 00168/07: Kosten der als Mediatorin tätigen Rechtsanwältin können bei einer gerichtlich veranlassten Mediation Kosten des Rechtsstreits sein; OLG Rostock, Beschluss vom 05.01.2007 – 8 W 67/06; OLG Braunschweig, Beschluss vom 07.11.2006 – 2 W 155/06: keine gesonderte Anwaltsgebühr bei einer gerichtlichen oder gerichtsnahen Mediation; OLG Dresden Beschluss vom 09.10.2006 – 20 WF 739/06: Gewährte Prozesskostenhilfe kann auch dann nicht auf die Kosten einer außergerichtlichen Mediation erstreckt werden, wenn diese auf Anregung des Prozessgerichts zur Beilegung eines anhängigen Sorgerechtsverfahrens durchgeführt werden soll.

662 BGBl. Jahrgang 2012 Teil I Nr. 35, ausgegeben zu Bonn am 25 Juli 2012.

663 Greger/Unberath/Steffek/*Greger*, Mediationsgesetz, E Rn. 200 f.

664 BGH, Urteil vom 29.01.2018 – AnwZ 32/17.

Im Zusammenhang mit berufsrechtlichen Fragen ist noch eine ältere Entscheidung des BGH, Beschluss 01.07.2002 – AnwZ (B) 52/01, zu nennen. In dieser ging es um die Führung der Berufsbezeichnung „Mediator" auf dem Briefkopf eines Anwalts. Diese Entscheidung wird im Folgenden im Zusammenhang mit der Frage, um was es sich bei einer Mediation rechtlich handelt, näher beschrieben.[665]

3. Haftungsrechtliche Entscheidungen

Manche obergerichtlichen Entscheidungen betreffen die Haftung der Mediatoren. Rechtsanwälten, die auch als Mediatoren tätig sind, dürfte die Entscheidung des BGH vom 21.09.2017 bekannt sein.[666] In diesem Fall war eine Rechtsanwältin für ein Ehepaar, das sich scheiden lassen wollte, als Mediatorin tätig geworden. Das Ziel war eine einvernehmliche Scheidung. Es sollte via Mediation eine den Interessen beider Parteien entsprechende Scheidungsfolgenvereinbarung getroffen werden. Die anwaltliche Mediatorin hatte im Zusammenhang mit der Abfassung der Scheidungsfolgenvereinbarung Feststellungen zu einem etwaigen Versorgungsausgleich der Ehefrau versäumt. Diese Aufklärungsfehler der anwaltlichen Mediatorin und unterlassenen Warnungen über mögliche Rechtsverluste führten zu einem Schadensersatzanspruch der Ehefrau gegen die Mediatorin. Der BGH stellte fest, der Vertrag zwischen den Parteien und dem anwaltlichen Mediator sei ein mehrseitiger Anwaltsdienstvertrag, weshalb der anwaltliche Mediator nach anwaltsrechtlichen Grundsätzen hafte. Interessant ist das Urteil des BGH insoweit, als der BGH ausdrücklich bestätigt, dass die Mediation zum Berufsbild des Rechtsanwalts gehört.[667] Übe ein Rechtsanwalt die Tätigkeit eines Mediators aus, liege darin kein Verstoß gegen das Verbot der Wahrnehmung widerstreitender Interessen, weil der Anwalt im Auftrag beider Konfliktparteien als Vermittler tätig werde, deren gemeinsames Interesse in erster Linie die einvernehmliche Konfliktlösung sei. Der anwaltliche Mediator sei nach §§ 2 Abs. 3 Satz 1, 3 Abs. 1 MediationsG zur unparteiischen Verhandlungsführung verpflichtet. Mithin bestimme sich die Haftung des Anwaltsmediators grundsätzlich nach den Maßstäben der Anwaltshaftung, wobei die Besonderheiten „dieser anwaltlichen Schlichtungstätigkeit"[668] zu berücksichtigen seien. Nach Ansicht des BGH war die anwaltliche Mediatorin verpflichtet,

665 Unten 4. Kapitel § 3 B. II. 1., S. 215 ff.
666 BGH, Urteil vom 21.09.2017 – IX ZR 34/17.
667 § 18 BORA (Berufsordnung für Rechtsanwälte).
668 BGH, Urteil vom 21.09.2017, a. a. O., Tz. 20.

sachverhaltsaufklärend tätig zu werden, um „unter Einbeziehung der von den Konfliktparteien eingebrachten rechtlichen Gesichtspunkte und Fragen eine gleichgewichtige, den Interessen beider Seiten gerecht werdende einvernehmliche Konfliktlösung zu ermöglichen“[669]. – Diesem Urteil ist im Ergebnis zuzustimmen. Der BGH vermischt jedoch die Begriffe Mediation und Schlichtung. Für diese Entscheidung ist dies nicht relevant, da der Anwalt, gleichgültig ob er als Mediator oder Schlichter tätig wird, die rechtlichen Fragen, die sich im Zusammenhang mit dem Konflikt stellen, anzusprechen hat und mit den Streitparteien thematisieren muss, wie diese in Bezug auf die rechtlichen Fragen weiter verfahren wollen. Erwarteten die Streitparteien diese Leistung nicht, könnten sie einen Mediator aufsuchen, der nicht Anwalt ist. Auch im Falle einer Scheidung müssen das Scheidungsverfahren und eine Mediation nicht in einer Hand liegen.

Dieser Fall zeigt allerdings, dass es durchaus verständlich ist, wenn sich anwaltliche Mediatoren in Einzelfällen mit komplexen Sachverhalten und schwierigen Rechtsfragen insgeheim wünschen, Mediator mit einem sozialpädagogischen Grundberuf zu sein. Man stelle sich eine erbrechtliche Mediation vor, in der die Parteien, die Kinder des Erblassers und je Erben zu ½, darüber streiten, ob eine lebzeitige Zuwendung des Erblassers in Höhe von € 300.000,00 eine Ausstattung war oder nicht. Der Reinnachlass beträgt € 900.000,00. Wird der Nachlass hälftig geteilt, bekäme jede Partei € 450.000,00. Dann weist der Mediator im Rahmen der Aufklärungspflicht des anwaltlichen Mediators eindringlich darauf hin, dass, wenn die Ausgleichung nach §§ 2050 ff. BGB de lege artis berechnet würde, die bereits begünstigte Partei jetzt noch € 300.000,00 und die andere, zu Lebzeiten nicht begünstigte Partei € 600.000,00 bekäme. Das wird am Flipchart visualisiert, und noch während der Mediator schreibt, sieht er, dass die zu Lebzeiten nicht begünstigte Partei nachdenklich wird. Dies durchaus zu Recht. Hier ist nahe liegend, dass der anwaltliche Mediator seine Rolle als Dritter, der keine Lösungsvorschläge unterbreitet, verlässt, den Parteien die Chancen und Risiken eines Gerichtsverfahrens schildert und aufgrund seiner fachlichen Expertise einen Vergleichsvorschlag macht. In dem vorstehenden kleinen Beispielsfall würde dieser, unter Offenlassung der Frage, ob die lebzeitige Zuwendung nun eine Ausstattung gewesen sei oder nicht, beispielsweise dahingehend lauten, dass die zu Lebzeiten nicht begünstigte Partei € 500.000,00 und die begünstigte Partei € 400.000,00 bekommt. Dieses Ergebnis wird samt der rechtlichen Problematik schriftlich festgehalten. Mit einer Mediation in dem Sinne, dass der Mediator keine Lösungsvorschläge macht, sondern die Parteien

669 BGH, Urteil vom 21.09.2017, a. a. O., Tz. 22.

vollständig eigenverantwortlich und aus ihrer Vorstellung heraus die Lösung des Konflikts suchen, hätte dies nichts zu tun. Der anwaltliche Mediator hat jedoch die Sicherheit, keine anwaltliche Haftung zu riskieren.

4. Entscheidungen zur Wirksamkeit von Mediationsvereinbarungen

- Landgericht Hamburg, Urteil vom 17.05.2018 – 334 O 14/18

Diese Entscheidung des LG Hamburg vom 17.05.2018 betraf Streitigkeiten aus einem Franchisevertrag. Die Parteien hatten eine Schlichtungs-/Mediationsklausel vereinbart. Die klägerische Partei hatte ursprünglich versucht, die entstandenen Streitigkeiten mit der Beklagten außergerichtlich beizulegen, die Bestellung eines Mediators angeregt und einen Vorschlag gemacht. Die Beklagte war nicht darauf eingegangen. Nachdem die Klägerin Klage erhoben hatte, rügte die Beklagte, dass das Mediationsverfahren nicht durchgeführt worden sei, weshalb die Klage unzulässig sei. Das Gericht wies die Einrede der Beklagten zurück. Die Beklagte habe keinerlei Bereitschaft gezeigt, an der Durchführung des Mediationsverfahrens mitzuwirken. Die Beauftragung eines Mediators durch die Klägerin war in dieser Situation offensichtlich sinnlos und konnte somit nicht als Voraussetzung für die Klagbarkeit der Ansprüche im ordentlichen Verfahren verlangt werden. Das Verhalten der Beklagten wurde als treuwidrig im Sinne des § 242 BGB bezeichnet. – Die Entscheidung ist im Ergebnis richtig. Das treuwidrige Verhalten der Beklagten liegt vor. Interessant ist bei dieser Entscheidung, dass sich das Gericht in keiner Weise mit der Wirksamkeit der Klausel des Franchisevertrages, die die Schlichtung/Mediation regelt, befasst (diese ist im Sachverhalt abgedruckt). In dieser Klausel ist geregelt, dass die Parteien bei Streitigkeiten aus dem Franchisevertrag sich mithilfe eines Mediators ernsthaft um eine Einigung zu bemühen haben. Es folgt die Regelung, dass die Anrufung eines Gerichts erst dann zulässig ist, wenn die außergerichtlichen Vergleichsgespräche und die Mediation gescheitert sind. Des Weiteren folgt die Regelung, ein Mediator habe das Mediationsverfahren innerhalb einer Frist von einem Monat nach Anrufung durchzuführen. Mehr ist nicht geregelt. Die Regelung nimmt weder Bezug auf eine bestehende Mediationsordnung, noch regelt sie wichtige Teile der Vereinbarung, beispielsweise welcher Mediator wann beauftragt werden sollte und wie verfahren werden sollte, wenn eine Partei nicht „mitmacht". Eine solche Regelung entspricht nicht den Mindestanforderungen, die an vertragliche Vereinbarungen gestellt werden müssen. Das Gericht hat es versäumt, sich mit der Frage der rechtlichen Wirksamkeit der Klausel auseinanderzusetzen.

- Oberlandesgericht Saarbrücken, Teilurteil vom 29.04.2015 – 2 U 31/14

Das Oberlandesgericht Saarbrücken stellte in dieser Entscheidung fest, dass eine Mediationsklausel einen dilatorischen Klageverzicht darstellen kann, was bedeutet, dass eine erhobene Klage vor Einleitung des Mediationsverfahrens unzulässig ist, wenn eine Partei die Einrede erhebt. Das Oberlandesgericht Saarbrücken zitiert in diesem Zusammenhang mehrere Entscheidungen des BGH, bei denen es um den Umfang und die rechtlichen Auswirkungen von *Schlichtungsklauseln*, geht und führt dann aus, „[...] der Sinn und Zweck als auch die prozessualen Wirkungen der hier in Rede stehenden Mediationsklausel ähneln denjenigen eines Schiedsvertrages, durch den nach dem Parteiwillen die Anrufung der staatlichen Gerichte allerdings auf Dauer ausgeschlossen werden soll. Daher sind auch die Voraussetzungen, unter denen der Berufung auf die Schlichtungsklausel der Treuwidrigkeitseinwand (§ 242 BGB) entgegensteht, entsprechend zu beurteilen [...]". Das Gericht kommt dann zu dem Ergebnis, dass es der Klägerin unter dem Gesichtspunkt von Treu und Glauben nicht mehr zugemutet werden könne, sich auf ein Mediationsverfahren einzulassen, nachdem die Parteien sehr intensiv und über viele Wochen dauernde Vergleichsgespräche geführt hätten, die ergebnislos waren. Nachdem „nicht im Ansatz erkennbar [sei], dass die Voraussetzungen für ein erfolgversprechendes Mediationsverfahren [...] gegeben waren", konnte die Klägerin ihren behaupteten Anspruch unmittelbar gerichtlich geltend machen. – Die Argumentation des Gerichts ist nicht nachvollziehbar. Das Gericht hat sich mit der Unterscheidung der verschiedenen Konfliktlösungsverfahren nicht auseinandergesetzt und stellt die Mediationsklausel einer Schiedsklausel und diese einer Schlichtungsklausel gleich. Es argumentiert rein aus der Sicht des Verwenders der Klausel und kommt so über die „Ähnlichkeit" der Mediationsklausel mit der Schiedsklausel zu einem möglichen dilatorischen Klageverzicht. Die Entscheidung des OLG Saarbrücken ist insbesondere deshalb nicht sachgerecht, weil die Mediation seit dem Inkrafttreten des MediationsG im Jahr 2012 einen gesetzlich normierten Rahmen hat und in diesen eine Definition der Mediation aufgenommen wurde. Die Begriffsmerkmale der Mediation zeigen, dass gerade *keine* „Ähnlichkeit" mit der Schlichtung und schon gar keine „Ähnlichkeit" mit dem Schiedsverfahren vorliegt. Trotz Vorliegens einer Mediationsvereinbarung soll, so das OLG Saarbrücken, eine Partei allerdings nicht zu einer Mediation gezwungen werden, wenn nahe liegend ist, dass diese Mediation nicht zu einem Ergebnis führen wird.

- OLG Frankfurt am Main, Urteil vom 09.04.2015 – 6 U 110/14 und BGH, Beschluss vom 14.01.2016 – I ZR 98/15

Die Klägerin, eine Rechtsanwaltskammer, hatte eine Rechtsschutzversicherung auf Unterlassung des Angebots an Versicherungsnehmer auf Abschluss eines kostengünstigen Versicherungsvertrages verklagt. Inhalt des Vertrages war, dass die Übernahme anwaltlicher Beratungskosten von der vorherigen Durchführung eines Mediationsversuchs abhängig sei. Das OLG Frankfurt beschäftigt sich u. a. mit dem „Zwangsmediationsversuch“. Das Gericht sah in der antizipierten Vereinbarung keinen Verstoß gegen das für die Mediation wesentliche Freiwilligkeitsprinzip, da der Versicherungsnehmer dem Mediationsversuch bereits mit dem Abschluss des Versicherungsvertrages zustimme. Dadurch, dass der Versicherungsnehmer vor Übernahme seiner Anwaltskosten einen Mediationsversuch unternehmen müsse, sei jedoch ein Verstoß gegen § 307 Abs. 1 BGB gegeben. Durch eine solche Klausel sei der Versicherungsnehmer unangemessen benachteiligt. Eine Rechtsschutzversicherung diene nach ihrem Grundgedanken dazu, den Versicherungsnehmer von Kosten zu befreien, die mit der Wahrnehmung seiner rechtlichen Interessen verbunden seien. Ein Mediationsversuch stelle keine Wahrnehmung der rechtlichen Interessen im Sinne des § 125 VVG dar. Das OLG Frankfurt argumentiert weiter, eine Mediation, die der Versicherungsnehmer vor der anwaltlichen Beratung vornehme, könne „durchaus gefährlich sein“, da der Versicherungsnehmer, wenn er an der Mediation teilnehme, noch keine realistische Einschätzung der rechtlichen Situation erhalten habe. Nur auf Grundlage einer solchen rechtlichen Einschätzung lasse sich sinnvoll eine Entscheidung darüber treffen, ob und mit welchem Ergebnis eine Mediation angebracht erscheine oder ob die Durchsetzung der eigenen Position mit rechtlichen Mitteln nicht doch die bessere Wahl sei. – Damit sagt das OLG Frankfurt mit anderen Worten: Mediation ja, aber erst nach rechtlicher Beratung.

Die Beschwerde der Klägerin gegen die Nichtzulassung der Revision wurde vom BGH zurückgewiesen. In seinen Beschluss vom 14.01.2016[670] bestätigt der BGH die verschiedenen Rechtsausführungen des OLG Frankfurt a. M. und macht im Zusammenhang mit der streitigen Frage, ob die Pflicht des Versicherungsnehmers, vor Übernahme der Anwaltskosten durch den Versicherer eine Mediation zu versuchen, gegen das Freiwilligkeitsprinzip der Mediation verstoße, folgende Ausführungen: „Außerdem widerspricht eine privatautonom eingegangene Selbstbindung zugunsten der Mediation nicht dem in § 1 Abs. 1 MediationsG niedergelegten Prinzip der Freiwilligkeit.“[671]

- LG Heilbronn, Urteil vom 10.09.2010 – 4 O 259/09

---

670 BGH, Beschluss vom 14.01.2016 – I ZR 98/15.
671 BGH, Beschluss vom 14.01.2016, a. a. O., Tz. 18.

In dem dieser Entscheidung zugrunde liegenden Sachverhalt ging es um einen Anspruch aus einem Werkvertrag. Die Parteien hatten eine Rahmenvereinbarung geschlossen, in der unter anderem vereinbart worden war, dass zur Streitbeilegung ein Mediationsverfahren versucht werden sollte, ehe Klage erhoben werden könne. Das Landgericht Heilbronn war der Ansicht, in dieser Vereinbarung liege kein vorläufiger Klageverzicht. Das Gericht wies darauf hin, die Parteien hätten jederzeit einschränkungslos die Möglichkeit, die Mediation zu beenden. Ein vorläufiger Klageverzicht sei damit sinn- und gegenstandslos. Unmittelbar mit dem Anrufen der Mediation könne diese einseitig wieder beendet werden. Ein Verweis auf einen durchzuführenden Einigungsversuch erweise sich damit als bloße Förmelei. Des Weiteren kommt das Landgericht Heilbronn zu dem Ergebnis, die Mediationsklausel sei als allgemeine Geschäftsbedingung verwendet und genüge nicht dem Erfordernis der inhaltlichen Transparenz und Nachvollziehbarkeit. – Dieses Urteil des Landgerichts Heilbronn geht im Anschluss an den Beschluss des OLG Frankfurt a. M. vom 12.05.2009 (unmittelbar untenstehend) davon aus, dass durch die Möglichkeit der Parteien, die Mediation jederzeit zu beenden, die Vereinbarung keine rechtliche Relevanz habe.

- OLG Frankfurt am Main, Beschluss vom 12.05.2009 – 14 Sch 4/09

Bei dem dieser Entscheidung zugrunde liegenden Sachverhalt ging es darum, dass die Streitparteien eine Mediationsvereinbarung abgeschlossen hatten, die unter anderem regelte, dass, sofern das Mediationsverfahren nicht innerhalb von 20 Tagen nach dessen Einleitung zu einer Einigung führe, auf Antrag einer Partei ein Schiedsgericht zu entscheiden habe. Nach Klagerhebung durch eine Streitpartei rügte die andere Streitpartei, es sei noch kein Mediationsverfahren durchgeführt worden, weshalb ein Rechtsschutzbedürfnis für die Klage nicht gegeben sei. Diese Auffassung teilte das OLG Frankfurt nicht: Da die Antragstellerin nach dem Vertragsinhalt durch eine einseitige schriftliche Erklärung die Beendigung des Mediationsverfahrens herbeiführen könne, liefe es auf eine bloße Förmelei hinaus, sie auf eine Einleitung eines derartigen Verfahrens zu verweisen. – Diese Entscheidung stieß auf herbe Kritik von *Fischer*.[672] Sachlich ist diese Kritik nicht. Sie ist offenkundig von der Enttäuschung, dass das Gericht eine Pflicht zur Teilnahme an einer Mediation ablehnt, geprägt. Es ist richtig, dass die Argumentation des Gerichts nachlässig war. Das Gericht hat sich mit

---

672 *Fischer*, Mediationsabrede, S. 67 f: „Die Diskreditierung eines Mediationsverfahrens als ‚bloße Förmelei' lässt sich mit der Perspektive pragmatisch veranlagter Richter, die um das Potenzial der Mediation nicht wissen, zwar erklären, aber nicht rechtfertigen."

den wesentlichen rechtlichen Fragen, die die Teilnahmeverpflichtung an einem Mediationsverfahren aufwerfen, nicht befasst und als „Totschlagargument" das Recht der Parteien, die Mediation jederzeit beenden zu können, verwendet. Weitere Rechtsausführungen konnten dadurch „weggespart" werden.

III. Resümee

In Bezug auf die Mediationsklausel/Mediationsvereinbarung lässt sich zusammenfassend feststellen, dass die Mediationsvereinbarung im Schrifttum ohne tiefergehende Überlegungen als Vertrag „durchgewunken" wird.[673] Dem Vertrag wird großzügig ein dilatorischer Klageverzicht, sozusagen als Selbstverständlichkeit, beigefügt.[674] Man kann sich des Eindrucks nicht erwehren, dass bei der Qualifikation einer Mediationsvereinbarung als „nichts Besonderes"[675] der Wunsch der Vater des Gedankens ist.

Es ist erforderlich, sich im Zusammenhang mit Mediationsvereinbarungen/Mediationsklauseln, die im Wirtschaftsleben verwendet werden und somit Allgemeine Geschäftsbedingungen sein können, mit § 309 Nr. 14 BGB auseinanderzusetzen. Dieser besagt, dass eine Bestimmung, wonach der Vertragspartner seine Ansprüche gegen den Verwender von AGB gerichtlich nur geltend machen darf, nachdem er eine gütliche Einigung in einem Verfahren zur außergerichtlichen Streitbeilegung versucht hat, unwirksam ist. Die *ratio legis* des § 309 Nr. 14 BGB ist, dass die Vertragspartei des Verwenders nicht durch eine vertragliche Bindung davon abgehalten werden soll, ihre Ansprüche gerichtlich geltend zu machen.[676] Nach dem ausdrücklichen Wortlaut der Norm werden alle Verfahren

---

673 *Eidenmüller*, Wirtschaftsmediation, S. 9: „Dauerschuldverhältnis mit einem atypischen Inhalt".

674 Beispielhaft: *Eidenmüller/Wagner/Wagner*, Mediationsrecht, S. 83 f., der ohne weitere Begründung davon ausgeht, dass die von der Rechtsprechung auf Schlichtungsklauseln angewandten Grundsätze bezüglich des dilatorischen Klageverzichts auch auf Mediationsvereinbarungen anzuwenden sind; Greger/Steffek/Unberath/*Greger*, MediationsG; § 1 Rn. 199 ff., der den ernsthaften Versuch einer Mediation darin sieht, dass die Streitparteien zu einer „ersten Sitzung" erscheinen; *Loos/Brewitz*, SchiedsVZ 2012, 305 (309), die anerkennen, dass Treuwidrigkeit vorliegen kann, wenn die Partei, die sich auf den Klageverzicht beruft, sich ihrerseits nicht an die Mitwirkungspflichten aus der Mediationsvereinbarung hält; *Töben*, RNotZ 2013, 321 (330): „[…] ergibt sich bereits aus der Vereinbarung einer Mediationspflicht konkludent ein dilatorischer Klageverzicht"; ebenso: *Unberath*, NJW 2011, 1320 (1322).

675 Klowait/Gläßer/*Hagel*, HK-MediationsG, B 3 Rn. 26.

676 BT-DS 18/6904, S.74.

zur außergerichtlichen Streitbeilegung erfasst, somit auch die Mediation. Damit ist, wenn AGB-Recht zur Anwendung kommt, auch ein dilatorischer Klageverzicht unwirksam.[677]

Die Rechtsprechung fokussiert auf den Punkt, dass Streitparteien eine Mediation jederzeit beenden können, was durch § 2 Abs. 5 Satz 1 MediationsG gewährleistet ist, und hält deshalb die Geltendmachung eines Anspruchs aus einer Mediationsvereinbarung für sinnlos. Des Weiteren wird die Geltendmachung eines Anspruchs aus einer Mediationsvereinbarung als unzulässige Rechtsausübung angesehen, wenn die Parteien bereits vorher über einen längeren Zeitraum verhandelt hatten. Mit diesem Argument trifft die Rechtsprechung die Theorie der Mediation ins Mark. Unter Zugrundelegung des Ansatzes des Harvard-Konzepts wird in der klassischen Mediationstheorie davon ausgegangen, dass die Parteien, wenn sie den Konflikt nicht selbst beilegen können, falsch verhandeln und deshalb keine Einigungen erzielen. Werden die Parteien in der Mediation zum „richtigen" Verhandeln angeleitet, können sie die einvernehmliche Konfliktbeilegung bewirken. So die Theorie.

Weder im Schrifttum noch in der Rechtsprechung wird im Zusammenhang mit der „Verpflichtung" der Parteien, an einem Mediationsverfahren teilzunehmen, die Frage gestellt, welche „vertragliche Leistung" die Streitparteien eigentlich erbringen sollen. Ohne diese Frage zu beantworten, ist es nicht möglich, die materiell- und prozessrechtlichen Wirkungen einer Mediationsvereinbarung/ Mediationsklausel zu beurteilen.

B. Die letztwillige Mediationsklausel: Eine Annäherung

I. Die letztwillige Mediationsklausel im Schrifttum und der Rechtsprechung

Nicht alle Erblasser wollen in ihren Verfügungen von Todes wegen bestimmen, was passieren soll, wenn die Erben oder Vermächtnisnehmer in Streit geraten. Manchen Erblassern ist es ein ausdrückliches Anliegen, Streitigkeiten der am Erbfall Beteiligten zu verhindern. Sie lassen sich über Anordnungsoptionen beraten, durch die auf nach dem Erbfall entstehende Streitigkeiten Einfluss genommen werden kann. In der kautelarjuristischen Praxis werden dem Erblasser als „Streitprophylaxe" verschiedene Gestaltungen empfohlen, beispielsweise die Aufnahme von Verwirkungsklauseln oder eine Testamentsvollstreckung.

677 *Hau*, MDR 2017, 853 (857).

Selbst wenn die Verfügung von Todes wegen fair ist und die „handelnden Personen nicht überfordert“[678], gibt es gegen Streitigkeiten, die nach einem Erbfall entstehen, kein Rezept. Macht sich der Erblasser Gedanken, wie er das Verhalten des von ihm begünstigten Personenkreises im Zusammenhang mit möglicherweise entstehenden Streitigkeiten beeinflussen kann, kommt neben der letztwilligen Schiedsklausel auch die Aufnahme einer Mediationsklausel in die Verfügung von Todes wegen Betracht.

Die Aufnahme einer Mediationsklausel in eine Verfügung von Todes wegen wird im Schrifttum überwiegend für zulässig erachtet. *Töben/Schmitz-Vornmoor* gehen davon aus, die Mediationsklausel stelle eine Auflage oder ein Vermächtnis dar.[679] *Greger* vertritt die Auffassung, die Zulässigkeit einer Mediationsklausel in einer Verfügung von Todes wegen ergebe sich – *a maiore ad minus* – aus § 1066 ZPO.[680] Wenn der Erblasser rechtlich in der Lage sei, Streitigkeiten, die seinen Nachlass betreffen, einem Schiedsgericht zu übertragen, müsse er erst recht „das temporäre Prozesshindernis eines Mediationsversuchs“[681] begründen können. *Greger* verbindet die von ihm angenommene Bindungswirkung einer letztwilligen Mediationsklausel mit einem dilatorischen Klageverzicht.[682] Zur Stärkung der Bindungswirkung baut *Greger* in seinen Formulierungsvorschlag eine Strafklausel ein: „Nimmt ein an dem Konflikt Beteiligter nicht an der ersten Mediationssitzung teil und kommt es deshalb zu einem gerichtlichen Verfahren, hat der Betreffende die Gerichtskosten (Gebühren und Auslagen) unabhängig von dessen Ausgang zu tragen.“[683] *Greger* erstreckt den Wirkungsbereich einer letztwilligen Mediationsklausel neben den in der Verfügung von Todes wegen Begünstigten auch auf mittelbar Betroffene wie Erbprätendenten oder Pflichtteilsberechtigte. Begründet wird diese Ansicht mit *Zöllers* Ausführungen zum

---

678 *Töben/Schmitz-Vornmoor*, RNotZ 2014, 527 (534).

679 *Töben/Schmitz-Vornmoor*, RNotZ 2014, 527 (536): […] kann sich die Verpflichtung allerdings immer nur darauf beziehen, zumindest den Versuch einer einvernehmlichen Einigung zu starten“.

680 Greger/Unberath/Steffek/*Greger*, Mediationsgesetz, § 1 Rn. 226.

681 Greger/Unberath/Steffek/*Greger*, ebd.

682 Als Beispiel einer Mediationsklausel in einem Testament schlägt *Greger* folgende Formulierung vor: „Zur Beilegung von Streitigkeiten aus oder im Zusammenhang mit diesem Testament haben die daran Beteiligten vor Klageerhebung bei einem ordentlichen Gericht oder Schiedsgericht eine Mediation gemäß der Mediationsordnung […] durchzuführen“. Vgl. Greger/Unberath/Steffek/*Greger*, Mediationsgesetz, § 1 Rn. 229.

683 Greger/Unberath/Steffek/*Greger*, Mediationsgesetz, § 1 Rn. 229.

Schiedsverfahren.[684] Unproblematisch sehen die Zulässigkeit einer letztwilligen Mediationsklausel ebenfalls *Baumann*[685], *Risse*[686], *Walz/Bülow*[687] und *Stückemann*[688]. *Wagner* stützt die nach seiner Ansicht bestehende Zulässigkeit letztwilliger Mediationsklauseln auf eine analoge Anwendung des § 1066 ZPO.[689]

Nicht überzeugt von der Zulässigkeit einer letztwilligen Mediationsklausel ist *Beisel*,[690] der darin einen Verstoß gegen den Grundsatz der Freiwilligkeit sieht und in einer letztwilligen Mediationsklausel bezugnehmend auf *Schiffer/Schürmann*[691] nur eine Bitte des Erblassers, vergleichbar mit einer „vertraglichen Sprechklausel"[692], sieht. *Eidenmüller* vertritt die Auffassung, der Erblasser könne gemäß § 2048 Satz 1 BGB ein Mediationsverfahren vorsehen oder die Erben und Vermächtnisnehmer über eine Auflage binden.[693]

---

684 Greger/Unberath/Steffek/*Greger*, Mediationsgesetz, § 1 Rn. 227. *Zöller* hatte bis zur 31. Auflage des ZPO-Kommentars die Ansicht vertreten, dass es möglich sein müsse, dass der Erblasser das Schiedsgericht auch verbindlich für Pflichtteilsberechtigte anordnet. *Zöller* trennte die prozessuale Frage der „Gerichtspflichtigkeit von Pflichtteilsberechtigten" von der materiell-rechtlichen Frage, dass der Erblasser nicht berechtigt ist, über den Pflichtteilsanspruch zu disponieren (vgl. hierzu Zöller/*Geimer*, ZPO, § 1066 Rn. 18). Über diese Ansicht kann sicherlich akademisch noch weiter diskutiert werden. Für die Praxis ist sie nach der Entscheidung des BGH, Beschluss vom 16.03.2017 – I ZB 50/16, nicht mehr verwendbar.

685 *Baumann*, ZEV 2004, 108 (111): „Gegen die rechtliche Wirksamkeit einer solchen Klausel bestehen jedoch – sofern man den Zugang zur Mediation nicht von einem Kostenvorschuss abhängig macht und einstweiligen Rechtsschutz vor den staatlichen Gerichten zulässt – keine Bedenken".

686 Scherer/*Risse*, MAH Erbrecht, § 69 Rn. 24 ff. (25), der die Verbindlichkeit letztwilliger Mediationsklauseln darin sieht, dass sie „[…] den Streitparteien den Zugang zu den staatlichen Gerichten zunächst versperren. Erst wenn die Mediation gescheitert ist, kann Klage erhoben werden"; ebenso: *Risse*, ZEV 1999, 205 (209).

687 Walz/*Bülow*, ADR, S. 65 f. *Bülow* hält an der Argumentation der Vorauflage, die letztwillige Mediationsklausel sei eine Auflage oder ergebe sich *a maiore ad minus* aus § 1066 ZPO, nicht mehr fest. Stattdessen führt er aus, dass „[…] Mediationsklauseln in letztwilligen Verfügungen zulässig sind, wird in Literatur und Rechtsprechung nicht in Zweifel gezogen".

688 Frieser/*Stückemann*, Handbuch Fachanwalt, S. 527 ff.

689 Eidenmüller/Wagner/*Wagner*, Mediationsrecht, S. 77 ff.

690 Haft/Schlieffen/*Beisel*, Handbuch Mediation, 3. Auflage, § 32 Rn. 62.

691 *Schiffer/Schürmann*, S. 44 ff. *Schiffer/Schürmann* sehen die rechtliche Qualifikation einer letztwilligen Schiedsklausel als Auflage oder Bedingung mit dem Grundsatz der Freiwilligkeit der Mediation nicht im Einklang.

692 Haft/Schlieffen/*Beisel*, Handbuch Mediation, 3. Auflage, § 32 Rn. 62.

693 *Eidenmüller*, Möglichkeiten/Grenzen, S. 40 (54 Fn. 30).

Rechtsprechung gibt es zu der letztwilligen Mediationsklausel, soweit ersichtlich, nicht.

II. Die Rechtsgrundlagen der letztwilligen Mediationsklausel

1. Die Anwendung des § 1066 ZPO als *argumentum a maiore ad minus* oder als Analogie

Greger argumentiert, die Zulässigkeit einer letztwilligen Mediationsklausel könne mithilfe des *argumentum a maiore ad minus* aus § 1066 ZPO abgeleitet werden.[694] Wenn der Erblasser für den von ihm begünstigten Personenkreis den ordentlichen Rechtsweg durch eine letztwillige Schiedsklausel ausschließen könne, müsse er auch rechtsverbindlich für denselben Personenkreis anordnen können, dass dieser Streitigkeiten in einer Mediation beizulegen habe.

Diese Ansicht ist aus mehreren Gründen abzulehnen. *Larenz/Canaris* definieren das *argumentum a maiore ad minus* als „Erst-recht-Regel" dahingehend, dass die gesetzlich geregelte Rechtsfolge eines Tatbestandes für einen ähnlichen, gesetzlich nicht explizit geregelten Tatbestand gelten soll, wenn die *ratio legis* der gesetzlichen Regelung für den ähnlichen Tatbestand in noch höherem Maße zutrifft als für den geregelten Tatbestand.[695] Um das *argumentum a maiore ad minus* zum Einsatz zu bringen, müsse feststehen, dass der nicht geregelte Tatbestand dem geregelten zu subalternieren sei, was bedinge, dass der geregelte Tatbestand einen weiteren Umfang habe als der nicht geregelte Tatbestand. Dieses Erfordernis setze voraus, dass es sich bei den Tatbeständen um wertungsmäßig gleichliegende Tatbestände handele und ihre ungleiche Behandlung nicht aus guten Gründen vom Gesetz angeordnet oder aus besonderen Gründen gerechtfertigt sei.[696]

Mediation und Schiedsverfahren sind beides Verfahren, die Konfliktlösungen außerhalb der ordentlichen Gerichtsbarkeit betreffen. Dennoch sind sie strukturell in keiner Weise vergleichbar. Ein Schiedsgericht ist eine einzelne Person oder ein Gremium, der/dem aufgrund einer privatautonomen Regelung die Befugnis verliehen ist, bestimmte bürgerliche Streitigkeiten zu entscheiden.[697]

---

694 Greger/Unberath/Steffek/*Greger*, Mediationsgesetz, § 1 Rn. 226. Kritisch hierzu: Klowait/Gläßer/ *Schmitz-Vornmoor*, HK-Mediationsgesetz, 3 H, Rn. 35.

695 *Larenz/Canaris*, S. 208. *Schreiber*, S. 54 f., charakterisiert das *argumentum a maiore ad minus* dahingehend, dass „wenn der Gesetzgeber einer Interessenlage den starken Rechtsschutz gewährt, dann gewährt er damit auch den schwächeren".

696 Vgl. *Larenz/Canaris*, S. 209.

697 Zöller/*Geimer*, ZPO, vor § 1025 Rn. 1 ff.

Bei der Mediation im Sinne des § 1 Abs. 1 MediationsG handelt es sich um ein Verfahren, bei dem die Parteien selbst eine Einigung erarbeiten. Der strukturelle Unterschied zwischen den Verfahren ist allein in Bezug auf die Beteiligung der Konfliktparteien am Verfahren und dem Verfahrensergebnis so erheblich, dass nicht von „wertungsmäßig gleichliegenden Tatbeständen“[698] ausgegangen werden kann.

Wagner bejaht eine analoge Anwendung des 1066 ZPO ohne Begründung.[699] Dies ist abzulehnen. Der Gesetzgeber hat im Jahr 2012 das Mediationsgesetz erlassen. Es wäre ihm ohne Weiteres möglich gewesen, hier eine entsprechende Regelung zu einer Mediationsklausel zu implementieren. Bei einem neuen Gesetz, welches die zu regelnden rechtlichen Sachverhaltskomplexe unmittelbar vor Augen hat, kann nicht ohne nähere Hinweise davon ausgegangen werden, dass der Gesetzgeber die Regelung einer letztwilligen Mediationsklausel „vergessen“ hat. Der Gesetzgeber war sehr zurückhaltend in Bezug auf Regelungen, die eine vereinbarte Bindung oder einen gesetzlichen Zwang zur Mediation betreffen. Das Mediationsgesetz diente der Umsetzung einer EU-Richtlinie. Der Gesetzgeber hatte wenig Erfahrungsberichte oder Evaluationen zu dem Einsatz von Mediationen. Die Evaluationen zu den Schlichtungsgesetzen der Länder zeigten, dass der Zwang, vor Klageerhebung einen Schlichtungsversuch unternommen haben zu müssen, zu Widerstand und Umgehungsmaßnahmen führte. Die Beziehung zwischen der außergerichtlichen Streitbeilegung und einem möglichen Zwang hierzu war (und ist) noch nicht abschließend geklärt. Es ist deshalb nachvollziehbar, dass der Gesetzgeber in Bezug auf das Mediationsgesetz mit der Normierung von Pflichten vorsichtig war. Außerdem herrscht im Erbrecht das Numerus-clusus-Prinzip und es ist davon auszugehen, dass der Gesetzgeber nicht auf die Schnelle mit einer letztwilligen Mediationsklausel einen neuen erbrechtlichen Anordnungstypus schaffen wollte.

---

698 *Larenz/Canaris*, S. 209.

699 Eidenmüller/Wagner/*Wagner*, Mediationsrecht, S. 77. Ebenso: *Siegel*, S. 257 f. *Siegels* Abhandlung stammt aus dem Jahr 2008/2009. Zu diesem Zeitpunkt war das MediationsG noch nicht in Kraft getreten, sodass zu diesem Zeitpunkt noch eine „Nichtregelung“ der Mediation vorlag.

2. Das Mediationsgesetz als Rechtsquelle der letztwilligen Mediationsklausel

a. Die Entstehungsgeschichte des Mediationsgesetzes

Am 13.06.2008 trat die Richtline 2008/52/EG des Europäischen Parlaments und des Rates vom 21.05.2008 über bestimmte Aspekte der Mediation in Zivil- und Handelssachen in Kraft.[700] Die Richtlinie verpflichtete die Gesetzgeber der EU-Mitgliedstaaten, die Vorgaben bis 21.05.2011 in nationales Recht umzusetzen. Der Richtlinie 2008/52/EG waren bereits verschiedene Ansätze, die Mediation in das Bewusstsein der Mitgliedstaaten und ihrer Bürger zu rücken, vorausgegangen. So legte die Europäische Kommission nach einigen vorausgegangenen Empfehlungen bereits im Jahr 2002 das Grünbuch über alternative Verfahren zur Streitbeteiligung (ADR-Verfahren) im Zivil- und Handelsrecht[701] vor. Grünbücher der EU stellen politische Handlungsinstrumente dar, deren Zweck es ist, Konsultationsprozesse auf europäischer Ebene in Gang zu setzen.[702] Das Grünbuch über ADR-Verfahren bildete den Auftakt der legislativen Maßnahmen, die auf europäischer Ebene dazu beitragen sollten, die Mediation in den EU-Mitgliedsländern zu fördern. Das Ziel dieser Maßnahmen sollte sein, den EU-Bürgern durch die Förderung der Mediation und anderer Verfahren der alternativen Streitbeilegung einen besseren Zugang zum Recht zu ermöglichen. Das deutsche Gesetzgebungsverfahren zur Umsetzung der Richtlinie 2008/52/EG führte im Jahr 2010 über einen Referentenentwurf zu einem Regierungsentwurf.[703] Der Gesetzgeber legte großen Wert auf die Einbeziehung maßgeblicher Interessensgruppen, Verbände sowie berufsspezifischer Kammern. Streitig diskutierte Punkte im Gesetzgebungsverfahren waren insbesondere die Frage, ob die gerichtsinterne Mediation aufrechterhalten bleiben solle, und die Anforderungen an die Qualifikation von Mediatoren. Das Gesetz zur Förderung der Mediation und anderer Verfahren der außergerichtlichen Konfliktbeilegung vom 21.02.2012 wurde am 25.07.2012 im Bundesgesetzblatt verkündet und trat am 26.07.2012 in Kraft.[704]

---

700 EG Amtsblatt L 136/3 vom 24.05.2008 (sog. Mediationsrichtlinie).

701 Vom 19.04.2002 – CELEX: 52002DC0196 (Internet: abgerufen am 01.07.2019).

702 *Seeger*, Europalexikon, S. 221.

703 Zur Entstehungsgeschichte des Gesetzes zur Förderung der Mediation und anderer Verfahren der außergerichtlichen Konfliktbeilegung vom 04.08.2010 ausführlich: Fritz/Pielsticker/*Pielsticker*, Mediationsgesetz, Einleitung Rn. 59 ff.; *Hess*, Regierungsentwurf, S. 17 ff.; Klowait/Gläßer/*Klowait/Gläßer*, HK-Mediationsgesetz, 1.1 Rn. 1 ff.; *Zehle*, S. 4 ff.

704 BGBl. 2012, Teil 1 Nr. 35, S. 1577–1581.

b. Der Inhalt des Mediationsgesetzes

Das Mediationsgesetz besteht nur aus neun Paragrafen. In § 1 erfolgen die Begriffsbestimmungen: Was ist eine Mediation (§ 1 Abs. 1 MediationsG)? Was ist ein Mediator (§ 1 Abs. 2 MediationsG)? In § 2 MediationsG werden verschiedene Strukturmerkmale eines Mediationsverfahrens beschrieben. Hierbei handelt es sich um die Regelungen, dass die *Parteien* den Mediator auswählen (§ 2 Abs. 1 MediationsG) und dass Dritte nur mit Zustimmung aller Parteien in die Mediation einbezogen werden können (§ 2 Abs. 4 MediationsG). Ein wichtiges Strukturelement der Mediation liegt darin, dass die Parteien die Mediation jederzeit beenden können (§ 2 Abs. 5 Satz 1 MediationsG). In § 2 sind weitere Regelungen enthalten, die die Pflichten des Mediators betreffen. So soll sich dieser vergewissern, dass die Parteien die Grundsätze und den Ablauf des Mediationsverfahrens verstanden haben und freiwillig an der Mediation teilnehmen (§ 2 Abs. 2 MediationsG). Der Mediator hat verschiedene, das Verfahren betreffende Hinweispflichten (§ 2 Abs. 6 MediationsG) und die Pflicht, die Kommunikation der Parteien zu fördern (§ 2 Abs. 3 Satz 2). Der Mediator ist „allparteilich" (§ 2 Abs. 3 Satz 1 MediationsG). Dies bedeutet, dass der Mediator keine der Parteien einseitig begünstigen oder fördern darf. §§ 3 und 4 MediationsG regeln Rechte und Pflichten des Mediators in Bezug auf seine Offenbarungspflichten, Tätigkeitsbeschränkungen und die dem Mediator und in die Durchführung des Mediationsverfahrens eingebundenen Personen obliegende Verschwiegenheitspflicht. § 5 MediationsG betrifft die Aus- und Fortbildung des Mediators. § 6 MediationsG ist eine Ermächtigungsnorm, die das Bundesministerium der Justiz und für Verbraucherschutz ermächtigt, die Mediationsausbildung und die Fortbildung der Mediatoren zu regeln. §§ 7, 8 MediationsG betreffen Forschungsvorhaben und die Evaluierung zum Mediationsgesetz.[705] § 9 MediationsG betrifft eine Übergangsbestimmung in Bezug auf den gerichtlichen Mediator.

Das Mediationsgesetz diente primär der Umsetzung der Richtlinie 2008/52/EG. Dem Mediationsgesetz ist in Bezug auf seinen Inhalt und die Formulierung der einzelnen Normen anzumerken, dass der Gesetzgeber sich in einem

705 Das Bundesministerium für Justiz und Verbraucherschutz (BMJV) hatte im Jahr 2016 das Deutsche Forschungsinstitut für öffentliche Verwaltung (FÖV) in Speyer beauftragt, einen Evaluationsbericht über die Auswirkungen des MediationsG auf die Entwicklung der Mediation in Deutschland sowie über die Situation der Aus- und Fortbildung der Mediatoren zu erstellen. Dieser Bericht wurde am 19.07.2017 vom Bundeskabinett beschlossen (vgl. *Masser/Engewald/Scharpf/Ziekow*, Evaluation, S. 27 ff.).

Dilemma sah. Auf der einen Seite stand seine Pflicht zur Umsetzung der EU-Richtlinie, die mit dem in der Literatur und von den Fachverbänden vielfach geäußerten Wunsch nach einer rahmengebenden Regelung für Mediationsverfahren zusammenfiel. Auf der anderen Seite wollte er die „Freiheit und Eigenverantwortlichkeit eines Mediationsverfahrens“[706] nicht einschränken. Es war offensichtlich nicht das Vorhaben des Gesetzgebers, genau regeln zu wollen, ob und in welchem Umfang Mediationsvereinbarungen rechtswirksam sein sollten, welche Rechte und Pflichten aus diesen erwachsen und ob eine Mediationsklausel, die sich in einer Verfügung von Todes wegen befindet, die am Erbfall Beteiligten rechtswirksam binden kann. Das Mediationsgesetz kommt als Rechtsquelle für eine letztwillige Mediationsklausel nicht in Betracht.

3. Das BGB als Rechtsquelle der letztwilligen Mediationsklausel

a. Die letztwillige Mediationsklausel als Auflage oder Vermächtnis

Im Schrifttum wird die letztwillige Mediationsklausel teilweise als Auflage[707] oder Vermächtnis qualifiziert. Manche Autoren möchten sich nicht festlegen. Sie vertreten die Ansicht: „entweder – oder“.[708] Manche Autoren lassen die Rechtsnatur der Anordnung bewusst offen.[709]

aa. Die letztwillige Mediationsklausel als Auflage

Die letztwillige Mediationsklausel soll bewirken, dass Erben oder Vermächtnisnehmer, die nach dem Erbfall einen Konflikt haben, an einem Mediationsverfahren teilnehmen müssen, wenn einer der konfliktbeteiligten Miterben oder Vermächtnisnehmer dies verlangt. Um die Frage zu klären, ob eine vom Erblasser in seiner Verfügung von Todes wegen angeordnete Mediationsklausel zu

---

706 *Goltermann/Hagel/Klowait/Levien*, SchiedsVZ 2012, 299 (305).

707 So *Siegel*, S. 261 f., die sich nicht mit der Frage beschäftigt, ob eine Mediationsklausel auch ein Vermächtnis sein könnte.

708 Klowait/Gläßer/*Schmitz-Vornmoor*, HK-Mediationsgesetz, H 3 Rn. 34: Auflage; *Töben/Schmitz-Vornmoor*, RNotZ 2014, 527 (536).

709 So Walz/*Walz*, ADR, S. 66, der an seiner früheren Ansicht, die letztwillige Mediationsklausel könne als Auflage qualifiziert werden, nicht mehr festhält und äußerst vorsichtig ist, was den Umfang der möglichen Bindungswirkung einer letztwilligen Mediationsklausel betrifft. In Bezug auf Pflichtteilsansprüche und die Entlassung des Testamentsvollstreckers vertritt er die Ansicht, dass diese Streitigkeiten von einer letztwilligen Mediationsklausel eventuell nicht umfasst sind: „Der Verfasser jedenfalls will zu einer (letztwilligen!) Verfügung dieses Inhalts nicht geraten haben.“

dieser Bindungswirkung führen kann, muss die Mediationsklausel rechtlich eingeordnet werden.

Nach § 1940 BGB (Auflage) kann der Erblasser den Erben oder Vermächtnisnehmer zu einer Leistung verpflichten, ohne einem anderen ein Recht auf die Leistung zuzuwenden. Was ist unter *Leistung* zu verstehen?

Als Leistung im Sinne des § 1940 BGB (Auflage) ist jedes Tun oder Unterlassen zu verstehen, das Gegenstand eines Schuldverhältnisses sein kann.[710] Die Leistung muss keinen Vermögenswert haben, aber sie muss einen Inhalt haben, der auch der Inhalt eines wirksamen Schuldverhältnisses sein kann. Dies bedeutet, dass die Leistung bestimmt oder bestimmbar sein muss und nicht gegen die §§ 134, 138 BGB verstoßen darf. Erfüllt die Auflage diese Voraussetzungen nicht, ist sie unwirksam. Dass die Teilnahmeverpflichtung an einer Mediation sittenwidrig sein könnte, ist nicht anzunehmen. Eher kann gefragt werden, ob die Teilnahmeverpflichtung gegen das in § 1 Abs. 1 MediationsG normierte Freiwilligkeitsprinzip und damit gegen ein gesetzliches Verbot im Sinne des § 134 BGB verstößt. In Anbetracht des Umfangs und Inhalts des Freiwilligkeitsprinzips des § 1 Abs. 1 MediationsG – worauf im Folgenden noch näher eingegangen wird[711] –, ist diese Frage zu verneinen. Auch die Frage, ob die Mitwirkung an einer Mediation eine bestimmte oder bestimmbare „Leistung" ist, kann zurückgestellt werden.

Wenn der Erblasser die Mediationsklausel absichern möchte, wird er in die Verfügung von Todes wegen aufnehmen, dass die Streitparteien den ordentlichen Rechtsweg erst beschreiten dürfen, wenn ein erfolgloses Mediationsverfahren stattgefunden hat. Dadurch gibt er der Streitpartei, die das Mediationsverfahren erzwingen möchte, die temporäre Einrede der Unzulässigkeit einer Klage an die Hand. Die Auslegung einer letztwilligen Mediationsklausel muss dazu führen, dass sie als Konfliktlösungsverfahren *vor* Klageerhebung angeordnet ist. Andernfalls gäbe es keinen Zeitrahmen, auf den sich die letztwillige Mediationsklausel verbindlich beziehen könnte. Diese Einrede kann die andere Streitpartei, die nicht an der Mediation teilnehmen möchte, hindern, eine Klage zu erheben. Dadurch erhalten die Streitparteien ein „Recht". Es handelt sich um ein Recht auf Erhebung der Einrede, das in unmittelbarem Zusammenhang mit der Teilnahmeverpflichtung an einer Mediation steht. Wenn nun ein Begünstigter ein Recht auf eine Leistung hat, kommt § 1940 BGB als Rechtsgrundlage der

---

710 Sehr deutlich: BGH, Urteil vom 24.06.2009 – IV ZR 202/07 Tz. 20 aa.; statt vieler: *Muscheler*, Erbrecht, Bd. II, § 39, Rn. 2670 mit w. Nw. und Beispielen.

711 Unten 4. Kapitel § 3 B. II. 5., S. 228 ff.

Anordnung nicht in Betracht.[712] Dass die Auflage als erbrechtliches Konstrukt nicht so recht passt, zeigt auch folgende Überlegung: Der Erblasser möchte das Recht der Erben generieren, einen „unwilligen" Miterben zu zwingen, an einem Mediationsverfahren teilzunehmen. Die Auflage selbst kann ein solches Recht der Miterben nicht bewirken, da sie keinen Anspruch auf eine Leistung gibt. Mediationsbereite Miterben können nur versuchen, über die Einrede der Unzulässigkeit einer Klage des mediationsunwilligen Miterben dessen Klageerhebung zu verhindern. Ihren begehrten Anspruch darauf, den Miterben zu zwingen, an einer Mediation teilzunehmen, kann ihnen eine Auflage nicht geben. Die rechtlichen Möglichkeiten des § 1940 BGB reichen mithin nicht für das, was der Erblasser in diesem Fall erreichen möchte.

bb. Die letztwillige Mediationsklausel als Vermächtnis

Durch § 1939 BGB (Vermächtnis) wird der Erbe oder Vermächtnisnehmer verpflichtet, einem anderen einen *Vermögensvorteil* zuzuwenden. § 2174 BGB beschreibt das „Recht" des Vermächtnisnehmers als aus dem Vermächtnis sich ergebend. Die Anordnung des Vermächtnisses als Verfügung von Todes wegen ist mithin die *causa* des Anspruches des Vermächtnisnehmers auf Leistung.

§ 2174 BGB stellt im Zusammenhang mit dem Vermächtnis die Begriffe *Vermögensvorteil* (§ 1939 BGB) und *Leistung* (§ 2174 BGB) gleich. Was ist unter *Leistung* zu verstehen? Die Begriffe *Vermögensvorteil* in § 1939 BGB respektive *Leistung* in § 2174 BGB sind in einem sehr weiten Sinne zu verstehen.[713] Eine wirtschaftliche Besserstellung des Bedachten ist nicht erforderlich. Es genügt ein rechtlicher Vorteil.[714] Ob der Vermächtnisnehmer *tatsächlich* einen Vorteil hat, ist unerheblich, da unter dem Begriff *Leistung* auch ein vermeintlicher Vorteil zu verstehen ist.[715]

Bei der letztwilligen Mediationsklausel geht es darum, die Erben oder Vermächtnisnehmer testamentarisch dadurch zu begünstigen, dass eine Streitpartei im Falle eines Konflikts das Recht erhält, von der anderen Partei die Mitwirkung an einer Mediation zu verlangen. Es soll somit ein echter Anspruch generiert werden.

Bei § 1939 BGB geht es gerade darum, dass der Begünstigte ein Recht erhalten soll. Auch hier gilt: Der Inhalt einer Vermächtnisanordnung kann nur ein Tun

712 Oben 3. Kapitel, § 2 C. II. 2., S. 120 f. für die letztwillige Schiedsklausel.
713 Staudinger/*Otte*, BGB, § 1939 Rn. 8.
714 MünchKomm/*Leipold*, BGB, Bd. 9, § 1939 Rn. 6; Staudinger/*Otte*, BGB, § 1939 Rn. 8.
715 Palandt/*Grüneberg*, BGB, § 241 Rn. 4.

oder Unterlassen sein, das Gegenstand eines Schuldverhältnisses sein kann, d. h. die Leistung muss bestimmt oder bestimmbar sein (§ 241 Abs. 1 BGB). Deshalb streifen wir kurz die sich im Verlauf der weiteren Untersuchung mit Vehemenz aufdrängende Frage: Was muss die beschwerte Konfliktpartei tun (oder unterlassen), um den Anspruch der „begünstigten" Konfliktpartei zu erfüllen? Die Teilnahme an einer Mediation im Sinne der Teilnahme an einer „Informationsveranstaltung"? Eine Stunde bleiben (warum nicht 45 Minuten ?), nur zuhören und dann wieder gehen? Oder mitwirken? Aktiv verhandeln? Was soll eine Konfliktpartei bei einer Mediation überhaupt tun oder „nicht tun"?

Es wird im Folgenden zu sehen sein, dass die Leistungen, die Streitparteien im Zusammenhang mit einer Mediation zu erbringen haben, nicht Inhalt eines Schuldverhältnisses sein können, da sie zu unbestimmt und nicht bestimmbar sind. Daran ändert sich auch nichts, wenn der Erblasser einen Mediator auswählt. Diese Auswahl kann gemäß § 2 Abs. 1 MediationsG („Die Parteien wählen den Mediator aus") gegen ein gesetzliches Verbot verstoßen und unwirksam sein. Aber auch wenn die Anordnung wirksam ist: Die Mitwirkung an einer Mediation kann nicht in verschiedene Einzelleistungen geteilt werden, von denen ein Teil, beispielsweise die Auswahl des Mediators oder die reine Anwesenheit bei einer Mediationssitzung, als bestimmte oder bestimmbare Teilleistungen Gegenstand eines Vermächtnisses sein könnten. Die „Mediationsleistung" der Streitparteien ist ein untrennbares Ganzes. Die Konsequenz ist, dass die Anordnung der Mitwirkung an einer Mediation kein Vermächtnis sein kann.

b. Die letztwillige Mediationsklausel als Teilungsanordnung nach § 2048 Satz 1 BGB

Der Wortlaut des § 2048 Satz 1 BGB lässt den ersten Eindruck entstehen, der Erblasser hätte damit eine materiell-rechtliche Norm, über die er die letztwillige Mediationsklausel in das Geschehen nach seinem Tod platzieren kann, ohne dass sie sich an den Maßstäben der §§ 1939, 1940 BGB messen lassen muss. Die letztwillige Mediationsklausel bezöge sich zwar nur auf die Auseinandersetzung und die Verwaltung des Nachlasses. Dies wäre eine Einschränkung, aber wenn die Linien dieser Begriffe sehr weit gezogen werden, fiele ein großer Teil der erbrechtlichen Streitigkeiten darunter.

Die Teilungsanordnung nach § 2048 Satz 1 BGB hat dieselbe schuldrechtliche Wirkung wie eine Miterbenvereinbarung.[716] Gegenstand einer

716 MünchKomm/*Ann*, BGB, § 2048 Rn. 9; BGH, Versäumnis-Urteil vom 17.04.2002 – IV ZR 226/00.

Teilungsanordnung kann nur sein, was Gegenstand eines Schuldverhältnisses sein kann. Wie im Folgenden zu zeigen sein wird, ist dieses Erfordernis in Bezug auf eine letztwillige Mediationsklausel nicht gegeben. Dies hat zur Folge, dass § 2048 S. 1 BGB als Rechtsgrundlage für eine letztwillige Mediationsklausel nicht zur Verfügung steht. Auch hier stellt sich die Frage nach dem genauen Inhalt der Leistungspflicht der beschwerten Erben oder Vermächtnisnehmer.

4. Die Testierfreiheit als Rechtsquelle der letztwilligen Mediationsklausel

Als Nächstes ist der Frage nachzugehen, ob die letztwillige Mediationsklausel ihre Rechtsgrundlage in der allgemeinen Testierfreiheit hat. Dazu muss die letztwillige Mediationsklausel von der Verfügungsmacht des Erblassers, die auf seiner Testierfreiheit beruht, umfasst sein. Die letztwillige Mediationsklausel darf nicht gegen §§ 134, 138 BGB verstoßen. Des Weiteren muss geprüft werden, ob sie gegen den erbrechtlichen Numerus clausus und Typenzwang verstößt.

Die Euphorie, die das kontinuierliche Bekanntwerden der Mediation und ihrer Einsatzbereiche sowohl in der sozialpädagogischen als auch in der rechtlichen Literatur auslöste, führte nicht nur zu Vermutungen dahingehend, dass das Zeitalter streitiger Auseinandersetzungen vorbei sei[717], sondern auch das Bundesverfassungsgericht konstatierte im Jahr 2007, eine zunächst streitige Problemlage durch eine einvernehmliche Lösung zu bewältigen sei auch in einem Rechtsstaat grundsätzlich vorzugswürdig gegenüber der richterlichen Streitentscheidung.[718] Ordnet ein Erblasser in seinem Testament an, dass die durch den Erbfall Begünstigten zur Beilegung von Konflikten, die aus dem Erbfall erwachsen, an einer Mediation teilnehmen müssen, macht er also unter Beachtung der Rechtsprechung des Bundesgerichtshofs, dass der Erblasser weder nicht begünstigte Dritte noch gar einen Pflichtteilsberechtigten mit Anordnungen beschränken darf, alles richtig und beschränkt seine Anordnung auf den *Versuch* einer Mediation, schließt er also die Möglichkeit der Streitparteien, ihren Konflikt in einem ordentlichen Gerichtsverfahren klären zu lassen, nur temporär aus, wären die Ordnungs- und Wertevorstellung des Gesetzgebers durch eine solche letztwillige Mediationsklausel deutlich erfüllt.

---

717 *Röthemeyer*, Rn. 218: „Paradigmenwechsel von der autoritären Entscheidung eines Dritten (zumeist des Staates) hin [...] zur Selbstbestimmung der Parteien [...]"; *Wendland*, S. 947: „Paradigmatischer Kulturwandel". Zu den demokratietheoretischen Aspekten der Mediation: *Zillessen*, Handbuch, S. 83 (92).

718 BVerfG, Beschluss vom 14.02.2007 – 1 BvR 1351/01, Tz. 35.

Bezugnehmend auf die im dritten Kapitel dieser Arbeit entwickelte Zweistufentheorie der erbrechtlichen Optionsmodelle kommt die letztwillige Mediationsklausel bei der inhaltlichen Ausgestaltung der einzelnen erbrechtlichen Rechtsinstitute zum Tragen. Die letztwillige Mediationsklausel kann unter Verwendung der vorstehenden Argumente als Anordnung des Erblassers, die nicht gegen die in den Regelungsmustern der erbrechtlichen Rechtsinstitute zum Ausdruck kommende Ordnungs- und Wertevorstellung des Gesetzgebers, mithin das zwingende Recht, verstößt, angesehen werden. Ist sie damit wirksam? Wie im Folgenden zu zeigen sein wird, ist dies nicht der Fall. Ihrer Wirksamkeit auch als „reine Anordnung“ stehen dieselben Argumente entgegen wie ihrer möglichen Qualifikation als Vermächtnisanordnung: Wenn letztwillige Anordnungen Bindungswirkung haben sollen, d. h. wenn sie für einen am Erbfall Beteiligten einen durchsetzbaren Rechtsanspruch generieren sollen, müssen sie den schuldrechtlichen Anforderungen entsprechen. Dies bedeutet, dass die von dem Verpflichteten zu erbringende Leistung bestimmt oder durch Auslegung bestimmbar sein muss. Die Leistung darf auch nicht unmöglich sein. Was ist, wenn eine Streitpartei das Ziel der Mediation, eine außergerichtliche konsensuale Lösung des Konflikts zu finden, nicht (mehr) hat? Muss sie sich auf § 275 Abs. 3 BGB berufen oder gibt ihr § 2 Abs. 5 Satz 1 MediationsG ein Recht zur Leistungsverweigerung?

5. Resümee. Fragestellung und weiterer Untersuchungsverlauf

Die Suche nach den Rechtsgrundlagen für eine letztwillige Mediationsklausel führt zu keinem überzeugenden Ergebnis. § 1066 ZPO kommt nicht in Betracht. Er selbst ist keine Rechtsgrundlage, sondern (nur) Verweisungsnorm[719] und kann somit auch für eine letztwillige Mediationsklausel keine Rechtsgrundlage darstellen. Das *argumentum a maiore ad minus* will in Bezug auf § 1066 ZPO nicht so recht passen, da das Schiedsverfahren und die Mediation strukturell vollständig unterschiedlich sind. Außerdem scheitert das *argumentum a maiore ad minus* daran, dass § 1066 ZPO eine Verweisungsnorm ist. Die Argumentation, wenn § 1066 ZPO für eine letztwillige Schiedsklausel in das 10. Buch ZPO verweise, müsse dies „erst recht“ für eine letztwillige Mediationsklausel gelten, kommt vom Ergebnis her nicht in Betracht.

Das Mediationsgesetz beschreibt das Mediationsverfahren und nimmt Begriffsbestimmungen vor. Mit letztwilligen Mediationsklauseln oder sonstigen rechtsgeschäftlichen Gestaltungen der Mediation beschäftigt es sich nicht.

719 Oben 3. Kapitel § 2 A. I., S. 100 f.

Eine letztwillige Mediationsklausel kann weder als Auflage noch als Vermächtnis angeordnet werden. Im Hinblick auf das materielle Erbrecht kämen beide Rechtsinstitute in Betracht, wenn – und daran scheitert die Anwendung der §§ 1939, 1940 BGB – es sich bei der Mediation um eine Leistung handelt, die Gegenstand eines Schuldverhältnisses sein kann, mithin bestimmt oder bestimmbar ist. Dass dies nicht der Fall ist, zeigt der weitere Verlauf dieser Arbeit. Daran scheitert auch die Anwendung des § 2048 Satz 1 BGB. Die Anwendung des § 1940 BGB scheitert darüber hinaus daran, dass die Parteien die Einrede der Unzulässigkeit des ordentlichen Rechtsweges erhalten, mithin ein Recht, das die Anwendung von § 1940 BGB ausschließt.

Auch die *allgemeine Testierfreiheit* kann die letztwillige Mediationsklausel nicht „mit offenen Armen" aufnehmen. Die Fragen bleiben die gleichen: Ist die Mitwirkungspflicht an einer Mediation eine Leistung im Sinne eines wirksamen Vertrages?

Um diese Fragen zu klären, muss untersucht werden, welche Leistungen Streitparteien zu erbringen haben, die an einem Mediationsverfahren mitwirken. Dafür soll dem sich langsam entwickelnden Prozess der Entstehung einer Dogmatik der Mediation gefolgt werden. Als Ergebnis eines Forschungsprojekts der Harvard Law School in die Konfliktforschung eingeführt, kam die Mediation zu Beginn in erster Linie bei hochstrittigen Familienkonflikten zum Einsatz, später – neben der Scheidungs- und Familienmediation – auch als Wirtschaftsmediation bei systemischen Konflikten außerhalb der Familie und bei rechtlichen Konflikten aller Art. Seit der Kodifikation des Gesetzes zur Förderung der Mediation und anderer Verfahren der außergerichtlichen Konfliktbeilegung[720] hat die Mediation einen gesetzlich normierten Rahmen. Die Mediation hat also „Karriere" gemacht. Es kann von einer Dogmatik der Mediation gesprochen werden. Eine Annäherung an diese Dogmatik der Mediation ist das Ziel der nächsten Untersuchungsschritte dieser Arbeit. Der Hauptfrage: Kann eine Mediationsanordnung des Erblassers in einer Verfügung von Todes wegen die *causa* eines Anspruches eines Erben gegen einen Miterben auf Mitwirkung an einer Mediation sein? soll sich dadurch angenähert werden.

720 BGBl. 2012 Teil I Nr. 35, S. 1577-1581.

§ 3 Auf der Suche nach der Dogmatik der Mediation

A. Der Begriff der Mediation – Allgemeines

I. Das Harvard-Konzept

Die Mediation ist ein Verfahren der *Alternative Dispute Resolution* (ADR), wie die Streitbeilegung ohne Gerichte in den USA heißt, und wo sich diese „[...] zu einer regelrechten Bewegung [...]“[721] seit Ende der 1960er-Jahre entwickelt hatte. Als interdisziplinäres Forschungsprojekt 1979 an der Harvard Law School in Cambridge, MA (USA), etabliert, wurden durch das Harvard Negotiation Project verschiedene Methoden der Verhandlung aus dem geschäftlichen, privaten und diplomatischen Bereich untersucht und evaluiert. Aus den Forschungsergebnissen entstand im Jahr 1981 das Buch „Getting to Yes“, dessen deutscher Titel „Das Harvard-Konzept“ lautet. Das primäre Forschungsergebnis des Harvard Negotiation Project ist, dass Parteien deshalb mit ihren Verhandlungen und Lösungsversuchen scheitern, weil sie falsch verhandeln. Fixiert auf ihre eigenen Interessen, deren Durchsetzung sie im Auge haben, verfehlen sie die im beiderseitigen Interesse liegende Lösung und verhalten sich somit ineffizient.[722] Das Harvard-Konzept führte mit der genauen Beschreibung der auf ihm basierenden Grundprinzipien für eine erfolgreiche Verhandlung dazu, dass ein Verfahren entwickelt wurde, in dem ein unparteiischer und neutraler Dritter Streitparteien strukturiert unter Zugrundelegung dieser Grundprinzipien zu einer eigenen einvernehmlichen Lösung als Ergebnis der Verhandlung führt. Dieses Verfahren wurde als „Mediation“ bezeichnet und unter diesem Begriff bekannt. Das wichtigste Strukturmerkmal der Mediation ist der Vermittler, der den Konflikt nicht entscheidet. Verhandeln die Parteien ohne Hinzuziehung eines Dritten, so wird von *Negotiation* gesprochen. Wird ein Dritter hinzugezogen, der den Streit am Ende entscheidet, wird von *Arbitration* gesprochen. Als Mediationen werden in den USA alle außergerichtlichen Verfahren bezeichnet, die mithilfe eines neutralen Vermittlers geführt werden, gleichgültig, ob nur die Streitparteien verhandeln, ob Behörden mitverhandeln – z. B. bei Kindschaftsangelegenheiten – oder ob Rechtsanwälte mitverhandeln.[723]

Nach dem Harvard-Konzept ist die Mediation eine konstruktive Einigung mit einem *Win-win-Ergebnis*. *Win-win-Ergebnis* oder *Win-win-Lösung* bedeutet,

---

721 *Breidenbach*, S. 11 ff.

722 *Fisher/Ury/Patton*, S. 27 ff.

723 *Richbell*, S. 19 f.

dass jeder Beteiligte einen Nutzen aus dem Verhandlungsergebnis zieht. Die Grundidee der Harvard-Methode war das Ziel, Konflikte für alle Streitparteien *gewinnbringend* zu lösen. Dieser Aspekt sollte dazu führen, dass die Parteien nicht nur ihre Ziele erreichen, sondern es sollte der Blick der Parteien darauf gerichtet werden, einen *neuen gemeinsamen* Vorteil aus der Streitbeilegung zu ziehen, somit einen *Kooperationsgewinn* zu erzielen. Die ersten Autoren, die sich in der deutschen Literatur mit der Mediation beschäftigten, hatten diesen Aspekt in ihre Ausführungen eingebaut.[724] Der *Win-win-Ansatz* der Mediation wurde im Laufe der Jahre zunehmend vernachlässigt. In vielen Büchern über Mediation wird die Mediation als Verfahren dargestellt, in dem ein Vermittler Streitparteien darin unterstützt, eine eigene Konfliktlösung zu finden. Der Kooperationsgewinn im ursprünglichen Sinne der früheren amerikanischen Autoren ist in Vergessenheit geraten. Dies ist der Praxis geschuldet. Wird als Mediationsergebnis ein *neuer gemeinsamer* Vorteil für die Streitparteien verlangt, eignen sich die Fälle, bei denen die Streitparteien keine Beziehung – sei es privat, sei es geschäftlich – haben, von vornherein nicht für eine Mediation.

Beispielsfall 2: Der nichteheliche Sohn S des verstorbenen Erblassers verlangt seinen Pflichtteil. Die Ehefrau des Erblassers und seine beiden ehelichen Abkömmlinge A und B wussten von S nichts. Sie versuchen, lebzeitige Immobilienschenkungen des Erblassers an A und B zu verheimlichen, um §§ 2325, 2316, 2050 ff. BGB zu umgehen. – Diesen Konflikt für alle *gewinnbringend* zu lösen, ist kaum möglich. Der Aufbau einer familiären oder geschäftlichen Beziehung ist bei Ausgangslagen wie der vorstehend beschriebenen unrealistisch. Eine schnellere Beilegung des Konflikts oder geringere Kosten als im Falle eines gerichtlichen Verfahrens können erhofft, aber nicht garantiert werden. Um solche Fälle nicht per se von der Mediation als Konfliktlösungsverfahren fernzuhalten, wird ein *Win-win-Ergebnis* einer Mediation nicht als zwingend angesehen.

Im Laufe der 1980er-Jahre fand die Mediation in Deutschland zunehmend Beachtung und wurde politisch aufgegriffen.[725] Googelt man den Begriff *Mediation*, so erscheint eine Reihe von Websites, die die Mediation – mit kleinen Abweichungen, aber im Kernbereich durchgehend – als vertrauliches, strukturiertes und freiwilliges Verfahren bezeichnen, durch das ein neutraler, allparteilicher Dritter ohne Entscheidungsbefugnis die Parteien begleitet und dessen Ziel es ist, dass die Parteien eine eigene Lösung des Konflikts erarbeiten. Eine

724 *Eidenmüller*, Ökonomische und spieltheoretische Grundlagen, S. 40 f.
725 Ausführlich: *Cremer*, S. 19 ff.

unübersehbare Anzahl von Mediationsanbietern einschließlich der großen Mediationsverbände ist vertreten.

II. Verschiedene Mediationskonzepte[726]

1. Verhandlungsmediation und therapeutische Mediation – Mythos eines Antagonismus

Risse teilt in zwei große Mediationsformen ein: die Verhandlungsmediation (Wirtschaftsmediation) und die therapeutische Mediation.[727] Er führt aus, dass die Verhandlungsmediation „auf der Gesamtannahme beruht, dass Menschen effektiver verhandeln können, als sie es in der Praxis tun"[728]. An diesem Punkt setze die Mediation an. Der Mediator habe die Aufgabe, die Parteien zu optimierten Verhandlungen zu führen, sodass sie eine Lösung für ihr Problem finden. Die Mediation sei sehr sachlich und rechtlich ausgerichtet, was auch dadurch verstärkt werde, dass häufig die Parteianwälte der Streitparteien an der Mediation teilnähmen. Daneben stehe die therapeutische Mediation, bei der die Aufgabe des Mediators darin liege, die Konfliktlösungskompetenz der Parteien zu verbessern, da diese aus psychologischen Gründen unfähig seien, ihren Konflikt einvernehmlich zu lösen.[729]

Es ist nicht immer eindeutig, ob die in einen Konflikt involvierten Streitparteien zu der Gruppe derer gehören, denen nur eine Verhandlung nicht gelingt, oder derer, die eine mangelnde Konfliktlösungskompetenz aufweisen. Die Erfahrungen der Praxis zeigen, dass es häufig Konflikte zwischen Unternehmern gibt, bei denen eine sehr sachliche und rechtlich ausgerichtete Mediation nicht zu einem Erfolg führt, da gerade psychologische Elemente die Lösungsfindung verhindern. Werden diese thematisiert, ist der Weg frei für ein konsensuales Ergebnis. Auch ein Vorstandsmitglied oder ein Gesellschafter-Geschäftsführer, der über eine Fusion oder einen Unternehmensverkauf „falsch" verhandelt, hat vielleicht das Problem, dass er die Familientradition des Unternehmens nicht fortführen kann oder um seine Position bangt. Wären das nicht dann die „psychologischen Gründe", die es erforderlich machten, den Geschäftsführer zu einer therapeutischen Mediation zu schicken?[730] Spiegelbildlich gilt dies auch

726 Es handelt sich hier um eine beispielhafte Beschreibung einiger Mediationskonzepte. Die Aufstellung erhebt keinen Anspruch auf Vollständigkeit.

727 *Risse*, Wirtschaftsmediation, S. 28 ff.

728 *Risse*, Wirtschaftsmediation S. 39 ff.

729 Vgl. *Risse*, Wirtschaftsmediation S. 28 ff.

730 *Wolf/Weber/Knauer*, NJW 2003, 1488 (1489), erachten nur für die Klärung rechtlich nicht fassbarer Konflikte die therapeutische Mediation als zuständig. Sie

für Personengruppen, bei denen „offensichtlich" eine therapeutische Mediation nahe liegt. Auch eine Scheidungsmediation bei einem Ehepaar, bei dem häusliche Gewalt vorgekommen ist, kann über sachbezogenes Verhandeln mit rechtlichen Hinweisen des Mediators zu einem Konsens führen. Die „Einteilung" der Mediation in eine reine Verhandlungsmediation und in eine reine therapeutische Mediation entspricht nicht den Anforderungen der Praxis und ist daher abzulehnen.

2. Die vier „Grundkonzepte" der Mediation von *Hartges* – Vom Palaver bis zum Vergleichsvorschlag des Mediators

Hartges teilt die Mediation in vier „Grundkonzepte"[731] ein, die je nach Bedarf im Einzelfall angewandt werden können. So unterscheidet sie die fördernde, transformative Mediation, die einen freieren Verlauf hat und den Schwerpunkt auf die Verständigung zwischen den Parteien legt, von der fördernden, direktiven Mediation, die sich dadurch definiert, dass der Mediator die Parteien stärker führt. Des Weiteren unterscheidet *Hartges* die informierende Mediation, bei der der Mediator die Rechtslage beurteilt und diese den Medianten mitteilt, und die bewertende Mediation, bei der die Parteien nicht direkt miteinander kommunizieren, sondern bei der der Mediator den Sachverhalt im Zuge von mehreren Einzelgesprächen bewertet und einen Vergleichsvorschlag unterbreitet.

Diese Einteilung der Mediation in unterschiedliche Mediationsansätze zeigt, dass viele Formen der Kommunikation und Konfliktlösung unter den Begriff Mediation subsumiert werden können. Welcher Ansatz zum Einsatz kommt, müssen die Streitparteien und der Mediator entscheiden. Bei komplexen Konfliktstrukturen und einer schwierigen Rechtslage oder wenn sich die Mediation über mehrere Sitzungen hinzieht, wird der Mediator zwischen verschiedenen Ansätzen „umschalten" müssen.

3. Die Shuttle-Mediation – Der Mediator als „Kopist"

Bei der Shuttle-Mediation erfolgt die Kommunikation zwischen den Medianten ausschließlich über den Mediator, der entweder zwischen den Räumen, in

---

argumentieren, dass therapeutische Mediation, die häufig mit Techniken aus der Psychotherapie arbeite, die Privatautonomie der Parteien gefährde, wenn sie bei einem justiziablen Konflikt eingesetzt würde. Ein solcher dürfe nur über eine Verhandlungsmediation geklärt werden, da nur diese einer normativ juristischen Kontrolle zugänglich sei.

731 *Hartges*, S. 184 ff.

denen sich die Medianten befinden, hin und her geht oder abwechselnd mit den Medianten telefoniert.[732]

Unabhängig davon, dass die gegenseitige direkte Kommunikation zwischen den Streitparteien zu den tragenden Grundsätzen der Mediation gehört,[733] ist es fraglich, wie sich die Tätigkeit des Mediators auf die Kommunikation und insbesondere auf die Lösungsfindung der Parteien auswirkt. Unbewusste Transformationen des Gesagten, Missverständnisse bei dem Mediator, das Herausnehmen mancher Äußerungen aus ihrem Kontext und kleinste Veränderungen im Ausdruck lassen an die „Kopistenfehler“ denken. Dies waren die Transkriptionsfehler der Mönche, die, bevor der Buchdruck erfunden wurde, die Bibel oder mystische Texte abzuschreiben hatten und teilweise versehentlich, teilweise absichtlich Abweichungen in die Texte brachten, die dann wieder und wieder

---

732 Die Shuttle-Mediation, insbesondere die telefonische Shuttle-Mediation, reduziert den Aufwand für eine Mediation auf den kleinsten Nenner. Mühsame Terminvereinbarungen und noch mühsamere Selbstüberwindung der Parteien, der gegnerischen Streitpartei gegenüberzutreten, entfallen. Ihre Grundlage hat die Shuttle-Mediation in der Shuttle-Diplomatie, die angewandt wird, wenn sich die Vertreter zweier Staaten weigern, zusammen an einem Tisch zu sitzen. Vorreiter der Shuttle-Diplomatie der jüngsten Zeit war *Henry Kissinger*, der als Sonderbeauftragter für Sicherheitsfragen und späterer Außenminister der Vereinigten Staaten von Amerika mehrfach zwischen Israel und Ägypten hin und her reiste und so im Jahr 1973 einen vollständigen Waffenstillstand bewirkte (vgl. *Butler*, S. 136). Im Mediationsverfahren wird Shuttle-Mediation gelegentlich in der Phase angewandt, in der die Parteien die Lösungsvorschläge machen. Zu diesem Zeitpunkt hat die Shuttle-Mediation den Vorteil, dass eine Partei bei den ersten Lösungsvorschlägen der anderen Partei nicht unter dem Zwang steht, sofort zu antworten. Der Automatismus: Vorschlag – Abwehr – Gegenvorschlag – Abwehr kann unterbunden werden. Übermittelt der Mediator die Vorschläge der Gegenseite, kann sich die Partei diesen Vorschlag in Ruhe überlegen und weitere Ideen einbringen, mithin den Vorschlag der Gegenseite ergänzen. Es ist also durchaus möglich, die Shuttle-Mediation zur Überwindung von bestimmten kritischen Phasen in einem Mediationsverfahren einzusetzen. Die Shuttle-Mediation wird von den Rechtsschutzversicherern als telefonische Shuttle-Mediation vielfach bei kleineren Streitfällen eingesetzt.

733 *Bastine*, Scheidungs-Mediation, S. 20 ff.; Haft/Schlieffen/*Blasweiler*, Handbuch Mediation 2016, § 21 Rn. 40 f. Die gegenseitige direkte Kommunikation der Streitparteien als „Normalfall“ einer Mediation ist § 2 Abs. 3 S. 3 Mediationsgesetz zu entnehmen: „Er (der Mediator: Anmerkung der Verf.) fördert die Kommunikation der Parteien und gewährleistet, dass die Parteien in angemessener und fairer Weise in die Mediation eingebunden sind. Er kann im allseitigen Einverständnis getrennte *Gespräche* (Hervorhebung der Verf.) mit den Parteien führen.“

abgeschrieben und verändert wurden, was im Laufe der Zeit eine vollständige Textveränderung bewirkte.[734]

4. Die „transformative" Mediation – Das Beziehungsmanagement muss stimmen

Wendland macht sich im Zusammenhang mit einer Strukturanalyse der Mediation und deren Antagonistin, dem Zivilprozess, auf die Suche nach dem „Wesen der Mediation"[735]. Das Wesen eines Verfahrens bestimme sich aus seinen Strukturmerkmalen. Allerdings ergäben sich auch die Strukturmerkmale umgekehrt aus dem Wesen des Verfahrens, weshalb sich die Ziele einer Mediation *in concreto* daran messen lassen müssten, ob sie mit den grundlegenden Kernprinzipien einer Mediation in Einklang zu bringen seien.[736] Dies führt *Wendland* zu dem Ansatz der transformativen Mediation, den die amerikanischen Autoren *Robert A. Baruch Bush* und *Joseph P. Folger* entwickelt haben.[737] Nach diesem Ansatz geht es bei der Mediation nicht um die Realisierung optimaler Kooperationsgewinne und die interessengerechte Lösung eines konkreten Konflikts, sondern um die Fokussierung auf die durch den Konflikt entstandene Unmöglichkeit der Kommunikation zwischen den Streitparteien.[738] Primäres Ziel der transformativen Mediation sei die „Wiederherstellung oder Neugestaltung der Parteibeziehung"[739]. Die effektive Beilegung eines Konflikts setze die Transformation der Parteibeziehung voraus. Erst dann könnten die Parteien sich kooperativ verhalten und *Win-win-Strategien* anwenden.[740]

Nach *Baruch Bush/Folger* führt die transformative Mediation dazu, dass die Streitparteien nicht nur ihr Konfliktverhalten in dem konkreten Konflikt ändern, sondern sich selbst und dadurch ihr gesamtes, auch zukünftiges Konfliktverhalten. Es komme also zu einer echten dauerhaften Verhaltensmodifikation. Dass diese Wandlung eintritt, gehöre zu dem „Versprechen" der Mediation.[741] *Baruch Bush/Folger* geben keinen Gesprächsverlauf vor, der der Trennung zwischen Interessen und Positionen geschuldet ist, sondern die Parteien entwickeln selbst,

---

734 *Sicherl*, S. 97 ff.
735 *Wendland*, S. 159.
736 *Wendland*, S. 160 ff.
737 *Baruch Bush/Folger*, S. 139 ff.
738 *Wendland*, S. 161 ff.
739 *Wendland*, S. 162.
740 Vgl. *Wendland*, S. 162 f.
741 *Baruch Bush/Folger*, S. 139.

ohne Vorgabe, ihre eigenen Gesprächsphasen, kommen somit gewünscht „vom 100sten in das 1.000ste" und zeigen irgendwann eine thematische Verdichtung des Themas an. Der Mediator stellt grundsätzlich keine Fragen, sondern reflektiert nur, was er gehört hat, und fasst das Gehörte zusammen.[742] Unter Zugrundelegung der Theorie von *Baruch Bush/Folger* definiert *Wendland* die Mediation als „ein Verfahren, in dem die Parteien durch Vermittlung eines neutralen Dritten im Wege der Kooperation eine Transformation ihrer Beziehung herbeiführen und dadurch befähigt werden, in einem informalen und vertraulichen Verfahren privatautonom eine informierte, ihren jeweiligen Interessen entsprechende Entscheidung über die Beilegung ihres Konflikts zu treffen"[743].

Mit der *Transformation der Beziehung der Streitparteien* wurde von *Baruch Bush/Folger* ein Strukturmerkmal aufgenommen, das zu einem individuellen Mediationsansatz gehört und keine Allgemeingültigkeit für sich in Anspruch nehmen kann. Auch das „Sich-heraus-nehmen" des Mediators aus dem Verfahren ist nur ein Ansatz unter vielen. Außerdem geht der Ansatz der transformativen Mediation offenkundig davon aus, dass ein Konflikt nur dann von den Streitparteien nicht selbst gelöst werden kann, wenn die Streitparteien eine gestörte Beziehung haben. Diese Prämisse ist fraglich.

5. Resümee. Weiterer Untersuchungsverlauf

Zusammenfassend lässt sich festhalten, dass es viele Mediationsansätze gibt, die sich in ihren Konzepten und Verfahren erheblich unterscheiden. Der Versuch einer Kategorisierung muss mangelhaft bleiben, da bereits unklar ist, welche Parameter zu einer Kategorisierung herangezogen werden sollen. So versucht *Glasl* mithilfe einer Matrix, verschiedenen Mediationsansätzen verschiedene Eskalationsstufen zuzuordnen.[744] Er kritisiert zugleich, dass in die Mediation „alles Mögliche hineinprojiziert"[745] werde. Diese Aussage vermittelt, die Mediation habe einen Kernbereich, in dem „alles Mögliche" nicht Realität, sondern Projektion sei, mit-hin dort nichts zu suchen habe. Diese Ansicht muss hinterfragt werden. Der Begriff *Mediation* ist zwar übereinstimmend dadurch geprägt, dass die Streitparteien mithilfe eines neutralen Dritten, der den Streit nicht entscheidet, kommunizieren und versuchen, die Lösung ihres Konflikts selbst zu finden.

---

742 *Baruch Bush/Folger*, S. 139 ff.

743 *Wendland*, S. 165.

744 *Glasl*, S. 397 ff., 475 ff.

745 *Glasl*, S. 397: „Allerdings ist das Konzept der Mediation dadurch zu einem ‚Containerbegriff' geworden […]".

Außerhalb dieser „Eckpfeiler" gibt es aber keine weiteren Vorgaben, die im Sinne eines „Modus" vorschreiben, *wie* die Streitparteien dieses Ziel erreichen müssen.

Seit Inkrafttreten des MediationsG im Jahr 2012 hat die Mediation einen politisch ausgearbeiteten und parlamentarisch verabschiedeten normativen Rahmen. In § 1 Abs. 1 des MediationsG ist der Begriff Mediation legal definiert. Danach ist die Mediation ein vertrauliches und strukturiertes Verfahren, bei dem Parteien mithilfe eines oder mehrerer Mediatoren freiwillig und eigenverantwortlich eine einvernehmliche Beilegung ihres Konflikts anstreben. Weder die Transformation der Beziehung zwischen den Streitparteien noch ein anderer spezieller Mediationsansatz sind Tatbestandsmerkmale der Mediation nach § 1 Abs. 1 MediationsG.

Gehen wir zu unserer Ausgangsfrage zurück, ob ein Erblasser letztwillig rechtwirksam den Anspruch einer Partei gegen eine andere Partei auf Mitwirkung an einer Mediation generieren kann. Hierzu steht spiegelbildlich die Frage, ob ein Vertrag, durch den sich Parteien selbst verpflichten, an einer Mediation teilzunehmen, wirksam ist. Um diese Fragen zu beantworten, muss zuerst die schuldrechtlich relevante Vorfrage geklärt werden, um was es sich bei einer Mediation handelt. Wenn die Parteien verpflichtet werden sollen, etwas zu tun, muss bestimmt oder bestimmbar sein, *was* sie tun sollen. Auf der Suche nach der dogmatischen Anknüpfung der Mediation an das Schuldrecht soll im Folgenden die Definition der Mediation in § 1 Abs. 1 MediationsG näher beleuchtet werden.

B. Der Begriff der Mediation in § 1 Abs. 1 MediationsG

I. Wortlaut der Norm

§ 1 des Mediationsgesetzes lautet: „(1) Mediation ist ein vertrauliches und strukturiertes Verfahren, bei dem Parteien mithilfe eines oder mehrerer Mediatoren freiwillig und eigenverantwortlich eine einvernehmliche Beilegung ihres Konflikts anstreben. (2) Ein Mediator ist eine unabhängige und neutrale Person ohne Entscheidungsbefugnis, die die Parteien durch die Mediation führt." Die Definition des Begriffes der Mediation leidet an dem logischen Fehler *idem per idem*. Im ersten Absatz wird der Begriff *Mediation* mit Hilfe des Begriffs des Mediators erklärt. Im zweiten Absatz der Vorschrift wird der Begriff *Mediator* seinerseits mit dem Begriff der Mediation erklärt. „Damit erfährt man aber gar nichts [...]", sagt *Krause* treffend über die *idem-per-idem*-Definition.[746] Gleichwohl oder

---

746 *Krause*, Die Lehre vom Erkennen, S. 502; *Risse*, SchiedsVZ 2012, 244 (245): „Beide Begriffsbestimmungen, die der Mediation und die des Mediators, sind indes völlig

gerade deshalb sind für eine Suche nach dem Begriff der Mediation die sonstigen Tatbestandsmerkmale, die in § 1 des Mediationsgesetzes enthalten sind, genau zu betrachten.

II. Tatbestandsvoraussetzungen der Vorschrift

1. Die Mediation als Verfahren

„Mediation ist ein […] Verfahren […].“ (§ 1 Abs. 1 MediationsG). Was ist im Zusammenhang mit Mediation unter dem Begriff *Verfahren* zu verstehen?

Der Jurist denkt bei dem Wort *Verfahren* an ein Gerichtsverfahren, der Ingenieur an ein Produktionsverfahren, der Arzt an ein neues Heilverfahren, ein Lehrer an ein unterrichtsmethodisches Verfahren. Die Definition des Begriffes *Verfahren* im *Duden* lautet: „Art u. Weise der Durch-, Ausführung von etw.; Methode; Folge von Rechtshandlungen, die der Erledigung einer Rechtssache dienen“.[747] Diese Definition im *Duden* hilft nicht weiter, da die Begriffe Verfahren und Methode synonym verwendet werden. Dies wird auch in der Alltagssprache so gehandhabt. Allerdings zeigen sich bei der Beschreibung einer gewünschten Zielerreichung oftmals erste semantische Unterschiede. Eine Ergebniserzielung durch eine erprobte Handlungsweise wird allgemein eher als *Methode* bezeichnet. Bei der Erzielung eines Produktionsergebnisses, das maschinell erreicht wird, wird eher von *Verfahren* gesprochen. Ebenso wird der Begriff des Verfahrens verwendet, wenn über Abläufe gesprochen wird, die aus mehreren abgrenzbaren Handlungsschritten bestehen.

In Bezug auf die Mediation ging die Rechtsprechung vor Entstehung des Mediationsgesetzes davon aus, dass die Mediation eine Methode (der außergerichtlichen Konfliktbeilegung) sei. In einer Entscheidung vom 01.07.2002 beschäftigte sich der BGH mit dem Terminus *Mediation*. Eine Rechtsanwaltskammer untersagte einem Rechtsanwalt die Führung der Bezeichnung „Mediator“ auf seinem Briefkopf als berufsrechtswidrig, weil gegen § 7 Abs. 1 Satz 1 BORA verstoßend. Der BGH stellte fest, dass die Mediation kein Rechtsgebiet sei, sondern eine alternative Methode der Konfliktlösung. Die Bezeichnung „Mediator“ stelle die Beschreibung einer Tätigkeit dar. Diese sei zwar nicht den Rechtsanwälten vorbehalten, sie sei aber, wenn sie von einem Rechtsanwalt vorgenommen werde, als Teilbereich der anwaltlichen Berufstätigkeit anzusehen. „Schlichten und Vermitteln gehört seit jeher zum klassischen Aufgabenbereich

missglückt, weil sie einen unüberbrückbaren Zirkelschluss enthalten: […]“.

747 *Duden*, Universalwörterbuch, „*Verfahren*“.

des Rechtsanwalts“[748]. Auch das OLG Nürnberg formulierte im Zusammenhang mit seiner Entscheidung über die Führung der Bezeichnung „zertifizierter Testamentsvollstrecker“, die Mediation sei kein eigenes Rechtsgebiet, sondern stelle eine alternative Methode der Konfliktlösung dar.[749] Beide Entscheidungen stammen aus der Zeit vor der Kodifikation des Mediationsgesetzes.

Im österreichischen Zivilrechts-Mediations-Gesetz[750] wird die Mediation als eine „Tätigkeit“ beschrieben, bei der „[...] ein fachlich ausgebildeter, neutraler Vermittler (Mediator) mit anerkannten Methoden die Kommunikation zwischen den Parteien systematisch mit dem Ziel fördert, eine von den Parteien selbst verantwortete Lösung ihres Konflikts zu ermöglichen“[751]. Die Mediation wird im österreichischen Mediationsgesetz als Tätigkeit definiert, die mit unterschiedlichen Methoden („anerkannten Methoden“) ausgeführt werden kann.[752] § 1 Abs. 1 MediationsG bezeichnet die Mediation dagegen als Verfahren. Wie kann unterschieden werden?

a. Verfahren vs. Methode

Bei einem *Verfahren* handelt es sich um einen nachvollziehbaren Ablauf eines Geschehens, der aus verschiedenen, das Verfahren ausmachenden einzelnen Abschnitten besteht.[753] Gerade für die Nachvollziehbarkeit des Verfahrens und seiner einzelnen Schritte bedarf es im Regelfall einer Verfahrensordnung oder anderer standardisierter Vorgaben. Bei einem Verfahren liegt der Fokus auf dem

748 Beschluss des BGH vom 01.07.2002 – AnwZ (B) 52/01, II. Ziffer 2. a). Diese Aussage des BGH ist unpräzise, da es in der Entscheidung um die Tätigkeit eines Anwalts als Mediator geht. „Schlichten und Vermitteln“ gehört sicherlich auch zum Leistungsspektrum eines Anwalts. Die Tätigkeitsbeschreibung ist jedoch im Zusammenhang mit der Tätigkeit des Anwalts als Mediator missverständlich, da es neben der Mediation als weitere Methode der außergerichtlichen Konfliktbeilegung auch die Schlichtung gibt. Die Rolle des Schlichters unterscheidet sich von der Rolle des Mediators.

749 OLG Nürnberg, Urteil vom 28.05.2010 – 3 U 318/10, II Ziffer 3. c).

750 Bundesgesetz über Mediation in Zivilrechtssachen (Zivilrechts-Mediations-Gesetz – ZivMediatG) vom 06.06.2003, BGBl. I Nr. 29/2003 (Österreich), in Kraft getreten am 01.05.2004.

751 § 1 des österreichischen Zivilrechts-Mediations-Gesetzes vom 06.06.2003.

752 *Falk/Koren*, S. 62: „Das Kriterium der anerkannten Methodenwahl dürfte nicht konstitutiv zu verstehen sein, sondern eher als Selbstverständnis, dass ein ausgebildeter Mediator seine Tätigkeit nach professionellen und mediatorisch-ethisch vertretbaren Grundsätzen ausübt.“

753 Greger/Unberath/Steffek/*Greger*, MediationsG, § 1 Rn. 17: „vom Mediator zu leitender, geordneter Prozess“.

Ablauf des Geschehens. Ebenso werden Abläufe, die einen gewissen Spielraum haben, aber dennoch über einen genormten oder aus unverrückbaren Eckpfeilern bestehenden Rahmen verfügen, als Verfahren bezeichnet. Hierunter fallen die Verfahren, deren Verfahrensordnungen die Prozessordnungen des deutschen Rechtsraumes sind.

Bei der *Methode* liegt der Fokus mehr auf der Zielerreichung, d. h. es sind primär Zielfragen zu klären, die dann durch das jeweils passende Verfahren erreicht werden sollen.[754] Die planvolle Umsetzung der Zielerreichung gehört also nicht nur zur Methode, sondern macht sie aus. Auch nach dem Handlungsmodell von *Geißler/Hege* ist begrifflich zwischen dem Verfahren und der Methode zu unterscheiden. *Geißler/Hege* führen zur Verdeutlichung des Unterschiedes zwischen Verfahren und Methode den Begriff des Konzepts ein. Ein Konzept sei „ein Handlungsmodell, in welchem die Ziele, die Inhalte, die Methoden und die Verfahren in einen sinnhaften Zusammenhang gebracht sind“[755]. Die Methode sei ein Teil des Konzepts, Verfahren und Techniken seien der Methode untergeordnet. Sie seien „Einzelelemente von Methoden“[756].

Dem ist zuzustimmen. Methoden beinhalten verschiedene Verfahren und Techniken, die im Einzelfall zur konkreten Zielerreichung aus dem zur Verfügung stehenden Portfolio ausgewählt werden. Über allem steht das Konzept. Unter Zugrundelegung dieses Handlungsmodells kann die Mediation keine Methode sein. Sie ist, wie in § 1 Abs. 1 MediationsG richtig beschrieben, ein Verfahren, welches im Rahmen der Methode *außergerichtliche Konfliktlösung mithilfe eines Dritten* zur Anwendung kommt. Dies wird im folgenden Abschnitt (nachstehend b. genauer erläutert.

b. Der Begriff „Verfahren“ in § 1 Abs. 1 MediationsG

Die Mediation wurde von dem deutschen Gesetzgeber von Anfang an als Verfahren bezeichnet.[757] In der Begründung zum Gesetzesentwurf für das Mediationsgesetz grenzt der Gesetzgeber „[...] insbesondere im Hinblick auf die Eigenverantwortlichkeit [...]“[758] die Mediation als Verfahren von anderen Verfahren zur Streitbeilegung, beispielsweise von der Schlichtung und dem Gerichts-/ Schiedsgerichtsverfahren, durch bestimmte konstitutive Merkmale ab. Der

754 *Galuske*, S. 29.
755 *Geißler/Hege*, Konzepte, S. 23.
756 *Geißler/Hege*, Konzepte, S. 29.
757 BT-DS 17/5335, S. 10.
758 BT-DS 17/5335, S. 10, (A. I. 1.).

deutsche Gesetzgeber definiert die Mediation schwerpunktmäßig über wenige gesetzlich normierte Eckpfeiler, die den Ablauf einer Mediation regeln: Auswahl des Mediators, gemeinsame freiwillige Kommunikation mithilfe des Mediators, Beendigung des Verfahrens durch die Streitparteien (mit oder ohne Konfliktlösungsergebnis). Der Ablauf der Mediation in den einzelnen Sitzungen ist nicht geregelt.

Die Mediation als Verfahren zu bezeichnen, liegt nahe, wenn die europäischen Regelungen, die der Entstehung des Mediationsgesetzes zugrunde liegen, näher betrachtet werden: Das Grünbuch über alternative Verfahren zur Streitbeilegung im Zivil- und Handelsrecht[759] unterscheidet zwei Konzepte: die einvernehmliche Konfliktlösung und die streitige Konfliktlösung. Dann wird das Grünbuch ungenau: Die alternative Streitbeilegung wird als *Methode* der einvernehmlichen Konfliktlösung bezeichnet.[760] Als alternative Streitbeilegung bezeichnet das Grünbuch alle „außergerichtlichen Verfahren der Streitschlichtung unter Einschaltung eines neutralen Dritten mit Ausnahme der Schiedsgerichtsbarkeit“[761]. Das Konzept „einvernehmliche Konfliktlösung“ besteht u.a. aus der Methode *alternative Streitbeilegung*, die unter der englischen Bezeichnung *Alternative Dispute Resolution (ADR)* geführt wird.[762] Diese Methode beinhaltet mehrere zur Zielerreichung mögliche Verfahren, u.a. die Mediation. Andere Verfahren des Konzepts „einvernehmliche Konfliktbeilegung“ können alleinige Verhandlungen der Parteien sein, ein unverbindlicher Schlichtungsspruch durch einen Dritten, die vorläufige Entscheidung durch einen Experten oder ein Expertengremium[763] oder ein Schiedsgutachten, dessen Ergebnis die Parteien vorab verbindlich akzeptieren.

---

759 Grünbuch über alternative Verfahren zur Streitbeilegung im Zivil- und Handelsrecht (ADR-Verfahren) vom 19.04.2002.

760 Grünbuch, a. a. O., 1.1.(1).

761 Grünbuch, a. a. O., 1.1.(2).

762 Grünbuch, a. a. O., 1.1.(3).

763 Ein solches Verfahren wird Adjudikation genannt. Bei der Adjudikation handelt es sich im Regelfall um ein projektbegleitendes Verfahren, welches für das Bauwesen entwickelt wurde. Ziel ist es zu vermeiden, dass durch Konflikte zwischen den Vertragsparteien Baustopps stattfinden, die zur verspäteten Fertigstellung des Bauwerks und zu einer nicht kalkulierbaren Kostenexplosion führen können. Die Entscheidung des Adjudikators kann in einem gewissen Zeitraum angefochten und in ein Schiedsverfahren überführt werden (vgl. hierzu: *Ade/Alexander*, S. 82 f.; *Horstmeier*, Rn. 383 f.; *Risse*, S. 548 f.).

Die Begründung zum Gesetzentwurf zeigt, dass der Gesetzgeber den Begriff des Verfahrens sehr weit sieht. Das zeigt auch schon der Titel des Gesetzes, das neben der Mediation auch „andere Verfahren der außergerichtlichen Streitbeilegung“ betreffen soll.

Im Hinblick auf die Bezeichnung der Mediation als Verfahren in § 1 Abs. 1 MediationsG ist noch folgender Aspekt zu berücksichtigen: Durch das Gesetz zur Förderung der Mediation und anderer Verfahren der außergerichtlichen Konfliktbeilegung[764] sollte in die Zivilprozessordnung eine Rechtsgrundlage implementiert werden, die es im Zivilprozess dem erkennenden Gericht nach § 278 Abs. 5 ZPO ermöglicht, Streitparteien an einen Güterichter zu verweisen. Nach § 278 Abs. 5 Satz 2 ZPO soll der Güterichter alle Methoden der Konfliktbeilegung einschließlich der Mediation einsetzen können. Die Implementierung der Mediation in ein bestehendes ordentliches Verfahren konnte sich mit ihrer Qualifikation als eigenes Verfahren, auf welches in den bestehenden Verfahrensrechten Bezug genommen werden kann, leichter verwirklichen lassen. Bei der Bezeichnung der Mediation in § 278 Abs. 5 Satz 2 ZPO als „Methode“ handelt es sich um eine Nachlässigkeit des Gesetzgebers. Unabhängig von dem verwendeten Handlungsmodell stimmt dieser Terminus nicht mit der Bezeichnung der Mediation als Verfahren in § 1 Abs. 1 MediationsG überein.

c. Resümee

Unter einem Verfahren ist ein Prozess zu verstehen, der aus bestimmten, das Verfahren ausmachenden Abschnitten besteht. Ein Verfahren muss aber weder aus vielen noch aus genau beschriebenen Verfahrensabschnitten bestehen. Es benötigt eine Verfahrensordnung oder sonstige genormte Vorgaben, wobei es ausreicht, wenn es sich dabei nur um „Eckpfeiler“ handelt. Durch diese muss das Verfahren identifiziert werden können.

Im Bezug auf die Mediation lässt sich zusammenfassend festzustellen, dass die Mediation, neben anderen möglichen außergerichtlichen Streitbeilegungsverfahren, ein Verfahren ist, dessen wesentliche Verfahrensabschnitte: gemeinsame Auswahl des Mediators, gemeinsame freiwillige Kommunikation mithilfe des Mediators, Beendigung des Verfahrens durch die Streitparteien (mit oder ohne Konfliktlösungsergebnis) im Mediationsgesetz vorgegeben werden. Eine darüber hinausgehende „Verfahrensordnung“ gibt es nicht.

Der Gesetzgeber hat bewusst darauf verzichtet, das Mediationsverfahren detailliert auszugestalten. Er wollte einen erweiterten Zugang zum Recht

---

764 BGBl. Jahrgang 2012 Teil I Nr. 35, ausgegeben zu Bonn am 25 Juli 2012.

gewährleisten und ermöglichen, dass die Mediation als außergerichtliches Konfliktlösungsverfahren allen Arten von Konflikten offensteht und dass die Vielfalt der möglichen Mediationskonzepte gewährleistet wird.[765] Die Mediation ist somit ein sehr offenes und freies Verfahren. Dennoch gibt das Mediationsgesetz wesentliche Verfahrensmerkmale vor, weshalb die Mediation als Verfahren bezeichnet werden muss. Die Bezeichnung der Mediation als Methode ist in Anbetracht des genormten Rahmens der Mediation nicht richtig.

2. Die Mediation als strukturiertes Verfahren

a. Die „Struktur“ im Mediationsgesetz

Dadurch, dass der Gesetzgeber in die Definition des Begriffes Mediation das Adjektiv *strukturiert* eingebaut hat, wird deutlich, dass er die Mediation als Verfahren ansah und dies durch den Begriff *strukturiert* bekräftigen wollte.

Was bedeutet im Zusammenhang mit § 1 Abs. 1 MediationsG der Begriff *strukturiert*? In der Begründung zum Entwurf des Gesetzes zur Förderung der Mediation und anderer Verfahren der außergerichtlichen Konfliktbeilegung[766] wird der Begriff *strukturiert* dahingehend definiert, dass die Mediation bestimmten Regeln folge, es wird jedoch gleich darauf hingewiesen, dass diese unterschiedlich sein können: „Die Mediation als strukturiertes Verfahren folgt bestimmten Regeln, die allerdings sowohl nach Art der Mediation (zum Beispiel Familien-, Wirtschafts-, Schul- oder Umweltmediation) als auch nach dem verwendeten Mediationsstil durchaus variieren können.“[767] „Art der Mediation“ und „Mediationsstil“? Der Gesetzgeber sagt nicht, was er damit genau meint. Er weist lediglich darauf hin, dass hierdurch die Struktur variieren könne, macht aber deutlich, die „weitere Strukturierung“[768] ergebe sich aus den Vorschriften des Mediationsgesetzes. Um welche „Strukturierung“ handelt es sich?[769]

(1) Die Parteien wählen den Mediator aus (§ 2 Abs. 1 MediationsG). (2) Der Mediator vergewissert sich, dass die Parteien die Grundsätze und den Ablauf des Mediationsverfahrens verstanden haben und freiwillig an der Mediation teilnehmen (§ 2 Abs. 2 MediationsG). (3) Der Mediator ist den Parteien gleichermaßen

765 BT-DS 17/5335, S. 10, 11.

766 BT-DS 17/5335.

767 BT-DS 17/5335, S. 13.

768 BT-DS 17/5335, ebd.

769 Die einzelnen Elemente des Verfahrens werden im Folgenden mit Ziffern versehen. Diese stammen nicht aus dem Mediationsgesetz, sondern sollen die folgenden Ausführungen verdeutlichen.

verpflichtet und fördert deren Kommunikation (§ 2 Abs. 3 MediationsG). (4) Dritte können nur mit Zustimmung aller Parteien in die Mediation einbezogen werden (§ 2 Abs. 4 MediationsG). (5) Die Parteien können die Mediation jederzeit beenden (§ 2 Abs. 5 Satz 1 MediationsG). (6) Der Mediator kann die Mediation jederzeit beenden (§ 2 Abs. 5 Satz 2 MediationsG). (7) Der Mediator wirkt im Falle einer Einigung darauf hin, dass die Parteien die Vereinbarung in Kenntnis der Sachlage treffen und ihren Inhalt verstehen (§ 2 Abs. 6 MediationsG). (8) Der Mediator hat die Parteien auf die Möglichkeit hinzuweisen, die Vereinbarung bei Bedarf durch externe Berater überprüfen zu lassen (§ 2 Abs. 6 Satz 2 MediationsG). (9) Der Mediator hat den Parteien alle Umstände offenzulegen, die seine Unabhängigkeit und Neutralität beeinträchtigen können (§ 3 Abs. 1 Satz 1 MediationsG). (10) Der Mediator ist verpflichtet, die Parteien auf deren Verlangen über seinen fachlichen Hintergrund, seine Ausbildung und seine Erfahrung auf dem Gebiet der Mediation zu informieren (§ 3 Abs. 5 MediationsG). (11) Der Mediator unterliegt der Verschwiegenheitspflicht und hat die Parteien über den Umfang seiner Verschwiegenheitspflicht zu informieren (§ 4 Satz 4 MediationsG).

Im Gegensatz zu den Streitparteien hat der Mediator eine Vielzahl von Pflichten. Er muss dafür sorgen, dass aus der „Veranstaltung" kein unverbindliches Palaver oder eine hitzige, eskalierende Debatte wird. Der Mediator muss insbesondere beiden Streitparteien gleichermaßen verpflichtet sein, aber dennoch im Zuge seiner Förderungspflicht in Bezug auf die Kommunikation und der Einbindung der Parteien in die Mediation (§ 2 Abs. 3 Satz 2 MediationsG) dafür sorgen, dass die Mediation nicht zu einer Gefährdung der Autonomie einer der Parteien führt.[770]

Die vorstehend erfolgte Auflistung betrifft die wesentlichen Rechte und Pflichten der Streitparteien und des Mediators. Ob diese Rechte und Pflichten sämtlich als Strukturelemente der Mediation bezeichnet werden können, ist fraglich und hängt davon ab, was unter dem Begriff Struktur verstanden wird. Werden unter dem Begriff Struktur die grundlegenden und zwingenden Aufbauelemente eines Systems verstanden, so können die Elemente (1), (2), (3), (5), (6) und (9) als Strukturelemente verstanden werden. Wird unter dem Begriff Struktur die Gesamtheit eines Systems verstanden, werden noch weitere Elemente aus den Normen des Mediationsgesetzes als Strukturelemente dazugezählt werden können. Welche einzelnen Elemente der Mediation als Strukturelemente bezeichnet werden, mag dahinstehen. Wichtig ist, dass die Mediation wichtige und

770 Ausführlich: *Wendenburg*, S. 95 ff.

unabdingbare Strukturelemente hat. Die Elemente (1), (2), (3), (5), (6) und (9) gehören in jedem Falle dazu.

b. Die Phasierung der Mediation

Das in jeder Mediatorenausbildung viel geübte Phasenmodell ist keine vom Gesetzgeber vorgegebene Struktur. Es mag *Greger* recht gegeben werden, wenn er schreibt, eine „Phasenstruktur“[771] sei üblich. Sie ist jedoch nicht zwingend.

Phasen strukturieren das Mediationsverfahren.[772] Braucht das Mediationsverfahren Phasen?[773] Dazu betrachten wir den Beginn einer Mediation genauer: Die Streitparteien sind nicht ohne Grund in einer Mediation. Der Grund liegt nicht darin, dass die Parteien einen Konflikt haben, sondern er liegt darin, dass die Parteien bis jetzt nicht in der Lage waren, ihren Konflikt selbst, ohne die Unterstützung durch einen Dritten, beizulegen. Die meisten Streitparteien haben, bevor sie an einer Mediation teilnehmen, bereits miteinander geredet, diskutiert, verhandelt und zahllose E-Mails geschrieben, aber statt einer Konfliktlösung eine Konfliktverhärtung oder Konflikteskalation bewirkt.

Nach den Grundprinzipien des Harvard-Konzepts führen die Verhandlungen und Lösungsversuche der Streitparteien deshalb zu keiner für beide Parteien annehmbaren Lösung, weil die Streitparteien falsch verhandeln. *Fisher/Ury/Patton* beschreiben, was damit gemeint ist: Durch die Fokussierung auf ihre eigene Position träfen Streitparteien oftmals unkluge Entscheidungen, opferten

771 Greger/Unberath/Steffek/*Greger*, MediationsG, § 2 Rn. 57.

772 Beispielhaft: *Ade/Alexander*, S. 39 ff.; *Eidenmüller*, Verhandlungsmanagement, S. 58 ff.; Eidenmüller/Wagner/*Eidenmüller*, Mediationsrecht; S. 190 ff.; *Duve/Eidenmüller/Hacke*, S. 77 ff.; *Flucher*, S. 23 ff.; *Galuske*, S. 212 ff.; Greger/Unberath/Steffek/*Greger*, MediationsG; § 2 Rn. 57; *Horstmeier*, S. 56 ff.; *Kals/Ittner*, S. 49 ff.; Klowait/Gläßer/*Hagel*, HK-MediationsG, § 1 Rn. 10 ff.; *Mähler/Mähler*, S. 13 (27); *Montada/Kals*, S. 220 ff.; *Rakowsky*, S. 28 ff.; *Risse*, S. 159 ff.; *Röthemeyer*, S. 15 ff.; *Rosner/Winheller*, S. 39 ff.; *Trenczek*, Ablauf, S. 288 ff.

773 Insbesondere in der familientherapeutischen Literatur zur Mediation wird das Phasenmodell dahingehend kritisiert, es umgehe die Beziehungsproblematik zwischen den Parteien und halte sich nur an Oberflächlichkeiten fest (vgl. *Galuske,* S. 214). *Galuske*, S. 214, beantwortet diese Kritik mit dem Hinweis, in der Mediation gehe es nicht um die „Aufarbeitung der Familiengeschichte“, sondern um die „Lösung zwingend anstehender Klärungen in Bezug auf sachliche Vereinbarungen für die zukünftige Familienkonstellation“. Diese Aussage von *Galuske* ist fraglich. Gerade hier wird wieder die Frage aufgeworfen, wie Mediationen „einzuteilen“ sind. Ist nicht eine Familienmediation immer irgendwie auch therapeutisch? Insbesondere, wenn es um eine Scheidung oder streitige Kindschaftsfragen geht.

ihre Beziehungen und verhielten sich insgesamt ineffizient. Nach der Theorie des Harvard-Konzepts befinden sich die Parteien in einem Verhandlungsdilemma. Das bedeute, dass die Parteien bei den ausschließlich auf die Durchsetzung ihrer eigenen Interessen fixierten Verhandlungen genau dadurch eine im beiderseitigen Interesse liegende Lösung verhinderten. Die Möglichkeit der Mediation, den Streitparteien aus ihrem Verhandlungsdilemma herauszuhelfen, liege darin, dass sich die Parteien auf gleicher Ebene und insbesondere dahingehend ehrlich begegnen, dass sie ihre Wünsche und Bedürfnisse äußerten. Dieses rein sachbezogene Verhandeln gehe der Lösungssuche voraus. Eine Mediation, die sofort nach einer kurzen Schilderung des Konflikts durch die Streitparteien zu Überlegungen zu einer Lösung des Konflikts übergehe, könne kein optimales Ergebnis erzielen.[774]

Ein „Phasengerüst“ kann des Weiteren hilfreich sein, um dem Mediator immer wieder in Erinnerung zu rufen, dass es nicht seine Aufgabe ist, den Streitparteien einen Vorschlag zu machen oder die Streitparteien zu einer Lösung zu manövrieren, die er selbst für gut und richtig erachtet, sondern dass es seine Aufgabe ist, den Streitparteien aus ihrem *Verhandlungsdilemma* herauszuhelfen. Die Mediation hat durch die Phasierung eine Struktur, die es den in ihren Konflikt verstrickten Streitparteien ermöglicht, Schritt für Schritt einer Lösung des Konflikts näherzukommen.

c. Die Struktur der erbrechtlichen Mediation

Die von dem Mediator vorgegebene Struktur ist unter anderem davon abhängig, ob bei dem Konflikt Rechtsfragen relevant sind, die in der Mediation thematisiert werden und der Entscheidung der Parteien zugrunde gelegt werden sollen. In einer erbrechtlichen Mediation findet im Regelfall nach einem ersten Informationsaustausch hinsichtlich des Sachverhalts und der Konfliktgegenstände eine umfangreiche „Beratungsphase“ statt, in der die rechtlichen Aspekte des Konflikts besprochen werden und unter Offenlassung eines rechtlichen Ergebnisses Tendenzen, auch in Bezug auf die Darlegungs- und Beweislast, aufgezeigt werden. Diese Beratungseinheit ist eine „Mischung“ aus anwaltlichem Beratungsgespräch, informatorischer Anhörung der Parteien in einer Güteverhandlung und Mitteilung der vorläufigen Rechtsauffassung durch ein erkennendes Gericht. Dass dadurch die Mediationsergebnisse beeinflusst werden, ist offenkundig und

---

774 Vgl. *Fisher/Ury/Patton*, Harvard-Konzept, S. 27 f.; *Eidenmüller*, Ökonomische und spieltheoretische Grundlagen, S. 40, nennt dieses Verhandlungskonzept „integratives Verhandeln“.

gewünscht. Die Streitparteien, die einen Mediator aufsuchen, der beispielsweise Fachanwalt für Erbrecht ist, wollen ja gerade die erbrechtlichen Aspekte ihres Konflikts berücksichtigt haben und in ihre Konfliktlösung einbauen. Bei erbrechtlichen Konflikten wird die Relevanz der rechtlichen Fragen vor Beginn der Mediation von den Beteiligten thematisiert und dem Mediator werden die für die Beurteilung der Rechtslage erforderlichen Unterlagen wie Verfügungen von Todes wegen, Schenkungsverträge, Pflichtteilsverzichte, Verkehrswertgutachten etc. zur Vorbereitung der Mediation zur Verfügung gestellt. Ein anwaltlicher Mediator muss die Parteien umfassend über die Rechtslage beraten und diese Beratung (auch aus haftungsrechtlichen Gründen) in einem der Mediationsberichte dokumentieren.

d. Resümee

Nach § 2 Abs. 3 MediationsG liegt der Verfahrensablauf zu einem wesentlichen Teil in der Hand des Mediators. Der Mediator „fördert die Kommunikation der Parteien und gewährleistet, dass die Parteien in angemessener und fairer Weise in die Mediation eingebunden sind“ (§ 2 Abs. 3 Satz 2 MediationsG).

Wenn man sich vergegenwärtigt, dass die Mediation ein außergerichtliches Streitbeilegungsverfahren ist, bei dem die Parteien *selbst* die Lösung des Konflikts suchen, folgt daraus, dass die Parteien dieses Vorhaben nur durchführen können, wenn sie miteinander kommunizieren. Die Kommunikation der Streitparteien, im Sinne des Harvard-Konzepts das „richtige“ Verhandeln, muss gemäß § 2 Abs. 3 Satz 2 MediationsG von dem Mediator gefördert werden und der Mediator muss gewährleisten, dass jede der Streitparteien in „angemessener und fairer Weise in die Mediation eingebunden“ wird. Dies kann der Mediator nur erreichen, wenn er der Mediation eine Struktur gibt. Der Gesetzgeber verlangt im Zusammenhang mit der Qualifikation der Mediation als Verfahren eine Struktur und gibt in geringem Umfang Strukturmerkmale vor. Die in § 2 Abs. 3 Satz 2 MediationsG beschriebene Verpflichtung des Mediators verlangt jedoch, dass er selbst weitere Strukturierungen vornimmt. So wird jeder Mediator seine eigene Phasierung des Mediationsverfahrens entwickeln, Schwerpunkte setzen und die „Tiefe“ der Kommunikation in Bezug auf die bei Konflikten immer vorhandene Emotionalität begrenzen.

Schulz von Thun vergleicht zwei Möglichkeiten, einen schweren Konflikt beizulegen. Er visualisiert diese Möglichkeiten mit dem Bild einer Schlangengrube. Auf beiden Seiten der Schlangengrube steht je eine Person. Er beschreibt die Konfliktbeilegung im ersten Fall so, dass über die Schlangengrube eine Brücke gelegt wird. Die Parteien begegnen sich auf dieser Brücke. Im zweiten Fall gehen die Parteien durch die Schlangengrube hindurch. Sie gehen also in die Tiefe des Konflikts und nehmen eine Aufarbeitung ihres Konflikts vor.[775] Dieser Weg muss, auch wenn er gegebenenfalls in Bezug auf die Nachhaltigkeit der Konfliktbeilegung der einfacheren Form des „Brückenlegens“ vorgeht, therapeutischen Mediatoren vorbehalten sein. Ein anwaltlicher Mediator wird diesen Weg der Streitparteien nicht begleiten können.

Zusammenfassend ist festzustellen, dass neben den Strukturelementen, die das Mediationsgesetz vorgibt, der Mediator der Mediation Struktur und Gestalt zu geben hat. Wie er persönlich im Einzelnen vorgeht, welchen Ansatz und welche Fachkenntnisse er hat, sind seine Dienstleistungsmerkmale. Diese werden auch drüber entscheiden, von welcher Klientel und für welche Konflikte er angefragt wird.

3. Die Mediation als vertrauliches Verfahren

Nach der Definition des Begriffs *Mediation* in § 1 Abs. 1 des MediationsG muss davon ausgegangen werden, dass ein Mediationsverfahren zwingend vertraulich ist. Ist dies nicht der Fall, da die Parteien übereinstimmend Öffentlichkeit zugelassen haben, oder handelt es sich um eine Mediation im Zuge einer Bürgerbeteiligung, sodass die Öffentlichkeit per se gegeben ist, könnte das Vorliegen einer Mediation aufgrund ihrer gesetzlichen Definition fraglich sein. Davon ging der Gesetzgeber aber nicht aus. Der Gesetzgeber hat, was der Begründung zum Entwurf eines Gesetzes zur Förderung der Mediation und anderer Verfahren der außergerichtlichen Konfliktbeilegung[776] zu entnehmen ist, zwar gesehen, dass durch das Erfordernis der Offenlegung der Interessen und Bedürfnisse der Streitparteien die Vertraulichkeit des Verfahrens von erheblicher Relevanz ist (wer kommuniziert schon offen und ehrlich über seine Wünsche, Sorgen und Bedürfnisse, wenn andere Personen als diejenige, an die sich die Botschaft richten soll, zugegen sind?), der Gesetzgeber verdeutlicht aber, dass die Vertraulichkeit kein zwingendes Element der Mediation ist. So weist er ausdrücklich darauf hin, dass die Parteien aufgrund ihrer Parteiautonomie einvernehmlich eine beschränkte oder vollständige Öffentlichkeit zulassen können. Dies ist auch § 2 Abs. 4 MediationsG zu entnehmen, nach dessen Wortlaut Dritte (nur) mit Zustimmung aller Parteien in die Mediation einbezogen werden können.

Ganz präzise ist die Formulierung des Gesetzgebers zu diesem Thema nicht. Einerseits soll die Mediation vertraulich sein. Die Vertraulichkeit ist Teil der

---

775 Vgl. *Thomann/Prior*, Klärungshilfe, S. 2, (Vorwort von *Schulz von Thun*).
776 BT-DS 17/5334, S. 13.

Definition der Mediation in § 1 Abs. 1 MediationsG. Das „Einbeziehen“[777] einer dritten Person in die Mediation ist aber ohne Weiteres möglich, wenn alle zustimmen. Es ist *Hagel* recht zu geben, wenn er konstatiert, es wäre „gesetzessystematisch sauber gewesen“[778], das Wort vertraulich aus der Definition des Begriffs Mediation herauszunehmen.

Die Vertraulichkeit des gesprochenen Wortes könnte im Zusammenhang mit einem Mediationsverfahren dann problematisch werden, wenn das Postulat der Vertraulichkeit sich auch darauf bezöge, dass das in der Mediation Gesagte oder Erfahrene von den Streitparteien nicht später in einem anderen Zusammenhang verwendet wird. Das ist jedoch nicht der Fall. Wird die Mediation ergebnislos abgebrochen und soll die streitgegenständliche Frage durch eine Gerichtsentscheidung geklärt werden, ist es nahe liegend, dass eine Partei einen für sie günstigen Sachverhalt vorträgt, den sie in der Mediation erfahren hat. Die andere Partei hat nach der Gesetzeslage dagegen keine Handhabe. Erstens trüge die Partei, die geltend macht, die Information stamme aus der Mediation, dafür die Beweislast und zweitens findet die Verpflichtung einer Mediationspartei, das Erfahrene nicht in einem Prozess zu verwenden, im Mediationsgesetz keine Rechtsgrundlage. Die in § 4 des Mediationsgesetzes normierte Verschwiegenheitspflicht bezieht sich nicht auf die Streitparteien selbst.[779] Eine vertragliche Verschwiegenheitspflicht der Parteien kommt nur in Betracht, wenn diese im Mediationsvertrag vereinbart wurde.

Im Ergebnis ist festzuhalten, dass es sich bei der Vertraulichkeit nach § 1 Abs. 1 MediationsG um ein Merkmal der Mediation handelt, das von den Parteien einvernehmlich abbedungen werden kann. Als Begriffsmerkmal eignet sich die Vertraulichkeit des Verfahrens dadurch nicht, da es unmöglich ist, dass ein Begriffsmerkmal eines Rechtsbegriffes gegeben sein muss oder nicht gegeben sein muss, wenn er von den Parteien abbedungen wird.

4. Mithilfe eines oder mehrerer Mediatoren

a. Die „Rolle“ des Mediators

In dem amerikanischen Standardwerk zur außergerichtlichen Konfliktbeilegung *The Mediation Process* von *Christopher W. Moore* wird, ebenso wie in § 1 Abs. 2

777 Der Gesetzgeber erklärt in der Begründung zum Gesetzesentwurf, dass unter „Einbeziehung“ „[...] die persönliche Anwesenheit in der Mediation zu verstehen [sei]“ (vgl. BT-DS 17/5335, S. 15).

778 Klowait/Gläßer/*Hagel*, HK-MediationsG, 2 § 1 Rn. 9.

779 Klowait/Gläßer/*Goltermann*, HK-MediationsG, § 4 Rn. 20.

MediationsG, der Begriff „Mediator“ über den Begriff „Mediation“ definiert. So wird die Mediation definiert als „[…] a conflict resolution process in which a mutually acceptable third party, who has no authority to make binding decisions for disputants, intervenes in a conflict or dispute to assist the parties to improve their relationships, enhance communications, and use effective problem-solving and negotiation procedures to reach voluntary and mutually acceptable understandings or agreements on contested issues.“[780] Dieser „Dritte“ (third party) wird definiert als „[…] an individual or group of people that works between or among parties in dispute“[781]. Die Rolle der „third party“ wird mithin so gesehen, dass sie Teil der Gruppe der am Konflikt Beteiligten ist, aber dennoch zwischen den Parteien steht. Wichtig sei die Unabhängigkeit des Dritten von den „Hauptpersonen“ (primary parties), die die eigentlichen Konfliktträger seien, und von der zweiten Gruppe der Beteiligten (secondary parties). Hierbei handele es sich um die Personen, die auf der Seite eines der Hauptbeteiligten offen oder verdeckt agieren, diesen unterstützen oder durch einen persönlichen Vor- oder Nachteil aus dem Konflikt der Hauptbeteiligten in einer mittelbaren Beziehung zu dem Konflikt stünden.[782]

Die amerikanische Definition nach *Moore* verdeutlicht die Stellung des Mediators sehr aufschlussreich: Er ist der Dritte, der die Parteien darin unterstützt, ihre Kommunikation zu verbessern und „productive talks“[783] zu beginnen. Die Berufsgruppe, der der Mediator angehört, und die Frage, ob er zertifiziert ist oder nicht, spielen keine Rolle. Grundsätzlich ist davon auch der deutsche Gesetzgeber ausgegangen. In der Begründung zum Entwurf eines Gesetzes zur Förderung der Mediation und anderer Verfahren der außergerichtlichen Konfliktbeilegung[784] bekennt sich der Gesetzgeber ausdrücklich zu einem Verzicht der abschließenden Regelung eines Berufsbildes. Der Gesetzgeber geht davon aus, dass Mediatoren einen Grundberuf ausüben „[…] zum Beispiel Rechtsanwältin oder Rechtsanwalt, Steuerberaterin oder Steuerberater, Psychologe oder Psychologin“[785], also die Mediation nicht hauptberuflich betreiben. Grundsätzlich sollen die berufsrechtlichen Vorschriften des jeweiligen Grundberufes

780 *Moore*, Mediation Process, S. 20.

781 *Moore*, ebd.

782 Vgl. *Moore,* Mediation Process, S. 20 ff. Ebenso zur Rolle des Mediators beispielhaft: *Ade/Alexander*, S. 53 ff.; *Alexander*, Wirtschaftsmediation, S. 87 ff.; *Breidenbach*, Mediation, S. 137 ff.; *Kals/Ittner*, S. 69 ff.

783 *Moore*, Mediation Process, S. 20.

784 BT-DS 17/5335.

785 BT-DS 17/5335, S. 14.

weiter gelten. Die Regelungen des Mediationsgesetzes sollen jedoch bei einer Kollision zwischen den berufsrechtlichen Regelungen und den Regelungen des Mediationsgesetzes *lex specialis* sein.[786]

Der deutsche Gesetzgeber möchte als Mediator, so wie in der Definition von *Moore* beschrieben, einen unabhängigen Dritten, also eine Person oder eine Personengruppe, die weder als Hauptbeteiligte in dem Konflikt steckt noch zu einer Koalition um die Hauptbeteiligten gehört und auch aus der Konfliktlösung weder einen Vorteil noch einen Nachteil zieht. Nur aus dieser Grundsituation kann die erforderliche Neutralität des Mediators erwachsen. Die Grundpfeiler dieser Neutralität sind eine „unparteiliche Verhandlungsführung und die Gleichbehandlung der Parteien“[787].

b. Der „Grundberuf“ des Mediators

Die in der Literatur ausführlich behandelte Frage, ob Rechtsanwälte oder Notare oder Psychologen oder die Mitglieder weiterer Berufsgruppen die besseren Mediatoren sind und welche Ausbildung ein Mediator haben muss,[788] ist unnötig und hat den Beigeschmack, ein Kampf um Pfründe zu sein. Auch die Angst vor dem „unqualifizierten Mediator“[789] ist unbegründet. Mediatoren sind nicht „richtig“ oder „falsch“. Streitparteien und ihre Konflikte haben unterschiedliche Anforderungen. So muss es auch unterschiedliche Mediatoren geben. Die Streitparteien finden den Mediator, den sie brauchen. Bei der Mediation handelt es sich um einen *Versuch* der Streitparteien, zu einer außergerichtlichen Konfliktbeilegung zu gelangen. Der Mediator hat eine wichtige Aufgabe, aber keine Entscheidungskompetenz. Angesichts dessen sind aufgeregte Diskussionen um Grundberufe (vielleicht hat der Mediator sogar keinen „Grundberuf“) und Ausbildungserfordernisse der Mediatoren (braucht er 150 Stunden Mediationsausbildung oder gar 250 Stunden?) nicht sachgerecht.[790] Wenn die Streitparteien

---

786 BT-DS 17/5335, ebd.

787 BT-DS 17/5335, ebd.

788 Eidenmüller/Wagner/*Thomas*, Mediationsrecht, S. 329 ff.; Haft/Schlieffen/*Friedrichsmeier/Hammann*, Handbuch Mediation 2016, § 48 Rn. 11 ff.; *Henssler*, DB 2012, 159 (167); *Henssler/Deckenbrock*, S. 159 (161); *Hess*, Regierungsentwurf, F 138.14; *Mähler/Mähler*, NJW 1997, 1262 (1266); *Risse*, S. 446 ff.

789 Eidenmüller/Wagner/*Thomas*, Mediationsrecht, S. 329.

790 Nach § 5 MediationsG hat der Mediator eine „eigene Verantwortung“ in Bezug auf seine Ausbildung und Fortbildung. Am 1. September 2017 ist die Verordnung über die Aus- und Fortbildung von zertifizierten Mediatoren vom 21.08.2016 (BGBl. I Nr. 42, S. 1994 ff.) in Kraft getreten, die die Voraussetzungen für die Bezeichnung

die Mediation mit einer rechtlichen Beratung und das Mediationsergebnis mit einer rechtlich fundierten Lösung verbinden wollen, so müssen sie dies selbst entscheiden und einen anwaltlichen Mediator aufzusuchen. Dieser wird *seine* Ausbildungserfordernisse erfüllen. Das verlangt sein Berufsrecht – auch unter haftungsrechtlichen Gesichtspunkten.

c. Die „Fähigkeiten" des Mediators

Der ungeschickten *idem-per-idem*-Definition, mit der der deutsche Gesetzgeber in § 1 Abs. 1, Abs. 2 MediationsG in die Definition der Begriffe *Mediation* und *Mediator* stolperte, ist er sich nicht bewusst. In der Begründung zum Mediationsgesetz vertritt er die Ansicht, die Begriffe *Mediation* und *Mediator* seien legaldefiniert.[791] Normierte Pflichten hat der Mediator genug. Aber was ist mit seinen Fähigkeiten?

In der Literatur wird der Mediator aufgrund des fehlenden einheitlichen Berufsbildes[792] unterschiedlich definiert. *Kals/Ittner* beschreiben den Mediator über eine besondere „innere Haltung"[793] und das Vorliegen besonderer „Kompetenzen"[794], nach *Glasl* bemüht sich der Mediator „zwischen den Parteien um einen akzeptablen Kompromiss"[795], nach *Kracht* ist der Mediator „[…] der neutrale Dritte, der das Verfahren garantiert"[796].

Diese Definition überzeugen alle nicht so richtig, da sie dem Mediator bestimmte Merkmale anheften, die er nach dem Mediationsgesetz nicht zu haben braucht: innere Haltung, die Fähigkeit, Vertrauen aufzubauen und Probleme zu bewältigen, das Bemühen um einen Kompromiss und die Verpflichtung, das Verfahren zu garantieren. Diese Fähigkeiten sind kein Nachteil. Hinzu kommen die Fachkompetenz bei einer fachlich geprägten Mediation, die Vertrauens-Aufbau-Kompetenz bei einer hochstrittigen Mediation etc.

---

als „zertifizierter Mediator" regelt. Als zertifizierter Mediator darf sich bezeichnen, wer eine Ausbildung zum Mediator abgeschlossen hat, die den Anforderungen dieser Rechtsverordnung entspricht (vgl. *Masser/Engewald/Scharpf/Ziekow*, Evaluation, S. 48, 212 ff.).

791 BT-DS 17/5335, S. 13.

792 Greger/Unberath/Steffek/*Greger*, MediationsG, § 1 Rn. 82 ff.

793 *Kals/Ittner*, S. 69.

794 *Kals/Ittner*, S. 70: „Vertrauen aufbauen, Probleme bewältigen, Lösungen finden, Ergebnisse evaluieren".

795 *Glasl*, S. 401.

796 Haft/Schlieffen/*Kracht*, Handbuch Mediation 2016, § 13 Rn. 9.

Der Mediator muss zwingend die Anforderungen erfüllen, die das Mediationsgesetz an ihn stellt (§§ 1 Abs. 2, 2 Abs. 3 MediationsG). Aus diesen Anforderungen müssen sich seine Fähigkeiten ergeben. Die wichtigste Aufgabe des Mediators ist die Förderung der Kommunikation zwischen den Parteien (§ 2 Abs. 3 Satz 2 MediationsG). Daraus ergibt sich, dass er selbst Kommunikation beherrschen muss, ansonsten kann er nicht die Kommunikation anderer Personen fördern und diese auf dem Weg zu einer Einigung unterstützen. Die deutsche Sprache hat keinen Begriff für eine Person, die erfolgreich und zielführend kommunizieren kann. Deshalb soll die amerikanische kurze Definition von *Cooley* verwendet werden: „The mediator as an effective communicator“[797].

5. Die Freiwilligkeit

a. Einführung in das Thema

§ 1 Abs. 1 MediationsG reklamiert die Freiwilligkeit als Begriffsmerkmal der Definition der Mediation. „Mediation ist ein [...] Verfahren, bei dem die Parteien [...] freiwillig [...] eine einvernehmliche Beilegung ihres Konflikts anstreben.“[798] Auf was bezieht sich die Freiwilligkeit? Auf die Teilnahme an der Mediationssitzung? Auf das Anstreben? Kann man auch unfreiwillig etwas anstreben? § 2 Abs. 2 MediationsG greift den Begriff der Freiwilligkeit noch einmal auf: „Der Mediator vergewissert sich, dass die Parteien [...] freiwillig an der Mediation teilnehmen.“ Hierdurch erfolgt eine Konkretisierung: Die *Teilnahme* an der konkreten Mediationssitzung muss freiwillig erfolgen.

Der Mediator fragt die Teilnehmer, ob sie freiwillig da seien. Teilnehmer A sagt daraufhin, sein Chef habe ihn geschickt. Er werde ansonsten gekündigt, da er wohl offensichtlich an dem Teamkonflikt schuld sei. Oder ein Sohn sagt im Zusammenhang mit einer Mediation zu einer streitigen Unternehmensnachfolge, seine Eltern hätten es gewollt, da sie das Testament ansonsten ohne ihn machen würden. Er fürchtet um die daraus folgende „Informationsasymmetrie“. Ein erfahrener Mediator wird in solchen Fällen die Mediationssitzung nicht abbrechen, aber er wird auch nicht gleich mit der Frage nach dem Konflikt beginnen. Er wird erläutern, was eine Mediation ist, was eine Mediation bewirken kann, welche Beiträge die Teilnehmer leisten müssen und worin sein eigener Beitrag liegt. Er wird sich vorstellen und über sein Mediationskonzept im Besonderen und über die Kommunikation im Allgemeinen sprechen. Er wird

797 *Cooley*, Mediator´s Handbook, S. 109.

798 § 1 Abs. 1 MediationsG.

irgendwann die „Unfreiwilligen" fragen, ob sie Interesse daran haben, an der Mediation mitzuwirken. Es ist zu erwarten, dass der anfängliche äußere oder innere Zwang der Teilnehmer von einer „Freiwilligkeit" überlagert wird.[799] Vielleicht findet der „unfreiwillige" Teilnehmer ganz interessant, was er soeben gehört hat, oder er wartet einfach einmal ab. Dann ist nicht er das „schwarze Schaf", das dafür verantwortlich ist, dass die Mediation „nichts wird". Freiwillig?

Die Frage nach der Freiwilligkeit menschlichen Handelns führt zum Erfordernis der Abgrenzung der Begriffe Freiwilligkeit und Freiheit und auf dem direkten Weg in die Tiefen der Philosophie und weiterer wissenschaftlicher Fachbereiche. Dieser Weg soll hier nicht beschritten werden. Der Gesetzgeber teilt im Zusammenhang mit dem Mediationsgesetz mit, was er unter Freiwilligkeit versteht: „Die Freiwilligkeit der Mediation bedeutet, dass die Parteien grundsätzlich selbst entscheiden, ob sie eine Mediation durchführen wollen."[800]

Die Freiwilligkeit als Antagonist zur rechtlichen Verpflichtung? Die Freiwilligkeit als eigene autonome Entscheidung für das Handeln? Das wäre akzeptabel. Der Gesetzgeber wechselt jedoch plötzlich den Ton: Unter Bezugnahme auf Artikel 3 a) Abs. 1 der Richtlinie des Europäischen Parlaments und des Rates über bestimmte Aspekte der Mediation in Zivil- und Handelssachen vom 21. Mai 2008 (Mediationsrichtlinie)[801] sei es mit dem Prinzip der Freiwilligkeit vereinbar, wenn die Mediation von einem Gericht vorgeschlagen, angeordnet oder gesetzlich vorgeschrieben werde.[802] In Artikel 5 Abs. 2 der Mediationsrichtlinie wird ausdrücklich darauf hingewiesen, dass nationale Rechtsvorschriften unberührt bleiben, „nach denen die Inanspruchnahme der Mediation vor oder nach Einleitung eines Gerichtsverfahrens verpflichtend oder mit Anreizen oder

799 *Steike/Feller*, 1x1, S. 36 f.; ebenso *Risse*, Wirtschaftsmediation, S. 125, der darauf hinweist, dass auch grundsätzlich mediationsbereite Parteien eine Mediation aus psychologischen Gründen ablehnen können, z.B. weil sie einen Gesichtsverlust gegenüber der anderen Streitpartei befürchten oder keine Verantwortung für die Verfahrensentscheidung übernehmen wollen.

800 BT-DS 17 /5335, S. 14.

801 Richtlinie 2008/52/EG – L 136/3. Artikel 3 a) Abs. 1 der Mediationsrichtlinie lautet: „Im Sinne dieser Richtlinie bezeichnet [...] ‚Mediation' ein strukturiertes Verfahren unabhängig von seiner Bezeichnung, in dem zwei oder mehr Streitparteien mit Hilfe eines Mediators auf freiwilliger Basis selbst versuchen, eine Vereinbarung über die Beilegung ihrer Streitigkeiten zu erzielen. Dieses Verfahren kann von den Parteien eingeleitet oder von einem Gericht vorgeschlagen oder angeordnet werden oder nach dem Recht eines Mitgliedstaats vorgeschrieben sein."

802 BT-DS 17/5335, S. 14.

Sanktionen verbunden ist, sofern diese Rechtsvorschriften die Parteien nicht daran hindern, ihr Recht auf Zugang zum Gerichtssystem wahrzunehmen“[803].

Wenn der gerichtliche Vorschlag, an einer Mediation teilzunehmen, und sogar die gerichtliche Anordnung einer Mediation mit dem Strukturelement der Freiwilligkeit vereinbar sein soll, muss die Frage nach der Freiwilligkeit in der Mediation noch einmal aufgerollt werden.

b. Verschiedene Literaturmeinungen zur Freiwilligkeit in der Mediation

Der Umfang und der Bezugspunkt des Prinzips der Freiwilligkeit der Mediation sind umstritten. *Breidenbach* vertritt die Auffassung, zur Freiwilligkeit gehöre „[...] die autonome Entscheidung über den Beginn, wie auch die Fortführung dieses Weges“[804]. Der Zwang zur Mediation sei ein erster Schritt von Zwang zur Harmonie und deshalb abzulehnen.[805] Im Schrifttum wird die Ansicht vertreten, eine gesetzlich vorgeschriebene oder richterlich angeordnete Mediation sei durchaus als Mediation im Sinne des § 1 MediationsG anzusehen. Der Zwang, eine Mediation zu versuchen, stelle keine Einschränkung des Freiwilligkeitsprinzips dar, da die Streitparteien die Teilnahme an der Mediation nach § 2 Abs. 5 Satz 1 MediationsG jederzeit beenden könnten.[806]

c. Der Freiwilligkeitsgedanke im Gesetz über die alternative Streitbeilegung in Verbrauchersachen (Verbraucherstreitbeilegungsgesetz – VSBG) [807]

Es soll im Folgenden versucht werden, mithilfe des Verbraucherstreitbeilegungsgesetzes Klarheit über den Begriff der Freiwilligkeit zu erlangen. Das Verbraucherstreitbeilegungsgesetz basiert auf der Richtlinie 2013/11/EU (ADR-Richtlinie).[808] Diese Richtlinie ist eine EU-Rechtsvorschrift über die

803 Richtlinie 2008/52/EG – L 136/3.

804 *Breidenbach*, Mediation, S. 272.

805 *Breidenbach*, ebd.

806 *Eidenmüller*, JZ 539 (547); Hinrichs/*Hinrichs*, Praxishandbuch MediationsG, S. 41; Trenczek/Berning/Lenz/*Carl*, S. 488; Greger/Unberath/Steffek/*Greger*, MediationsG, § 1 Rn. 32 f., der zwar einen Zwang der Parteien zur Einigung verneint, aber eine Verpflichtung zur Einleitung eines Mediationsverfahrens nicht als unüberbrückbaren Gegensatz zum Prinzip der Freiwilligkeit sieht. Soweit ersichtlich a. A. nur Klowait/Gläßer/*Hagel*, HK-MediationsG, § 1 Rn. 14: „Eine gerichtliche Anordnung zur Durchführung eines Mediationsverfahrens gibt es als Ausfluss des Prinzips der Freiwilligkeit nicht.“

807 BGBl. I, S. 254 ff., erlassen am 19.02.2016, in Kraft getreten am 01.04.2016.

808 Richtlinie 2013/11/EU – Amtsblatt L 165/63.

Streitbeilegung zwischen Verbrauchern und Unternehmen. In Kapitel I, Artikel 1 wird der Zweck der Richtlinie dahingehend beschrieben, dass Verbraucher auf freiwilliger Basis Beschwerden gegen Unternehmen bei Stellen einreichen können, die unabhängige, unparteiische, transparente, effektive, schnelle und faire AS-Verfahren anbieten. Gemäß der Definition in dem 5. Erwägungsgrund der Richtlinie steht die Abkürzung „AS" für den Begriff „alternative Streitbeilegung"[809]. Obwohl in Artikel 1 Satz 1 der Richtlinie noch von „freiwilliger Basis" gesprochen wird, wird dieses Erfordernis im zweiten Satz relativiert: Nationale Rechtsvorschriften, die die Teilnahme an solchen Verfahren verbindlich vorschreiben, würden durch die Richtlinie nicht berührt. Allerdings dürfen diese Rechtsvorschriften die Parteien nicht an der Ausübung ihres Rechts auf Zugang zum Gericht hindern.

Das deutsche Verbraucherstreitbeilegungsgesetz, das zur Umsetzung der Richtlinie 2013/11/EU erlassen wurde, greift diesen Aspekt auf. In § 5 Abs. 2 wird bestimmt, dass die Verbraucherschlichtungsstelle keine Konfliktbeilegungsverfahren durchführen darf, die dem Verbraucher eine verbindliche Lösung auferlegen oder durch die das Recht des Verbrauchers, ein Gericht anzurufen, ausgeschlossen wird.[810] In der Begründung zum Gesetzesentwurf[811] legt der Gesetzgeber Wert auf die Feststellung, dass die einvernehmliche Konfliktbeilegung ihre Grundlage in der Parteiautonomie habe und somit die Vorteile der Verfahren zur außergerichtlichen Konfliktbeilegung sich nur dann voll entfalten könnten, wenn die Parteien freiwillig am Verfahren teilnähmen und auch ernsthaft an einer Einigung interessiert seien. Wer sich freiwillig auf eine einvernehmliche Lösung einlasse, werde diese in der Regel auch respektieren. Für streitige Fälle ohne Einigungsbereitschaft stünde der Rechtsweg offen. In der Begründung heißt es weiter, die Richtlinie 2013/11/EU stelle klar, dass die Teilnahme an einer außergerichtlichen Streitbeilegung für den Verbraucher freiwillig sei, eine Verpflichtung des Unternehmers, sich auf ein solches vom Verbraucher beantragtes Streitbeilegungsverfahren einzulassen, sähe die Richtlinie

---

809 Richtlinie 2013/11/EU – Amtsblatt L 165/63, S. 1 (Erwägungsgrund 5).

810 Gesetz über die alternative Streitbeilegung in Verbrauchersachen – VSBG, § 5 Abs. 2: „Die Verbraucherschlichtungsstelle darf keine Konfliktbeilegungsverfahren durchführen, die dem Verbraucher eine verbindliche Lösung auferlegen oder die das Recht des Verbrauchers ausschließen, die Gerichte anzurufen."

811 Vgl. BT-DS 18/5089: Entwurf eines Gesetzes zur Umsetzung der Richtlinie über alternative Streitbeilegung in Verbraucherangelegenheiten [...], (Begründung), vom 09.06.2015, A. III. 2. c). (S. 40).

nicht vor, sondern sie lasse insoweit die entsprechenden nationalen Rechtsvorschriften unberührt.[812]

Hieran ist zu sehen, dass bei der Begründung die *Verpflichtung* eines Verbrauchers, an einem Streitbeilegungsverfahren teilzunehmen, für den Gesetzgeber gar nicht in Betracht kam. Lediglich die Verpflichtung des betroffenen Unternehmens war angedacht worden, wurde jedoch später nicht umgesetzt. Dass der deutsche Gesetzgeber die Richtlinie 2013/11/EU nicht für erforderlich hielt, ist deutlich zu erkennen. Zum einen fremdelt er in Bezug auf den englischen Begriff „alternativ dispute resolution" und weist auf die Verwendung des Begriffes „außergerichtliche Streitbeilegung" im Deutschen hin. Außergerichtliche Konfliktbeilegung im Bereich der Verbraucherverträge werde „täglich praktiziert"[813]. Charmant ist die Aussage des Gesetzgebers, die Kulanz der Unternehmen sei konsensuale Konfliktlösung.[814]

d. Zwischenergebnis. Weiterer Untersuchungsverlauf

§ 1 Abs. 1 MediationsG verlangt als begriffsbildendes Merkmal einer Mediation die Freiwilligkeit. Dennoch war der Gesetzgeber nicht in der Lage, klar zu definieren, was unter diesem Begriff zu verstehen ist und in Bezug auf welche Handlungen der Konfliktparteien Freiwilligkeit zwingend vorliegen muss. Der Grund hierfür liegt offenkundig in der Unsicherheit des Gesetzgebers, der durch Artikel 3a Abs. 1 der Mediationsrichtlinie den „Persilschein" hatte, Gesetze zu erlassen, durch die Gerichte eine Mediation verbindlich anordnen könnten. Offenkundig sah der Gesetzgeber jedoch durch eine solche Regelung das Postulat der Freiwilligkeit der Mediation in Frage gestellt. Weder in Bezug auf die Verbraucherstreitbeilegung vor Verbraucherschlichtungsstellen noch in Bezug auf streitige Verfahren hat der Gesetzgeber normiert, dass Gerichte die außergerichtliche Streitbeilegung anordnen können.

Dennoch war der Gesetzgeber hinsichtlich des Themas *Gerichte und Mediation* nicht ganz tatenlos. Im Folgenden soll untersucht werden, in welchem Umfang der Gesetzgeber die Mediation in die „Prozess- und Verfahrenslandschaft" implementiert hat.

---

812 Vgl. Bundestag-Drucksache 18/5089, A. III. 2. c). (S. 40).

813 Vgl. Bundestag-Drucksache 18/5089, S. 36.

814 Bundestag-Drucksache 18/5089, S. 36. *Win-win* in seiner einfachsten Form in einer durchökonomisierten Gesellschaft: Du hast recht bzw. wen interessiert das schon, Hauptsache, du kaufst weiter bei mir ein.

e. Gerichte und Mediation

aa. Allgemeines

Der deutsche Gesetzgeber hat durch das Gesetz zur Förderung der Mediation und anderer Verfahren der außergerichtlichen Konfliktbeilegung keine Normen in die ZPO, das FamFG oder in andere Gesetze implementiert, die es ermöglichen, dass ein Gericht eine Mediation anordnen kann. Der neu eingefügte § 278 a ZPO besagt, dass das Gericht den Parteien eine Mediation oder ein anderes Verfahren der außergerichtlichen Konfliktbeilegung *vorschlagen* kann. Auch der neu eingefügte § 36 a FamFG gibt dem Gericht lediglich die Möglichkeit, eine Mediation oder ein anderes außergerichtliches Konfliktbeilegungsverfahren *vorzuschlagen*. Die Möglichkeiten des Gerichts, die Parteien zu einer Mediation zu bringen, sind somit beschränkt. Auch §§ 81 Abs. 2 Nr. 5, § 135, 156 Abs. 1 Satz 3 FamFG eröffnen dem Gericht lediglich die Möglichkeit anzuordnen, dass die Streitparteien an einem *Informationsgespräch* über eine Mediation oder eine sonstige Form der außergerichtlichen Streitbeilegung teilnehmen und hierüber eine Bestätigung vorlegen müssen. In diesem Zusammenhang ist an die Aussage in den *Motiven* zur Testierfreiheit zu denken.[815] Offenkundig hat die Frage, ob eine Mediation angeordnet werden kann, noch nicht „die erforderliche Klärung erfahren, um sie in unabhängiger Weise im Wege der Gesetzgebung zu lösen; deshalb ist noch Anschluss an das geltende Recht zu suchen".

bb. § 278 Abs. 5 ZPO

Durch das Gesetz zur Förderung der Mediation und anderer Verfahren der außergerichtlichen Konfliktbeilegung erfolgte eine Neufassung des § 278 Abs. 5 ZPO. Diese besagt, dass in einem Zivilprozess das Gericht die Parteien für eine Güteverhandlung an einen nicht entscheidungsbefugten Richter (Güterichter) verweisen kann. Der Güterichter kann nach § 278 Abs. 5 Satz 2 ZPO „alle Methoden der Konfliktbeilegung einschließlich der Mediation" einsetzen.

In der Literatur wird teilweise die Auffassung vertreten, bei § 278 Abs. 5 ZPO handle es sich um die Ausgestaltung der in Artikel 3 a) Satz 2 der Richtlinie 2008/52/EU vorgesehenen Möglichkeit des deutschen Gesetzgebers, zu bestimmen, dass eine Mediation von einem Gericht vorgeschlagen oder angeordnet werden kann.[816]

---

815 *Motive* V, S. 7. Oben 1. Kapitel § 2 B., S. 18 ff.

816 Zöller/*Greger*, ZPO, § 278, Rn. 25 ff.; Wagner/Eidenmüller/*Wagner/Eidenmüller*, Mediationsrecht, S. 7.

Dieser Ansicht kann nicht zugestimmt werden. In der Begründung zu dem Entwurf eines Gesetzes zur Förderung der Mediation und anderer Verfahren der außergerichtlichen Konfliktbeilegung wird zu der Einfügung des Güterichters in § 278 Abs. 5 ZPO ausdrücklich ausgeführt, dass der Güterichter gesetzlicher Richter im Sinne von § 16 Satz 2 GVG sei und demselben Gericht angehöre wie der verweisende Richter.[817] Dies führt zwingend dazu, dass es dem Güterichter – durch die Nähe zum erkennenden Gericht – an der erforderlichen Neutralität (§§ 1 Abs. 2, 2 Abs. 3 Satz 1, MediationsG) fehlt. Es wird sich nicht vermeiden lassen, dass die Autorität des erkennenden Gerichts als „Streitentscheider" zumindest ein Stück weit auf den Güterichter „abfärbt". Es besteht die Gefahr, dass die Streitparteien in einen „Vergleichszwang" geraten. Diese fehlende Neutralität des Güterichters führt dazu, dass § 278 Abs. 5 ZPO keine Rechtsgrundlage für eine gerichtliche Anordnung einer Mediation sein kann.

Assmann vertritt die Ansicht, nach dem Wortlaut des § 278 Abs. 5 ZPO sei davon auszugehen, dass der Gesetzgeber dem Güterichter die Möglichkeit eröffnen wollte, mediative Elemente in die Güterichterverhandlung einzubauen.[818] Diese Argumentation überzeugt nicht. Dass im Rahmen der Güterichterverhandlung mediative Elemente zur Hilfe genommen werden können, ist eine Selbstverständlichkeit Es wäre nicht erforderlich gewesen, diese Möglichkeit des Güterichters gesetzlich zu normieren.

§ 278 Abs. 5 ZPO eröffnet aber die Möglichkeit, dass der Güterichter mit dem Einverständnis der Streitparteien eine Mediation durchführen kann. Dies begründet sich dadurch, dass dem Güterichter zwar die erforderliche Neutralität im Sinne der §§ 1 Abs. 2, 2 Abs. 3 S. 1 MediationsG fehlt. Nach § 3 Abs. 1 Satz 2 MediationsG kann aber dennoch eine Mediation stattfinden, wenn die Streitparteien ausdrücklich zustimmen.[819] Sind die Streitparteien nach einer Verweisung des Rechtsstreits an einen Güterichter mit einer Mediation einverstanden, kann der Güterichter Mediator sein. Genau dies sagt § 278 Abs. 5 ZPO.

Das Erfordernis des Einverständnisses der Parteien zu einer Güterichterverhandlung, die als Mediationsverfahren geführt werden soll, lässt sich auch über § 278 Abs. 2 ZPO begründen. Nach § 278 Abs. 2 ZPO kommt eine Güteverhandlung dann nicht in Betracht, wenn sie „erkennbar aussichtslos" ist.[820] Teilt

---

817 BT-DS 17/5335, S. 20.

818 *Assmann*, MDR 2016, 1303 (1304); ebenso: MünchKomm/*Prütting*, ZPO, § 278 Rn. 41: „pauschaler Methodenhinweis".

819 Ebenso mit anderer Begründung: *Fritz/Schroeder*, NJW 2014, 1910 (1915).

820 Ebenso Saenger/*Saenger*, HK-ZPO § 278 Rn. 19.

eine Partei mit, dass sie die Mediation nicht möchte, ist die Güterichterverhandlung in dieser Form „erkennbar aussichtslos" und damit unzulässig. Eine andere Ansicht vertritt *Steffek*. Er geht von einer Verweisungskompetenz des Gerichts ohne Zustimmungserfordernis der Streitparteien aus, sieht aber für die Parteien die Möglichkeit vor, der Verweisung zustimmen oder sie ablehnen zu können, jeweils mit einer Begründung, damit das Gericht seine Entscheidung noch einmal überprüfen könne.[821]

Diese Ansicht ist abzulehnen. Sie führt dazu, dass die Parteien, die die Mediation ablehnen, einen Grund für die Ablehnung nennen müssen. Diese Nennung eines Grundes verstößt gegen § 2 Abs. 5 Satz 1 MediationsG, der bei Mediationen immer zu gelten hat. In diesem ist nicht enthalten, dass Parteien, die nicht (mehr) an einer Mediation teilnehmen wollen, hierfür einen Grund nennen müssen.

Dies bestätigt auch die Entscheidung des Europäischen Gerichtshofs vom 14.06.2017. Das *Tribunale ordinario di Verona* reichte ein Vorabentscheidungsersuchen an den europäischen Gerichtshof mit der Frage ein, ob die Richtlinie 2013/11/EU (ADR-Richtlinie) nationalen Rechtsvorschriften (Italien), die zwingend ein Mediationsverfahren als Zulässigkeitsvoraussetzung einer Klage vorsehen, entgegenstünde. Des Weiteren sollte die Frage geklärt werden, ob ein Verbraucher im Rahmen einer zwingenden Mediation einen Anwalt beiziehen müsse und ob der Verbraucher ein zwangsweise vor der Klageerhebung vorgeschaltetes Mediationsverfahren nur abbrechen dürfe, wenn er einen rechtfertigenden Grund für diese Entscheidung darlege. Das Gericht rekurrierte auf Artikel 1 Satz 2 der Richtlinie 2013/11/EU und auf Artikel 5 Abs. 2 der Richtlinie 2008/52/EU, also die Teile in den Richtlinien, die es den nationalen Gesetzgebern ermöglichen, Verfahren der außergerichtlichen Konfliktbeilegung auch zwingend vorzuschreiben. Der Gerichtshof sah das Erfordernis eines Mediationsverfahrens als Zulässigkeitsvoraussetzung einer gerichtlichen Klage mit der Richtlinie 2013/11/EU als vereinbar an, das Erfordernis, dass die Partei anwaltlich vertreten sein *müsse*, verstoße nach Auffassung des Europäischen Gerichtshofs aber gegen Artikel 8 Buchstabe b) der Richtlinie 2013/11/EU. Die Mitgliedstaaten müssen dafür sorgen, „[...] dass die Parteien Zugang zu dem Verfahren haben, ohne einen Rechtsanwalt oder einen Rechtsberater beauftragen zu müssen".[822] Die Regelung, die Parteien dürften die Mediation nur unter

---

821 *Steffek*, ZEuP 2013, 528 (534).

822 Urteil des Europäischen Gerichtshofs vom 14.06.2017, C-75/16: ECLI:EU:C:2017:457, Tz. 64.

Darlegung eines rechtfertigenden Grundes abbrechen, wurde vom Europäischen Gerichtshof ebenfalls als unvereinbar mit der Richtlinie 2013/11/EU angesehen. Ein solches Erfordernis verstoße gegen Artikel 9 Abs. 2 Buchstabe a) der Richtlinie 2013/11/EU: „Folglich ist die Richtlinie 2013/11 dahin auszulegen, dass sie nationalen Rechtsvorschriften entgegensteht, die das Recht des Verbrauchers, das Mediationsverfahren abzubrechen, ausschließlich auf den Fall beschränken, dass er das Vorliegen eines rechtfertigenden Grundes für diese Entscheidung darlegt.“[823]

Dieses Urteil ist zutreffend. Wenn der Gesetzgeber bestimmt, dass ein Verfahren jederzeit beendet werden kann, möchte er damit die Autonomie der Parteien in Bezug auf das Verfahren zum Ausdruck bringen. Diese Autonomie wäre nur eine „Scheinautonomie“, wenn die Parteien Gründe für ihre Entscheidung mitteilen müssten. Natürlich würden die genannten Gründe von allen Beteiligten bewertet, als Irrtum gebrandmarkt oder es erfolgten Überredungsversuche. Das brächte die Partei, die die Mediation beenden möchte, in die Situation, sich rechtfertigen zu müssen. Dem stünde ihre vom Gesetzgeber gewährleistete Autonomie entgegen.

cc. Resümee

Zusammenfassend ist festzustellen, dass der deutsche Gesetzgeber sich deutlich gegen die zwangsweise Aufnahme der Mediation in die Verfahrensordnungen entschieden hat. Im Falle eines Gerichtsverfahrens kann das Gericht eine Mediation empfehlen oder anordnen, dass die Streitparteien an einer Informationsveranstaltung über Mediation teilnehmen müssen. Die Mitwirkung an einer Mediation kann nicht angeordnet werden. Hierfür gibt es keine Rechtsgrundlage.

Gemäß § 278 Abs. 5 ZPO hat der Güterichter die Möglichkeit, die Güterichterverhandlung in Form einer Mediation vorzunehmen, wenn die Parteien zustimmen. Auch über § 278 Abs. 5 ZPO kann eine Mediation nicht stattfinden, wenn die Streitparteien diese *nicht* wollen. Der Güterichter kann als Mitglied des Gerichts, an dem der Streit anhängig ist, wegen der strukturell bedingten fehlenden Neutralität nicht Mediator im Sinne des Mediationsgesetzes sein. Auch wenn die Parteien zustimmen, dass das Güterichterverfahren in der Form einer Mediation stattfinden kann (§ 3 Abs. 1 Satz 2 MediationsG), gilt § 2 Abs. 5 Satz 1 MediationsG. Die Parteien können die Teilnahme an der Mediation jederzeit und *ohne Begründung* beenden. Damit muss das Güterichterverfahren als

823 Urteil des Europäischen Gerichtshofs vom 14.06.2017, C-75/16, a. a. O., Tz. 69.

„erkennbar aussichtslos" im Sinne des § 278 Abs. 2 Satz 1 ZPO angesehen werden, mit der Folge, dass das streitige Verfahren weitergeführt wird.

f. Freiwilligkeit und Selbstbindung

Von der Frage, ob Gerichte eine Mediation anordnen können, muss die Frage unterschieden werden, ob Parteien im Zuge eines Vertrages rechtsverbindlich vereinbaren können, dass bei später auftretenden Streitigkeiten vor Beschreitung des Klageweges eine Mediation stattfinden muss. Diese Selbstbindung durch Vertrag wird im Schrifttum und der Rechtsprechung überwiegend nicht als Verstoß gegen das Prinzip der Freiwilligkeit gesehen.[824]

Der BGH bestätigt diese Ansicht in einer Entscheidung vom 14.01.2016.[825] In dem dieser Entscheidung zugrunde liegenden Fall hatte die Klägerin, eine Rechtsanwaltskammer, einen Rechtsschutzversicherer auf Unterlassung in Anspruch genommen, Versicherungen unter der Bezeichnung „Rechtsschutzversicherung" anzubieten, soweit für die außergerichtliche Wahrnehmung der Interessen des Versicherungsnehmers zwar die Kosten für eine Mediation übernommen wurden. Die Kosten für die gerichtliche Geltendmachung der Ansprüche des Versicherungsnehmers sollten jedoch nur übernommen werden, soweit sich der Versicherungsnehmer vergeblich um eine Konfliktlösung durch einen von der Beklagten ausgewählten Mediator bemüht hatte. Die Klägerin rügte u.a. einen Verstoß gegen das Prinzip der Freiwilligkeit, soweit der Versicherungsnehmer verpflichtet sei, an einer Mediation teilzunehmen.

Der BGH bestätigt, dass eine privatautonom eingegangene Selbstbindung zugunsten der Mediation nicht dem in § 1 Abs. 1 MediationsG geforderten Prinzip der Freiwilligkeit widerspreche. Das Gericht stützt diese Ansicht insbesondere darauf, dass es dem Versicherungsnehmer in dem konkreten Einzelfall auch nach den allgemeinen Versicherungsbedingungen jederzeit freistand, den bestimmten Mediator abzulehnen oder vom Mediationsverfahren insgesamt Abstand zu nehmen.

---

824 *Ade/Alexander*, S. 106 ff.; *Eidenmüller*, JZ 2015, 539 (541); *Hacke*, S. 31 ff., der sich in seiner Argumentation an § 1029 ZPO anlehnt, in dem er die Schiedsgerichtsbarkeit als „gesetzlich geregeltes ADR-Verfahren" bezeichnet. Daraus folgend unterscheidet er zwischen „ADR-Vereinbarung" und „ADR-Abrede"; *Loos/Brewitz*, SchiedsVZ 2012, 305 ff.; *Risse*, S. 101 ff.; Wagner/Eidenmüller/*Wagner/Eidenmüller*, Mediationsrecht, S. 7 ff.

825 BGH, Beschluss vom 14. Januar 2016 – I ZR 98/15 Tz 18. Oben 4. Kapitel § 2 A. II. 4., S. 192 ff.

Die Entscheidung des BGH ist insoweit richtig, als sie feststellt, dass derjenige, der einen Vertrag abgeschlossen hat, sich an diesen zu halten hat. Des Weiteren ist die Aussage richtig, der Versicherungsnehmer könne das Mediationsverfahren jederzeit beenden. Dies steht in § 2 Abs. 5 Satz 1 MediationsG. Der BGH setzt sich jedoch nicht mit der Frage auseinander, ob die Regelung in den Allgemeinen Versicherungsbedingungen der Beklagten, die Rechtsverfolgungskosten nur zu übernehmen, wenn sich der Versicherungsnehmer „vergeblich um eine Konfliktlösung in einer Mediation bemüht habe", wirksam ist.

Dieses „sich vergeblich um eine Konfliktlösung bemühen müssen" kann gegen das in § 2 Abs. 5 Satz 1 MediationsG normierte Prinzip des Rechts auf jederzeitige Beendigung der Mediation verstoßen. Ein „jederzeitiges Beenden" bedeutet, dass die Streitpartei zu jeder Zeit des Verfahrens ohne die Nennung eines Grundes[826] mitteilen kann, dass sie die Mediation nicht fortführen möchte. Bis zu welchem Zeitpunkt hat sich eine Streitpartei nach der Beendigung einer Mediation „vergeblich um eine Konfliktlösung bemüht"? Hat sie sich überhaupt bemüht? – Der BGH hat sich in dieser Entscheidung erkennbar nicht mit der Mediation und ihren rechtlichen Problemen beschäftigt. Dem Prinzip der Freiwilligkeit in § 1 Abs. 1 MediationsG wurde nicht mehr Gewicht beigelegt als der Freiwilligkeit generell in Vertragsverhältnissen. Pacta sunt servanda! D´accord. Aber warum nennt § 1 Abs. 1 MediationsG die Freiwilligkeit ausdrücklich als Definitionsmerkmal der Mediation? Der BGH fokussiert nur auf die Freiwilligkeit bei Abschluss des Vertrages. Aber was ist mit der Freiwilligkeit während der Durchführung des Verfahrens?

g. Zusammenfassung und Zwischenergebnis zur Freiwilligkeit

Liest man den Wortlaut des § 1 Abs. 1 MediationsG gründlich, so ist zu erkennen, dass sich das Adjektiv „freiwillig" auf das als letztes Wort des Satzes stehende Verb „anstreben" bezieht. Es geht nicht um die *Absprache/Vereinbarung* über die Teilnahme an einer Mediation.

Die „Freiwilligkeit" hinsichtlich des Vertragsabschlusses ist selbstverständlich. Hier liegt die Schnittstelle zum allgemeinen Vertragsrecht. Ist der Vertrag wirksam zustande gekommen, bleibt in Bezug auf seine Ausführung im Regelfall kein Raum, um fehlende Freiwilligkeit zu monieren. Schließen A und B einen Darlehensvertrag, muss B als Darlehensgeber den Darlehensbetrag zur Verfügung stellen, auch wenn er das im Moment der Geldübergabe nicht mehr möchte. Hier kann B nicht vortragen, die Pflicht zur Herausgabe

826 Oben 4. Kapitel § 3 B. II. 5. e. bb., S. 232 ff.

des Geldbetrages verstoße gegen das Prinzip der Freiwilligkeit. Der Aussage des BGH, eine „privatautonom eingegangene Selbstbindung zu Gunsten der Mediation“[827] verstoße nicht gegen das in § 1 Abs. 1 MediationsG niedergelegte Prinzip der Freiwilligkeit, ist selbstverständlich.

Nach § 1 Abs. 1 MediationsG muss die Freiwilligkeit aber *während* des Verfahrens, mithin *bei jedem Verfahrensschritt* vorliegen. Nur so lässt sich der Wortlaut des § 1 Abs. 1 MediationsG verstehen und nur so lässt sich die gesetzlich verbürgte Möglichkeit der Streitparteien, die Mediation jederzeit zu beenden (§ 2 Abs. 5 S. 1 MediationsG), erklären. Die Möglichkeit der Streitparteien zum jederzeitigen Abbruch der Mediation sichert das Erfordernis des *dauerhaften Vorliegens der Freiwilligkeit* während des ganzen Mediationsverfahrens ab.

Nach § 2 Abs. 2 Hs. 2 MediationsG vergewissert sich der Mediator, dass die Parteien freiwillig an der Mediation teilnehmen. Er soll nach dem Wortlaut des Gesetzes nicht fragen, ob eine Mediationsvereinbarung vorliegt oder ob es eine letztwillige Mediationsklausel gibt. Er soll sicher sein, dass die Teilnahme der Parteien an der konkreten Mediationssitzung freiwillig ist. Dessen muss er sich auch vergewissern, wenn das Mediationsverfahren aus mehreren Sitzungen besteht. Könnte die Freiwilligkeit der Teilnahme in irgendeiner Form antizipiert werden, wäre § 2 Abs. 2 Hs. 2 MediationsG sinnlos. Davon ist nicht auszugehen.

6. Eigenverantwortlichkeit

Ein weiteres Strukturmerkmal der Mediation nach § 1 Abs. 1 MediationsG ist die Eigenverantwortlichkeit der Parteien. Hierunter ist die Autonomie der Parteien in Bezug auf das Verfahren und insbesondere in Bezug auf das Mediationsergebnis zu verstehen. Der Mediator begleitet als „Third Party“ den Kommunikationsprozess. Er macht weder einen Entscheidungsvorschlag noch entscheidet er den Streit. Die Eigenverantwortlichkeit kann auch als „Selbstbehandlung“ des Konflikts durch die Parteien beschrieben werden. Die Parteien entscheiden, ob und wann sie ein Mediationsverfahren durchführen wollen, und sie entscheiden, wie dieses Mediationsverfahren ausgestaltet wird. Sie bestimmen den Mediator. Sie selbst suchen die Lösung des Konflikts. Eine solche „Selbstregulierung“ des Konflikts kann auch darin liegen, dass die Parteien die Mediation ergebnislos abbrechen und den Konflikt durch eine Klageerhebung vor das ordentliche Gericht bringen oder den Konflikt einer anderen außergerichtlichen Konfliktbeilegungsmethode zuführen.

827 BGH, Beschluss vom 14. Januar 2016 – I ZR 98/15 Tz 18.

Das Erfordernis der Eigenverantwortlichkeit unterstreicht die Bedeutung der Autonomie der Parteien in der Mediation. Die Parteien bleiben während des gesamten Verfahrens für die zur Konfliktbeilegung getroffenen Maßnahmen und Vorgehensweisen und insbesondere auch für den Inhalt der Abschlussvereinbarung, die im Regelfall schuldrechtlich als Vergleichsvertrag anzusehen ist, verantwortlich.[828]

7. Das Anstreben einer einvernehmlichen Beilegung des Konflikts

a. Konflikt

Obgleich es sich bei dem *Konflikt* um den „Dreh- und Angelpunkt" einer Konfliktbeilegung handelt und der *Konflikt* in § 1 Abs. 1 MediationsG als Begriffsmerkmal der Mediation verwendet wird, war der deutsche Gesetzgeber seltsam zurückhaltend bei der Beschreibung dessen, was er im Zusammenhang mit dem Mediationsgesetz unter dem Begriff *Konflikt* versteht.[829]

Offensichtlich wollte der Gesetzgeber Streitparteien keine Vorgaben machen, wann ein Konflikt vorliegt und wann nicht, und sah deshalb von der Definition des Konfliktbegriffs ab. Mithin müssen Streitparteien selbst festzustellen, ob sie nach *ihren Vorstellungen* einen Konflikt haben. Ob ein Konflikt vorliegt, lässt sich anhand objektiver Merkmale nicht festlegen. Sind zwei Streitparteien der Ansicht, sie haben einen Konflikt, gehen andere Parteien in derselben Situation vielleicht nicht von einem Konflikt aus und sehen keinen Bedarf für ein Konfliktbeilegungsverfahren.

Auch wenn die Frage, ob eine bestimmte Konstellation einen Konflikt darstellt, von jedem Beteiligten des Geschehens anders beurteilt wird, weil Menschen unterschiedliche Auffassungen haben, was unter den Begriffen *Harmonie, gut miteinander auskommen, Zusammenleben, Streit haben* zu verstehen ist, werden außergerichtliche Konfliktlösungsverfahren im Regelfall erst in Betracht gezogen, wenn die Differenzen zwischen den Beteiligten ein bestimmtes Maß überschritten haben oder offensichtlich negative Konsequenzen haben. Niemand wird davon ausgehen, dass eine fachliche Auseinandersetzung zwischen Kollegen oder ein Plausch über den interessanteren Urlaubsort einer Mediation bedarf.

---

828 *BT-DS 17/5335*, S. 14.

829 Ausführliche Darstellung der Begriffe *Konflikt* und *erbrechtlicher Konflikt*: oben 2. Kapitel § 1, S. 32 ff.

Die Mediationsrichtlinie[830], deren Umsetzung im Mediationsgesetz erfolgte, verwendet nicht den Begriff *Konflikt*, sondern spricht von „Streit". Auch die deutsche Übersetzung des Grünbuchs über alternative Verfahren zur Streitbeilegung im Zivil- und Handelsrecht[831] verwendet nicht den Terminus *Konflikt*, sondern ausnahmslos den Begriff „Streit". Nach der Mediationsrichtlinie sollte die gesetzliche Grundlage für außergerichtliche Verfahren geschaffen werden, um einen „einfacheren und verbesserten Zugang zum Recht"[832] zu schaffen, der nicht als „geringwertige Alternative zu Gerichtsverfahren"[833] angesehen werden sollte. Dieser Zugang zum Recht ist in einem weiten Sinne gemeint. Die Streitparteien sollen die Möglichkeit haben, an einem außergerichtlichen Streitbeilegungsverfahren teilzunehmen, wenn *sie* der Ansicht sind, eine Rechtsverletzung läge vor. Sie sollen den Zugang zum Recht auch haben, wenn nur eine Meinungsdifferenz über ein weiteres Vorgehen in einer Sache vorliegt oder die Parteien einen Streitgegenstand haben, der nicht justiziabel ist.[834] Die Verwendung des Begriffs „Streit" hätte sich durch seine Nähe zu dem Wort „Rechtsstreit" möglicherweise einschränkend ausgewirkt. Aus diesem Grunde muss der Begriff des *Konflikts* in § 1 Abs. 1 MediationsG im weitesten Sinne verstanden werden.

b. Anstreben

Die Definition des Mediationsbegriffes nach § 1 Abs. 1 MediationsG beinhaltet neben der Freiwilligkeit ein weiteres subjektives Element. Es handelt sich um das *Anstreben einer einvernehmlichen Beilegung des Konflikts*. Anstreben bedeutet *etwas zu erreichen suchen, etwas zum Ziel haben*.[835] Bei einer Mediation müssen die Streitparteien mithin das Ziel der einvernehmlichen Konfliktbeilegung haben. Dieses Tatbestandsmerkmal *Anstreben* einer einvernehmlichen Konfliktbeilegung wird im Schrifttum nur sehr stiefmütterlich behandelt.

Hagel kommt im Zusammenhang mit der Beschreibung der Gefahr, dass Streitparteien an einer Mediation gar kein Interesse haben, sondern die

---

830 Richtlinie 2008/53/EG des europäischen Parlaments und des Rates vom 21. Mai 2008 über bestimmte Aspekte der Mediation in Zivil- und Handelssachen, Amtsblatt der europäischen Union, 24.05.2008, L136/3 (Mediationsrichtlinie).

831 Grünbuch über alternative Verfahren zur Streitbeilegung im Zivil- und Handelsrecht vom 19.04.2002, CELEX: 52002DC0196.

832 Richtlinie 2008/53/EG (Mediationsrichtlinie), Erwägungsgrund 3.

833 Richtlinie 2008/53/EG (Mediationsrichtlinie), Erwägungsgrund 19.

834 Hier ist an einen Gerechtigkeits- oder Wertekonflikt zu denken (vgl. hierzu: *Montada*, Gerechtigkeitskonflikte, S. 38 ff.).

835 Duden, Universalwörterbuch, „*Anstreben*".

Mediation nur zur Informationsbeschaffung missbrauchen, um diese Informationen im Gerichtsverfahren zu verwenden, zu dem Ergebnis, eine Mediation könne „begrifflich nicht durchgeführt werden", wenn in ihr keine Konfliktbeilegung *beabsichtigt* sei, sondern im Gegenteil die nächste Stufe der Eskalation, das Entscheidungsverfahren, angestrebt werde.[836] *Greger* dagegen kommt ohne weitere Begründung zu der Aussage, es spiele für die Qualifikation des Verfahrens als Mediation keine Rolle, „ob die Beteiligten auch den ernsthaften Willen zu einer einvernehmlichen Konfliktlösung haben"[837]. *Fritz* beschreibt die einvernehmliche Konfliktbeilegung durch die Konfliktparteien selbst als „das zentrale Merkmal"[838] der Mediation. Diese Aussage ist in zweifacher Hinsicht unpräzise. Zum einen gibt es einvernehmliche Konfliktbeilegungen, die nicht durch ein Mediationsverfahren erreicht werden, wie beispielsweise erfolgreiche Verhandlungen der Streitparteien ohne einen neutralen Dritten. Zum anderen ist die erfolgreiche einvernehmliche Konfliktbeilegung gerade kein objektives Tatbestandsmerkmal einer Mediation. Nach § 1 des MediationsG müssen die Streitparteien die einvernehmliche Konfliktbeilegung *zum Ziel haben* (anstreben). Es handelt sich somit um ein subjektives Tatbestandsmerkmal, hier im Sinne einer Absicht. Die Streitparteien müssen zur Zielerreichung etwas tun. Um einkreisen zu können, was die Parteien tun müssen, muss das Ziel, die einvernehmliche Beilegung des Konflikts, näher betrachtet werden.

c. Das Ziel: Die einvernehmliche Beilegung des Konflikts

Das Ziel der Streitparteien soll die einvernehmliche Beilegung des Konflikts sein. Was ist darunter zu verstehen? In manchen Kommentaren zum Mediationsgesetz wird der Begriff der einvernehmlichen Konfliktbeilegung entweder gar nicht definiert, sondern als bekannt vorausgesetzt[839] oder auf die Fragen bezogen, *ob* überhaupt eine Mediation stattfinden und worüber eine Einigung erzielt werden solle.[840] *Hagel* bezeichnet die Mediation zwar als „Konsensualverfahren", trennt jedoch den Begriff der Einvernehmlichkeit nicht scharf genug von dem Begriff der Eigenverantwortlichkeit.[841] Die Eigenverantwortlichkeit ist,

836 Klowait/Gläßer/*Hagel*, HK-MediationsG, § 1 Rn16.

837 Greger/Unberath/Steffek/*Greger*, MediationsG, § 1 Rn. 29.

838 Fritz/Pielsticker/*Fritz*, MediationsG, § 1 Rn. 15.

839 Greger /Unberath/Steffek/*Greger*, MediationsG, § 1 Rn. 27.

840 Klowait/Gläßer/*Hagel*, HK-MediationsG, § 1 Rn. 17.

841 Klowait/Gläßer/*Hagel*, HK-MediationsG, § 1 Rn. 17: „Die Mediation ist ein Konsensualverfahren. Damit unterscheidet sie sich insbesondere von Streit-

wie vorstehend ausgeführt, die Verfahrensherrschaft der Streitparteien in Bezug auf das gesamte Mediationsverfahren, einschließlich der Entscheidung, wann es beginnt und endet.

Wie unterscheidet sich davon die Einvernehmlichkeit? In der Begründung des Gesetzentwurfs der Bundesregierung zum Entwurf eines Gesetzes zur Förderung der Mediation und anderer Verfahren der außergerichtlichen Konfliktbeilegung[842] ist, etwas versteckt, im Zusammenhang mit den Aufgaben des Mediators Folgendes zu lesen: „Hauptaufgabe der Mediatorin und des Mediators ist es, ohne eigene Entscheidungsbefugnis die Parteien dabei zu unterstützen, dass diese selbst ihre eigenen Interessen herausarbeiten, allseits vorteilhafte Einigungsoptionen entwickeln und eine einvernehmliche Vereinbarung zur dauerhaften Regelung ihres Konflikts treffen."[843] Hier ist sie also, die einvernehmliche Konfliktbeilegung: Eigene Interessen herausarbeiten, allseits vorteilhafte Einigungsoptionen entwickeln und eine einvernehmliche Vereinbarung treffen, die den Konflikt dauerhaft beilegt. Im Einzelnen:

aa. Herausarbeitung der Interessen

Rechtsanwälte/Juristen in der Mediationsausbildung fremdeln anfänglich häufig mit dem Begriff des Interesses. Es ist ihnen nicht ganz klar, was denn dieses Interesse einer Partei sein könnte, die beispielsweise einen Zahlungsanspruch aus Pflichtteilsrecht gegen die andere Partei hat. Sicher: Der Anspruch kann von seinem Rechtsgrund her streitig sein: „Ich möchte meinen Pflichtteil in Höhe von € 200.000,00." „Nein, der Erblasser konnte gar nicht dein Vater sein, der war damals in Kriegsgefangenschaft." Der Anspruch kann auch vom Umfang her streitig sein: „Das Verkehrswertgutachten ist ein Gefälligkeitsgutachten und die Konten in der Schweiz werden verheimlicht." „Du hast vom Erblasser vor Jahren eine Schenkung erhalten, also bekommst du jetzt nichts mehr." Sind das Interessen? Die Antwort lautet: ja, es sind Interessen – im allgemeinen Sprachgebrauch –, aber: nein, es sind keine Interessen nach der Theorie der Mediation,

---

entscheidungsverfahren, bei denen eine einseitige Verfahrensbeendigung grundsätzlich ebenso wenig möglich ist wie eine eigenverantwortliche Entscheidung."

842 Bundestag-Drucksache 17/5335, S. 14.

843 Bundestag-Drucksache, a. a. O., S. 14.; *Eidenmüller*, Verhandlungsmanagement, S. 53, fasst zusammen: „Der Mediator ist ein Katalysator für Problemlösungen, aber nicht mehr: Seine Hauptaufgabe ist es nicht, präzise Einigungsvorschläge zu machen, und erst recht nicht, die Beteiligten von der Legitimität oder Gerechtigkeit etwaiger Einigungsvorschläge zu überzeugen. Seine Hauptaufgabe ist es, diesen zu helfen, selbst allseits vorteilhafte Einigungsoptionen zu entwickeln."

die auf dem Harvard Negotiation Project und auf der strengen Trennung der Begriffe *Interesse* und *Position* beruht.

Das Interesse steht im Gegensatz zu der Position, die eine Streitpartei einnimmt und nach außen vertritt. Bei der Position handelt es sich um Ansprüche, die die Partei geltend macht, also um konkrete Forderungen: „Ich will € 200.000,00." Die Position der anderen Streitpartei ist: „Du bekommst nichts." Offenkundig haben die Parteien einen Konflikt. Soll dieser Konflikt nun bearbeitet werden, muss die Ebene der Positionen verlassen werden. Solange die Parteien nur um ihre Positionen streiten, so *Fisher/Ury/Patton*, seien sie nicht fähig, den Konflikt zu lösen, da sie sich nicht wirklich verstünden.[844]

Die rechtliche Betrachtung der vorstehenden Pflichtteilsforderung führt über § 1592 Nr. 1 BGB zu §§ 2303 ff. BGB. Es gäbe viele Möglichkeiten, den Fall zu variieren und rechtliche Probleme einzubauen. Er soll aber in seiner Simplizität dazu dienen, aufzuzeigen, dass mit dem Hinweis auf die Rechtslage der Fall zwar rechtlich geklärt sein kann. Die Streitparteien haben jedoch nicht die Chance, gegenseitig ihre Interessen mitzuteilen. Interessen im Sinne der Mediation sind die hinter den Positionen stehenden Motive, Gefühle, Sorgen und Bedürfnisse, die die Interaktionen der Streitparteien bestimmen.[845] Dieses Artikulieren der Interessen führe zu einem gegenseitigen Verständnis der Streitparteien, was sich positiv auf die Stimmungslage der Parteien auswirke und dazu führe, dass die Parteien einen gemeinsamen Ansatz der Konfliktlösung fänden. Hierbei handele es sich um den Ansatz des sachbezogenen Verhandelns der Mediation nach dem Harvard-Konzept.[846]

---

844 Vgl. *Fisher/Ury/Patton*, Harvard-Konzept, S. 28.

845 *Fisher/Ury/Patton*, Harvard-Konzept, S. 71 f., 76 ff., beschreiben als Grundtechnik des Mediators für die Interessenfindung die Frage nach dem „Warum" und die Frage nach dem „Warum nicht". Dazu ein Beispielsfall: Erbe A möchte das in den Nachlass des E gefallene Haus verkaufen. Miterbe B blockiert. Frage an A: Warum? „Ich brauche Geld." Frage an B: Warum nicht? „Ich möchte es übernehmen". Frage an A: Warum soll B nicht übernehmen? „Weil er nicht den Marktpreis zahlen möchte." Frage an B: Warum nicht? „Das Haus hat Renovierungsstau und mir fehlt zur Übernahme und der dann erforderlichen Renovierung die Liquidität." Die Chancen stehen nicht schlecht, dass den Parteien noch etwas einfällt, was für beide passt.

846 Vgl. *Fisher/Ury/Patton*, Harvard-Konzept, S. 34. *Friedman/Himmelstein*, S. 33 ff., haben den „verstehensbasierten Ansatz" der Mediation entwickelt, der noch mehr den Schwerpunkt auf das Konfliktverständnis der Parteien legt. Das Phasenmodell von *Friedman/Himmelstein*, S. 83 ff., bezeichnet als 3. Phase: „sich durch den Konflikt arbeiten".

Die Interessenfindung ist ein wichtiger Bestandteil des Mediationsverfahrens und wird bei Phasierungsmodellen im Regelfall in einer eigenen Phase praktiziert. *Kals/Ittner* beschreiben die Konfliktbearbeitung in dieser Phase anschaulich als „Eisbergmodell"[847]. Die Spitze des Eisbergs entspräche dem Verhalten der Streitparteien und ihren Positionen. Der größte Teil des Eisbergs seien die Interessen. Diese gelte es sichtbar zu machen. Nur dadurch würden sie für die andere Streitpartei verständlich.[848] Was könnten in dem vorstehend genannten Beispielsfall die Interessen der Beteiligten sein? Der unbekannte Vater soll Präsenz erhalten. Das Kind möchte zur Familie gehören. Der Liquiditätsabfluss wird von den Erben nur als Verlust empfunden. Die Erben fühlen sich von dem Vater übergangen und sind wütend.

Konflikte sind immer ein Sammelsurium verschiedener Interessen. Sind mehrere Parteien an einem Konflikt beteiligt, kann der Zeitaufwand für die Interessenermittlung erheblich steigen. Manchmal haben nicht nur die Streitparteien widerstreitende Interessen, sondern eine Partei selbst steckt in einem Dilemma. Oder die Parteien haben in die Mediation eingebundene Rechtsanwälte oder Steuerberater, die Verfahrens- oder Kosteninteressen haben.[849] Diese Vielzahl von Interessen kann zu langen Mediationsverfahren führen oder dazu, dass die Mediation scheitert.[850]

---

847 *Kals/Ittner*, S. 57 ff.

848 Vgl. *Kals/Ittner*, S. 57.

849 *Mnookin/Ross*, S. 20 ff., nennen diese Thematik in Bezug auf Berater das „principal/agent problem". Dieses besteht darin, dass der Berater oder Bevollmächtigte einer Streitpartei in Verhandlungen und auch vor Gericht nicht nur die Interessen seines Auftraggebers, sondern auch eigene Interessen verfolgt. *Mnookin/Ross* weisen darauf hin, dass sich das „principal/agent problem" nicht nur auf die finanzielle Seite der Tätigkeit von Beratern beziehe, sondern auch auf ihre Reputation als harter oder kooperationsbereiter Anwalt. Manchmal beziehe sich das Eigeninteresse des Beraters auch einfach nur darauf, am besten zu wissen, was für den Mandanten gut sei. Dieses „principal/agent problem" kann Einfluss auf die Entscheidung der Mandanten/Medianten haben, den Konfliktfall außergerichtlich lösen zu wollen, oder es kann Einfluss auf die Entscheidung der Mandanten/Medianten darauf haben, welche Interessen sie der anderen Streitpartei mitteilen und welche sie geheim halten. *Mnookin/Ross*, S. 21, bezeichnen das „principal/ agent problem" als eine der „barriers to conflict resolution".

850 *Letzel*, S. 167 ff., zum Scheitern von Mediationen allgemein und *Letzel*, S. 173, zum Scheitern der Mediation als verdecktes Ziel einer Streitpartei; *Mnookin/Roos*, S. 7 ff.

bb. Entwicklung von allseits vorteilhaften Einigungsoptionen

Die Mediation soll dazu führen, dass die Streitparteien selbst Lösungsoptionen für ihren Konflikt entwickeln. Diese Lösungsoptionen sollen „allseits vorteilhaft" sein. Was genau darunter zu verstehen ist, lässt der Gesetzgeber in seiner Begründung zum Gesetzesentwurf offen. Nach *Fischer/Ury/Patton* könnten Einigungsoptionen zum beiderseitigen Vorteil nur gefunden werden, wenn die Streitparteien nicht vorschnell Urteile fällen und sich darauf einlassen, mehrere Lösungsoptionen anzudenken, und wenn sich die Streitparteien von der Vorstellung verabschieden, „der Kuchen sei begrenzt"[851]. Diese führt dazu, dass jeder Vorteil des anderen als eigener Verlust angesehen wird. Der wichtigste Schritt der Streitparteien zur Lösungsfindung ist die Suche nach gemeinsamen Interessen.[852] *Friedmann/Himmelstein* nennen dieses Vorgehen die „Strategie […], um gemeinsame Werte zu schaffen"[853]. Diese gemeinsamen Interessen/gemeinsamen Werte müssen nicht unmittelbar mit dem Konfliktgegenstand zu tun haben. Sie können diesen erweitern. Es müssen nicht immer die klassischen Beispiele der Mediationsliteratur verwirklicht werden: Zwei Unternehmer haben einen Konflikt. Sie lösen diesen und gründen gemeinsam ein weiteres Unternehmen. Das gemeinsame Interesse kann auch etwas unscheinbarer sein. Beispielsweise kann es sich auf den weiteren Verlauf einer streitigen Angelegenheit beziehen. In dem oben genannten Beispiel des Pflichtteilsberechtigten, dessen Abstammung vom Erblasser von den Erben angezweifelt wird, könnte ein gemeinsames Interesse darin gesehen werden, manche Fragen der Familiengeschichte bewusst offen zu lassen und die Pflichtteilssache sachlich und ohne Emotionen abzuwickeln.

(1) Konsens vs. Kompromiss

Der Ansatz der Mediation, „allseits vorteilhafte Einigungsoptionen" zu entwickeln, findet sich nur in der Begründung zum Entwurf des Gesetzes zur Förderung der Mediation und anderer Verfahren der außergerichtlichen Konfliktbeilegung.[854] Die „allseits vorteilhaften Einigungsoptionen" fanden keinen textlichen Niederschlag im Mediationsgesetz. Dennoch gehören sie zum Standartrepertoire einer Mediation. In der Mediationsliteratur wird versucht, die „allseits vorteilhaften Einigungsoptionen" mithilfe einer Unterscheidung der

---

851 *Fisher/Ury/Patton*, S. 110.
852 Vgl. *Fisher/Ury/Patton*, S. 93.
853 *Friedmann/Himmelstein*, S. 283 ff.
854 BT-DS 17/5335.

Begriffe Kompromiss und Konsens zu erklären.[855] Als Rechtsbegriff ist der Konsens dem Juristen seit Beginn seines Studiums bekannt. Er kennt das formelle und materielle Konsensprinzip und er kennt das Erfordernis der Übereinstimmung der Willenserklärungen beim Abschluss eines Vertrags.

Bei Konflikten oder streitigen Fragen in Bezug auf die Dogmatik wurde im kanonischen Recht eine besondere Methode der Entscheidungsfindung entwickelt. Dieses Verfahren und dessen Ergebnis ist der *consensus.*[856] Ziel des *consensus* ist es, eine Entscheidung ohne Widerspruch herbeizuführen. Dafür werden so viele Lösungsoptionen überlegt und verhandelt, bis für alle am Entscheidungsprozess Beteiligten ein akzeptables Verhandlungsergebnis erreicht ist.[857] Der Konsens ist mithin die Übereinstimmung verschiedener Personen oder Institutionen zu einer Frage oder ein gemeinsames Verhandlungsergebnis. Er bezeichnet den Prozess der Entscheidungsfindung und das formulierte Ergebnis, das sich für alle Parteien als akzeptabel darstellt, da durch das Auffinden gemeinsamer übergeordneter Interessen die eigenen Interessen der Streitparteien entweder ebenfalls erfüllt sind oder zurücktreten.

Im Gegensatz zum Konsens wird in der Mediationsliteratur der Kompromiss gesehen.[858] Ein Kompromiss stellt nach allgemeinem Verständnis eine teilweise erzielte Einigung in einem Konflikt dar, die dadurch zustande kommt, dass alle Konfliktbeteiligten auf einen Teil ihrer Forderungen verzichten. Der Vorteil eines Kompromisses liegt darin, dass der Konflikt überhaupt bearbeitet wurde. Der Nachteil kann darin liegen, dass der Kompromiss den Konflikt nur partiell

---

855 *Hofmann*, S. 39 f.; *Schwarz*, Konfliktmanagement, S. 298 ff.

856 Der Konsens hat eine lange Tradition. Aus dem kanonischen Recht stammen als *consensus* bezeichnete Urkunden, die Übereinstimmungen in Bezug auf die kirchliche Dogmatik festhalten. Zur Geschichte des Konsensbegriffs vgl. *Mayer-Maly*, S. 91 ff.

857 Ausführlich *Thiele*, S. 283 ff., zum Begriff Konsens und zur Konsensregel bei internationalen Verhandlungen.

858 *Schlieffen/Ponschab/Rüssel/Harms*, S. 5: „Kompromiss: Man einigt sich im Wege des gegenseitigen Nachgebens; um des lieben Friedens willen übt ein jeder ein wenig Verzicht. Der ausgeglichene Kompromiss kennt nur Verlierer. Konsens: Ergebnis eines Verfahrens, auf das man sich geeinigt hat, um eine Lösung zu finden, die den Interessen aller Beteiligten gerecht wird. Der gelungene Konsens kennt weder Gewinner noch Verlierer, sondern nur autonome Gestalter einer wechselseitigen Verpflichtung." *Wendenburg*, S. 13 f.: „Während in der Rechtswissenschaft der Konsens schlicht die Übereinstimmung zweier Willenserklärungen bezeichnet, wird der Konsensbegriff in der Mediationsliteratur als *terminus technicus* in Abgrenzung zum Kompromissbegriff verwendet."

löst. Dies entweder in Bezug auf die relevanten Rechts- und Sachfragen oder in Bezug auf einen bestimmten Zeitraum. Im Arbeitsrecht stellen die Ergebnisse der immer wiederkehrenden Tarifverhandlungen und der ritualisierten „Konflikteskalationen“ wie Streik und Aussperrung temporäre Konfliktlösungen im Sinne von Kompromissen dar. Die Streitparteien haben in der bestehenden Konfliktsituation eine Lösung gefunden, die für beide Parteien akzeptabel ist. Die eigentliche Konfliktursache, die in der gefühlten Ungerechtigkeit auf beiden Seiten liegt, wurde jedoch nicht beseitigt. Es ist damit zu rechnen, dass derselbe Konflikt sich zeitnah wieder zeigt.

Anders ist dies bei einem Konsens. Bei diesem kann aus den unterschiedlichen Positionen der Streitparteien eine nachhaltige, die Interessen beider Streitparteien berücksichtigende Lösung gefunden werden. Ein Konsens liegt vor, wenn die Streitparteien dieser Lösung vollinhaltlich und ehrlich zustimmen, da sie die Lösung für beide Parteien als fair betrachten. Solche Lösungen zu finden ist bei sozialen Konflikten ausgesprochen schwierig und nur in langen Diskursen möglich. Im Zusammenhang mit der Mediation ist die begriffliche Unterscheidung zwischen Konsens und Kompromiss nicht zwingend. Zum einen lassen sich die Begriffe Konsens und Kompromiss trotz aller Ein- und Abgrenzungsversuche nicht ganz scharf voneinander abgrenzen, zum anderen muss das Mediationsergebnis, auch wenn die Unterscheidung von Konsens und Kompromiss vorgenommen wird, nicht zwingend ein Konsens sein.[859] Das Mediationsgesetz macht keine normativen Vorgaben.

(2) Der gerichtliche Vergleich

Der gerichtliche Vergleich ist eher ein Kompromiss als ein Konsens. Die Güteverhandlung soll nach § 278 Abs. 2 ZPO der streitigen Verhandlung vorausgehen, hat aber in praxi selten eine deutliche Abgrenzung zur streitigen Verhandlung. Zu Beginn der (Güte-)Verhandlung erfolgt die Einführung in den Sach- und Streitstand und anschließend die Mitteilung der vorläufigen Rechtsauffassung des Gerichts. Im Regelfall folgen die informatorische Anhörung der Parteien und die Rechtsausführungen der Rechtsanwälte. Meistens macht das Gericht dann einen Vergleichsvorschlag. Dieser stellt, in Vergleichsform, ungefähr die Entscheidung dar, die das Gericht noch ohne Beweisaufnahme *hic et nunc* treffen würde. Einschließlich der Kostenentscheidung. Entscheiden sich

---

859 *Glasl*, S. 401: „Der klassische ‚Mediator‘ bemüht sich zwischen den Parteien um einen akzeptablen Kompromiss, der den Interessen aller Rechnung trägt und eine Koexistenz ermöglicht.“

die Streitparteien nach Beratung mit ihren Rechtsanwälten, diesem Vergleich, gegebenenfalls mit kleineren Abweichungen, zuzustimmen, wird dieser protokolliert. Es ist deutlich, dass ein Kompromiss erzielt wurde. Von einem Konsens im Sinne eines gemeinsamen Verhandlungsergebnisses kann nicht gesprochen werden.

Das Zustandekommen eines Konsenses ist bei einem Konflikt, der als Rechtsstreit anhängig ist, nicht mehr möglich. Die Prozessparteien könnten trotz des anhängigen Verfahrens, auch noch über den Schluss der mündlichen Verhandlung hinaus, eine eigene Konfliktlösung finden und das Verfahren beenden. Prozessrechtlich eignet sich der Weg über § 278 Abs. 6 ZPO oder eine Klagerücknahme mit der Absprache, dass die beklagte Partei keinen Kostenantrag stellt und die Parteien die Gerichtskosten teilen. Bis ein Vergleich steht, kann der Antrag auf Ruhen des Verfahrens gestellt oder das Gericht ersucht werden, den Verkündungstermin wegen anstehender Vergleichsgespräche hinauszuschieben. Dennoch hat die Vorbereitung des Verfahrens durch die Schriftsätze und die mündliche Verhandlung im Regelfall den Konflikt so stark verrechtlicht, dass die Parteien, auch wenn sie es wollten, nicht mehr miteinander kommunizieren können, da die Sprache des Rechts die eigene Sprache der Parteien in Bezug auf die Schilderung der eigenen Interessen und das Finden gemeinsamer Interessen verdrängt hat. *Messmer* charakterisiert das Gerichtsverfahren als „praktiziertes Konfliktmanagement, das auf die Aufhebung selbstrekursiver Konfliktzirkel zielt"[860]. Die Tatsachenfeststellungen und das Anwenden von Normen bewirke eine wirksame und nachhaltige Neutralisation der persönlichen Überzeugungen der Konfliktparteien. Die Konfliktparteien würden separiert, was zur Durchbrechung von Dynamiken der Konflikteskalation führe. Die „Umformung sozialer Konflikte in die Sprache des Rechts"[861] führe zum unmittelbaren Ende der Interaktion der Konfliktparteien.

Dem ist zuzustimmen. „Wir bitten, die weitere Korrespondenz ausschließlich über unsere Kanzlei führen zu wollen", ist ein Standardsatz in anwaltlichen Schriftsätzen. Die Kommunikation und die Streitentscheidung werden den Parteien aus der Hand genommen. Das ist nicht immer schlecht. Es gibt Konfliktparteien, die nicht kommunizieren können oder wollen, und es gibt Konflikte, über die nicht kommuniziert werden kann. Auch in diesen Fällen ist es erforderlich, dass der Konflikt reguliert wird. Hierfür ist das Gericht „die richtige Adresse". Die Streitparteien müssen sich nur darüber im Klaren sein, dass im

860 *Messmer*, Sprache des Rechts, S. 233 (264).

861 *Messmer*, a. a. O., S. 233 (259).

Gerichtsverfahren die Konfliktursachen keine Relevanz haben. Dies fällt Streitparteien oft im Zusammenhang mit einem gerichtlichen Vergleich besonders auf. Der Bruder, der sich „nie um die alte Mutter gekümmert hat", bekommt seinen Pflichtteil. Nicht alles, was er verlangt hat, „aber trotzdem noch zu viel". Die Schwester, die „sich das Haus der Eltern unter den Nagel gerissen hat", bekommt jetzt trotzdem noch ihren Erbteil. Nicht in voller Höhe, „aber trotzdem noch zu hoch". Die Tochter, die für den Erblasser General- und Vorsorgevollmacht hatte, muss gegenüber den Erben gemäß §§ 1922, 666 ff. BGB Auskunft erteilen. „Danke für meine Arbeit sagte keiner." Solche oder ähnliche Aussagen der Streitparteien sind nach gerichtlichen Vergleichen häufig. Der Konflikt ist mit einem Vergleich (oder Urteil) zwar möglicherweise nicht gelöst und beendet, im rechtlichen Sinne aber entschieden und sozial reguliert.[862]

(3) Resümee

Zusammenfassend lässt sich feststellen, dass das Ergebnis eines Mediationsverfahrens idealiter ein Konsens ist. Dieser Konsens ist, im Sinne eines *consensus*, ein Verhandlungsergebnis, das nicht nur mit *Zustimmung* der Streitparteien, sondern in *Übereinstimmung* der Streitparteien erzielt wurde. Das Ergebnis des Konfliktbeilegungsprozesses *Mediation* wird mithin nicht dadurch erreicht, dass jede Streitpartei etwas „nachgibt", sondern das Ergebnis wird dadurch erreicht, dass die Streitparteien gemeinsame übergeordnete Interessen auffinden. Die eigenen Interessen der Streitparteien werden dadurch erfüllt oder nicht mehr weiterverfolgt.

Die scharfe Abgrenzung der Verfahrensergebnisse Konsens und Kompromiss ist nicht immer möglich. Radikalisierungen dahingehend, dass das Ergebnis einer Mediation ein Konsens sein müsse, sind abzulehnen.[863] Auch wenn die Mediation ein konsensuales Verfahren ist, kann das Ergebnis der Mediation ein Kompromiss (jeder rückt von seiner Position etwas ab) sein. Der Konsens bezieht sich auf das Verfahren selbst. Durch diese Betrachtungsweise kann vermieden werden, dass die Parteien unter Druck geraten, gemeinsame Interessen zu finden. Es gibt gerade im Erbrecht eine Reihe von „alles oder nichts"-Konflikten.[864]

---

862 *Messmer*, a. a. O., S. 233 (264).

863 *Schlieffen/Ponschab/Rüssel/Harms*, S. 5: „Der ausgeglichene Kompromiss kennt nur Verlierer." „Der gelungene Konsens kennt weder Gewinner noch Verlierer, sondern nur autonome Gestalter einer wechselseitigen Verpflichtung."

864 Vgl. „Konstantsummen-Konfliktgegenstände": Oben 2. Kapitel § 3 C. II., S. 51 ff.

Hier liegt das maximale Verhandlungsergebnis darin, überhaupt eine außergerichtliche Streitbeilegung hinzubekommen.

cc. Dauerhafte Regelung des Konflikts

Die dauerhafte Regelung eines Konflikt ist möglich, wenn die Streitparteien entweder einen vernünftigen Kompromiss gefunden haben und diesen durch die genaue Benennung der streitigen Punkte, auf die er sich beziehen soll, und umfangreiche Erledigungserklärungen abgesichert haben oder wenn sich die Parteien eine konsensuale Lösung ihres Konflikts erarbeitet haben, hinter der sie stehen und die sie nicht durch weitere Konflikt gefährden wollen. Ein Konflikt beispielsweise in einem Team, der immer wieder aufflammt, wurde noch nicht abschließend bearbeitet. Nach der Theorie der Mediation ist davon auszugehen, dass es noch verdeckte Interessen gibt, die eine abschließende Konfliktbeilegung verhindern. Möglich wäre auch, dass eine Evaluation des Mediationsergebnisses nicht stattfand. Vielleicht war das finanzielle oder zeitliche Budget erschöpft und das Mediationsergebnis wurde zu schnell festgezurrt und wird nicht von allen an der Mediation Beteiligten getragen. Hier müssten die an der Mediation Beteiligten die Initiative ergreifen und die Mediation noch einmal „eröffnen". Bei Konflikten, die Rechtsfragen beinhalten, ist es Ziel, dass die Streitparteien einen Vergleichsvertrag schließen, der die streitgegenständlichen Fragen abschließend regelt.

III. Die „Mediationsleistung" der Streitparteien

§ 1 Abs. 1 MediationsG birgt eine Reihe von objektiven und subjektiven Elementen des Begriffs der Mediation. Das Verfahren ist vertraulich und strukturiert. Es gibt einen oder mehrere Mediatoren. Die Parteien müssen freiwillig und eigenverantwortlich agieren und eine einvernehmliche, dauerhafte Konfliktbeilegung wollen. Aber was müssen die Parteien faktisch tun? Das MediationsG beinhaltet keine Leistungspflichten der Streitparteien. Selbst der Satz: die Parteien wählen den Mediator aus (§ 2 Abs. 1 MediationsG) stellt keine Leistungsverpflichtung dar, sondern beinhaltet das *Recht* der Parteien, den Mediator auszuwählen.

Die Leistung, die von den Streitparteien erbracht werden muss, damit eine Mediation stattfinden und zu einer Konfliktbeilegung führen kann, kann sich nur aus der Struktur eines Mediationsverfahrens ergeben oder aus einer Absprache der Parteien. Haben die Streitparteien nicht schon vor Entstehung eines Konflikts besprochen, im Konfliktfall eine Mediation versuchen zu wollen, müssen sie sich nach der Entstehung eines Konflikts darauf einigen, eine einvernehmliche Beilegung des Konflikts anzugehen. Dann müssen die Streitparteien aktiv werden und ihre Einzelaktivitäten koordinieren. Es muss der Mediator ausgewählt und es muss besprochen werden, welche Unterlagen und Informationen er vorab erhält und welche der Streitparteien diese Unterlagen zusammenstellt oder den Mediator informiert. Gerade in dieser erforderlichen Koordinationsleistung liegt eine nicht zu unterschätzende Hürde auf dem Weg zu einer Mediation, da sich Streitparteien, insbesondere bei einer fortgeschrittenen Eskalation des Konflikts, im Regelfall misstrauen und ihren Kontrollzwängen – was sagt A dem Mediator?, welche Unterlagen gibt B dem Mediator?, warum schlägt A den Mediator X vor? – freien Lauf lassen. Wird diese Hürde gemeistert, muss abgestimmt werden, wo und wann die Streitparteien zusammenkommen und wer an der Mediation teilnehmen wird. In erbrechtlichen Auseinandersetzungen wollen im Regelfall die Ehepartner der Miterben, oder auch die erwachsenen Kinder, teilnehmen.

Diese Leistungen der Streitparteien zur Anbahnung der Mediation können als „Koordinationsleistungen" bezeichnet werden. Nun müssen sich die Parteien an einem festgelegten Ort zu einer festgelegten Uhrzeit zusammensetzen. Die Parteien sitzen am Tisch und hören sich die Begrüßung durch den Mediator an, des Weiteren die Einführung, wie eine Mediation abläuft, und sie lauschen den Umgangsregeln, die für Mediationen festgelegt werden. Die Parteien haben eine „Anwesenheitsleistung" zu erbringen. Diese kann auch erbracht werden, wenn die Streitparteien diese Leistung nur widerwillig erbringen oder eine Anwesenheitspflicht haben, sei es, weil sie sich selbst vertraglich verpflichtet haben, sei es, weil sie von einem Dritten zu der Teilnahme an einer Mediation verpflichtet wurden. Nun reicht es aber nicht, wenn die Parteien sich zu einer vereinbarten Uhrzeit in den vereinbarten Räumlichkeiten treffen. Es reicht auch nicht, wenn eine der Streitparteien das Wort ergreift, sich aber gar nicht für die Interessen oder die Aspekte der anderen Streitpartei interessiert, sondern auf ihren Ansprüchen insistiert, also im „reinen Positionskampf"[865] verbleibt.

Zurückkommend auf das, was der Gesetzgeber unter der einvernehmlichen Beilegung des Konflikts verstanden haben möchte, liegt die „Mediationsleistung" der Parteien darin, dass sie ihre eigenen Interessen herausarbeiten, allseits vorteilhafte Einigungsoptionen entwickeln und eine einvernehmliche Vereinbarung zur dauerhaften Regelung ihres Konflikts treffen. Sie müssen also miteinander kommunizieren. Es ist die Aufgabe des Mediators, die Kommunikation der Streitparteien so zu fördern, dass sie dieses Ziel erreichen können. Der Mediator wird den Streit nicht entscheiden und den Parteien auch keine Entscheidung in

865 *Fisher/Ury/Patton*, S. 156 f.

den Mund legen. Deshalb müssen die Parteien selbst zielführend kommunizieren. Wie können sie dies bewerkstelligen?

Die Antwort ist: Die Parteien müssen miteinander verhandeln. *Fisher/Ury/Patton* definieren den Begriff Verhandeln als „[...] wechselseitige Kommunikation mit dem Ziel, eine Übereinkunft zu erreichen, wenn man mit der anderen Seite sowohl gemeinsame als auch gegensätzliche Interessen hat"[866]. *Fisher/Ury/Patton* unterteilen das Verhandeln bei Konflikten in zwei Gruppen: das harte Verhandeln und das weiche Verhandeln. Beim harten Verhandeln setze sich eine Partei gegenüber der anderen Partei durch. Dem gegenüber stehe das weiche Verhandeln der Partei, die nachgebe. Die dritte und effektivste Art und Weise des Verhandelns sei das im *Harvard Negotiation Project* entwickelte sachbezogene Verhandeln. Bei dieser Verhandlungsmethode feilschten die Parteien nicht um ihre Positionen, sondern entschieden Streitfragen nach ihrer Bedeutung und ihrem Sachverhalt. Durchsetzen oder Nachgeben seien nicht das Verhandlungsergebnis, sondern die Streitparteien arbeiteten auf gegenseitigen Nutzen (Ressourcenvergrößerung) hin und ließen zu, dass es trotz widerstreitender Interessen zu einer fairen Lösung des Konflikts kommen könne.[867]

Der Verhandlungsansatz des *Harvard Negotiation Project* ist nicht unkritisiert geblieben.[868] *Menkel-Meadows* fasst die verschiedenen Kritikansätze zusammen: Die Grundannahme, jede Ressourcenknappheit, die den Konflikt ausgelöst habe, könne mithilfe des sachbezogenen Verhandelns überwunden werden, führe zu unpräzisen Verallgemeinerungen. Kulturelle Unterschiede der Streitparteien, Gender und die Frage, ob die streitige Auseinandersetzung mehr rational oder emotional geführt werde, würden im Rahmen des sachbezogenen Verhandelns nicht berücksichtigt.[869]

Der deutsche Gesetzgeber hat in das Mediationsgesetz keinen expliziten Verhandlungsansatz aufgenommen. Das Ziel der Aktivitäten der Streitparteien im Rahmen einer Mediation muss eine konsensuale Konfliktbeilegung sein. Einen Konsens zu finden, ist nur über Verhandeln möglich.[870] Verhandeln als Verfahren zur Konfliktlösung bedingt, dass die Parteien auf gleicher Ebene miteinander kommunizieren *können*[871] und miteinander kommunizieren *wollen*. Die

866 *Fisher/Ury/Patton*, S. 19.
867 Vgl. *Fisher/Ury/Patton*, S. 20.
868 Ausführliche Übersicht zu der Kritik am sachbezogenen Verhandeln: *Rosner/Winheller*, S. 89 mit w. Nw.
869 *Menkel-Meadows*, Gotten to Yes, S. 485 (492).
870 *Rosner/Winheller*, S. 46: „Mediation ist unweigerlich eine Verhandlung."
871 *Bastine*, Die andere Scheidung, S. 20 ff.

Streitparteien haben somit eine „Kommunikations-/Verhandlungsleistung“ zu erbringen. Darüber hinaus sollen sie produktiv sein und eine einvernehmliche Lösung finden, also eine „Lösungsfindungsleistung“ erbringen.

Bei Vorstehendem handelt es sich lediglich um einen groben Überblick über einzelne Stationen eines Mediationsverfahrens unter Zugrundlegung der strukturellen Merkmale des Mediationsbegriffes des § 1 Abs. 1 MediationsG. Sicher könnten noch viele einzelne „Mediationsleistungen“ herauskristallisiert werden.[872] Der eine oder andere Leser wird vielleicht sagen, die Verfasserin habe dies oder das vergessen. Diesbezügliche „Vollständigkeit“ ist von der Verfasserin jedoch nicht gewollt. Sie wird auch nicht möglich sein, da die Beantwortung der Frage, welche „Mediationsleistungen“ im Einzelnen zu erbringen sind, von dem Konfliktgegenstand, von der Anzahl der beteiligten Personen, von der Art und Weise der Durchführung des Mediationsverfahrens im Einzelfall und von der Eskalationsstufe des Konflikts abhängig ist. Es ist nicht möglich, die Mitwirkung der Parteien an einer Mediation in eine unüberschaubare Anzahl einzelner Handlungen, wie auswählen (Mediator), vereinbaren (Termin), erscheinen, verhandeln, informieren, geheimhalten, Lösung anstreben, interaktiv sein etc., und einzelner „Unterlassungen“, wie stören, abschalten, ausfällig werden, Killerphrasen verwenden, Unwahrheit sagen etc., zu trennen.[873]

Die unmögliche vollständige Aufzählung einer unüberschaubaren Anzahl von einzelnen Verpflichtungen der Streitparteien im Zusammenhang mit einer Mediation zeigt deutlich das daraus erwachsende Erfordernis: Die „Mediationsleistungen“ müssen zu einem Begriff zusammengezogen werden. Was müssen die Parteien in einer Mediation tun? Die Parteien müssen kooperieren.

---

872 *Hacke*, S. 46, führt die Pflicht der Parteien an, „weder zu täuschen noch zu drohen, noch […] den Streit eskalieren zu lassen“. Des Weiteren geht er von der Verpflichtung der Parteien aus, „[…] die wesentlichen Informationen offenzulegen und mit der anderen Partei über den Konflikt aktiv zu verhandeln“. *Trams*, S. 138 ff., nennt eine allgemeine Verfahrensförderungspflicht, eine Mitwirkungspflicht bei der Bestimmung des Mediators und eine Kostenvorschusspflicht. Des Weiteren sieht er eine Loyalitätspflicht und Wahrheitspflicht. Greger/Unberath/Steffek/*Greger*, MediationsG, § 1 Rn. 188 ff., sieht die Verpflichtung zur Teilnahme an einer ersten Mediationssitzung; ebenso: *Fischer*, Mediationsabrede, S. 61 (75).

873 Vgl. a. A. Eidenmüller/Wagner/*Wagner*, Mediationsrecht, S. 79.

§ 4 Mediation und Kooperation

A. Der Begriff der Kooperation

I. Allgemeines

Der Begriff der Kooperation lässt sich nicht ohne Weiteres definieren. Obgleich das Wort Kooperation jedem bekannt sein dürfte, entzieht sich der Begriff der Kooperation einer verbindlichen Festschreibung. Seinen Ursprung hat das Wort „Kooperation" in dem lateinischen Wort „cooperatio", was *Zusammenwirken, Mitwirkung, Zusammenarbeit* bedeutet. Der Begriff der Kooperation wird in mehreren Fachdisziplinen verwendet, was dazu führt, dass jede Fachdisziplin ihn für ihr eigenes System definiert. Die Folge hiervon ist, dass es keinen allgemeingültigen Begriff der Kooperation gibt.

In der Betriebswirtschaft wird Kooperation im Regelfall als „strategische Kooperation" angesehen, mithin als „die Form, in der eigennützige Wirtschaftsmenschen ‚sozial' miteinander umgehen"[874], um die eigenen Ziele zu erreichen oder zu maximieren. Als wichtigste Kooperationsmerkmale einer Unternehmenskooperation sieht die Betriebswirtschaft die „Zielorientierung der Zusammenarbeit, die aktive Haltung der beteiligten Partner, die Freiwilligkeit der Zusammenarbeit, die rechtliche und wirtschaftliche Selbstständigkeit, die Kündbarkeit der Zusammenarbeit und die Dauer der Zusammenarbeit"[875]. Es handelt sich bei dieser Aufzählung um Strukturelemente einer Kooperation, die, unabhängig von ihrer Einbettung in einen betriebswirtschaftlichen Kontext, als „typische" Merkmale einer Kooperation angesehen werden.

In der Sozialwissenschaft wird von einer Kooperation ausgegangen, wenn Mitglieder eines Systems durch ihre Handlungen weitgehend übereinstimmende Ziele anstreben und das Erreichen seines Zieles durch ein Mitglied des Systems die Wahrscheinlichkeit erhöht, dass die anderen Mitglieder des Systems ebenfalls ihre Ziele erreichen.[876] Im Gegensatz zur Kooperation sieht *Thomas* die Koaktion, bei der Arbeitsverrichtungen zum Zweck der Erhöhung der Effektivität der Arbeitsleistung zeitlich und inhaltlich miteinander verzahnt sein können, die Beteiligten jedoch kein gemeinsames Ziel haben.[877] *Franz* unterscheidet in

874 *Biesecker*, S. 10 f.

875 *Fontanari*, S. 35 f.

876 *Thomas*, S. 117, weist darauf hin, dass in dem System ein Verhalten vorherrschen muss, aus dem für alle Gruppenmitglieder der größte gemeinsame Gewinn resultiert.

877 *Thomas*, S. 117. Die Definition der Kooperation mit „Zusammenarbeit" (vgl. *Rupprecht-Däullary*, S. 5 ff. mit w. Nw. für die zwischenbetriebliche Kooperation) wird

Bezug auf das gemeinsame Handeln mehrerer Personen oder Personeneinheiten zwischen *strong ties*, die durch Intimität, Konstanz, Beharrungskraft und Stabilität gekennzeichnet seien, und *weak ties*, die sich auf pragmatische, kurzweilige gemeinsame Aktivitäten beschränken. Eine Kooperation könne aber, unabhängig vom Intensitäts- und Bindungsgrad des gemeinsamen Handelns, immer nur vorliegen, wenn die Parteien ein gemeinsames Ziel hätten.[878]

II. Der Kooperationsbegriff *Deutschs*

Der Sozialpsychologe und Konfliktforscher *Morton Deutsch* definierte den Begriff Kooperation rein aus dem Gegensatz zu dem Begriff Konkurrenz und machte den Unterscheid daran fest, ob die Parteien ein gemeinsames Ziel hätten oder ob sie dieses nicht hätten. Im Gegensatz zur Konkurrenz liegt die Kooperation für *Deutsch* darin, dass die Ziele der Beteiligten der jeweiligen Situation miteinander verbunden seien, und zwar dergestalt, dass jeder Teilnehmer sein Ziel nur dann erreichen könne, wenn die anderen, mit denen er verbunden sei, ebenfalls ihre Ziele erreichten. Die Kongruenz liege mithin nicht im konkreten Ziel eines jeden Beteiligten, sondern darin, dass jeder seine Ziele erreichen möchte und hierzu die Kooperation brauche. Die Beurteilung der Ziele durch einen Dritten oder in Bezug auf die Auswirkungen der Ziele auf einen Dritten erfolge wertneutral. Das gemeinsame Ziel, die Verwirklichung der Ziele jedes Beteiligten, könne für einen Dritten einen Nachteil darstellen. Dies ändere aber nichts am möglichen Vorliegen einer Kooperation der Ausgangsparteien.[879] *Deutsch* unterscheidet die Ziele im Sinne von Ergebnissen nicht von den Motiven der Beteiligten. Er fokussiert auf die Verknüpfung der Ziele als unverzichtbare Voraussetzung der Kooperation.

In seinen vielfältigen empirischen Untersuchungen in Bezug auf inter- und intragruppale Kooperation und Konkurrenz wies *Deutsch* nach, dass kooperative Gruppen im Gegensatz zu konkurrierenden Gruppen untereinander ein vollständig anderes Kommunikationsverhalten zeigen: wirksamere Kommunikation unter den Beteiligten, eine größere Aufgeschlossenheit den Gedanken

---

teilweise als ungenügend angesehen. *Thiel*, S. 73 ff.: „[...] nahezu überall erfolgt Zusammenarbeit im Sinne arbeitsteiliger Strukturen". Die innerorganisationale Kooperation als Arbeitsteilung, also als Zusammenarbeit verschiedener Wirtschaftseinheiten, von denen jede einen eigenen Aufgabenbereich hat (vgl. *Hackert*, S. 7 ff.; *Ahlgrimm/Krey/Huber*, S. 21 f.), soll im Folgenden nicht Thema sein.

878 *Franz*, S. 36.

879 Vgl. *Deutsch*, S. 26 ff.

der anderen gegenüber, größere Freundlichkeit, mehr Hilfsbereitschaft, weniger Widerstand in Diskussionen, mehr Koordination in den gemeinsamen Anstrengungen, mehr Arbeitsteilungen und mehr Vertrauen in die eigenen Ideen und die Lösungsansätze der anderen.[880]

Deutsch begab sich mit seinen Untersuchungen der Kooperation weit in die Sozialpsychologie hinein. Er erkannte, dass das Verhalten einer Person, auch in einer kooperativen Situation, von dem Verhalten der anderen Personen abhängig ist. Zeige eine Person freundliche Eigenschaften, so wirke sich dieses Verhalten unmittelbar auf das Verhalten der anderen Personen aus. Sei das Verhalten eines Akteurs kooperativ, antworte der andere Akteur ebenfalls mit Kooperation. Sei das Verhalten eines Akteurs kompetitiv, bilde sich gegen diesen Akteur ein Widerstand. Durch ein erneutes kooperatives Angebot könne wieder in eine kooperative Situation zurückgefunden werden.[881]

Deutsch arbeitete bei der Auswertung seinen Feldforschungen deutlich heraus, dass das Verhalten in kooperativen und kompetitiven Situationen dynamisch ist, wobei die Dynamik aus der Interaktion der Parteien entsteht.

III. Der Kooperationsbegriff *Axelrods*

Robert Axelrod wird diese Erkenntnis zehn Jahre nach den Veröffentlichungen *Deutschs* zu diesem Thema[882] als das Prinzip des „tit for tat"[883] (*dt.* gibst du mir, geb ich dir) in die Kooperationsforschung einführen. Die Kooperationsforschung

880 Vgl. *Deutsch*, S. 31.

881 Vgl. *Deutsch*, S. 34. Nach *Franz*, S. 47, ist der Widerstand ein Interaktionsphänomen, das in verschiedenen Sozialbeziehungen auftritt. Widerstand kann sich als „aktiv (gegen)wirkendes Handeln" oder als „passiv Hinderndes" aktualisieren. *Franz*, S. 49, nennt im Zuge des Versuchs einer Annäherung an den Begriff des Widerstands folgende Strukturmerkmale: Widerstand bedeutet, dass mindestens zwei unterscheidbare, dynamisch, verbindlich, gegensinnig aufeinander bezogene Positionen aufweisbar sind, die an einem bestimmten „Ort" aufeinandertreffen und mindestens einer der beteiligten Akteure den Widerstand (subjektiv) wahrnimmt oder erlebt.

882 *Deutschs* Buch: „The Resolution of Conflict. Constructive and Destruktive Processes" (Deutscher Titel: Konfliktregelung) wurde 1973 veröffentlicht. Es basiert auf zwei Fachartikeln, die *Deutsch* im Jahr 1949 verfasst hatte: *Deutsch, Morton*: A Theory of Co-Operation and Competition, in: Human Relations, Volume: 2 issue: 2, page(s): 129-152, published: April 1, 1949 und *Deutsch, Morton*: An Experimental Study of the Effects of Co-Operation and Competition upon Group Process, in: Human Relations, Volume: 2 issue: 3, page(s): 199-231, published: May 1, 1949.

883 *Axelrod*, Kooperation, S. 28.

um *Axelrod* beschäftigt sich mit Handlungsstrategien und versucht, die Frage zu klären, wann eine Kooperation zwischen mehreren Akteuren entstehen kann. *Axelrods* Theorien wurzeln in der Spieltheorie. Gegenstand der Spieltheorie sind Situationen, in denen ein Akteur eine Entscheidung treffen muss, wobei das Ergebnis dieser Entscheidung nicht nur von ihm abhängt (parametrische Situation), sondern auch vom Verhalten der anderen Akteure. Es liegt ein Fall der sozialen Interaktion vor, in der die Akteure ihre Ziele erreichen müssen.

Axelrods Untersuchungen zu einer effektiven Strategie bei immer wiederkehrenden Konfliktsituationen basierten auf einer interpersonellen Konfliktsituation. *Axelrod* legte seinen Untersuchungen das sogenannte Gefangenendilemma zugrunde. Hierbei handelt es sich um eine Spielsituation, in der davon ausgegangen wird, dass ein Akteur, wenn er sich einen größeren Vorteil verschafft als die anderen Akteure haben, gleichzeitig damit die anderen Akteure schädigt. Die anderen Akteure sind jedoch in derselben Situation und es steht fest, dass sich die Situation des jeweiligen Akteurs erheblich verschlechtern kann, wenn der andere Akteur seinen Vorteil erlangt. Kooperieren die Akteure, haben beide gleichermaßen einen Vorteil, der jedoch geringer ist als der, den jeder einzelne Akteur bei maximaler Durchsetzung erreichen kann.

Axelrod bewies, dass auch, wenn Personen eigennützig agieren, Vertrauensnormen entstehen können. In diesem Zusammenhang sprach er von der „Robustheit der Reziprozität“[884]. *Axelrod* sieht Kooperation als Umsetzung des Prinzips „gibst du mir, geb ich dir“[885]. Zu diesem Prinzip gehöre einerseits die Überzeugung, dass eine fortdauernde geschäftliche oder persönliche Beziehung auch bei konkreten Konflikten zu einer Kooperation führe, dass aber die Zusammenarbeit der Individuen eine „Zukunft“ haben müsse. Es werde davon ausgegangen, dass die Kooperation im Einzelfall erforderlich sei, damit die Beziehung der Parteien nicht gestört werde. *Axelrod* wies darauf hin, dass in dem Moment, in dem die Antizipation zukünftiger Interaktionen wegfalle, die Kooperation sofort eingestellt werde. Rechtliche Konflikte würden dann gerichtlich ausgetragen.[886] Eine Kooperation sei gegenseitig, müsse aber in Gang gesetzt und aufrechterhalten werden. In diesen Situationen entscheide sich der weitere Verlauf der Beziehung der Akteure. Reagiere ein Akteur A auf ein Kooperationsangebot eines anderen Akteurs B ablehnend, reagiere der Akteur B auf das Angebot des Akteurs A ebenfalls ablehnend. Dies führe zu einer langen Kette von

---

884 *Axelrod*, Kooperation, S. 153.
885 *Axelrod*, ebd.
886 Vgl. *Axelrod*, Kooperation, S. 161.

Ablehnungen. Eine freundliche Strategie führe zu einer ebensolchen Resonanz und könne so zu einer dauernden Kooperation der Akteure führen.[887] Axelrod weist darauf hin, dass dieser Automatismus unterbrochen werden kann. Es ist möglich, dass ein Akteur die Kette der Ablehnungen unterbricht und ein freundliches Angebot mache. Es ist wahrscheinlich, dass der andere Akteur darauf ebenfalls freundlich reagiere, was zurück in eine kooperative Situation führe.[888]

IV. Kooperation und Kommunikation

Kooperation ist, unter der Zugrundelegung ihrer Definition als freiwilliges Zusammenwirken von zwei oder mehreren Personen zur Erreichung eines gemeinsamen Ziels, ohne Kommunikation nicht möglich. Unter Kommunikation wird allgemein der Austausch oder die Vermittlung von Informationen verstanden. *Watzlawick/Beavin/Jackson* verstehen unter dem Begriff Kommunikation eine „Verhaltenseinheit"[889]. Die verbale Kommunikation sei in die Kommunikation, die nur in eine Richtung gehe (message), und in die Kommunikation, die beidseitig sei (Interaktion), einzuteilen. Kommunikation erfolge entweder verbal oder nonverbal. Zur Kommunikation gehörten neben der Art und Weise des Sprechens (Tonfall, Schnelligkeit, Pausen, Lachen) auch die Körperhaltung, Ausdrucksbewegung, mithin das Verhalten jedweder Art.[890] Das entspricht der allgemeinen Erfahrung. Ein Beispiel soll dies verdeutlichen.

Beispielsfall 3: In einem Konflikt über den Verkehrswert einer Immobilie, die zum Nachlass gehört, führen die Miterben im Rahmen der Erbauseinandersetzung ein Gespräch. Jede Partei hat das Verkehrswertgutachten vorliegen. Noch ehe die Parteien auf den Wert der Immobilie eingehen, klopft eine der Parteien immer wieder mit dem Finger auf das Gutachten, die andere Partei legt das Verkehrswertgutachten ein gutes Stück zur Seite.

Können Streitparteien nicht miteinander kommunizieren, ist eine Kooperation nicht möglich.[891]

---

887 Vgl. *Axelrod*, Kooperation, S. 161.

888 Vgl. *Axelrod*, Kooperation, S. 106.

889 *Watzlawick/Beavin/Jackson*, Menschliche Kommunikation, S. 58.

890 Vgl. *Watzlawick/Beavin/Jackson*, Menschliche Kommunikation, S. 58: „Man kann sich nicht nicht verhalten. […] so folgt daraus, dass man […] nicht nicht kommunizieren kann."

891 *Bastine*, S. 20, 27 ff.

V. Resümee

Für den Begriff *Kooperation* gibt es keine allgemeingültige Definition. Auch wenn im Zusammenhang mit seiner Verwendung in verschiedenen Fachdisziplinen unterschiedliche Schwerpunkte der Betrachtung gesetzt werden, kristallisiert sich ein tragender Aspekt der Kooperation heraus: Kooperationen werden immer als ein freiwilliges Zusammenwirken von mehreren Personen, die ein gemeinsames Ziel haben, das sie erreichen wollen, angesehen.

Dieses gemeinsame Ziel muss kein identisches Ziel sein. Es kann auch darin bestehen, dass jede Partei ihr eigenes Ziel erreicht. Wichtig ist nur die Verflechtung der Ziele dahingehend, dass die Zielerreichung der einen Partei die Zielerreichung der anderen Partei zur Folge hat. Zumindest muss sich durch die Kooperation die Wahrscheinlichkeit der jeweiligen Zielerreichungen erhöhen. *Deutsch* und *Axelrod* gehen übereinstimmend davon aus, dass Kooperation eine Strategie zur Zielerreichung ist. Darüber hinaus bestätigt Axelrod durch seine Forschungsergebnisse die Ergebnisse der Feldforschungen *Deutschs*: Kooperation ist ein wechselseitiger, ergebnisoffener Prozess.

Die Basis der Kooperation ist die Kommunikation. Hier ist in erster Linie an die ständige Kommunikation während eines langen Kooperationsprozesses zu denken. Bei lang dauernden Kooperationen ist die Wahrscheinlichkeit groß, dass über nachträglich bekannt werdende oder neu auftretende Probleme kommuniziert werden muss. Aber auch bei kurzzeitigen Kooperationen müssen diese initiiert, respektive abgesprochen werden. Allein hierfür ist Kommunikation erforderlich. Der Aussage, dass eine Kooperation nicht möglich ist, wenn Parteien nicht miteinander kommunizieren können, ist zuzustimmen.

Zusammenfassend lässt sich feststellen, dass die Kooperation eine dynamische, ergebnisoffene Strategie ist, durch die die Parteien versuchen, ein gemeinsames Ziel zu erreichen. Die Kooperation erfolgt durch Kommunikation. Diese ist wechselseitig respektive interaktiv. Zurückkommend auf die Mediation kann festgehalten werden, dass die Kooperation in dem vorstehend beschriebenen Sinne die „Mediationsleistung" der Streitparteien ist. Das gemeinsame Ziel der Streitparteien ist die einvernehmliche Beilegung des Konflikts bzw. der Versuch der Beilegung. Dieses gemeinsame Ziel kann nur durch einen interaktiven Kommunikationsprozess erreicht werden.

B. Die Kooperation in der Mediation

I. Die Kooperation bei erbrechtlichen Konflikten

Möchten die Parteien versuchen, ihren Konflikt in einem Mediationsverfahren außergerichtlich beizulegen, kooperieren sie hinsichtlich des Mediationsverfahrens, indem sie ein „mediationsfreundliches“ Verhalten zeigen. Sie kooperieren damit inzidenter auch hinsichtlich des streitigen Konfliktgegenstandes. Das Mediationsverfahren ist die eine Sache. Die streitigen Konfliktgegenstände die andere. Das muss unterschieden werden.

Es gibt erbrechtliche Konfliktgegenstände, bei denen die Akteure, wenn sie kooperieren, gemeinsam profitieren können. Typisch hierfür sind Abwicklungskonflikte bei Erbengemeinschaften, die sich darauf beziehen, wie die Erbengemeinschaft auseinandergesetzt werden soll und in welchem Umfang Nachlassvermögen an die einzelnen Akteure fließt. Hier können die Parteien durch ein kooperatives Verhalten möglicherweise eine schnellere Auseinandersetzung der Erbengemeinschaft erreichen.

Dagegen gibt es auch Konfliktgegenstände, an denen die Parteien das gleiche Primärinteresse haben. Das sind die „Konstantsummen-Konflikte“[892]. Die Konfliktstruktur ist dergestalt, dass der Gewinn der einen Partei zum vollständigen Verlust bei der anderen Partei führt. Der Vorteil des einen Akteurs ist der Nachteil des anderen Akteurs. Typisch für diese Konfliktstruktur ist die streitige Erbenstellung, die streitige Abstammung bei einem Pflichtteilsanspruch, die Testierfähigkeit des Erblassers und die Anfechtung eines Testaments wegen Irrtums oder die Übergehung eines Pflichtteilsberechtigten. Hier geht es um „alles oder nichts“. Ein weiteres gemeinsames Interesse, somit ein kooperativer Nutzungszuwachs, ist nicht ersichtlich. Je nach der rechtlichen Situation im Einzelfall und der jeweiligen Beweislage gibt es für diese Konflikte keine konsensuale Lösung. Manchmal kann ein Kompromiss erreicht werden. Der Grund für die Einigung liegt meistens nicht in dem Wunsch der Parteien nach Kooperation, sondern in ihrem Prozess- und somit Kostenrisiko. Grundsätzlich ist eine Kooperation auch bei „Konstantsummen-Konflikten“ möglich. Es müssen Interessen der Streitparteien im Spiel sein, die ihnen wichtig sind und die durch eine Kooperation erreicht und durch einen Rechtsstreit gefährdet werden. Sei es die Schonung der Beziehung, sei es das Erledigungsinteresse, sei es das gepflegte Profil, dialogfähig zu sein. Haben Streitparteien außerhalb ihrer Positionen

892 Oben 2. Kapitel § 3 C. II., S. 51 ff. („Konstantsummen-Konflikte“).

keine übergeordneten, d. h. gemeinsamen Interessen, kommt eine Kooperation bei einem „Konstantsummen-Konflikt“ nicht in Betracht.

II. Mediation und *Win-win*

Die Kooperation ist eine Strategie zur Erreichung eines gemeinsamen Ziels. Bei einer Mediation ist das gemeinsame Ziel die konsensuale Streitbeilegung bzw. der Versuch derselben. In der Mediationsliteratur wird gerne die Aussage getroffen, die Mediation sei eine Strategie zur Erreichung einer *Win-win-Lösung*[893]. Eine *Win-win-Lösung* wird teilweise angenommen, wenn die Streitparteien beide ihre jeweiligen Ziele erreichen, teilweise wird für eine *Win-win-Lösung* vorausgesetzt, dass die Streitparteien noch neben ihrer jeweiligen Zielerreichung einen darüber hinausgehenden Nutzungszuwachs haben. Ein Beispiel für die erstgenannte *Win-win-Lösung* ist das bekannte Orangen-Beispiel.[894] A und B streiten darüber, wer die einzige Orange bekommen soll. A will die Orange essen, B benötigt die Schale zum Backen. Nach der Schilderung ihrer Interessen ist die Lösung des Streits kein Problem mehr. Die *Win-win-Lösung* liegt hier darin, dass jede Partei ihre Interessen verwirklichen kann. *Win-win-Lösungen*, die erst dann als solche bezeichnet werden, wenn die Parteien nicht nur ihre Interessen verwirklichen können, sondern einen Verhandlungsmehrwert erzielten, sind schwierig zu erreichen.[895] *Montada/Kals* stellen hierfür die Frage: „Was könnte denn an Positivem […] zwischen den aktuell Streitenden in der Zukunft ausgetauscht werden?“[896]

Hier ist an Beispiele zu denken, in denen nach Streitbeilegung eine neue Austauschbeziehung zwischen den Parteien entsteht, sei es durch die Gründung einer gemeinsamen Firma, sei es durch nachbarschaftliche Hilfe oder berufliche Tipps, oder in denen die Zusammenarbeit von Teammitgliedern nach der Beilegung eines Konflikts eine neue Qualität erhält.[897] Die Erwartungshaltung,

---

893 Beispielhaft: *Rosner/Winheller*, S. 95 ff. Näher: oben 4. Kapitel § 3 A. I., S. 208 ff.

894 Dieses Beispiel, bei *Rosner/Winheller*, S. 109 f., ehrfurchtsvoll *Orangen-„Gleichnis“* genannt, wird von *Fisher/Ury/Patton*, S. 92 erwähnt, stammt aber nach *Rosner/Winheller*, S. 109 Fn. 332, aus der älteren amerikanischen sozialwissenschaftlichen Literatur.

895 *Rosner/Winheller*, S, 121; *Montada/Kals*, S. 26, 260 ff.

896 *Montada/Kals*, S. 260 f.

897 *Wermke/Winheller/Kittl*, S. 158 f.; *Bastine/Link/Lörch*, S. 186 (188), bezeichnen es im Zusammenhang mit Scheidungsmediationen als ein über die konkrete Konfliktlösung hinausgehendes Ziel, die Art und Weise der Kommunikation zwischen den Parteien langfristig zu verbessern.

eine Mediation müsse immer mit einer neuen Austauschbeziehung zwischen den Streitparteien enden, kann nicht erfüllt werden. Das Problem bei den in der Mediationsliteratur favorisierten *Win-win-Lösungen* ist, dass sie im Regelfall im Zusammenhang mit Gesamtkonfliktlösungen beschrieben werden, bei denen nach Konfliktbeilegung die Streitparteien weiterhin miteinander zu tun haben. Im Erbrecht gibt es viele Konflikte, deren Beilegung aber gerade bewirken soll, dass die Parteien nichts mehr miteinander zu tun haben. Als Beispiele kann an die Auseinandersetzung einer Erbengemeinschaft außerhalb einer Familie oder an die Zahlung eines streitigen Pflichtteilsanspruches an einen der Familie unbekannten nichtehelichen Abkömmling des Erblassers gedacht werden.

Diese Konfliktsituationen haben den Nachteil, dass keine bestehende oder antizipierte Beziehung die Kooperation der Parteien erleichtert oder dass es sich oft um Konstantsummen-Situationen handelt, bei denen eine Kooperation ohnehin erschwert ist. Der Vorteil solcher Situationen liegt darin, dass die Streitparteien oftmals das Bedürfnis haben, die Angelegenheit möglichst schnell „vom Tisch" zu bekommen, was die Bereitschaft für *Kompromisse* erhöht. Einen Konsens zu finden ist in solchen Situationen im Regelfall nicht möglich.

Es muss ohnehin die Frage gestellt werden, ob im Zusammenhang mit einer Mediation die Forderung, eine *Win-win-Lösung* erzielen zu müssen, nicht einen Pleonasmus darstellt. Da die Mediation ein außergerichtliches Konfliktlösungsverfahren ist, haben die Streitparteien im Erfolgsfall ihr Interesse „außergerichtliche Konfliktbeilegung" verwirklicht, und sie haben den gemeinsamen Nutzungszuwachs, der darin liegt, dass die Konfliktbeilegung ohne die ungern gesehenen Hilfsmittel wie Gewalt, Nötigung, emotionale Erpressung und Druck durch Gerichtsverfahren erreicht werden konnte.

Win-win ist ein Begriff aus der Spieltheorie und bezieht sich auf Situationen, in denen kein wirklicher Interessenskonflikt besteht, sondern die Spieler einen Nutzungszuwachs haben, wenn sie sich gemeinsam richtig verhalten.[898] Die Aufgabe der Spieler ist es, eine Koordinationsleistung erbringen. Transferiert man diesen spieltheoretischen Ansatz auf erbrechtliche Konflikte, zeigt sich, dass es auch in umfangreichen und völlig verfahrenen Konflikten einzelne Situationen geben kann, in denen die Parteien eine *Win-win-Lösung* erzielen können und partiell durch diese Koordination/Kooperation einen Gewinn erzielen. Wir gehen zu unserem Ausgangsfall zu Beginn des vierten Kapitels unter § 1 A. zurück:

898 *Rieck*, Spieltheorie, S. 61 ff.

Abwandlung des Beispielfalls 1: Ein Investor zeigt an dem Laborgebäude, welches in den Nachlass gefallen ist, Kaufinteresse. Er bietet, mit einer positiv beschiedenen Bauanfrage in der Tasche, einen Kaufpreis, der den durch ein Verkehrswertgutachten festgestellten Wert der Immobilie erheblich überschreitet. Gelingt es den Erben, obgleich sie in einen mehrschichtigen Konflikt verstrickt sind, sich zu koordinieren und auch die Ehefrau des Erblassers ins Boot zu holen, kann das Laborgebäude kurzfristig für einen sehr guten Preis verkauft werden. Der durch die Kooperation erzielte Erlös steht über dem tatsächlichen Verkehrswert der Immobilie, womit das entstehende Delta als Kooperations-Mehrwert betrachtet werden kann.

Zusammenfassend lässt sich feststellen, dass es auch in bestehenden und komplexen Konflikten partielle oder temporäre Kooperationen geben kann. Voraussetzung hierfür ist, dass der Kooperations-Mehrwert deutlich ist und (in irgendeiner Form) allen Konfliktparteien zugutekommen wird. Ist die Konflikteskalation sehr weit fortgeschritten, kommen partielle Kooperationen nicht mehr in Betracht.[899] Partielle Kooperationen/Koordinationsleistungen stehen dem aus der Spieltheorie stammenden Begriff *Win-win* näher als die in der Mediationsliteratur vielfach beschriebenen Mediationsergebnisse, die den Konflikt lösen und zusätzlich ein neues gemeinsames Interesse der Parteien generieren sollen. Es gibt Mediationsverfahren, bei denen sich eine *Win-win-Lösung* ergibt. Dies ist jedoch selten. Dass das Ergebnis einer Mediation immer eine *Win-win-Lösung* sei oder sein müsse, ist ein Mythos. Ihn widerlegt die Praxis.

III. Die Kooperation in der Mediation als Interaktion

Kooperation ist dauerhaft interaktiv. Das bedeutet, dass kooperatives Handeln einer Streitpartei immer abhängig von dem Verhalten der anderen Streitpartei ist. Im Falle einer Mediation bleibt diese Situation der Interaktion bis zum Ende der Mediation aufrechterhalten. Dies ist nachvollziehbar. Gerade in einer Mediation treten immer wieder Situationen auf, die nicht planbar und nicht prognostizierbar sind.

---

899 *Glasl*, S. 235 ff., verwendet ein Phasenmodell der Eskalation, das aus neun Stufen besteht. Von der ersten Stufe „Verhärtung und Kristallisierung von Standpunkten" könnten Konflikte bis zur Situation „Gemeinsam in den Abgrund" eskalieren. In dieser neunten Stufe würden größte Vermögens- und persönliche Schäden in Kauf genommen. Der eigene Untergang werde hingenommen, da er die Genugtuung gebe, die andere Partei gehe mit zugrunde.

Die Streitparteien müssen damit rechnen, dass ihr freiwilliger Zusammenschluss zu einer Mediation nicht bedeutet, dass nicht eine der Streitparteien die persönliche Öffnung der Parteien in der Mediation ausnutzt. Menschen sind nicht identisch in Bezug auf ihre psychische Konstitution, ihre Frustrationstoleranz, ihre Empfindlichkeiten und den Umgang mit Macht.

Der Mediator hat die Aufgabe, vertrauensbildend zu wirken und im Rahmen seiner Möglichkeiten den Kommunikationsprozess der Streitparteien zu „kontrollieren". Er kann jedoch die Streitparteien nicht zur Kooperation zwingen, weshalb diese selbst entscheiden müssen, wie sie sich in der Mediation im konkreten Einzelfall verhalten, beispielsweise ob sie bei „Störungen" den Faden des sachbezogenen Verhandelns wieder aufnehmen oder das Gespräch abbrechen.

Die Hauptaufgabe der Streitparteien in einer Mediation liegt im Verhandeln. Die Streitparteien haben als gemeinsames Ziel die außergerichtliche konsensuale Beilegung ihres Konflikts. Dieses Ziel können sie durch beidseitige Kommunikation, die im Zusammenhang mit der Mediation primär verbal ist, erreichen. Empfehlungen für die Art und Weise des Verhandelns gibt es viele. Die Aufgabe des Mediators ist es, die Parteien darin zu unterstützen, dass die Verhandlungen konstruktiv sind und die Parteien nicht in ein kompetitives und destruktives Kommunizieren zurückfallen und dadurch ihren angestrebten Verhandlungserfolg gefährden. Menschliche Kommunikation ist generell komplex und mehrdeutig, was schnell zu Beziehungsstörungen zwischen den kommunizierenden Parteien führen kann. So weisen *Watzlawick/Beavin/Jackson* darauf hin, dass jede Kommunikation einen Inhalts- und einen Beziehungsaspekt enthalte.[900] Gerade der Beziehungsaspekt wird in der Sozialpsychologie als „zentrales Element"[901] angesehen. Störungen auf der Beziehungsebene verhinderten eine gelingende Kommunikation auf der Inhaltsebene. Davon ausgehend, befinden sich die Streitparteien bei einer Mediation in einer besonders heiklen Situation. Sie haben einen Konflikt, somit eine Störung auf der Sach- und Beziehungsebene. Diesen Konflikt können sie nicht beseitigen, um dann zu kooperieren, sondern sie müssen kooperieren, um den Konflikt zu beseitigen.[902] Dass dies keine leichte Aufgabe ist, liegt auf der Hand.

---

900 *Watzlawick/Beavin/Jackson*, S. 57 ff.

901 *Götz*, S. 180.

902 *Thomas*, S. 118. *Thomas* Aussage, erst die Bewältigung eines Konflikts schaffe die Voraussetzung für eine Kooperation, kann in diesem Zusammenhang nicht gelten. Sie gilt für eine Kooperation, die nach der Klärung eines Konflikts das weitere Miteinander der Streitparteien in der Zukunft betrifft. Diese Aussage gilt aber nicht für

Beispielsfall 4: A ist Alleinerbe seines Vaters, des Erblassers E, geworden. Dessen zweite Ehefrau F ist enterbt. Das einseitige Testament des E stammt aus der Zeit seiner ersten Ehe. E hatte das Testament nach seinem zweiten Eheschluss nicht geändert. F ist von ihrer Pflichtteilsquote von ⅛ plus Zugewinnausgleich nicht sehr angetan. Der Nachlass besteht aus mehreren Immobilien und Geld. F wohnt in einer der Nachlassimmobilien. Sie überlegt, das Testament des E anzufechten. A macht der F den Vorschlag, die Konfliktlösung in einer Mediation zu versuchen. F lehnt den Vorschlag ab. A macht keine weiteren Angebote. Nach einer Woche macht F, nachdem sie sich etwas eingelesen hat, A das Angebot, doch an einer Mediation teilzunehmen. A stimmt zu. Gehen wir davon aus, dass die bis zum Beginn der Mediationssitzung erforderlichen „Koordinationsleistungen" erbracht wurden. Die Parteien sind in der Mediationssitzung. Nach der üblichen Einführung durch den Mediator beginnen die Parteien mit dem „sachbezogenen Verhandeln". Die Grundstimmung der Parteien ist positiv. Unter anderem sagt F, E habe nicht mehr an das Testament gedacht, ansonsten hätte er es geändert. A sagt dagegen, der Vater habe immer gewollt, dass er sein Alleinerbe werde, da ein Teil der Immobilien von den Großeltern väterlicherseits stamme. Die Stimmung kippt, als F sagt, E habe das Testament damals nur so verfasst, weil seine erste Ehefrau ihm das Leben zur Hölle gemacht habe. A empfindet diese Aussage über seine Mutter, die noch lebt und mit der er ein gutes Verhältnis hat, als feindlichen Angriff und reagiert ebenfalls mit einer feindlichen Aussage. Er wirft F vor, sie sei eine Erbschleicherin. F weint. A überlegt, die Mediation abzubrechen. Obgleich der Mediator, der durch die weinende F abgelenkt ist, zu beschwichtigen versucht, steht A bereits auf, um zu gehen. F macht jedoch, noch ehe A den Raum verlässt, im Sinne der von *Axelrod* beschriebenen strategischen Möglichkeit, „tit-for-tat" zu unterbrechen, ein freundliches Angebot. Sie sagt, sie selbst kenne die Mutter des A gar nicht, aber E habe dies eben immer so gesagt. A reagiert ebenfalls freundlich im Sinne der Strategie des „tit-for-tat" und sagt, der Vater habe doch immer viel „rumerzählt". Darüber sind sich die Parteien einig. Die Verhandlungen werden fortgeführt.

In der akuten Krise einzulenken und die Verhandlungen fortzuführen, war in dem Beispielsfall die persönliche Entscheidung der Streitparteien. Das Verhalten war deutlich interaktiv. Mediation ist per se Interaktivität.

---

ein Verfahren einer außergerichtlichen Konfliktbeilegung, auf das sich die Parteien, ehe es überhaupt stattfinden kann, erst einmal einigen müssen.

IV. Die Kooperation in der Mediation als schuldrechtliche Verpflichtung

1. Die Kooperation aus rechtlicher Sicht

Der Begriff der Kooperation taucht in Gesetzestexten nur sehr spärlich auf. So ist er beispielsweise in § 56 Abs. 5 Satz 1 StBerG, § 119 b Abs. 1 SGB V und § 15 WoFG explizit erwähnt. Dennoch gibt es viele Formen rechtlicher Kooperationen. Die Rechtsprechung hat immer wieder über Inhalt und Umfang, Bestand und Rechtswirksamkeit von Kooperationsverträgen zu entscheiden.[903] Kooperationen tauchen im Rechtsverkehr an vielen Stellen auf. So gibt es die Arbeitsgemeinschaft (ARGE) in der Baubranche, Joint Ventures, Personengesellschaften, Kapitalgesellschaften, Franchising, Kartelle und Genossenschaften.[904]

Rechtlich betrachtet ist die Kooperation ein freiwilliges Zusammenwirken von zwei oder mehreren Personen zur Erreichung eines gemeinsamen Ziels. Parteien können über die Zielerreichung und ihre Kooperationspflichten einen Vertrag schließen. Nach Abschluss des Vertrages ist die Kooperation in dem vereinbarten Umfang Gegenstand dieses Vertrages und stellt somit eine vertragliche Verpflichtung dar.[905] Manche Kooperationsverträge können als Geschäftsbesorgungsverträge qualifiziert werden[906], manche passen nicht in vorgegebene schuldrechtliche Muster und können somit aufgrund der bestehenden Privatautonomie der Vertragsparteien als Verträge eigener Art abgeschlossen werden. Bei umfangreichen Kooperationen, die über einen langen Zeitraum bestehen

903 OLG Frankfurt am Main, Urteil vom 13.02.2019 – 12 U 13/17, über die Frage der wirksamen Kündigung des Kooperationsvertrages zwischen einer Drogeriemarktkette und einem Lieferanten; BGH 18.05.2011 –IV ZR 168/09, zum Unterschied zwischen einer Sozietät und einem Kooperationsvertrag; OLG Brandenburg, Urteil vom 22.03.2011 – Kart U 2/10, nach dem die fristlose Kündigung eines Kooperationsvertrages eine Abmahnung voraussetzt; OLG Hamm, 04.03.2011 – I-19 U 159/09, über die rechtliche Einordnung und Auslegung eines Kooperationsvertrages im Bereich Produktentwicklung und Vertrieb.

904 *Moßdorf*, S. 30 f.: „Gesellschaftsrecht als privatrechtliches Kooperationsrecht ist das Recht zielgerichteten Zusammenwirkens aufgrund privatrechtlicher Verträge."

905 *Thouvenin*, S. 13, 440 ff.

906 Prölss/Martin/*Dörner*, § 59 Rn. 113, für einen Kooperationsvertrag zwischen Makler und Versicherer, der die präzise Beschreibung der Vertragspflichten für wesentlich erachtet, um die Gefahr von Pflichtenkollisionen gegenüber dem Versicherungsnehmer zu vermeiden.

907 Vgl. *Grabow/Grave/Pfeiffer/Seeger*, S. 69 ff.

sollen, wie beispielsweise Kooperationsverträge zwischen Krankenhausträgern oder Pflegeeinrichtungen, ist von einem Dauerschuldverhältnis auszugehen.[907]

Thouvenin sieht als Merkmale eines Kooperationsvertrages, dass sich die Parteien gegenseitig verpflichten, Handlungen im Hinblick auf einen gemeinsamen Zweck vorzunehmen und dass sie sich verpflichten, diese Leistung individuell zu erbringen.[908] Als weiteres Merkmal nennt *Thouvenin* die „Komplementarität der Leistungen der Vertragsparteien"[909]. Dies bedeutet, dass der gemeinsame Zweck durch die Addition der individuellen Leistungen der Vertragsparteien erreicht wird. Nach der Auffassung *Thouvenins* ergänzten sich die einzelnen Leistungen bei einem Kooperationsvertrag, sodass der gemeinsame Zweck unmittelbar durch die Gesamtheit der individuellen Leistungen erreicht werde. Dies erfordere, so *Thouvenin*, dass die Leistungen, die die Parteien zu erbringen hätten, in dem Kooperationsvertrag so genau bestimmt seien, dass der gemeinsame Zweck durch das Erbringen dieser konkret bestimmten Leistungen „automatisch" erreicht werde, ohne dass weitere, im Vertrag nicht definierte Handlungen erforderlich seien.[910] Dem ist zuzustimmen. Bei einem Vertrag, dessen einziger Vertragsinhalt eine wie auch immer geartete Kooperation ist, muss der Vertragsinhalt bestimmt oder eindeutig bestimmbar sein.[911] Ein Kooperationsvertrag, sei es in der Form eines bestehenden schuldrechtlichen Typus oder als Vertrag eigener Art, unterscheidet sich insoweit nicht von anderen Verträgen.

Auf diese genaue Bestimmung der zu erbringenden Leistung kann verzichtet werden, wenn sich die Kooperationspflicht der Vertragsparteien nicht aus einem expliziten Kooperationsvertrag ergibt, sondern die Parteien einen Hauptvertrag geschlossen haben, aus dem sich als Nebenpflicht die Kooperation ergibt.

---

908 *Thouvenin*, S. 440.

909 *Thouvenin*, ebd.

910 *Thouvenin*, S. 444.

911 Palandt/*Grüneberg*, BGB, § 241 Rn. 3.

912 Beispielhaft: BGH, Urteil vom 28. Oktober 1999 – VII ZR 393/98: „Nach der Rechtsprechung des Bundesgerichtshofs sind die Vertragsparteien eines VOB/B-Vertrages während der Vertragsdurchführung zur Kooperation verpflichtet. Aus dem Kooperationsverhältnis ergeben sich Obliegenheiten und Pflichten zur Mitwirkung und zu gegenseitigen Informationen [...]. Die Kooperationspflichten sollen unter anderem gewährleisten, daß in Fällen, in denen nach der Vorstellung einer oder beider Parteien die vertraglich vorgesehene Vertragsdurchführung oder der Inhalt des Vertrages an die geänderten tatsächlichen Umstände angepaßt werden muß, entstandene Meinungsverschiedenheiten oder Konflikte nach Möglichkeit einvernehmlich beigelegt werden [...]." Ebenso: BGH, Urteil vom 23. Mai 1996 – VII ZR 245/94.

Dieser Hauptvertrag kann beispielsweise ein VOB-Vertrag sein.[912] Auch ein Dauerschuldverhältnis oder ein Langzeitvertrag kommen in Betracht. Bei Verträgen dieser Art besteht eine erhöhte Anfälligkeit für Leistungsstörungen und das Erfordernis von Nachverhandlungen. Die Rechtsprechung geht seit Langem davon aus, dass Verträge dieser Art zu einem Kooperationsverhältnis der Parteien des Hauptvertrages führen können, aus dem sich Obliegenheiten und Pflichten ergeben. Kooperationsverhältnisse dieser Art beruhen auf dem Hauptvertrag, aus dem sie sich ergeben, aber nicht auf dem expliziten Abschluss eines Kooperationsvertrages. Des Weiteren ergeben sich die Kooperationspflichten aus der rechtlichen Qualifikation und dem Inhalt des Hauptvertrages.

Zusammenfassend lässt sich feststellen, dass Kooperationen vielfach in Form wirksamer rechtlicher Konstrukte zum Einsatz kommen. Gerade Kooperationsverträge müssen, damit die gegenseitigen Leistungspflichten der Vertragspartner nicht zu unbestimmt sind, akribisch ausgestaltet sein und die Leistungspflichten der Vertragspartner genau beschreiben. Ist dies nicht möglich, da die Handlungen der verbundenen Parteien situativ gewählt werden sollen oder unverbindlich bleiben sollen, kann umgangssprachlich der Begriff der Kooperation verwendet werden. Ein rechtswirksamer Kooperationsvertrag hat dagegen Bestimmtheitserfordernisse, die, bei Abwesenheit, zur Unwirksamkeit des Kooperationsvertrages führen.

2. Die Mediationsvereinbarung

Mediationsvereinbarungen lauten oftmals dahingehend, dass die Vertragsparteien verpflichtet sein sollen, einen Konflikt außergerichtlich „in einer Mediation“ beizulegen. Diese Formulierung ist insoweit unpräzise, als die Vertragsparteien im Regelfall nicht davon ausgehen, dass ein Erfolg (Einigung) geschuldet ist, sondern sie gehen davon aus, dass die Verpflichtung zu einem *Versuch einer Einigung* via Mediation besteht. Unter Verwendung der bisher gefundenen Ergebnisse dieser Untersuchung vereinbaren die Parteien somit eine Kooperation im Sinne einer gemeinsamen Strategie zur Zielerreichung. Die Mediationsvereinbarung ist mithin ein Kooperationsvertrag.

Nach § 241 Abs. 1 BGB können die Parteien aus dem bestehenden Schuldverhältnis (Kooperationsvertrag) gegenseitig eine Leistung fordern. Aber welche? Nach *Greger* handelt es sich bei der Mediationsvereinbarung um einen Vertrag mit dem Inhalt, dass sich die Parteien verpflichten „[...] einen Mediator mit der Vermittlung des zwischen ihnen entstandenen Konflikts zu beauftragen, dessen

913 Greger/Unberath/Steffek/*Greger*, MediationsG, § 1 Rn. 188 f., sieht die materiell-

Kosten anteilig zu tragen und an dem Versuch einer Einigung durch Mediation, dh mindestens einer Sitzung, mitzuwirken“[913]. Zwischenfragen: Welcher Mediator soll beauftragt werde? Wie lange soll die Sitzung dauern? Wo findet die Mediation statt? „Eine hierauf gerichtete Klage ist möglich“[914]. Zwischenfrage: Wie lautet der Klageantrag mit dem erforderlichen vollstreckungsfähigen Inhalt?

Im Schrifttum wird überwiegend davon ausgegangen, dass eine Mediationsvereinbarung wirksam ist, mithin die gewünschte materiell-rechtliche Wirkung entfalten kann.[915] Auch wenn die Parteien einen temporären Klageverzicht nicht vereinbart hätten, sei dieser von der Regelung mitumfasst.[916] Der Grund für diese Argumentation ist der Versuch, für den Fall, dass eine der Streitparteien nicht an der Mediation teilnehmen möchte, eine Sanktionsmaßnahme zu schaffen. Unklarheit besteht auch im Schrifttum in Bezug auf den Umfang der materiell-rechtlichen Wirkung der Vereinbarung. Welche Leistungspflichten haben die Vertragsparteien? Von der Teilnahmepflicht an einer ersten Sitzung, von Loyalitätspflichten, Wahrheitspflichten, Verhandlungspflichten, bis hin zu Offenlegungspflichten ist alles dabei.[917] Was sagt das Mediationsgesetz?

3. Die Leistungspflichten der Streitparteien nach dem Mediationsgesetz

Der Gesetzgeber hat davon abgesehen, Mitwirkungspflichten der Mediationsparteien am Mediationsverfahren zu normieren. Im Mediationsgesetz ist weder eine Anwesenheitspflicht noch eine Offenlegungspflicht, weder eine Verhandlungspflicht noch eine Kommunikationspflicht, weder eine Zahlungspflicht in Bezug auf entstehende Kosten noch die Pflicht zur Auswahl des Mediators enthalten. § 2 Abs. 1 MediationsG liest sich als *Recht* der Streitparteien, den Mediator auszuwählen. Ein weiteres Recht ist in § 2 Abs. 5 Satz 1 MediationsG

rechtliche Wirkung einer Mediationsabrede als unproblematisch an. Ebenso: *Fischer*, Mediationsabrede, S. 61 (75): „Wie jeder Vertrag verpflichtet die Mediationsabrede zur Durchführung der Vereinbarung.“

914 Greger/Unberath/Steffek/*Greger*, MediationsG, § 1 Rn. 188.

915 Im Einzelnen: oben 4. Kapitel § 2 A. I.

916 Eidenmüller/Wagner/*Wagner*, Mediationsrecht, S. 83.

917 Oben 4. Kapitel § 3 B. III., S. 247 ff. *Tochtermann*, Pflichten, S. 113 (114 ff.), geht von einer Verhandlungspflicht der Parteien aus. Unter Hinweis auf die Situation in England, wo eine „Verhandlungspflicht“ existiere, sieht *Tochtermann* auch eine Verhandlungspflicht als mögliche Vertragspflicht, die aus der Autonomie der Parteien erwachse, an. Eine Einigungspflicht oder eine Pflicht der Parteien, auf eigene Interessen zu verzichten, lehnt *Tochtermann* ab.

normiert. Danach ist es den Parteien möglich, die Mediation jederzeit zu beenden. Die Verschwiegenheitspflicht des § 4 MediationsG trifft nur den Mediator und die Personen, die in die Mediation eingebunden sind, aber nicht die Konfliktparteien. Zu welcher Leistung die Streitparteien verpflichtet sind, sagt der Gesetzgeber nicht.

4. Die Mitwirkung an einer Mediation als Schuldverhältnis?

a. Problembeschreibung

Die Privatautonomie gestattet es Parteien, über (fast) alles ein Schuldverhältnis zu begründen. Dazu schließen die Parteien einen Vertrag. Wenn die Parteien einen Vertrag schließen möchten mit dem Inhalt, im Falle eines Streits eine Mediation zu versuchen, muss darüber nachgedacht werden, ob dies möglich ist. Ein Werkvertrag, dessen Leistungspflicht in der Herbeiführung eines Erfolges liegt, scheidet aus. Ein Dienstvertrag kommt in Betracht. Bei diesem liegt die geschuldete Leistung in einem Tun oder Verhalten. Noch einmal zurück zur Definition der Mediation in § 1 Abs. 1 MediationsG: „Mediation ist ein […] Verfahren, bei dem Parteien […] eine einvernehmliche Beilegung ihres Konflikts anstreben." Das „Anstreben" als Vertragsinhalt? Es ist in diesem Zusammenhang an einen Künstlervertrag zu denken, nach dem der Künstler an einer Aufführung mitzuwirken hat. Auch er kann nur „anstreben", *Hamlet* so authentisch wie möglich darzustellen oder sein Publikum durch Witze zum Lachen zu bringen. Seine Leistung, die er erbringt, hängt zwar von seiner „Tagesform" ab, kann aber im Vertrag genau bestimmt werden. Ort, Zeit, Inhalt der Aufführung, ein abgesprochenes Programm oder *Shakespears Hamlet* im Original oder der deutschen Übersetzung. Damit steht es nicht im Belieben des Schauspielers oder Comedians, welche Leistung er erbringt.

In Bezug auf die Vereinbarung, im Falle eines Streits eine Mediation „zu versuchen", muss erforscht werden, was die Parteien tatsächlich wollen. Der Wille der Parteien bezieht sich offensichtlich darauf, an einer Mediation *teilzunehmen* und in dieser zu versuchen, eine Lösung des Konflikts zu finden. Der „rechtliche Erfolg"[918], den die Parteien herbeiführen wollen, ist somit nicht die Teilnahme der Parteien an einer Mediation in dem Sinne, dass die Parteien nur stumm im gleichen Zimmer sitzen, sondern die *Mitwirkung* an der Mediation. Anders lässt sich das gewünschte Ergebnis nicht erreichen.

---

918 *Palandt/Ellenberger*, BGB, Einf. v. § 145 Rn. 1.

Kann also, wenn zwischen den Parteien eine Mediationsvereinbarung vorliegt, eine der Parteien im eingetretenen Konfliktfall von der anderen Partei aus diesem Vertrag die Mitwirkung an der Mediation fordern (§ 241 Abs. 1 BGB)? Ein Vertrag kommt nicht rechtswirksam zustande, wenn die von den Vertragsparteien festgelegten Leistungspflichten die Mindestanforderungen nicht erfüllen. Zu diesen Mindestanforderungen gehört neben dem vorgesehenen rechtlichen Erfolg, dass der Inhalt der Leistung, die die Vertragsparteien zu erbringen haben, bestimmt oder eindeutig bestimmbar ist.[919] Die Bestimmtheit vertraglicher Leistungspflichten wird im Regelfall bei § 241 Abs. 1 BGB verortet. Dies ist dogmatisch nicht korrekt, da § 241 Abs. 1 BGB nicht davon spricht, dass eine Leistung bestimmt oder bestimmbar sein muss. Richtigerweise ist die Frage der Bestimmtheit einer Leistung im Zusammenhang mit dem Abschluss des Vertrages zu stellen.

b. Die Bestimmtheit der Leistung

Mit der Vereinbarung der Parteien, im Streitfall an einer Mediation teilnehmen/mitwirken zu müssen, lässt sich nicht viel anfangen. Die Leistungspflichten sind unklar und jede der Streitparteien wird eine andere Vorstellung davon haben, was unter der Teilnahme/Mitwirkung an einer Mediation zu verstehen ist. Was würde ein „vernünftiger Schuldner" tun?[920] Im Falle einer Mediationsvereinbarung ist es nahe liegend, dass einer der Vertragspartner (welcher?) einen Mediator organisiert (welchen?, Fachrichtung?), Datum und Uhrzeit der ersten Sitzung festlegt, den Mediator informiert (wie und worüber?), einen Rechtsberater oder Familienangehörige hinzuzieht und Handlungen unterlässt, die das „Schuldverhältnis" stören.

Mit den vorstehend beschriebenen Handlungen wird die Streitpartei sehr schnell eine erhebliche Konflikteskalation bewirken. Sind es doch genau die Handlungen, die die andere Partei auch vornehmen möchte und gemäß der Mediationsvereinbarung vornehmen muss. Wenn die Parteien in diesem Stadium des Mediationsverfahrens ihre Handlungen nicht koordinieren, mithin die Mindestform einer Kooperation vornehmen, kommt gar nichts zustande oder der Konflikt eskaliert. Unklarheit besteht auch darüber, welche Handlungen die Parteien überhaupt vornehmen müssen, um das angestrebte Ziel zu erreichen. Welche einzelnen Handlungsschritte beinhaltet das Kooperationsmodell Mediation? Dass nicht der Erfolg, mithin die tatsächliche konsensuale Streitbeilegung

---

919 MünchKomm/*Bachmann*, BGB, § 241 Rn. 12 f.; Palandt/*Grüneberg*, BGB, § 241 Rn. 3.
920 *Weller*, S. 295.
921 Oben 4. Kapitel § 3 B. III., S. 247 ff.

geschuldet ist, liegt auf der Hand. Wie vorstehend ausgeführt, kann die Teilnahme/Mitwirkung an einer Mediation nicht in einzelne Handlungen getrennt werden.[921] Dies wäre auch nicht sinnvoll. Wenn eine Pflicht der Parteien zur Auswahl eines Mediators als (Teil-)Pflicht bestünde, würde die Partei den Mediator auswählen. Und Ende. Wenn die Pflicht der Parteien zu einer einstündigen „Sitzung" als (Teil-)Pflicht bestünde, ginge die Partei hin. Und Ende. Die die Mediation ausmachenden Handlungen, wie das Kommunizieren, das sachgerechte und interaktive Verhandeln, die Suche nach einem Konsens lassen sich nicht als Leistungsinhalt bestimmen.

c. Resümee

Gemäß § 1 Abs. 1 MediationsG müssen die Parteien bei einer Mediation ein Ziel anstreben. Welche Anstrengungen werden von den Parteien zur Erreichung des Ziels erwartet? Jede Mediation ist, gleichgültig nach welchem konkreten Ansatz sie stattfindet, eine persönliche Strategie der Streitparteien zur Zielerreichung. Sie basiert auf Kommunikation und ist interaktiv. Es gibt verschiedene Mediationstechniken und Mediationsmethoden, die nicht nur von den Parteien abhängen, sondern auch von dem Mediator und dessen Erfahrung und seinem Grundberuf, dem er angehört. Dennoch müssen die Parteien die Kooperationsleistung erbringen. Die Parteien müssen miteinander kommunizieren können und wollen, sie müssen autonom sein, sie müssen die konsensuale Konfliktbeilegung freiwillig und eigenverantwortlich wollen und anstreben und jeder der Beteiligten muss situativ, mithin spontan entscheiden, *wie* er versucht, dieses Ziel zu erreichen. Allein die Konfliktschilderung durch die Parteien findet in dem Spektrum von kurz und bündig, sachlich bis langatmig detailliert, emotional, den anderen persönlich angreifend statt. Die Mediationsleistung ist die Kooperationsleistung der Streitparteien. Wie jede Partei kooperiert, ist ihre Entscheidung. Diese Entscheidung kann nicht gerichtlich überprüft werden. Sollen aus der Absprache der Parteien schuldrechtliche Verpflichtungen erwachsen, muss die geschuldete Leistung so genau bestimmt sein, dass von einem Willen zu einer vertraglichen Bindung ausgegangen werden kann. Dies ist nicht der Fall, wenn es im Belieben eines Vertragspartners steht, welche Leistung er zu erbringen hat.[922]

Die Argumentation, die Streitparteien könnten vertraglich einzelne Verpflichtungen festlegen, die die Vorbereitung der Mediation betreffen, wie die

922 BGH, Urteil vom 20.12.1989 – VIII ZR 203/88; AG Gießen, Urteil vom 03.05.1990 – 48 C 3239/89; LG Lübeck, Urteil vom 06.04.1999 – 6 S 71/98.

Auswahl des Mediators und die Teilnahme an einer ersten Mediationssitzung, ist abzulehnen. Die „Einzelleistungen“ sind sinnlos, weil sie das Ziel einer Mediation nicht erreichen können.

Wenn die Parteien im Zusammenhang mit einer Mediation eine verbindliche Vereinbarung treffen möchten, können sie sich vertraglich verpflichten, vor Klageerhebung an einer Informationsveranstaltung über Mediation teilzunehmen. Diese vertragliche Regelung kann durch die Bezugnahme auf einen Anbieter von Mediationsleistungen ausgestaltet werden oder die Parteien einigen sich auf ein Drittbestimmungsrecht nach § 315 Abs. 1 BGB. Eine solche Vereinbarung ist wirksam, da der Inhalt der Leistung, die die Vertragspartner zu erbringen haben, bestimmt ist. Sie führt zum Schulterschluss mit den §§ 81 Abs. 2 Nr. 5, 135, 156 Abs. 1 Satz 3 FamFG, nach denen Gerichte die Möglichkeit haben, anzuordnen, dass die Streitparteien an *einem Informationsgespräch über eine Mediation* teilnehmen müssen.

V. Die letztwillige Mediationsklausel als *causa* des Anspruches auf Mitwirkung an einer Mediation

Wenn der Erblasser in seine Verfügung von Todes wegen eine Mediationsklausel aufnimmt, möchte er, dass der von ihm im Erbfall begünstigte Personenkreis im Konfliktfall via Mediation versucht, den Konflikt beizulegen. Rechtlich hat der Erblasser die Möglichkeit, durch eine wirksame Verfügung von Todes wegen für einen Beteiligten das Recht zu generieren, von einem anderen (durch den Erbfall Begünstigten) ein Tun oder Unterlassen zu verlangen. Das einseitige Rechtsgeschäft des Erblassers kann *causa* der Ansprüche der von seiner Anordnung begünstigten Personen sein. Für diese Ansprüche gilt das allgemeine Schuldrecht. Die Folge eines solchen Anspruches ist somit das Recht, beispielsweise eines Erben, von einem anderen Erben eine Leistung zu verlangen (§ 241 Abs. 1 BGB).

Die Anordnung einer Mediation durch eine Verfügung von Todes wegen muss, wenn sie die Erben oder Vermächtnisnehmer schuldrechtlich binden soll, schuldrechtlich wirksam sein. Das gilt gleichgültig, ob die letztwillige Mediationsklausel als Auflage, Teilungsanordnung, Vermächtnis oder als aus der allgemeinen Testierfreiheit erwachsend angesehen wird. Versetzen wir uns in die Situation des Erblassers. Will er, dass die am Erbfall Beteiligten das Recht erhalten, von einem anderen Beteiligten die Teilnahme an einer Informationsveranstaltung über Mediation zu verlangen? Das kann er rechtswirksam anordnen. Der Inhalt der Leistung ist ein Tun (Teilnahme an einem Infoabend). Der Erblasser muss anordnen, wo und wann der Infoabend stattfinden soll, oder auf das

Angebot eines Mediationsdienstleisters Bezug nehmen oder ein Drittbestimmungsrecht anordnen. Will der Erblasser dagegen, dass die Beteiligten an einer Mediation *mitwirken* müssen, mithin die „Leistungen" erbringen sollen, die in einer Mediation erbracht werden müssen, damit die Veranstaltung überhaupt zu einer Mediation wird, lässt ihn das Schuldrecht im Stich.

Nach den vorstehenden Ausführungen[923] handelt es sich bei der „Leistung", die die Teilnehmer einer Mediation zu erbringen haben, um eine Kooperation, zu der sich Parteien nicht rechtswirksam durch einen Vertrag verpflichten können, was darin begründet liegt, dass der Inhalt der Leistung nicht bestimmt ist und nicht bestimmbar ist. Einzelne Handlungen, die im Zusammenhang mit einer Mediation zu erbringen sind, sind als Einzelleistungen sinnlos. Nur im Zusammenhang mit der „Gesamtleistung" Kooperation sind sie sinnvoll und erforderlich.

Der Erblasser kann im Rahmen seiner Testierfreiheit die Rechtsverhältnisse der Erben und Vermächtnisnehmer gestalten. Diese schuldrechtliche Bindung, die die Verfügung von Todes wegen auslöst, kann jedoch nur so weit gehen, wie Vereinbarungen der Erben/Vermächtnisnehmer im Innenverhältnis wirksam wären. Eine Ausnahme stellt nur das zwingende Recht dar. Kann der Erblasser nicht vom zwingenden Recht, welches ihn bindet, abweichen, so ist es den Erben dennoch möglich, sich durch Absprachen über die Wirkungen des zwingenden Rechts (das den Erblasser bindet) hinwegzusetzen.[924] Kann über die Teilnahme an einer Mediation eine Mediationsvereinbarung der Parteien wegen Verstoßes gegen das Bestimmtheitsgebot nicht wirksam geschlossen werden, ist auch der Erblasser nicht in der Lage, die Erben/Vermächtnisnehmer rechtswirksam zu der Teilnahme im Sinne einer Mitwirkung an einer Mediation zu verpflichten. Das Rechtsgeschäft des Erblassers, das in der Errichtung der Verfügung von Todes wegen liegt, kann keinen weiteren Wirkungsrahmen haben als das gleichlautende Rechtsgeschäft, welches die Beteiligten in Form eines Vertrages geschlossen hätten. Die Mediation bleibt strukturell gleich. Gleichgültig, ob sie vertraglich vereinbart oder durch ein „letztwilliges Rechtsgeschäft" angeordnet wird.

Im Ergebnis ist festzuhalten, dass eine Mediationsanordnung in einer Verfügung von Todes wegen nicht *causa* eines Anspruches eines am Erbfall Beteiligten gegen einen anderen Beteiligten auf Teilnahme im Sinne einer Mitwirkung an einer Mediation sein kann. Ein Recht des vermeintlich Begünstigten entsteht

---

923 Oben 4. Kapitel § 4 B. I. bis III., S. 255 ff.

924 Oben 3. Kapitel § 2 F. VII. 5. b. cc. (2)., S. 164 ff.

nicht, da der Inhalt der Leistung nicht bestimmbar ist. Der Erblasser ist in der Lage, rechtswirksam anzuordnen, dass die von ihm Begünstigten an einer Informationsveranstaltung über Mediation teilzunehmen haben.

§ 5 Zusammenfassung des vierten Kapitels

A. Offene Fragen

Die Mediation mag ein Paradigmenwechsel und Kulturwandel[925] sein, über „magnetische Kraft“ verfügen[926] oder die Partizipation der Bürger im modernen Sozialstaat[927] darstellen. Aber was ist mit dem Schuldrecht?

Wenn der Erblasser erreichen möchte, dass die am Erbfall Beteiligten im Falle eines Konflikts an einer Mediation mitwirken müssen, wenn einer der Beteiligten dies verlangt, muss die Anordnung des Erblassers *causa* der Ansprüche der Beteiligten sein, die die Mediation durchsetzen wollen. Ist diese *causa* existent, generiert sie Ansprüche gegen den „mediationsunwilligen“ Beteiligten auf Erbringung der Leistung, die den Anspruch des Begünstigten erfüllt. Erfüllung des Anspruches auf Mitwirkung an einer Mediation? In Anlehnung an *Wittgenstein*, der sich mit ethischen Gesetzen beschäftigte und dann unweigerlich zu der drängenden Frage kam: „Und was dann, wenn ich es nicht tue?“[928], stellen sich auch in diesem Fall die folgenden Fragen: Und was dann, wenn einer der Erben nicht an der Mediation teilnimmt? Verfassen die anderen Medianten während seiner Abwesenheit ein „Versäumnismemorandum“? Oder was dann, wenn ein am Erbfall Beteiligter an der Mediation teilnimmt, sich jedoch gar nicht einigen will und sich offensichtlich einer Einigung verschließt? Greift dann vielleicht eine „Einigungsverweigerungsstrafklausel“?

Mit der „Teilnahme“ an einer Mediation meint der Erblasser, wenn er diesen Begriff verwendet, die *Mitwirkung* an einer Mediation. Nur diese kann überhaupt zu einer Streitbeilegung führen. Wenn der Erblasser tatsächlich an eine Teilnahme an einer Informationsveranstaltung denkt, so mag er diese anordnen. Diese Anordnung kann als Vermächtnis formuliert werden. Natürlich muss sie noch so ausgestaltet werden, dass der Anspruchsinhaber eine konkrete Verpflichtung des Miterben formulieren und als Klageantrag mit einem vollstreckungsfähigen Inhalt gerichtlich durchsetzen kann. Der Anspruch auf

---

925 Oben 4. Kapitel § 2 B. II. 4., S. 205 f. (S. 206 Fn. 74).

926 *Duss-von Werdt*, S. 14.

927 *Zillessen*, S. 83 f.

928 *Wittgenstein*, Tractatus 6.422.

Teilnahme an einer Informationsveranstaltung über Mediation als Klageantrag eines Rechtsstreits vor dem ordentlichen Gericht? Ist das nicht ein Oxymoron oder eine *contradictio in adiecto*?

Meint der Erblasser mit der „Teilnahme" an einer Mediation die *Mitwirkung* der am Erbfall Beteiligten als „Leistungspflicht", muss diese Teilnahme/Mitwirkung an einer Mediation eine schuldrechtlich bestimmte oder bestimmbare Leistung sein. Dieses Erfordernis stellt sich nicht nur in Bezug auf die letztwillige Mediationsklausel, sondern auch in Bezug auf eine Mediationsvereinbarung. Auch deren Leistungen müssen bestimmt oder bestimmbar sein, wenn die Mediationsvereinbarung dazu führen soll, dass die Vertragsparteien verpflichtet sind, nach Konfliktentstehung an einer Mediation mitzuwirken. Das Schrifttum sieht überwiegend und wenig in die Tiefe gehend sowohl die Mediationsvereinbarung als auch die letztwillige Mediationsklausel als zulässig an.[929] Gerne verbunden mit der Aussage, die Mediationsvereinbarung und die letztwillige Mediationsklausel führten zu einem dilatorischen Klageverzicht.[930] Mit anderen Worten: Solange keine Mediation stattfand, kann nicht geklagt werden.

Die Frage nach den Leistungspflichten der Streitparteien im Zusammenhang mit einer Mediation führte zum Versuch der Annäherung an eine Dogmatik der Mediation.[931] Worum handelt es sich bei einer Mediation? Wo ist diese rechtlich zu verorten? Gibt es eine „Leistungspflicht" der Parteien eines Mediationsverfahrens? Was beinhaltet diese? Wie wirkt sich aus, dass eine Mediation gemäß § 2 Abs. 5 Satz 1 MediationsG jederzeit beendet werden kann? Es sollte insbesondere genau untersucht werden, was unter dem Begriff der Mediation zu verstehen ist. Hierzu wurden im Verlauf der Untersuchung nicht die verschiedenen unterschiedlichen Mediationsmethoden beschrieben, also die einzelnen Phasen oder Visualisierungstechniken, mithin die praktische Durchführung eines Mediationsverfahrens.[932] Es sollten auch nicht die im Zusammenhang mit Mediationen abzuschließenden Verträge zwischen den Streitparteien und dem Mediator (Mediatorvertrag) oder zwischen den Parteien zur Beendigung des Konflikts (Mediationsvergleich) Thema sein,[933] sondern es sollte die Mediation

---

929 Oben 4. Kapitel § 2 A. I. und B. I., S. 186 ff., 196 ff.

930 Oben 4. Kapitel § 2 A. I., S. 186 ff.

931 Oben 4. Kapitel § 3., S. 208 ff.

932 Statt vieler: *Eidenmüller*, Konsensuale Streitbeilegung, S. 45, 47; *Risse*, Wirtschaftsmediation, S. 159 ff.; *Kals/Ittner*, S. 20 ff., 49 ff.; Hinrichs/*Stoldt*, Praxishandbuch MedG, S. 107 ff.

933 Statt vieler: *Eidenmüller*, Wirtschaftsmediation, S. 8 ff., insbesondere, S. 32 ff.

selbst betrachtet werden. Durch das Ergebnis dieser Untersuchung sollte die Frage beantwortet werden, ob die Mediation einer rechtlichen Betrachtung zugänglich ist und wie sich das gefundene Ergebnis auf rechtlichen Konstrukte, wie der Abschluss einer Mediationsvereinbarung oder die Anordnung einer Mediation durch eine Verfügung von Todes wegen, auswirkt.

B. Befunde

I. Allgemeines

Das Schrifttum ist in Bezug auf die Frage, ob eine letztwillige Mediationsklausel wirksam ist, von einer erkennbaren Mediationseuphorie geprägt. Mit einer gewissen Intensität wird angeführt, die letztwillige Mediationsklausel sei zulässig und könne die ersehnte Bindungswirkung erreichen. Dies gegebenenfalls sogar in Bezug auf vom Erbfall nicht begünstigte Personen, wie z. B. Pflichtteilsberechtigte oder sonstige Nachlassgläubiger.[934] Es werden erbrechtliche Konstrukte bemüht, wie beispielsweise die Auflage oder das Vermächtnis.[935] Die obergerichtliche Rechtsprechung „ist noch nicht so weit", was in Anbetracht der nur ganz gelegentlichen Verwendung letztwilliger Mediationsklauseln nicht verwunderlich ist. Die im Schrifttum vorgeschlagenen und als passend erachteten Rechtsgrundlagen zeigen sich bei genauer Untersuchung als nicht geeignet.[936] § 1066 ZPO kommt weder analog noch als *argumentum ad maiore ad minus* zur Anwendung. Die erbrechtlichen Rechtsinstitute des BGB wollen auch nicht so recht passen. Die Auflage fällt heraus, da die Beteiligten durch einen dilatorischen Klageverzicht ein Recht erhalten. Das Vermächtnis scheitert am Unvermögen des Erblassers, die Beteiligten rechtswirksam schuldrechtlich binden zu können. Das Mediationsgesetz beinhaltet keine Regelungen zu einer letztwilligen Mediationsklausel.

Es bleibt somit nur das „Auffangbecken" der allgemeinen Testierfreiheit. Von dieser könnte eine Mediationsklausel, die in einer Verfügung von Todes wegen enthalten ist, durchaus umfasst werden. Die von der Verfasserin entwickelte Zweistufentheorie der erbrechtlichen Optionsmodelle[937] führt in ihrer Anwendung dazu, dass eine letztwillige Mediationsklausel zulässig sein könnte. Der Wunsch des Erblassers, die am Erbfall Beteiligten bei aus dem Erbfall

934 Oben 4. Kapitel § 2 B. I., S. 196 ff.
935 Oben 4. Kapitel § 2 B. II. 3. a., S. 202 ff.
936 Oben 4. Kapitel § 2 B. II. 5., S. 206 ff.
937 Oben 3. Kapitel § 2 F. VII. 5., S. 174 ff.

erwachsenden Konflikten in einer Mediation zusammenzuführen, ist ein durchaus anerkennenswertes Motiv. Nachdem das Bundesverfassungsgericht im Jahr 2007 konstatierte, eine zunächst streitige Problemlage durch eine einvernehmliche Lösung zu bewältigen sei auch in einem Rechtsstaat grundsätzlich vorzugswürdig gegenüber der richterlichen Streitentscheidung,[938] kann nicht davon ausgegangen werden, dass eine Mediationsklausel in einem Testament den Ordnungs- und Wertevorstellungen des Gesetzgebers widerspricht. Sie verstößt auch nicht gegen den Justizgewährleistungsanspruch, wenn den am Erbfall Beteiligten nicht auf Dauer die Möglichkeit genommen wird, den Konflikt durch ein Gericht, sei es das ordentliche Gericht oder ein Schiedsgericht, entscheiden zu lassen und wenn § 2 Abs. 5 Satz 1 MediationsG beachtet wird. Die Testierfreiheit benötigt jedoch ein schuldrechtliches Gewand. Auch als reine Anordnung hat die letztwillige Mediationsklausel das Problem, dass sie sich auf den schuldrechtlichen Prüfstand stellen lassen muss. Wir wenden unseren Blick auf die Dogmatik der Mediation.

II. Die Dogmatik der Mediation

Auf der Suche nach der Dogmatik der Mediation ist schnell erkennbar, dass das Mediationsgesetz nur eine geringe Hilfe ist. Die vom Gesetzgeber versuchte Definition der Mediation enthält Unklarheiten.[939] Auch die Gesetzesbegründungen und die Jurisdiktion, die das Thema Mediation betreffen, und der rechtswissenschaftliche Diskurs sind widersprüchlich. So führt *Wendland* über mehrere Seiten das „Wesen der Mediation" aus,[940] während *Eidenmüller* konstatiert: „Ein ‚Wesen' der einvernehmlichen Konfliktbeilegung gibt es nicht"[941].

Dem Mediationsgesetz ist deutlich zu entnehmen, dass der Gesetzgeber die Schnittstelle zwischen Mediation und Recht klein halten wollte. Für die Streitparteien hält das Mediationsgesetz keine expliziten Verpflichtungen bereit. Der Mediator hat die im Mediationsgesetz beschriebenen Schutz- und Aufklärungspflichten. Dennoch: Auch der Vertrag zwischen den Streitparteien und dem Mediator ist im Mediationsgesetz nicht erwähnt. Auch hier hält sich der Gesetzgeber bedeckt. Nur § 2 Abs. 5 Satz 1 MediationsG fällt auf. Die Streitparteien können die Mediation jederzeit, ohne Angabe von Gründen, beenden. Das Recht zur Beendigung besteht gleichgültig, ob die Parteien mit dem Mediator einen

938 BVerfG, Urteil vom 14.02.2007 – 1 BvR 1351/01, Rz. 35.

939 Oben 4. Kapitel § 3. B. I., S. 214 ff.

940 *Wendland*, S. 159 ff.

941 *Eidenmüller*, JZ 2015, 539 (547).

Vertrag geschlossen haben, gleichgültig, ob sie untereinander eine Mediationsvereinbarung geschlossen haben oder ob eine letztwillige Mediationsklausel zu der Mediation führte. Dieses jederzeitige Beendigungsrecht ist nicht disponibel und besteht ab dem Zeitpunkt, ab dem eine Partei die Mediation möchte. Somit ist sowohl eine Sanktionierung des Mediationsabbruchs[942] als auch die Verpflichtung zur Nennung eines Grundes als Umgehung des § 2 Abs. 5 Satz 1 MediationsG unwirksam. Es ist offensichtlich, dass der Gesetzgeber keinen „Mediationszwang" wollte. Durch den als zwingendes Recht zu qualifizierenden § 2 Abs. 5 Satz 1 MediationsG hat sich der Gesetzgeber letztlich auch gegen eine vertragliche Verpflichtung zur Mediation ausgesprochen.

Diese Ansicht wird neben den nachstehend aufgezeigten schuldrechtlichen Fragen durch die „Förmelei-Rechtsprechung" bestätigt.[943] Die Ausdrucksweise der Gerichte zu dem in § 2 Abs. 5 Satz 1 MediationsG normierten Recht der Streitparteien, die Mediation jederzeit zu beenden, ist alles andere als gelungen. Wenn ein Gericht – ohne auf die schuldrechtlichen Fragen einzugehen – zu der Überzeugung kommt, eine Mediationsvereinbarung sei wirksam, muss auch in Bezug auf die Beendigung der Mediation schuldrechtlich argumentiert werden. Schuldrechtlich betrachtet handelt es sich bei § 2 Abs. 5 Satz 1 MediationsG um das Recht jeder Partei auf eine fristlose Kündigung ohne Angabe von Gründen mit sofortiger Wirkung. Es hätte in den genannten Entscheidungen ausgereicht, zu konstatieren, dass diese Kündigung erfolgt sei.

III. Die schuldrechtlichen Fragen

Der Versuch, eine Mediationsvereinbarung oder eine letztwillige Mediationsklausel rein schuldrechtlich als Ausfluss der Privatautonomie zu sehen und über diesen Weg zu einer schuldrechtlichen Bindung der Streitparteien zu kommen, scheitert. Die von den Streitparteien im Rahmen einer Mediation zu erbringenden Leistungen können nicht als Inhalt eines wirksamen Schuldverhältnisses oder als Inhalt einer wirksamen Verfügung von Todes wegen formuliert werden. Die Untersuchung hat gezeigt, dass die „Mediationsleistung" der Streitparteien eine persönliche Kooperationsleistung darstellt, die interaktiv ist und interaktiv sein muss, da die Kommunikation ansonsten erstarren und erfolglos enden würde.[944] Die Art und Weise, wie die Parteien kooperieren und in diesem

942 Greger/Steffek/Unberath/*Greger*, MediationsG, § 1 Rn. 229.

943 Oben 4. Kapitel § 2 A. II. 4., S. 191 ff. (OLG Frankfurt, Beschluss vom 12.05.2009 – 14 Sch 4/09; LG Heilbronn, 10.09.2010 – 4 O 259/09).

944 Oben 4. Kapitel § 3 B. III., S. 247 ff.

Zusammenhang kommunizieren, kann als Leistung nicht so weit bestimmt werden, dass aus einer Absprache der Streitparteien oder einer Anordnung in einer Verfügung von Todes wegen eine schuldrechtliche Verpflichtung erwachsen kann.[945] Der Grund liegt darin, dass die Streitparteien, auch wenn sie als gemeinsamen Zweck die außergerichtliche konsensuale Streitbeilegung festlegen, keine Leistungspflichten formulieren können, so wie dies § 705 BGB für die Gesellschaft bürgerlichen Rechts vorsieht oder wie dies die vielfach im Wirtschaftsleben abgeschlossenen Kooperationsverträge vorsehen. Vereinbaren die Parteien, im Konfliktfall an einer Mediation mitzuwirken, so ist diese Vereinbarung der Hauptvertrag in der Form eines Kooperationsvertrages. Vertragszweck ist der Versuch der außergerichtlichen Streitbeilegung in einer Mediation. Die Leistung, die die Parteien hierfür erbringen müssen, ist die Mitwirkung an der Mediation in Form einer persönlichen Kooperation. Diese Kooperation lässt sich nicht in einzelne kleine Leistungs-/Handlungspflichten zerlegen, wie z. B. die Auswahlpflicht in Bezug auf den Mediator, die Anwesenheitspflicht zu einer oder mehreren Mediationssitzungen, Dokumentenvorlagepflicht, Interessensmitteilungspflicht, Verhandlungspflicht etc. Allein diese willkürliche Aufzählung zeigt die Unschärfe der einzelnen Pflichten, die nicht nur in ihrer großen Anzahl begründet liegt, sondern auch darin, dass völlig unklar ist, was unter einer solchen einzelnen Pflicht zu verstehen ist. Nach dem Ergebnis der vorliegenden Untersuchung kommt somit eine schuldrechtliche Verpflichtung der Streitparteien, sei es durch eine selbst abgeschlossene Mediationsvereinbarung, sei es durch eine Anordnung durch eine Verfügung von Todes wegen, nicht in Betracht. Diesbezügliche Absprachen oder Anordnungen können keine Rechtswirkungen entfalten.

IV. To mediate or not to mediate: that is the question[946]

Die Mediation ist ein Instrument, um Konflikte einvernehmlich zu lösen. Sie ist ein Instrument, das die Streitparteien nur spielen können, wenn sie ein hohes Maß an „Motivation, Einsichtsfähigkeit, Kooperationsbereitschaft, Fähigkeit zur Vertretung eigener Interessen und (verbaler) Kommunikation“[947] zeigen. Diese Voraussetzungen können Streitparteien auch überfordern. So beschäftigen sich

945 Oben 4. Kapitel § 4 B. IV. 4., S. 264 ff.

946 *Peters/Bovarnick Mastin*, S. 117 ff.

947 *Galuske*, S. 215.

948 *Diez/Krabbe*, Mediation, S. 116 f.

Diez/Krabbe im Rahmen des Stichworts „Kontraindikation" mit Personengruppen, für die die Mediation keine adäquate Vorgehensweise darstellt.[948] *Ortloff* stellt fest, der Inhalt von Mediation habe nichts mit Juristischem zu tun, sondern mit Fertigkeiten der Konfliktbehandlung.[949] Der Gesetzgeber hält sich in Bezug auf die Regelung der Mediation und in Bezug auf eine obligatorische Mediation zurück. Warum soll die Mediation verrechtlicht werden? Warum sollte eine Streitpartei eine andere Partei zwingen wollen, an einer Mediation mitzuwirken? Warum sollte ein Erblasser seine Erben oder Vermächtnisnehmer zu einer Mediation zwingen wollen? Persönliche Kooperation, wie sie bei einer Mediation erforderlich ist, lässt sich nicht erzwingen. Zur Mitarbeit kann man jemanden zwingen, aber nicht zu einer „Zusammenarbeit im Sinne eines Aufeinanderzugehens"[950]. Begründungszwang und Kostenlast bei Abbruch der Mediation, Unzulässigkeit einer parallelen Klageerhebung, Verzug und Schadensersatzansprüche auf der einen Seite und persönliche Kooperation und produktive Denkprozesse auf der anderen Seite sind Antagonisten. Die Mitwirkung an einer Mediation kann nur aufgrund einer freien Entscheidung der Streitparteien im Zeitpunkt der Erbringung der „Kooperationsleistung" stattfinden. Diese Mitwirkung ist nicht antizipierbar und nicht im Sinne des Schuldrechts bestimmbar. Sie kann keine „Leistung" im Sinne des Schuldrechts sein.

949 *Ortloff*, NJW 2008, 2544 (2544).
950 *Thomas*, S. 123 f.

Literaturverzeichnis

Ade, Juliane/Alexander, Nadja: Mediation und Recht. Eine praxisnahe Darstellung der Mediation und ihrer rechtlichen Grundlagen, Frankfurt am Main 2017 (zit.: *Ade/Alexander*, Mediation und Recht)

Ahlgrimm, Frederik/Krey, Jens/Huber, Stephan Gerhard: Kooperation – was ist das? Implikationen unterschiedlicher Begriffsverständnisse, in: Stephan Gerhard Huber/Frederik Ahlgrimm (Hrsg.): Kooperation. Aktuelle Forschung zur Kooperation in und zwischen Schulen sowie mit anderen Partnern, S.17-29, Münster/New York u. a. 2012 (zit.: *Ahlgrimm/Krey/Huber*, Kooperation)

Alexander, Nadja: Wirtschaftsmediation in Theorie und Praxis. Eine deutsch-australische Studie, Frankfurt am Main 1999 (zit.: *Alexander*, Wirtschaftsmediation)

Andreetti, David: Basler Testamente des 17. und 18. Jahrhunderts. Privatrechtliche Urkunden und ihre Deutbarkeit als Selbstzeugnisse, Basel 2011 (Diss., Universität Basel 2009)

Anschütz, Gerhard: Das Reichskammergericht und die Ebenbürtigkeit des niederen Adels, in: Zeitschrift der Savigny-Stiftung für Rechtsgeschichte/Germanistische Abteilung. Bd. 27 = 40, 1906, S. 172-189

Aristoteles: Die Nikomachische Ethik, Düsseldorf/Zürich 2005 (zit.: *Aristoteles*, Nikomachische Ethik)

Assmann, Dorothea: Der Güterichter als Mediator?, Monatsschrift Deutsches Recht 2016, S. 1303-1307 (zit.: *Assmann*, MDR 2016)

Axelrod, Robert: Die Evolution der Kooperation [The Evolution of Cooperation, New York 1984. Aus dem Amerikanischen von Werner Raub und Thomas Voss], München 2009 (zit.: *Axelrod*, Kooperation)

Babusiaux, Ulrike: Wege zur Rechtsgeschichte: Römisches Recht, Köln/Weimar/Wien 2015

Bachmann, Gregor: Optionsmodelle im Privatrecht, Juristenzeitung 2008, S. 11-20 (zit.: *Bachmann*, JZ 2008)

Bachmann, Gregor: Private Ordnung. Grundlagen ziviler Regelsetzung, Tübingen 2006 (zit.: *Bachmann*, Private Ordnung)

Bader, Karl Siegfried: Das Schiedsverfahren in Schwaben vom 12. bis zum ausgehenden 16. Jahrhundert (Diss. Universität Freiburg i.Br. 1929), in: Clausdieter Schott (Hrsg.), Schriften zur Rechtsgeschichte, Band 1, S. 157-225, Sigmaringen 1984 (zit.: *Bader*, Schwaben)

Bader, Karl Siegfried: Die Entwicklung und Verbreitung der mittelalterlichen Schiedsidee in Südwestdeutschland und in der Schweiz, in: Clausdieter Schott (Hrsg.), Schriften zur Rechtsgeschichte, Band 1, S. 226-251, Sigmaringen 1984 (zit.: *Bader*, Schiedsidee)

Baruch Bush, Robert A. / Folger, Joseph P.: The Promise of Mediation. The Transformative Approach to Conflict, San Francisco 2005

Bastine, Reiner: Scheidungs-Mediation – Ein Verfahren psychologischer Hilfe, in: Bundeskonferenz für Erziehungsberatung e.V. (Hrsg.): Scheidungs-Mediation. Möglichkeiten und Grenzen, Münster 1995 (zit.: *Bastine*, Scheidungs-Mediation)

Bastine, Reiner/Link, Gabriele/ Lörch, Bernd: Bedeutung, Evaluation, Indikation und Rahmenbedingungen von Scheidungsmediation. Eine Übersicht, in: Josef Duss-von Werdt/Gisela Mähler/Hans-Georg Mähler (Hrsg.): Mediation: Die andere Scheidung. Ein interdisziplinärer Überblick, S. 186-204, Stuttgart 1995 (zit.: *Bastine*, Die andere Scheidung)

Baumann, Antje: Mediation und Unternehmensnachfolge: Einsatzmöglichkeiten und Vorteile, Zeitschrift für Erbrecht und Vermögensnachfolge 2004, S. 108-112 (zit.: *Baumann* ZEV 2004)

Bechtold, Stefan: Die Grenzen zwingenden Vertragsrechts. Ein rechtsökonomischer Beitrag zu einer Rechtsetzungslehre des Privatrechts, Tübingen 2010

Begründung des Entwurfs einer deutschen Civilprozeßordnung und des Einführungsgesetzes, Berlin 1872 (zit.: *Begründung CPO*)

Begründung zum Entwurf eines Gesetzes zur Förderung der Mediation und anderer Verfahren der außergerichtlichen Konfliktbeilegung, Bundestag-Drucksache 17/5335 vom 01.04.2011 (zit.: *BT-DS 17/5335*, Begründung)

Bengel/Reimann: Handbuch der Testamentsvollstreckung. München 2017 (zit.: Bengel/Reimann/[*Bearbeiter*])

Besemer, Christoph: Mediation – Vermittlung in Konflikten. Eine Veröffentlichung der Stiftung Gewaltfreies Leben (Königsfeld) und der Werkstatt für Gewaltfreie Aktion, Baden (Heidelberg-Freiburg), Darmstadt 2007

Biesecker Adelheid: Kooperation, Netzwerk, Selbstorganisation – Prinzipien für eine faire und vorsorgende Ökonomie, S. 10 in: Kooperation, Netzwerk, Selbstorganisation. Elemente demokratischen Wirtschaftens, Adelheid Biesecker, Klaus Grenzdörfer (Hrsg.), Pfaffenweiler 1996

Blomberg, Eva Maria: Freiheit und Bindung des Erblassers. Eine Untersuchung erbrechtlicher Verwicklungsklauseln, Tübingen 2011 (Diss., Universität Münster 2010)

Bollmann, Johannes: Die Lehre von der Ebenbürtigkeit in deutschen Fürstenhäusern bei Joh. Stephan Pütter und Joh. Jakob Moser und ihre Bedeutung für das heutige Recht, Göttingen 1897

Bollmann, Vera: Schwestern. Interaktion und Ambivalenz in lebenslangen Beziehungen, Wiesbaden 2012 (zit.: *Bollmann*, Schwestern)

Bonacker, Thorsten/Imbusch, Peter: Zentrale Begriffe der Friedens- und Konfliktforschung: Konflikt, Gewalt, Krieg, Frieden, in: Peter Imbusch/Ralf Zoll (Hrsg.): Friedens- und Konfliktforschung, S. 67-142, Wiesbaden 2010 (zit.: *Bonacker/Imbusch*, Friedens- und Konfliktforschung)

Bonanno, George A.: Die andere Seite der Trauer. Verlustschmerz und Trauma aus eigener Kraft überwinden [The Other Side of Sadness, New York 2009. Aus dem Amerikanischen von Michael Halfbrodt], Bielefeld 2012

Bornhak, Conrad: Schiedsvertrag und Schiedsgericht nach geschichtlicher Entwicklung und geltendem Rechte, in: Max Schultzenstein, Felix Vierhaus: Zeitschrift für deutschen Civilprozeß und das Verfahren in Angelegenheiten der Freiwilligen Gerichtsbarkeit, Band 30 (1902), S. 1-46, Berlin 1902 (zit.: *Bornhak*, ZZP)

Bosch, Wolfgang: Rechtskraft und Rechtshängigkeit im Schiedsverfahren, Tübingen 1991

Bosl, Karl: Die Gesellschaft in der Geschichte des Mittelalters, Göttingen 1987

Brachat-Schwarz, Werner: Ist Heiraten wieder „in"? Zur Entwicklung der Eheschließungen in Baden-Württemberg, Statistisches Monatsheft Baden-Württemberg 7/2016, S. 3-9, herausgegeben vom Statistischen Landesamt Baden-Württemberg, Stuttgart 2016

Brandl, Martha: Internationale Schlichtungsverfahren in Wirtschaftsstreitigkeiten. Umsetzungs- und Entwicklungsperspektiven für das deutsche Recht nach dem UNCITRAL Modellgesetz (2002), Marburg 2016 (Diss., Universität Passau 2015/ 2016)

Breidenbach, Stephan: Mediation, Struktur, Chancen und Risiken von Vermittlung im Konflikt, Köln 1995 (zit.: *Breidenbach*, Mediation)

Brinz, Alois: Lehrbuch der Pandekten, Zweite Abtheilung, Erlangen 1860

Buchholz-Graf, Wolfgang: Zur Vielfalt von Stieffamilienformen, in: Susanne Kappler/Tobias Kappler (Hrsg.): Handbuch Patchworkfamilie, Köln 2013 (zit.: *Buchholz-Graf*, Vielfalt)

Budzikiewicz, Christine: Die letztwillige Verfügung als Mittel postmortaler Verhaltenssteuerung, Archiv für civilistische Praxis, 209. Band (2009), S. 354-397 (zit.: *Budzikiewicz*, AcP 2009)

Buhl, Ludwig: Die Herrschaft des Geburts = und Bodenprivilegiums in Preußen, Mannheim 1844

Bülow von, Louis: Die Civilprozess-Ordnung und ihre Nebengesetze, Kommentar, Hannover 1879

Bund, Elmar: Die Fiktion „pro non scripto habetur“ als Beispiel fiktionsbewirkter interpretatio, in: Walter G. Becker, Ludwig Schnorr von Carolsfeld (Hrsg.): Sein und Werden im Recht, Festgabe für Ulrich von Lübtow zum 70. Geburtstag am 21. August 1970, S. 351-380, Berlin 1970

Butler, Michael J.: International Conflict Management, New York 2009

Carius, Hendrikje: Recht durch Eigentum. Frauen vor dem Jenaer Hofgericht (1648-1806), München 2012 (Diss., Univ. Jena 2008)

Caspers, Paul: Der Güte- und Schiedsgedanke im kirchlichen Zivilgerichtsverfahren. Eine kirchenrechtliche Untersuchung über das Wesen der *episcopalis audientia*, Düsseldorf 1954 (Diss., Universität Mainz 1953)

Christandl, Gregor: Selbstbestimmtes Testieren in einer alternden Gesellschaft. Eine Untersuchung zum Schutz des Erblassers vor Fremdbestimmung, Tübingen 2016 (zit.: *Christandl*, Selbstbestimmtes Testieren)

Cleef van, Franz: Die letztwillige Schiedsgerichtsklausel, Borna-Leipzig 1914 (Diss., Universität Hamburg 1913)

Cooley, John W.: The Mediator´s Handbook. Advanced Practice Guide for Civil Litigation, USA (o. Abgabe d. Orts) 2006

Coser, Lewis A.: Theorie sozialer Konflikte, Neuwied am Rhein, Berlin 1965

Cremer, Katja: Die Vertraulichkeit der Mediation. Zur Wahrung der Vertraulichkeit der im Mediationsverfahren offenbarten Informationen in einem nachfolgenden Zivilprozeß, Baltmannsweiler 2007 (Diss., Univ. Leipzig 2005)

Crezelius, Georg: Schiedsgerichte und Erbrecht, in: Lutz Aderhold, Barbara Grunewald, Dietgard Klingberg, Walter G. Paefgen (Hrsg.): Festschrift für Harm Peter Westermann zum 70. Geburtstag, S. 161-173, Köln 2008 (zit.: *Crezelius*, Fs. Westermann)

Cziupka, Johannes: Dispositives Vertragsrecht. Funktionsweise und Qualitätsmerkmale gesetzlicher Regelungsmuster, Tübingen 2010 (Diss., Universität Jena 2009)

Dahrendorf, Ralf: Der moderne soziale Konflikt. Essay zur Politik der Freiheit, Stuttgart 1992 (zit.: *Dahrendorf*, Soziale Konflikt)

Dahrendorf, Ralf: Konflikt und Freiheit. Auf dem Weg zur Dreiklassengesellschaft, München 1972 (zit.: *Dahrendorf*, Konflikt und Freiheit)

Dahrendorf, Ralf: Sozialstruktur des Betriebes – Betriebssoziologie –, Wiesbaden 1959 (zit.: *Dahrendorf*, Sozialstruktur)

Das Churfürstliche Mainz´sche Land-Recht vom Jahr 1755 mit Erläuterungen aus dem gemeinen Rechte, und unter Vergleichung mit den rheinischen, sowie mit anderen Partikularrechten fränkischen Ursprungs, mit der Frankfurter Reformation etc etc., Aschaffenburg 1866 (zit.: *Das Churfürstliche Mainz´sche Land-Recht*)

Das Württembergische Landrecht vom 1. Juni 1610, Stuttgart 1842 (zit.: *Das württembergische Landrecht*)

Dawirs, Philipp: Das letztwillig angeordnete Schiedsgerichtsverfahren Gestaltungsmöglichkeiten, Berlin 2014 (Diss.; Westfälische Wilhelms-Universität Münster, 2012/2013)

Deeg, Peter: Testierfreiheit und Typenzwang, 2003 (Diss., Universität Passau 2003)

Deinert, Olaf: Zwingendes Recht. Grenzen rechtsgeschäftlicher Gestaltungsmacht und Verbotsgesetz. Umgehungsproblematik und teilweise Aufrechterhaltung unzulässiger Rechtsgeschäfte, Köln/Berlin/Bonn/München 2002

Delhees, Karl H.: Soziale Kommunikation. Psychologische Grundlagen für das Miteinander in der modernen Gesellschaft, Opladen 1994

Dendorfer, Renate/Lack, Jeremy: The Interaction Between Arbitration and Mediation: Vision vs. Reality, Zeitschrift für Schiedsverfahren 2007, S. 195-205 (zit.: *Dendorfer/Lack*, SchiedsVZ 2007)

Dernburg, Paul/ Sokolowski, Heinrich: System des römischen Rechts. Der Pandekten Erster Teil, Berlin 1911 (zit.: *Dernburg/Sokolowski*, System)

Der Oesterreichische Erbfolgekrieg 1740-1748, I. Band, 2. Theil, in: Direction des k. und k. Kriegs.-Archivs (Hrsg.): Kriege unter der Regierung der Kaiserin-Königin Maria Theresia, Wien 1896, Nachdruck: Milton Keynes UK ohne Jahresangabe (zit.: *Der Oesterreichische Erbfolgekrieg*)

Deutsch, Morton: Konfliktregelung. Konstruktive und destruktive Prozesse [The Resolution of Conflict, Yale 1973. Aus dem Amerikanischen übersetzt von Irene Lückert], München/Basel 1976 (zit.: *Deutsch*, Konfliktregelung)

Deutsch, Morton: Conflicts. Productive and Destructive, Journal of Social Issues, Volume XXV, Number 1, 1969, S. 7-41 (zit.: *Deutsch*, Conflicts. Productive and Destructive).

Die Bibel: Nach der Übersetzung Martin Luthers. Standardausgabe mit Apokryphen, Das alte Testament, S. 3-906, Stuttgart 1985 (zit.: *Die Bibel*)

Diez, Hannelore/Krabbe, Heiner: Was ist Mediation? Praktische Gebrauchsanleitung für ein außergerichtliches Vermittlungsverfahren, in: Heiner Krabbe (Hrsg.): Scheidung ohne Richter. Neue Lösungen für Trennungskonflikte, S. 109-131, Hamburg/Reinbek 1991

Dohr, Markus: Überwindung der aufgrund gemeinschaftlichen Testaments oder Erbvertrages entstandenen erbrechtlichen Bindungen, Mitteilungen der Rheinischen Notarkammer 1998, S. 382-419 (zit.: *Dohr*, MittRhNotK 1998)

Doralt, Walter: Langzeitverträge, Tübingen 2018

Duden, Deutsches Universalwörterbuch, Mannheim/u.a. 1996 (zit.: Duden, Universalwörterbuch, „[*Wort*]")

Duss-von Werdt, Joseph: homo mediator. Geschichte und Menschenbild der Mediation, Stuttgart 2005

Duve, Christian/Eidenmüller, Horst/Hacke, Andreas: Mediation in der Wirtschaft. Wege zum professionellen Konfliktmanagement, Köln 2011 (zit.: *Duve/Eidenmüller/Hacke*)

Ebbing, Frank: Private Zivilgerichte. Möglichkeiten und Grenzen privater (schiedsgerichtlicher) Zivilrechtsprechung, München 2003

Ehrlich, Eugen: Das zwingende und nichtzwingende Recht im bürgerlichen Gesetzbuch für das Deutsche Reich, Jena 1899, Reprint: Aalen 1970

Eidenmüller, Horst: Obligatorische außergerichtliche Streitbeilegung: Eine *contradictio in adiecto?*, Juristenzeitung Bd. 70 (2015), S. 539-547 (zit.: *Eidenmüller*, JZ 2015)

Eidenmüller, Horst: Vertrags- und Verfahrensrecht der Wirtschaftsmediation. Mediationsvereinbarungen Mediatorverträge Mediationsvergleiche Internationale Mediationsfälle, Köln 2001 (zit.: *Eidenmüller*, Wirtschaftsmediation)

Eidenmüller, Horst: Verhandlungsmanagement durch Mediation, in: Martin Koch/Ludwig Koch (Hrsg.): Mediation in der Anwaltspraxis, S. 39-86, Bonn 2000 (zit.: *Eidenmüller*, Verhandlungsmanagement)

Eidenmüller, Horst: Vertrags- und verfahrensrechtliche Grundfragen der Mediation: Möglichkeiten und Grenzen privatautonomen Konfliktmanagements, in: Stephan Breidenbach/Dagmar Coester-Waltjen/Burkhard Heß/Andreas Nelle/Christian Wolf: Konsensuale Streitbeilegung. Akademisches Symposium zu Ehren von Peter F. Schlosser aus Anlass seines 65. Geburtstages, S. 45-99, Bielefeld 2000 (zit.: *Eidenmüller*, Möglichkeiten/Grenzen)

Eidenmüller, Horst: Konsensuale Streitbeilegung, in Stephan Breidenbach (Hrsg.): Mediation für Juristen: Konfliktbehandlung ohne gerichtliche Entscheidung, Köln 1997 (zit.: *Eidenmüller*, Konsensuale Streitbeilegung)

Eidenmüller, Horst: Ökonomische und spieltheoretische Grundlagen von Verhandlung/Mediation, in: Stephan Breidenbach/Martin Henssler (Hrsg.): Mediation für Juristen. Konfliktbehandlung ohne gerichtliche Entscheidung, S. 31-55, Köln 1997 (zit.: *Eidenmüller*, Ökonomische und spieltheoretische Grundlagen)

Eidenmüller, Horst/Engel, Martin: Die Schlichtungsfalle: Verbraucherrechtsdurchsetzung nach der ADR-Richtlinie und der ODR-Verordnung der EU, Zeitschrift für Wirtschaftsrecht 2013, S. 1704-1709 (zit.: *Eidenmüller/Engel*, ZIP 2013)

Eidenmüller, Horst/Wagner, Gerhard (Hrsg.): Mediationsrecht, Köln 2017 (zit.: Eidenmüller/Wagner/[*Bearbeiter*], Mediationsrecht)

Engel, Martin: Collaborative Law, Mediation ohne Mediator, Tübingen 2010

Engel, Martin: Außergerichtliche Streitbeilegung in Verbraucherangelegenheiten – Mehr Zugang zu weniger Recht, Neue Juristische Wochenschrift 2015, S. 1633-1637 (zit.: *Engel*, Außergerichtliche Streitbeilegung, NJW 2015)

Engelhardt, Hanns: Institutum, quod naturalis ratio suadet. Schiedsgerichtsbarkeit im Kirchenrecht, in: Alain Plantey, Karl-Heinz Böckstiegel, Jens Bredow: Festschrift für Ottoarndt Glossner zum 70. Geburtstag, S. 95-118, Heidelberg 1994

Engelsing, Rolf: Analphabetentum und Lektüre. Zur Sozialgeschichte des Lesens in Deutschland zwischen feudaler und industrieller Gesellschaft, Stuttgart 1973

Entwurf eines bürgerlichen Gesetzbuches für das Deutsche Reich. Erste Lesung/ausgearbeitet durch die von dem Bundesrathe berufene Kommission, Amtliche Ausgabe, Berlin und Leipzig 1888 (zit.: *Entwurf eines bürgerlichen Gesetzbuches für das Deutsche Reich, Erste Lesung*)

Eslami, Nassim: Die Nichtöffentlichkeit des Schiedsverfahrens, Tübingen 2016

Eßmann, Augus-Wilhelm: Vom Eigennutz zum Gemeinnutz. Gemeine, fromme und milde Legate von Lübecker und Kölner Bürgern des 17. Jahrhunderts im Spiegel ihrer Testamente, Lübeck 2007 (Diss., Universität Hamburg 2005/2006)

Esser, Hartmut: Soziologie. Spezielle Grundlagen, Band 3: Soziales Handeln, Frankfurt 2000

Falk, Gerhard/Koren, Gernot: Zivilrechts-Mediations-Gesetz. Kommentar zum ZivMediatG inklusive ZivMediat-AV, RL für Ausbildungseinrichtungen und Lehrgänge, Neues AußStrG 2005, Außergerichtliche Streitbeilegung nach ZivRÄG 2004, Ausbildungsrichtungen und Lehrgänge, Mediatorenliste Wien 2005

Felstiner, William L.F./Abel Richard L./Sarat Austin: The Emergence and Transformation of Disputes: Naming, Blaming,Claiming. Law & Society Review, Vol. 15, No. 3/4 (1980-1981), S. 631-634 (zit.: *Felstiner/Abel/Sarat*, Disputes)

Fiadjoe, Albert: Alternative Dispute Resolution: A Developing World Perspective, London/Portland (USA) u.a. 2004

Fischer, Christian: Mediationsabrede, in: Christian Fischer/Hannes Unberath (Hrsg.): Das neue Mediationsgesetz. Rechtliche Rahmenbedingungen der Mediation. Tagung vom 7./8. Oktober 2011 in Jena, S. 61-77, München 2013 (zit.: *Fischer*, Mediationsabrede)

Fischer, Michael/Jüptner,Roland/Pahlke, Armin/Wachter, Thomas: Haufe Erbschaft- und Schenkungsteuergesetz Kommentar, Freiburg 2012 (zit.: Fischer/Jüptner/Pahlke/ Wachter/[*Bearbeiter*], ErbStG)

Fisher, Roger/Ury, William/Patton, Bruce: Das Harvard-Konzept. Der Klassiker der Verhandlungstechnik, [Getting to Yes. Aus dem Amerikanischen von Werner Raith und Wilfried Hof (Teil IV), Boston 1981], Frankfurt/New York 2004 (zit.: *Fisher/Ury/Patton*, Harvard-Konzept)

Flucher, Thomas: Vorgehensmodell Mediation, in: Thomas Flucher, Bernd Kochendörfer, Ursula von Minckwitz, Markus G. Vierling: Mediation im Bauwesen, S. 23-50, Berlin 2003

Flume, Werner: Gewohnheitsrecht und römisches Recht, Wiesbaden 1975

Fontanari, Martin: Kooperationsgestaltungsprozesse in Theorie und Praxis, Berlin 1996

Franz, Melanie: Widerstand in kooperativen Bildungsarrangements, Wiesbaden 2014 (Diss., Universität Marburg 2013)

Friedman, Gary/ Himmelstein, Jack: Konflikte fordern uns heraus. Mediation als Brücke zur Verständigung, Frankfurt am Main 2013

Friedrich, Fabian: Regelungsgegenstände der Mediationsvereinbarung, Monatsschrift Deutsches Recht 2004, S. 481-485 (zit.: *Friedrich*, MDR 2004)

Fries, Martin: Verbraucherrechtsdurchsetzung, Tübingen 2016

Frieser, Andreas: Brauchen wir ein Großes Nachlassgericht?, ErbR Zeitschrift für die gesamte erbrechtliche Praxis 2017, S. 365-368 (zit.: *Frieser*, ErbR 2017)

Frieser, Andreas (Hrsg.): Handbuch des Fachanwalts Erbrecht, Köln 2011 (zit.: Frieser/[*Bearbeiter*], Handbuch Fachanwalt)

Fritz, Roland/Schroeder, Hans-Patrick: Der Güterichter als Konfliktmanager im staatlichen Gerichtssystem. Aufgabenbereich und Methoden des Güterichters nach § 278 ZPO – Eine erste Bilanz, Neue Juristische Wochenschrift 2014, S. 1910-1916 (zit.: *Fritz/Schroeder*, NJW 2014)

Fritz, Roland/Pielsticker, Dietrich (Hrsg.): Mediationsgesetz. Kommentar/ Handbuch/Mustertexte, Köln 2013 (zit.: Fritz/Pielsticker/[*Bearbeiter*] Mediationsgesetz)

Frohloff, Jan: Verletzung von Schiedsvereinbarungen. Eine Untersuchung des deutschen Schiedsverfahrensrechts zu den Pflichten der Schiedsparteien und den Rechtsfolgen ihrer Verletzung, Tübingen 2017 (zit.: Diss., Universität Mainz 2016/2017)

Füller, Jens Thomas: Eigenständiges Sachenrecht?, Tübingen 2006

Gaier, Reinhard: Schlichtung, Schiedsgericht, staatliche Justiz – Drei Akteure in einem System institutioneller Rechtsverwirklichung, Neue Juristische Wochenschrift 2016, S. 1367-1371

Galuske, Michael: Methoden der Sozialen Arbeit. Eine Einführung, bearbeitet von Karin Bock und Jessica Fernandez Martinez, Weinheim/Basel 2013

Gaupp, Ludwig: Civilprozeßordnung für das Deutsche Reich nebst den auf den Civilprozeß bezüglichen Bestimmungen des Gerichtsverfassungsgesetzes und den Einführungsgesetzen, 3. Band, Freiburg i. B./Tübingen 1881

Geimer, Reinhold: Anmerkung zu BGH, Beschluss vom 16.03.2017 – I ZB 49/16, Zeitschrift für Erbrecht und Vermögensnachfolge 2017, S. 416-421 (zit.: Geimer, ZEV 2017)

Geimer, Reinhold: Nichtvertragliche Schiedsgerichte, in: Birgit Bachmann, Stephan Breidenbach, Dagmar Coester-Waltjen, Burkhard Heß, Andreas Nelle, Christian Wolf (Hrsg.): Grenzüberschreitungen. Beiträge zum Internationalen Verfahrensrecht und zur Schiedsgerichtsbarkeit, Festschrift für Peter Schlosser zum 70. Geburtstag, S. 197-214, Tübingen 2005 (zit.: *Geimer*, Fs. Schlosser)

Geißler, Karlheinz A./Hege, Marianne: Konzepte sozialpädagogischen Handelns. Ein Leitfaden für soziale Berufe, Weinheim/Basel 1988 (zit.: *Geißler/Hege*, Konzepte)

Gerber, Karl Friedrich Wilhelm: Über den Begriff der Autonomie, in: Francke, von Linde, Mittermaier, von Vangerow, Archiv für civilistische Praxis, Bd. 37 (1854), S. 35-62, Berlin 1854

Gierke, Otto von: Deutsches Privatrecht, Erster Band: Allgemeiner Teil und Personenrecht, Leipzig 1895

Glasl, Friedrich: Konfliktmanagement. Ein Handbuch für Führungskräfte, Beraterinnen und Berater, Stuttgart 2013

Goebel, Joachim: Testierfreiheit als Persönlichkeitsrecht. Zugleich ein Beitrag zur Dogmatik des Allgemeinen Persönlichkeitsrechts, Berlin 2004

Goltermann, Nils/Hagel, Ulrich/Klowait, Jürgen/Levien, Dan-Alexander: „Das neue Mediationsgesetz" aus Unternehmenssicht, Zeitschrift für Schiedsverfahren 2012, S. 299-305 (zit.: *Goltermann/Hagel/Klowait/Levien,* SchiedsVZ 2012)

Götz, Erika: Kommunikation und Verhandeln in Kommunikationsprozessen, in: Ueli Merten/Urs Kaegi (Hrsg.): Kooperation kompakt. Professionelle Kooperation als Strukturmerkmal und Handlungsprinzip der Sozialen Arbeit, S. 175-197, Opladen/Berlin/Toronto 2015

Grabow, Jan/Grave, Carsten/Pfeiffer, Peter/Seeger, Andreas: Kooperationsverträge, in: Robbers/Wagener (Hrsg.): Die Krankenhausbehandlung, Praxiskommentar zur Vertragsgestaltung, Band 6, Stuttgart 2013

Graf-Schlicker, Marie-Luise: Der Zivilprozess vor dem Aus? Rückgang der Fallzahlen im Zivilprozess, Anwaltsblatt 2014, S. 573-577 (zit.: *Graf-Schlicker*, AnwBl 2014)

Greger, Reinhard: Mediation und Gerichtsverfahren im Sorge- und Umgangsrechtskonflikten. Pilotstudie zum Vergleich von Kosten und Folgekosten, Köln 2010 (zit.: *Greger*, Mediation und Gerichtsverfahren)

Greger, Reinhard: Justiz und Mediation – Entwicklungslinien nach Abschluss der Modellprojekte, Neue Juristische Wochenschrift 2007, S. 3258-3262 (zit.: *Greger*, NJW 2007)

Greger, Reinhard/Unberath, Hannes/Steffek, Felix: Recht der alternativen Konfliktlösung. Mediationsgesetz Verbraucherstreitbeilegungsgesetz, Kommentar, München 2016 (zit.: Greger/Unberath/Steffek/[*Bearbeiter*], MediationsG)

Gronemeyer, Reimer: Kampf der Generationen, München 2004

Grünbuch über alternative Verfahren zur Streitbeteiligung (ADR-Verfahren) im Zivil- und Handelsrecht vom 19.04.2002, celex 52002DC0196 (*Grünbuch*, ADR-Verfahren)

Grunsky, Wolfgang: Letztwillige Schiedsgerichte, in: Lutz Aderhold, Barbara Grunewald, Dietgard Klingberg, Walter G. Paefgen (Hrsg.): Festschrift für Harm Peter Westermann zum 70. Geburtstag, S. 255-266, Köln 2008 (zit.: *Grunsky*, Fs. Westermann)

Haas, Ulrich: Anmerkung: Einseitig testamentarische Schiedsanordnungen, Zeitschrift für Schiedsverfahren 2018, S. 49-52 (zit.: *Haas*, SchiedsVZ 2018)

Haas, Ulrich: Letztwillige Schiedsverfügungen i.S. des § 1066 ZPO, Zeitschrift für Erbrecht und Vermögensnachfolge 2007, S. 49-55 (zit.: *Haas*, ZEV 2007)

Häberlein, Mark: Einleitung: Annäherungen an Frauentestamente der Frühen Neuzeit, in: Mark Häberlein (Hrsg.): Testamente Bamberger Frauen des 16. und 17. Jahrhunderts, S. 7-24, Bamberg 2018

Hacke, Andreas: Der ADR-Vertrag. Vertragsrecht und vertragliche Gestaltung der Mediation und anderer alternativer Konfliktlösungsverfahren, Heidelberg 2001 (Diss., Universität Münster 2001) (zit. *Hacke*, ADR-Vertrag)

Hackert, Björn: Kooperation in Arbeitsgruppen: Bausteine einer ökonomischen Analyse, Berlin 1999 (Diss., Universität Hamburg 1999)

Haft, Fridjof/Schlieffen, Katharina Gräfin von (Hrsg.): Handbuch Mediation. Verhandlungstechnik Strategie Einsatzgebiete, München 2016 (zit.: Haft/Schlieffen/[*Bearbeiter*], Handbuch Mediation 2016)

Haft, Fridjof/Schlieffen, Katharina Gräfin von (Hrsg.): Handbuch Mediation. Verhandlungstechnik Strategie Einsatzgebiete, München 2002 (zit.: Haft/ Schlieffen/[*Bearbeiter*], Handbuch Mediation 2002)

Hahn, Carl (Hrsg.): Die gesammten Materialien zu den Reichs-Justizgesetzes, zweiter Band, Materialien zur Civilprozessordnung, erste Abtheilung, Berlin 1880

Handbuch der Rechtsförmlichkeit. Empfehlungen des Bundesministeriums der Justiz für die rechtsförmliche Gestaltung von Gesetzen und Rechtsverordnungen nach § 42 Absatz 4 und § 62 Absatz 2 der Gemeinsamen Geschäftsordnung der Bundesministerien, Köln 2008 (zit.: *Handbuch BMJ*)

Happe, K.M.: Schiedsgerichtsklauseln im Testament, in: Karl-Heinz Böckstiegel (Hrsg.): Schiedsgerichtsbarkeit in gesellschaftsrechtlichen und erbrechtlichen Angelegenheiten, S. 85-94, Köln, Berlin u.a. 1996

Harder, Florian: Das Schiedsverfahren im Erbrecht. Die Besonderheiten der Zulässigkeit und der Durchführung eines privaten Schiedsverfahrens bei der Erbauseinandersetzung aufgrund letztwilliger Schiedsklausel oder Schiedsvereinbarung, Berlin 2007 (Diss., Johannes Gutenberg-Universität Mainz 2006)

Hartges, Monika: Außergerichtliche Konfliktlösung in Deutschland: Modell ÖRA (Diss., Univ. Bremen 2003, nicht veröffentlicht)

Hau, Wolfgang: Der Klageverzicht in Allgemeinen Geschäftsbedingungen, Monatsschrift deutsches Recht 2017, S. 853-855 (zit.: *Hau*, MDR 2017)

Heck, Philipp: Beiträge zur Geschichte der Stände im Mittelalter, Band 2: Der Sachsenspiegel und die Stände der Freien, Halle 1905 (Neudruck Aalen 1964)

Heineccius, Johann Gottlieb: Akademische Reden über Desselben Elementa Juris Civilis Institutionum, Secundum Ordinem Frankfurt a. M. 1766

Hellweg, August: Geschichtlicher Rückblick über die Entstehung der deutschen Civilprozeß=Ordnung, in: Fitting, Renand, B. Windscheid (Hrsg.): Archiv für civilistische Praxis; 61. Band (1878), S. 78-140, Tübingen/Leipzig 1879 (zit.: *Hellweg*, AcP 61)

Henn, Günther: Schiedsverfahrensrecht, Handbuch für die Praxis, Heidelberg 2000

Henssler, Martin/Deckenbrock, Christian: Das neue Mediationsgesetz: Mediation ist und bleibt Anwaltssache! Der Betrieb 2012, S. 159-167 (zit.: *Henssler/ Deckenbrock*, DB 2012)

Hertel von, Anita: Professionelle Konfliktlösung. Führen mit Mediationskompetenz, Frankfurt/New York 2013 (zit.: *Hertel von*, Professionelle Konfliktlösung)

Hess, Burkhard: Vom Regierungsentwurf zum Mediationsgesetz, in Christian Fischer/Hannes Unberath (Hrsg.): Das neue Mediationsgesetz. Rechtliche

Rahmenbedingungen der Mediation. Tagung vom 7./8. Oktober 2011 in Jena, S. 17-27, München 2013 (zit.: *Hess*, Regierungsentwurf)

Hess, Burkhard: Mediation und weitere Verfahren konsensualer Streitbeilegung – Regelungsbedarf im Verfahrens- und Berufsrecht? Gutachten F zum 67. Deutschen Juristentag/erstattet von Burkhard Hess, in: Verhandlungen des siebenundsechzigsten Deutschen Juristentages: Erfurt 2008/hrsg. von der Ständigen Deputation des Deutschen Juristentages, München 2008 (zit.: *Hess*, Mediation und weitere Verfahren)

Heynitz von, Jobst: Belehrungen bei Vollmachten – auch für Bevollmächtigte?, Mitteilungen des Bayerischen Notarvereins 2003, S. 269 (zit.: *Heynitz von*, MittBayNot 2003)

Hinrichs, Ulrike (Hrsg.): Praxishandbuch Mediationsgesetz, Berlin/Boston 2014 (zit.: Hinrichs/[*Bearbeiter*] Praxishandbuch MediationsG)

Höland, Armin/Meller-Hannich, Caroline: Rückgang der Klageeingangszahlen – wo liegt das Problem?, in: Armin Höland/Caroline Meller-Hannich (Hrsg.): Nichts zu klagen? Der Rückgang der Klageeingangszahlen in der Justiz, S. 11-20, Baden-Baden 2016 (zit.: *Höland/Meller-Hannich*, Rückgang Klageeingangszahlen)

Hofmann, Roland/Rothfischer, Doris/Trossen, Arthur: Mediation. Die Grundlagen der Mediation in Theorie und Praxis; Altenkirchen 2010

Homer: Ilias, in: Homer: Ilias und Odyssee, (In der Übertragung von Johann Heinrich Voß), Mannheim 2012 (zit.: *Homer*, Ilias)

Honsell, Heinrich: Römisches Recht, Berlin/Heidelberg 2015 (zit.: *Honsell*, Römisches Recht)

Horn, Claus-Henrik: Ansprüche des beeinträchtigten Vertragserben – Durchsetzung und Abwehr, Neue Juristische Wochenschrift 2019, S. 1123-1125 (zit.: *Horn*, NJW 2019)

Horn, Claus-Henrik: Strategien bei Vollmachtsmissbrauch und Optionen bei der Gestaltung, Zeitschrift für Erbrecht und Vermögensnachfolge 2016, S. 373-378 (zit.: *Horn*, ZEV 2016)

Horn, Claus-Henrik/Schabel, Felix: Auskunfts- und Rückforderungsansprüche nach möglichem Vollmachtsmissbrauch, Neue Juristische Wochenschrift 2012, S. 3473-3479 (zit.: *Horn/Schnabel*, NJW 2012)

Horn, Norbert: Zwingendes Recht in der internationalen Schiedsgerichtsbarkeit, Zeitschrift für Schiedsverfahren 2008, S. 209-222, (zit.: *Horn*, SchiedsVZ 2008)

Horstmeier, Gerrit: Das neue Mediationsgesetz. Einführung in das neue Mediationsgesetz für Mediatoren und Medianden, München 2013

Horton, John: Order and Conflict Theories of Social Problems as Competing, Ideologies, American Journal of Sociology, Vol. 71, No. 6 (May, 1966), S. 701-713 (zit.: *Horton*, Order and Conflict)

Hoyningen-Huene von Freifrau, Iris: Adel in der Weimarer Republik. Die rechtlich-soziale Situation des reichsdeutschen Adels 1918-1933, Limburg 1992 (Diss., Universität Heildelberg 1987)

Hutner, Armin: Die Mediationsvereinbarung – Regelungsgegenstände und vertragsrechtliche Qualifizierung, Zeitschrift für Schiedsverfahren 2003, S. 226-232 (zit.: *Hutner*, SchiedsVZ 2003)

Imbusch, Peter: Der Staatszerfall Jugoslawiens, in: Peter Imbusch/Ralf Zoll (Hrsg.): Friedens- und Konfliktforschung, S. 221-248, Wiesbaden 2010 (zit.: *Imbusch*, Staatszerfall)

Jakobs, Horst Heinrich/Schubert, Werner (Hrsg.): Die Beratung des Bürgerlichen Gesetzbuchs in systematischer Zusammenstellung der veröffentlichen Quellen, Erbrecht §§ 1922-2385, 2. Teilband, Berlin, New York 2002 (zit.: *Jakobs/ Schubert*, Beratung BGB)

Jauernig Bürgerliches Gesetzbuch mit Rom–I–, Rom–II– VO, EuUnthVO/HuntProt und EuErbVO, Rolf Stürner (Hrsg.), Kommentar, München 2018 (zit.: Jauernig/[*Bearbeiter*], BGB)

Jelitto-Piechulik, Gabriela: Politisches Schaukelspiel karikiert. Napoleons ambivalente Schweiz-Politik, in: Marion George/Andrea Rudolph (Hrsg.): Napoleons langer Schatten über Europa, Dettelbach 2008

Jhering von, Rudolf: Geist des römischen Rechts auf den verschiedenen Stufen seiner Entwicklung, Zweiter Theil, Erste Abtheilung, Leipzig 1874 (zit.: *Jhering*, Römisches Recht)

Jens, Uwe: Ökologieorientierte Wirtschaftspolitik, München/Wien 1998

Jiranek, Heinz/Edmüller, Andreas: Konfliktmanagement. Konflikten vorbeugen, sie erkennen und lösen, Freiburg 2017 (zit.: *Jiranek/Edmüller*, Konfliktmanagement)

Kähler, Lorenz: Begriff und Rechtfertigung abdingbaren Rechts, Tübingen 2012

Kahlert, Heiner: Vertraulichkeit im Schiedsverfahren. Eine Untersuchung nach deutschem Recht mit internationalen Bezügen, Tübingen 2015

Kals, Elisabeth/Ittner, Heidi: Wirtschaftsmediation, Göttingen u.a. 2009 (zit.: *Kals/Ittner*, Wirtschaftsmediation)

Kanzleiter, Rainer: Der Rechtsweg in streitigen Erbangelegenheiten, Deutsche Notar-Zeitschrift 2016, S. 403-416 (zit.: *Kanzleiter*, DNotZ 2016)

Karczewski, Christoph: Erbrecht und älter werdende Gesellschaft: Probleme des § 2065 BGB; Zeitschrift für Erbrecht und Vermögensnachfolge 2018, S. 192-197 (zit.: *Karczewski*, ZEV 2018)

Kast, Verena: Trauern. Phasen und Chancen eines psychischen Prozesses, Freiburg im Breisgau 2015

Kasten, Hartmut: Geschwisterbeziehungen im Lebenslauf, in: Michael Wagner/Yvonne Schütze (Hrsg.): Verwandtschaft. Sozialwissenschaftliche Beiträge zu einem vernachlässigten Thema, S. 147-162, Stuttgart 1998 (zit.: *Kasten*, Geschwisterbeziehungen)

Keim, Christopher: Die Grenzen letztwilliger Schiedsklauseln, Neue Juristische Wochenschrift 2017, S. 2652-2655 (zit.: *Keim*, NJW 2017)

Keuk, Brigitte: Der Erblasserwille post testamentum. Zur Unzulässigkeit der testamentarischen Potestativbedingung, Zeitschrift für das gesamte Familienrecht 1972, S. 9-16 (zit. *Keuk*, FamRZ 1972)

Kilian, Matthias: Zugang zum Recht. Beobachtungen in Zeiten von Gesetzen zur Kosteneinsparung bei der Prozesskosten- und Beratungshilfe, Anwaltsblatt 4/2008, S. 236-240 (zit.: *Kilian*, AnwBl 2008)

Kipp, Theodor/Coing, Helmut: Erbrecht, Tübingen 1978

Kisker, Klaus Peter: Die Erbschaftsteuer als Mittel der Vermögensdistribution. Eine empirische und theoretische Untersuchung, Berlin 1964

Klippel, Diethelm: Herrschaft, Testament und Familie. Rechtsgeschichtliche Koordinaten von Herrscher- und Fürstentestamenten, in: Brigitte Kasten (Hrsg.): Herrscher- und Fürstentestamente im westeuropäischen Mittelalter, S. 15-35, Köln/Weimar/Wien 2008

Klowait, Jürgen/Gläßer, Ulla (Hrsg.): Mediationsgesetz. Handkommentar, Baden-Baden 2018 (zit.: Klowait/Gläßer/[*Bearbeiter]*, HK-MediationsG)

Kohler, Rudi: Letztwillige Schiedsklausel, Deutsche Notarzeitschrift 1962, S. 125-135

Kollmeyer, Daniel: Durchsetzung von Auskunfts- und Herausgabeansprüchen gegen den (vorsorge-)bevollmächtigten Miterben, Neue Juristische Wochenschrift 2017, S. 1137-1142 (zit.: *Kollmeyer*, NJW 2017)

Kols, Kerstin: Streitverhalten und Streitbeilegung im Bereich der Arzthaftung in Deutschland aus Sicht der Schlichtungsstelle für Arzthaftpflichtfragen der norddeutschen Ärztekammern, in: Armin Höland/Caroline Meller-Hannich (Hrsg.): Nichts zu klagen? Der Rückgang der Klageeingangszahlen in der Justiz, S. 89-99, Baden-Baden 2016 (zit.: *Kols*, Streitverhalten)

Kölz, Alfred (Hrsg.): Quellenbuch zur Neueren Schweizerischen Verfassungsgeschichte. Vom Ende der Alten Eidgenossenschaft bis 1848, Bern 1992 (zit.: *Kölz*, Quellenbuch)

König, Karl: Brüder und Schwestern. Geschwisterfolge als Schicksal, Stuttgart 2016

Kornblum, Udo: Zum schiedsrichterlichen Verfahren im späten Mittelalter, in: Hans-Jürgen Becker, Gerhard Dilcher, Gunter Gudian, Ekkehard Kaufmann, Wolfgang Sellert (Hrsg.): Rechtsgeschichte als Kulturgeschichte. Festschrift für Adalbert Erler zum 70. Geburtstag, S. 289-312, Aalen 1976

Kotzur, Jonas: Die außergerichtliche Realisierung grenzüberschreitender Verbraucherforderungen. Eine rechtsvergleichende Untersuchung zur Bedeutung der Verbraucherschlichtung, Tübingen 2018 (Diss., Univ. Konstanz 2016/2017)

Krähenbühl, Verena/Jellouschek, Hans/Kohaus-Jellouschek, Margarete/Weber, Roland: Stieffamilien. Struktur – Entwicklung – Therapie, Freiburg im Breisgau 2011 (zit.: *Krähenbühl u.a.*, Stieffamilien)

Krainer, Larissa: Das Mediationsverfahren am Flughafen Wien-Schwechat – eine Einführung, in: Gerhard Falk, Peter Heintel, Larissa Krainer (Hrsg.): Das Mediationsverfahren am Flughafen Wien-Schwechat (eBook), S. 1-8, Deutscher Universitätsverlag 2006 (zit.: *Krainer*; Flughafen Wien-Schwechat)

Krause, Hermann: Die geschichtliche Entwicklung des Schiedsgerichtswesens in Deutschland, Berlin 1930 (zit.: *Krause*, Schiedsgerichtswesen)

Krause, Jens-Uwe: Spätantike Patronatsformen im Westen des Römischen Reiches, München 1987 (zit.: *Krause*, Patronatsformen)

Krause, Karl Christian Friedrich: Die Lehre vom Erkennen und von der Erkenntniss, als erste Einleitung in die Wissenschaft. Vorlesung für Gebildete aus allen Ständen, Göttingen 1836 (zit.: *Krause*, Die Lehre vom Erkennen)

Kreittmayr, Wiguläus Xaver Aloysius: Anmerckungen Über den Codicem Juris Bavarici Judiciarii, München 1755 (zit.: *Kreittmayr*, Anmerkungen Codex Iuris)

Kreittmayr, Wiguläus Xaver Aloysius: Anmerkungen über den Codicem Maximilianeum Bavaricum Civilem, 3. Theil, München 1763 (zit.: *Kreittmayr*, Anmerkungen Codex Maximilianeus)

Kriegel-Schmidt, Katharina (Hrsg.): Mediation als Wissenschaftszweig. Im Spannungsfeld von Fachexpertise und Interdisziplinarität, Wiesbaden 2017 (zit.: *Kriegel-Schmidt*, Mediation)

Kropp, Gabriela: Die Vorsorgevollmacht, Zeitschrift für Familie, Partnerschaft, Recht 2012, S. 9-13 (zit.: *Kropp*, FPR 2012)

Kroppenberg, Inge: Privatautonomie von Todes wegen. Verfassungs- und zivilrechtliche Grundlagen der Testierfreiheit im Vergleich zur Vertragsfreiheit unter Lebenden, Tübingen 2008 (zit.: *Kroppenberg*, Privatautonomie)

Krüger, Wilfried: Grundlagen, Probleme und Instrumente der Konflikthandhabung in der Unternehmung, Berlin 1972

Kübler-Ross, Elisabeth: Interviews mit Sterbenden, Freiburg im Breisgau 2014 (zit.: *Kübler-Ross*, Interviews)

Kübler-Ross, Elisabeth/Kessler, David: Dem Leben neu vertrauen: Den Sinn des Trauerns durch die fünf Stadien des Verlusts finden, Freiburg im Breisgau 2006 (zit.: *Kübler-Ross/Kessler*, Neu vertrauen)

Kuchinke, Klaus: Die deutsche Revolution von 1918 und ihre Folgen für das Privatfürstenrecht, in: Norbert Brieskorn, Paul Mikat, Daniela Müller, Dietmar Willoweit: Vom mittelalterlichen Recht zur neuzeitlichen Rechtswissenschaft. Bedingungen, Wege und Probleme der europäischen Rechtsgeschichte, S. 403-423, Paderborn /München /Wien /Zürich 1994

Kunstmann, Anne-Christin: Familiale Verbundenheit und Gerechtigkeit. Fehlende Perspektiven auf die Pflege von Angehörigen – Eine Diskursanalyse, Wiesbaden 2010 (Diss., Univ. Bielefeld 2009) (zit.: *Kunstmann*, Familiale Verbundenheit)

Lamla, Jörn: Die Konflikttheorie als Gesellschaftstheorie, in: Thorsten Bonacker (Hrsg.): Sozialwissenschaftliche Konflikttheorien, S. 207-229, Wiesbaden 2008

Lange, Knut Werner: Letztwillige Schiedsklauseln in der jüngsten Rechtsprechung, Zeitschrift für Erbrecht und Vermögensnachfolge 2017, S. 1-6 (zit.: *Lange*, ZEV 2017)

Larenz, Karl/Canaris, Claus-Wilhelm: Methodenlehre der Rechtswissenschaft, Berlin/ Heidelberg/New York u.a. 1995 (zit.: *Larenz/Canaris*, Methodenlehre)

Laugwitz, Fabian: Einvernehmliche Streitbeilegung internationaler Wirtschaftsstreitigkeiten unter den ADR-Regeln der Internationalen Handelskammer (ICC), Tübingen 2016 (Diss., Julius-Maximilians-Universität Würzburg 2014/ 2015)

Laux, Stephan: Die Territorien, Städte und Regionen des Alten Reichs, in: Helga Schnabel-Schüle (Hrsg.): Reformation. Historisch-kulturwissenschaftliches Handbuch, S. 194-201, Stuttgart 2017 (zit.: *Laux*, Territorien)

Letzel, Walter H.: Scheitern in der Mediation, in: Sebastian Kunert (Hrsg.): Failure Management, S. 167-179, Berlin/Heidelberg 2016

Leven, Rudolf: Autonomierecht und Rechtspersönlichkeit der hochadeligen Häuser nach der Staatsumwälzung von 1981, Würzburg 1934 (Diss., Universität Erlangen 1934)

Leyser von, Augustin: Meditationes ad Pandectas Quibus Praecipua Iuris Capita; Volumen 1, Leipzig/Braunschweig 1772

Loening, Edgar: Die Autonomie der Standesherrlichen Häuser Deutschlands nach dem Rechte der Gegenwart, Halle 1905

Löhnig, Martin: Die Verjährung der im fünften Buch des BGB geregelten Ansprüche, Zeitschrift für Erbrecht und Vermögensnachfolge 2004, S. 267-273 (zit.: *Löhnig*, ZEV 2004)

Loos, Alexander/Brewitz,Marit: Hindert eine Mediationsvereinbarung an der Klage? – Wie lange? Zeitschrift für Schiedsverfahrensrecht 2012, S. 305-311 (zit.: *Loos/Brewitz*, SchiedsVZ 2012)

Lotz, Sebastian/Gollwitzer, Mario/Streicher, Bernhard/Schlösser, Thomas: Gerechtigkeit als Forschungsgegenstand, in: Mario Gollwitzer/Sebastian Lotz/Thomas Schlösser/Bernhard Streicher (Hrsg.): Soziale Gerechtigkeit. Was unsere Gesellschaft aus den Erkenntnissen der Gerechtigkeitspsychologie lernen kann, Göttingen u.a. 2013 (zit.: *Lotz/Gollwitzer/Streicher/Schlösser*, Gerechtigkeit)

Lübtow von, Ulrich: Erbrecht. Eine systematische Darstellung, 1. Halbband, Berlin 1971 (zit.: *Lübtow*, Erbrecht)

Luig, Klaus: Römisches Recht, Naturrecht, nationales Recht, Goldbach 1998 (zit.: *Luig*, Römisches Recht)

Luig, Klaus: Conring, das deutsche Recht und die Rechtsgeschichte, in: Michael Stolleis (Hrsg.): Hermann Conring (1606-1681). Beiträge zu Leben und Werk, S. 355-395, Berlin 1983 (zit.: *Luig*, Conring)

Luig, Klaus: Richterkönigtum und Kadijurisprudenz im Zeitalter von Naturrecht und Usus modernus: Augustin Leyser (1683-1752), in: *Klaus Luig/Detlef Liebs (Hrsg.)*: Das Profil des Juristen in der europäischen Tradition. Symposion aus Anlaß des 70. Geburtstages von Franz Wieacker, S. 295-333, Ebelsbach 1980 (zit.: *Luig/Liebs*, Profil)

Mähler, Gisela/Mähler, Hans-Georg: Mediation – eine interessengerechte Konfliktregelung, in: Stephan Breidenbach/Martin Henssler (Hrsg.) Mediation für Juristen. Konfliktbehandlung ohne gerichtliche Entscheidung, S. 13-29, Köln 1997 (zit.: *Mähler/Mähler*, Konfliktregelung)

Mähler, Hans-Georg/Mähler, Gisela: Streitschlichtung – Anwaltssache, hier: Mediation, Neue Juristische Wochenschrift 1997, S. 1262-1266 (zit.: *Mähler/Mähler*, NJW 1997)

Marx, Ansgar: Mediation und Konfliktmanagement in der Sozialen Arbeit, Stuttgart 2016 (zit.: *Marx*, Mediation)

Masser, Kai/Engewald, Bettina/Scharpf, Lucia/Ziekow, Jan: Die Entwicklung der Mediation in Deutschland. Bestandaufnahme nach fünf Jahren Mediationsgesetz, Baden-Baden 2018 (zit. *Masser/Engewald/Scharpf/Ziekow*, Evaluation)

Mathis, Klaus: Nachhaltige Entwicklung und Generationengerechtigkeit. Eine interdisziplinäre Studie aus rechtlicher, ökonomischer und philosophischer Sicht, Tübingen 2017

Mayer, Bernard: Die Dynamik der Konfliktlösung. Ein Leitfaden für die Praxis, Stuttgart 2007

Mayer-Maly, Theo: Die Bedeutung des Konsenses in privatgeschichtlicher Sicht, in: Günther Jakobs (Hrsg.): Rechtsgeltung und Konsens, S. 91-104, Berlin 1976

Meder, Stephan: Ius non scriptum – Tradition privater Rechtsetzung, Tübingen 2008

Mehler, Andreas: Der Völkermord in Ruanda, in: Peter Imbusch/Ralf Zoll (Hrsg.): Friedens- und Konfliktforschung, S. 249-286, Wiesbaden 2010 (zit.: *Mehler*, Völkermord)

Mehlich, Julia: Analyse der theoretischen und konzeptionellen Vorstellungen zu „Frieden", „Gewalt" und „Konflikt" in der bundesdeutschen Friedensforschung, Leipzig 1994, (Diss., Humboldt-Universität Berlin 1993)

Menkel-Meadow, Carrie: "The History and Development of "A" DR (alternative/appropriate dispute resolution)", Völkerrechtsblog, 1 July 2016, doi: 10.17176/20180220-230945 (zit.: *Menkel-Meadow*, The History)

Menkel-Meadows, Carrie: Why hasn´t the world Gotten to Yes? An Appreciation and Some Reflections, in: Negotiation Journal 22 (2006), S. 485-503 (zit.: *Menkel-Meadow*, Gotten to Yes)

Messmer, Heinz: Zur kommunikativen Neutralisierung sozialer Konflikte in den Verfahren des Rechts, in: Kent D. Lerch (Hrsg.): Die Sprache des Rechts. Studien der interdisziplinären Arbeitsgruppe Sprache des Rechts der Berlin-Brandenburgischen Akademie der Wissenschaften, Band 3, Recht vermitteln. Strukturen, Formen und Medien der Kommunikation im Recht, S. 233-266, Berlin/New York 2005 (zit.: *Messmer*, Sprache des Rechts)

Messmer, Heinz: Der soziale Konflikt. Kommunikative Emergenz und systemische Reproduktion, Stuttgart 2003 (zit.: *Messmer*, Konflikt)

Meurer, Christina: Außergerichtliche Streitbeilegung in Arzthaftungssachen unter besonderer Berücksichtigung der Arbeit der Gutachterkommissionen und Schlichtungsstellen bei den Ärztekammern, Berlin/Heidelberg 2008 (Diss., Universität Köln 2007/2008)

Meyer, Berthold: Konfliktregelung und Friedensstrategien. Eine Einführung, Wiesbaden 2011 (zit.: *Meyer*, Konfliktregelung)

Mittermaier, Carl Joseph Anton: Grundsätze des gemeinen deutschen Privatrechts mit Einschluß des Handels=, Wechsel= und Seerechts, Erste Abtheilung, Regensburg 1837

Mizia, Robert Martin: Der Rechtsbegriff der Autonomie und die Begründung des Privatfürstenrechts in der deutschen Rechtswissenschaft des 19. Jahrhunderts, Frankfurt am Main, 1995

Mnookin, Robert/Ross, Lee H.: Introduction, in: Kenneth Arrow/Robert Mnookin/Lee H. Ross/Amos Tversky/ Robert Wilson: Barriers To Conflikt Resolution, New York/London 1995

Mommsen, Theodor: Römische Geschichte, Hrsg. Kurz L. Walter-Schomburg, Berlin, ohne Jahresangabe

Montada, Leo: Gerechtigkeitskonflikte und Möglichkeiten ihrer Lösung, in: Mario Gollwitzer/Sebastian Lotz/Thomas Schlösser/Bernhard Streicher (Hrsg.): Soziale Gerechtigkeit. Was unsere Gesellschaft aus den Erkenntnissen der Gerechtigkeitspsychologie lernen kann, Göttingen u. a. 2013 (zit.: *Montada*, Gerechtigkeitskonflikte)

Montada, Leo/Kals, Elisabeth: Mediation. Ein Lehrbuch auf psychologischer Grundlage, Weinheim, Basel 2010 (zit.: *Montada/Kals*, Mediation)

Moore, Christopher W.: The Mediation Process. Practical Strategies for Resolving Conflict, San Francisco, CA 2014 (zit.: *Moore*, Mediation Process)

Moser, Johann Jacob: Teutsches Staatsrecht, Teil 23, Neudruck d. Ausgabe 1746, Osnabrück 1968 (zit.: *Moser*, Staatsrecht)

Moßdorf, Björn: Spezielles Gesellschaftsrecht für börsennotierte Aktiengesellschaften in den EG-Mitgliedsstaaten, Berlin 2010

Möslein, Florian: Dispositives Recht. Zwecke, Strukturen und Methoden, Tübingen 2011 (zit.: *Möslein*, Dispositives Recht)

Motive zu dem Entwurfe eines Bürgerlichen Gesetzbuches für das Deutsche Reich, Bände 2, 5, Amtliche Ausgabe, Berlin/Leipzig 1888 (zit.: *Motive* II, V)

Mühlfried, Florian: Misstrauen – Vom Wert eines Unwertes, Ditzingen 2019

Müller, Thomas: „Ich kann Niemandem mehr vertrauen." Konzepte von Vertrauen und ihre Relevanz für die Pädagogik bei Verhaltensstörungen, Bad Heilbrunn 2017

Münch, Joachim: Die Schiedsbindung als Prozesseinrede, in: Rolf A. Schütze (Hrsg.): Fairness Justice Equity, Festschrift für Reinhold Geimer zum 80. Geburtstag, S. 461-480, München 2018 (zit.: *Münch*, Schiedsbindung)

Münch, Joachim: Die Privatisierung der Ziviljustiz – Von der Schiedsgerichtsbarkeit zur Mediation –, in: Stiftung Gesellschaft für Rechtspolitik, Trier/Institut für Rechtspolitik an der Universität Trier (Hrsg.): Bitburger Gespräche, Jahrbuch 2008/I, Konferenzschrift, S. 179-215, München 2009 (zit.: *Münch*, Privatisierung)

Münchener Kommentar zum Bürgerlichen Gesetzbuch, Erbrecht, Band 9, München 2017 (zit.: MünchKomm/[*Bearbeiter*], Bd. 9, BGB)

Münchener Kommentar zum Bürgerlichen Gesetzbuch, Recht der Schuldverhältnisse, Band 6, München 2017 (zit.: MünchKomm/[*Bearbeiter*], Bd. 6, BGB)

Münchener Kommentar zur Zivilprozessordnung, München 2016 (zit.: Münch-Komm /[Bearbeiter], ZPO)

Muscheler, Karlheinz: Die Entscheidung des BGH zur testamentarischen Schiedsklausel für die Entlassung des Testamentsvollstreckers, Zeitschrift für Erbrecht und Vermögensnachfolge 2018, S. 120-123 (zit.: *Muscheler*, ZEV 2018)

Muscheler, Karlheinz: Ungerechtigkeit. Zur Dialektik eines sozialphilosophischen Grundbegriffs, Bonn 2017 (zit.: *Muscheler*, Ungerechtigkeit)

Muscheler, Karlheinz: Letztwillige Schiedsklauseln im deutschen Recht, in: Rainer Künzle, (Hrsg.): Schiedsgerichte in Erbsachen, Zürich/Basel/Genf 2012 (zit.: *Muscheler*, Letztwillige Schiedsklauseln)

Muscheler, Karlheinz: Stiftungsrecht. Gesammelte Beiträge, Baden-Baden 2011 (zit.: *Muscheler*, Stiftungsrecht)

Muscheler, Karlheinz: Erbrecht, Band I und Band II, Tübingen 2010 (zit.: *Muscheler*, Erbrecht, Band I, II)

Muscheler, Karlheinz: Entlassung des Testamentsvollstreckers und letztwillige Schiedsklausel, Zeitschrift für Erbrecht und Vermögensnachfolge 2009, S. 317-320 (zit.: *Muscheler*, ZEV 2009)

Muscheler, Karlheinz: Universalsukzession und Vonselbsterwerb. Die rechtstechnischen Grundlagen des deutschen Erbrechts, Tübingen 2002 (zit.: *Muscheler*, Universalsukzession)

Nieder/Kössinger: Handbuch der Testamentsgestaltung – Grundlagen und Gestaltungmittel für Verfügungen von Todes wegen und vorbereitende Erbfolgemaßnahmen, München 2015, (zit.: Nieder/Kössinger/[*Bearbeiter*])

Oertmann, Paul: Hausgesetzliche Schiedsgerichtsklauseln und ihre Wirkung gegenüber dritten Personen, in: Schultzenstein, Vierhaus (Hrsg.): Zeitschrift für Deutschen Zivilprozeß, Band 43 (1918), S. 1-30, Berlin 1918

Oetterli, Jörg: Betriebssoziologie und Gesellschaftsbild, Berlin/New York 1971

Olenhusen von, Peter Götz: Der Richter im Zivilprozess – sind ZPO und GVG noch zeitgemäß? Anwaltsblatt 2014, S. 568-578 (zit.: *Olenhusen von*, AnwBl 2014)

Onnasch, Klaus/Gast, Ursula: Trauern mit Leib und Seele. Orientierung bei schmerzlichen Verlusten, Stuttgart 2011

Ortloff, Karsten-Michael: Mediation – Regelungsbedarf?, Neue Juristische Wochenschrift 2008, S. 2544-2547 (zit.: *Ortloff*, NJW 2008)

Otte, Gerhard: Privatautonomie im Erbrecht, ErbR Zeitschrift für die gesamte erbrechtliche Praxis 2009, S. 2-9 (zit.: *Otte*, ErbR 2009)

Otte, Gerhard: Offene Fragen testamentarischer Schiedsgerichtsbarkeit, in: Mathias Schmoeckel (Hrsg.): Verfassungsrechtliche Grenzen der Gestaltungsmöglichkeiten im Familien-, Erb- und Gesellschaftsrecht, S. 62-79, Baden-Baden 2008 (zit.: *Otte*, Offene Fragen)

Otte, Gerhard: Die Schiedsklausel im Erbvertrag des Hauses Hohenzollern, in: Zeitschrift für das gesamte Familienrecht 2006, S. 309-315 (zit.: *Otte*, FamRZ 2006)

Otte, Gerhard: Das Elend der Verwirkungsklauseln, in: Stefan Chr. Saar/Andreas Roth/ Christian Hattenhauer (Hrsg.): Recht als Erbe und Aufgabe, Festschrift für Heinz Holzhauer zum 21. April 2005, S. 527-537, Berlin 2005 (zit.: *Otte*, Verwirkungsklauseln)

Otte, Gerhard: Die Bedeutung der „Hohenzollern" – Entscheidung des Bundesverfassungsgerichts für die Testierfreiheit, Zeitschrift für Erbrecht und Vermögensnachfolge 2004, S. 393-398 (zit.: *Otte*, ZEV 2004)

Otte, Gerhard: Die Zulässigkeit testamentarischer Schiedsgerichte, in: Rheinische Notarkammer, Verein für das Rheinische Notariat e.V. (Hrsg.): Notar und Rechtsgestaltung. Tradition und Zukunft, Jubiläums-Festschrift des Rheinischen Notariats, S. 241-257, Köln 1998 (zit.: *Otte*, Fs. Notar)

Palandt, Otto: Kommentar zum Bürgerlichen Gesetzbuch mit Nebengesetzen, München 2018, (zit.: Palandt/ [*Bearbeiter*], BGB)

Pamp, Rüdiger: Das „abgeräumte Bankkonto" – Vollmachtsgebrauch und Beweislastfragen, ErbR Zeitschrift für die gesamte erbrechtliche Praxis 2013, S. 194-206 und S. 227-232 (zit.: *Pamp*, ErbR 2013)

Pawlytta, Mark: Erbrechtliches Schiedsgericht und Pflichtteilsrecht, Zeitschrift für Erbrecht und Vermögensnachfolge 2003, S. 89-94 (zit.: *Pawlytta*, ZEV 2003)

Peters, Roger J./Bovarnick Mastin, Deborah: To mediate or not to mediate: that is the question, in: American Arbitration Association: Handbook on Construction Arbitration and ADR, S. 117-129; New York 2016

Pettinger, Silke: Vermögenerhaltung und Sicherung der Unternehmensfortführung durch Verfügungen von Todes wegen. Eine Studie der Frühen Augsburger Neuzeit, Berlin 2007 (Diss., Universität Augsburg 2007)

Phillips, Georg: Grundsätze des gemeinen Deutschen Privatrechts mit Einschluß des Lehnrechts, 2. Band, Berlin 1839

Plogstedt, Sibylle: Erbenstreit. 25 Familienfälle, Roßdorf bei Darmstadt, 2018

Plutarch: Cato maior in: Lebensbeschreibungen, Gesamtausgabe, 2. Band, München 1964

Ponschab, Reiner/Schweizer, Adrian: Die Streitzeit ist vorbei. Wie Sie mit Wirtschaftsmediation schnell, effizient & kostengünstig Konflikte lösen. Ein praxisorientiertes Handbuch, Paderborn 2004

Porzelt, Christian: Testamentszeugen und Testamentsvollstrecker, in: Mark Häberlein (Hrsg.): Testamente Bamberger Frauen des 16. und 17. Jahrhunderts, S. 215-230, Bamberg 2018

Preisner, Mareike: Das gesetzliche mittreuhänderische Schuldverhältnis kraft gemeinsamer Elternschaft. Ein Beitrag zur gegenwärtigen Dogmatik des Familienrechts, Tübingen 2014

Prölss/Martin: Versicherungsvertragsgesetz mit Nebengesetzen, Vermittlerrecht und Allgemeinen Versicherungsbedingungen, München 2018 (zit.: Prölss/ Martin/[*Bearbeiter*]

Puchta, Wolfgang Heinrich: Das Institut der Schiedsrichter, Erlangen 1823

Pütter, Johann Stephan: Über den Unterschied der Stände, besonders des hohen und niederen Adels in Teutschland, Göttingen 1795, Faksimiledruck Scriptor Reprints 1979

Radke, Wolfram W.: Bedingungsrecht und Typenzwang. Eine Untersuchung zu Grundlagen und Grenzen privatautonomer Gestaltung, Berlin 2001 (Diss., Universität Marburg 2000)

Rakowsky, Rebekka: Obligatorische Mediation. Zulässigkeit und Zweckmäßigkeit im allgemeinen Zivilrecht sowie im elterlichen Scheidungskonflikt, Hamburg 2013

Rall, Hans: Kreittmayr, in: Otto zu Stolberg-Wernigrode (Hrsg.): Neue deutsche Biographie, Band 12, Neudruck, Berlin 1980

Ratzke, Kerstin: Misstrauen als Folge der Individualisierung. Untersuchung eines alltäglichen Phänomens vor dem Hintergrund des Modernisierungsprozesses, Stuttgart 2003

Rehm, Hermann: Die juristische Persönlichkeit der standesherrlichen Familie, Strassburg 1911 (zit.: *Rehm*, Juristische Persönlichkeit)

Rehm, Hermann: Die standesherrliche Schiedsgerichtsbarkeit, Ihre Zulässigkeit und ihre Grenzen im heutigen Rechte, Strassburg 1912 (zit.: *Rehm*, Standesherrliche Schiedsgerichtsbarkeit)

Reimann, Wolfgang: Schiedsgerichtsverfahren im Erbrecht, Zeitschrift für das gesamte Familienrecht 2017, S. 1295-1299 (zit.: *Reimann*, FamRZ 2017)

Repgen, Tilmann: Ius Commune, in: Hans-Peter Haferkamp, Tilmann Repgen (Hrsg.): Usus modernus pandectarum. Römisches Recht, Deutsches Recht und Naturrecht in der Frühen Neuzeit, S. 157-173, Köln/Weimar/Wien 2007

Richbell, David: Mediation of Contruction Disputes, Oxford u.a 2008

Rieck, Christian: Spieltheorie. Einführung, Wiesbaden 2015 (zit.: *Rieck*, Spieltheorie)

Risse, Jörg: Wehrt euch endlich! Wider das Arbitration-Bashing, Zeitschrift für Schiedsverfahren 2014, S. 265-274 (zit.: *Risse*, SchiedsVZ 2014)

Risse, Jörg: Das Mediationsgesetz – eine Kommentierung, Zeitschrift für Schiedsverfahren 2012, S. 244-254 (zit.: *Risse*, SchiedsVZ 2012)

Risse, Jörg: Wirtschaftsmediation, München 2003 (zit.: *Risse*, Wirtschaftsmediation)

Risse, Jörg: Beilegung von Erbstreitigkeiten durch Mediationsverfahren, Zeitschrift für Erbrecht und Vermögensnachfolge 1999, 205-210 (zit.: *Risse*, ZEV 1999)

Ritter, Gerhard A.: Soziale Fragen und Sozialpolitik in Deutschland seit Beginn des 19. Jahrhunderts, Opladen 1998

Röhl, Klaus F.: Rechtssoziologie. Ein Lehrbuch, Köln, Berlin u. a. 1987

Roloff, Susanne: Die alternde Gesellschaft – Ausmaß, Ursachen und Konsequenzen, in: Gotthard Breit (Hrsg.): Die alternde Gesellschaft, (Politische Bildung. Beiträge zur wissenschaftlichen Grundlegung und Unterrichtspraxis, 37. Jahrgang), Schwalbach/Ts. 2004 (zit. *Roloff*, Die alternde Gesellschaft).

Röthemeyer, Peter: Mediation. Grundlagen/Recht/Markt, Stuttgart 2015

Rosner, Siegfried/Winheller, Andreas: Mediation und Verhandlungsführung. Theorie und Praxis des wertschöpfenden Verhandelns – nicht nur in Konflikten, München und Mering 2012

Rüthers, Bernd/Fischer, Christian/Birk, Axel: Rechtstheorie mit Juristischer Methodenlehre, München 2013 (zit.: *Rüthers/Fischer/Birk*, Rechtstheorie)

Rüthers, Bernd: Das Ungerechte an der Gerechtigkeit. Fehldeutung eines Begriffs, Tübingen 2009

Rupprecht-Däullary, Marita: Zwischenbetriebliche Kooperation. Möglichkeiten und Grenzen durch neue Informations- und Kommunikationstechnologien, Wiesbaden 1994 (Diss., Technische Universität München 1994)

Saenger, Ingo (Hrsg.): Zivilprozessordnung. Familienverfahren/Gerichtsverfassung/ Europäisches Verfahrensrecht, Handkommentar ZPO, Baden-Baden 2019 (zit.: Saenger/[*Bearbeiter*], HK-ZPO)

Salm-Salm zu, Emanuel Prinz: Die Entstehung des fürstlich Salm-Salm´schen Fideikommisses unter besonderer Berücksichtigung der von den höchsten Reichsgerichten geführten Prozesse bis zum Pariser Brüdervergleich vom 5. Juli 1771, Münster 1996 (Diss., Universität Münster 1996)

Salza und Lichtenau, Carl: Die Lehre von Familie-Stamm- und Geschlechts-Fideikommissen nach den Grundsätzen des gemeinen deutschen Privatrechts und mit Rücksicht auf die Abweichungen der einzelnen Particularrechte, Leipzig 1838

Sarres, Ernst: Informations- und Gegenrechte bei der vorsorgenden Vollmacht, Zeitschrift für Erbrecht und Vermögensnachfolge 2013, S. 312-315 (zit.: *Sarres*, ZEV 2013)

Sauer, Ulrich: Die Gestaltung des Innenverhältnisses von General- und Vorsorgevollmachten, Rheinische Notar-Zeitschrift 2009, S. 79-96 (zit.: *Sauer*, RNotZ 2009)

Savigny, Friedrich Carl von: System des heutigen römischen Rechts, Band 3, Berlin 1840

Schäfer, Manuela: Die Verträge zur Durchführung des Schiedsverfahrens. Analyse und Vergleich zweier Lösungsmodelle am Beispiel des deutschen und US-amerikanischen Rechtsraums, Teil 1, Frankfurt am Main 2010

Scherer, Stephan (Hrsg.): Münchener Anwaltshandbuch Erbrecht, München 2018 (zit.: Scherer /[*Bearbeiter*] MAH Erbrecht)

Schiemann, Gottfried: Rezension über Nomos-Kommentar BGB – Erbrecht, 5. Band, 2014, in: Juristenzeitung 2015, S. 1052 (zit.: *Schiemann*, JZ 2015)

Schiffer, Jan: Schiedsverfahren: Letztwillige Schiedsklauseln, in: Frieser, Andreas (Hrsg.): Formularbuch des Fachanwalts für Erbrecht, Köln 2011 (zit.: *Schiffer*, Formularbuch)

Schiffer, Jan/Schürmann,Christoph J.: Die Anordnung von Schiedsgericht und Mediation in der Verfügung von Todes wegen, in: Karlheinz Muscheler (Hrsg.): Hereditare – Jahrbuch für Erbrecht und Schenkungsrecht, Band 4 (2014), S. 39-60, Tübingen 2014 (zit.: *Schiffer/Schürmann*, Anordnung)

Schlieffen, Katharina von/Ponschab, Reiner/Rüssel, Ulrike/Harms, Thorsten: Mediation und Streitbeteiligung, Verhandlungstechnik und Rhetorik, Berlin 2006

Schloßmann, Siegmund: Ueber die letztwillige Schiedsgerichtsklausel. Zugleich ein Beitrag zur Beurtheilung der Frage nach den Grenzen der Testirfreiheit, in: Ferdinand Regelsberger, Victor Ehrenberg (Hrsg.): Jherings Jahrbücher für die Dogmatik des bürgerlichen Rechts, 37. Band 1897, S. 301-326, Nachdruck Frankfurt a.M. 1967

Schlüter, Wilfried: Grenzen der Testierfreiheit – Grenzen einer „Herrschaft aus dem Grabe“, in: Walther Hadding (Hrsg.): Festgabe Zivilrechtslehrer 1934/1935, S. 575-592, Berlin/New York 1999

Schmoeckel, Mathias: Die Geschäfts- und Testierfähigkeit von Demenzkranken, Neue Juristische Wochenschrift 2016, S. 433-439 (zit.: *Schmoeckel*, NJW 2016)

Schmoeckel, Mathias: Die Jugend der Justitia, Tübingen 2013

Schott, Clausdieter: Rat und Spruch der Juristenfakultät Freiburg i. Br., Freiburg i. Br. 1965 (Diss., Universität Freiburg 1964)

Schreiber, Rupert: Logik des Rechts, Berlin/Göttingen/Heidelberg 1962

Schröder, Rainer: Abschaffung oder Reform des Erbrechts. Die Begründung einer Entscheidung des BGB-Gesetzgebers im Kontext sozialer, ökonomischer und philosophischer Zeitströmungen, Ebelsbach 1981

Schubert, Werner: Entstehung und Quellen der Civilprozeßordnung von 1877, erster und zweiter Halbband, Frankfurt am Main, 1987 (zit.: *Schubert*, Band I, II)

Schulze, Hermann (Hrsg.): Die Hausgesetze der regierenden deutschen Fürstenhäuser, erster Band, Jena 1862

Schütze, Rolf A.: Schiedsgericht und Schiedsverfahren, München 2012/Berlin 2018

Schwarz, Gerhard: Konfliktmanagement. Konflikte erkennen, analysieren, lösen, Wiesbaden 2005 (zit.: *Schwarz*, Konfliktmanagement)

Seeger, Sarah: Grünbuch, in: Martin Große Hüttmann/Hans-Georg Wehling (Hrsg.): Das Europalexikon, Bonn 2013 (zit.: *Seeger*, Europalexikon)

Selzener, Wilhelm: Zur Entlassung des Testamentsvollstreckers durch ein testamentarisch eingesetztes Schiedsgericht, Zeitschrift für Erbrecht und Vermögensnachfolge 2010, S. 285-288 (zit.: *Selzener*, ZEV 2010)

Sicherl, Martin: Die Handschriften, Ausgaben und Übersetzungen von Iamblichos de Mysteriis. Eine kritisch-historische Studie, Berlin 1957

Siegel, Ruth Chr.: Mediation in Erbstreitigkeiten. Die Vorzüge eines interessenbasierten Verfahrens für die Lösung familieninterner Konflikte mit erbrechtlichem Bezug, Berlin 2009 (Diss., Universität Konstanz 2008)

Simmel, Georg: Soziologie. Untersuchungen über die Formen der Vergesellschaftung, Gesamtausgabe Band 11, Frankfurt am Main 2018 (1992)

Simon, Fritz B./Rech-Simon, Christel: Zirkuläres Fragen. Systemische Therapie in Fallbeispielen: Ein Lehrbuch, Heidelberg 2007

Sintenis, Carl Friedrich Ferdinand: Das practische gemeine Civilrecht, Erster Band, Leipzig 1868

Spohnheimer, Frank: Gestaltungsfreiheit bei antezipiertem Legalanerkenntnis des Schiedsspruchs. Zugleich ein Beitrag zur Gewährung rechtlichen Gehörs in Schiedsverfahren und zur Aufhebung von Schiedssprüchen, Tübingen 2010 (Diss., Universität des Saarlandes 2009/2010)

Staff von, Adolph: Das Schiedsgerichtsverfahren nach dem heutigen deutschen Recht. Ein Handbuch für Schiedsrichter und Schiedsparteien, Berlin 1926

Stark, Carsten: Die Konflikttheorie von Georg Simmel, in: Thorsten Bonacker (Hrsg.): Sozialwissenschaftliche Konflikttheorien, S. 83-96, Wiesbaden 2008

Staudinger, J. von: Kommentar zum Bürgerlichen Gesetzbuch mit Einführungsgesetz und Nebengesetzen, 5. Buch, Erbrecht, §§ 1922-2385, Berlin Neubearbeitung 2016-2018 (zit.: Staudinger/[*Bearbeiter*], BGB)

Steffek, Felix: Rechtsfragen der Mediation und des Güterichterverfahrens. Rechtsanwendung und Regulierung im Spiegel von Rechtsvergleich und

Rechtstatsachen, Zeitschrift für Europäisches Prozessrecht 2013, S. 528-564 (zit.: *Steffek*, ZEuP 2013)

Steike, Jörn/Feller, Sabine: Das 1x1 des neuen Mediationsgesetze. Mediation und andere Formen außergerichtlicher Konfliktbeilegung, Bonn 2012 (zit.: *Steike/Feller*, 1x1)

Stein/Jonas: Kommentar zur Zivilprozessordnung, Reinhard Bork, Herbert Roth (Hrsg.), Band 10 §§ 1025-1066, Tübingen 2014 (zit.: Stein/Jonas/[*Bearbeiter*], ZPO)

Stierlin, Wilhelm Paul (Helm): Delegation und Familie: Beiträge zum Heidelberger familiendynamischen Konzept, Frankfurt am Main 1978

Storz, Thomas: Kann ein Erblasser die Entlassung des Testamentsvollstreckers (§ 2227 BGB) testamentarisch einem Schiedsgericht übertragen?, Zeitschrift für Schiedsverfahren 2010, S. 200-203 (zit.: *Storz*, SchiedsVZ 2010)

Storz, Thomas: Befugnis des Testamentsvollstreckers zur authentischen Interpretation unklarer erbrechtlicher Verfügungen, Zeitschrift für Erbrecht und Vermögensnachfolge 2009, S. 265-270 (zit.: *Storz*, ZEV 2009)

Strempel, Dieter: Römisches Streitrecht versus germanisches Friedensrecht. Rechtssoziologische Anmerkungen am Beispiel der Mediation, in: Eva Graul/Gerhard Wolf (Hrsg.): Gedächtnisschrift für DIETER MEURER, S. 347-354, Berlin 2002 (zit.: *Strempel*, Gedächtnisschrift Meurer)

Strempel, Dieter: Außergerichtliche Konfliktlösung (Mediation): Kosten und Nutzen einer neuen Streitkultur, Zeitschrift für Rechtspolitik, 31. Jahrgang, August 1998, S. 319-322 (zit.: *Strempel*, ZRP)

Stroh, Kassian: Der Konflikt um das Wasser des Nils, in: Peter Imbusch/Ralf Zoll (Hrsg.): Friedens- und Konfliktforschung, S. 287-308, Wiesbaden 2010 (zit.: *Stroh*, Wasser des Nils)

Strohal, Emil: Das deutsche Erbrecht auf Grundlage des Bürgerlichen Gesetzbuchs, Berlin 1901

Strothmann, York: Privatautonome Gestaltungsfreiheit im Recht der Verfügung von Todes wegen, Juristische Ausbildung 1982, S. 349-358 (zit.: *Strothmann*, Jura 1982)

Stubbe, Christian: Schiedsgutachten als modernes ADR-Instrument, Zeitschrift für Schiedsverfahren 2006, S. 150-155, (zit.: *Stubbe*, SchiedsVZ 2006)

Stürner, Michael/Wilhelmi, Rüdiger: Einführung, in: Rüdiger Wilhelmi/Michael Stürner (Hrsg.): Post-M&A-Schiedsverfahren. Recht und Rechtsfindung jenseits gesetzlichen Rechts, S. 1-10, Wiesbaden 2019 (zit.: *Stürner/Wilhelmi*, Einführung)

Sulloway, Frank J.: Der Rebell der Familie. Geschwisterrivalität, kreatives Denken und Geschichte, [Born to Rebel, New York 1996. Aus dem Amerikanischen von Klaus Binder und Bernd Leineweber], Berlin 1997

Sydow, Rudolf von: Darstellung des Erbrechts nach den Grundsätzen des Sachsenspiegels, mit Rücksicht auf die verwandten Quellen, Berlin, 1828

Tersteegen, Jens: Bankgeschäfte mittels Vorsorgevollmacht – Verpflichtung der Banken zur Anerkennung von Vorsorgevollmachten? Neue Juristische Wochenschrift 2007, S. 1717-1724 (zit.: *Tersteegen*, NJW 2007)

Thiel, Markus: Kooperative untergesetzliche Normsetzung im Gesundheitswesen, in: Arndt Schmehl/Astrid Wallrabenstein (Hrsg.): Steuerungsinstrumente im Recht des Gesundheitswesens – Kooperation, Band II, S. 73-102, Tübingen 2006

Thiele, Carmen: Regeln und Verfahren der Entscheidungsfindung innerhalb von Staaten und Staatenverbindungen. Staats- und kommunalrechtliche sowie europa- und völkerrechtliche Untersuchungen, Berlin/Heidelberg 2008

Thieme, Frank: Alter(n) in der alternden Gesellschaft. Eine soziologische Einführung in die Wissenschaft vom Alter(n), Wiesbaden 2008

Thomann, Christoph/Prior, Christian: Klärungshilfe 3. Das Praxisbuch, Rheinbek bei Hamburg 2007 (zit.: *Thomann/Prior*, Klärungshilfe)

Thomas, Alexander: Grundriß der Sozialpsychologie, Band 2: Individuum-Gruppe-Gesellschaft, Göttingen u. a. 1992

Thomsch, Astrid: David Mevius und der (Prozess-)Vergleich im Usus modernus pandectarum. Eine Analyse von Gerichtsordnung, Decisionen und Akten, Hamburg 2014 (Diss., Universität Münster 2013)

Thouvenin, Florent: Der Kooperationsvertrag. Kooperationen im Grenzbereich von Vertrags- und Gesellschaftsrecht, Bern 2017

Töben, Jan: Mediationsklauseln, Rheinische Notar-Zeitschrift 2013, S. 321-345 (zit.: *Töben*, RNotZ 2013)

Töben, Jan/Schmitz-Vornmoor, Andreas: Möglichkeiten der Konfliktvorsorge in der erbrechtlichen Beratungs- und Gestaltungspraxis – insbesondere durch Mediationsklauseln, Rheinische Notar-Zeitschrift 2014, S. 527-541 (zit.: *Töben/Schmitz-Vornmoor*, RNotZ 2014)

Tochtermann, Peter: Die Pflichten des Mediators und der Parteien, in: Christian Fischer/Hannes Unberath (Hrsg.): Das neue Mediationsgesetz. Rechtliche Rahmenbedingungen der Mediation. Tagung vom 7./8. Oktober 2011 in Jena, S. 113-122, München 2013 (zit.: *Tochtermann*, Pflichten)

Trams, Kai: Die Mediationsvereinbarung – eine vertragsrechtliche Analyse, Marburg 2008 (Diss., Universität Hamburg 2008)

Trenczek, Thomas/Berning, Detlev/Lenz, Cristina (Hrsg.): Mediation und Konfliktmanagement, Baden-Baden 2013 (zit.: Trenczek/Berning/Lenz/[*Bearbeiter*])

Tries, Joachim/Reinhardt, Rüdiger: Konflikt- und Verhandlungsmanagement. Konflikte konstruktiv nutzen, Berlin/Heidelberg 2008

Trimborn v. Landenberg, Dieter: Die Vollmacht vor und nach dem Erbfall. Widerruf, Auskünfte und Rechtsverfolgung, Bonn 2017

Unberath, Hannes: Mediationsklauseln in der Vertragsgestaltung. Prozessuale Wirkungen und Wirksamkeit, Neue Juristische Wochenschrift 2011, S. 1320-1324 (zit.: *Unberath*, NJW 2011)

Verhandlungen der Kammer der Abgeordneten des Bayerischen Landtages: Bd: 1866/69, [6], 3 = Beil.-Bd, 3, Abt. 3.4., München 1869

Verhandlungen der Kammer der Abgeordneten des Bayerischen Landtages: Bd: 1863/65, [2], 2 = Beil.- Bd. 2, Abt.1.3., Beilage E, München 1865

Vetter, Roland: „Die ganze Stadt ist abgebrannt". Heidelbergs zweite Zerstörung im Pfälzischen Erbfolgekrieg 1693, Leinfelden-Echterdingen 2009

Vierling, Albert: Die Prozeßordnung in bürgerlichen Rechtsstreitigkeiten für das Königreich Bayern, mit Erläuterungen zumeist aus den Quellen, Nördlingen 1870

Visher, Emily B./Visher, John S.: Stiefeltern, Stiefkinder und ihre Familien. Probleme und Chancen [Stepfamilies. A Guide to Working with Stepparents and Stepchildren, New York. Aus dem Amerikanischen von Thomas Hager], Weinheim 1995 (zit.: *Visher/Visher*, Stiefeltern)

Völkening, Helga: „Dann sei dir darüber im Klaren, daß du auch Bruder bist". Prämissen, Implikationen und Funktionen geschwisterbezogener Terminologie, Rezeption und Metaphorik – Versuch einer disziplinübergreifenden Systematisierung, in: Ulrike Schneider/Helga Völkening/Daniel Vorpahl (Hrsg.): Zwischen Ideal und Ambivalenz. Geschwisterbeziehungen in ihren soziokulturellen Kontexten, S. 15-64, Berlin 2015

Wachter, Thomas: Unternehmertestament – Schnittstelle zwischen Erb- und Gesellschaftsrecht- in: Michael Bonefeld/Thomas Wachter (Hrsg.): Der Fachanwalt für Erbrecht, Bonn 2010 (zit.: *Wachter*, Unternehmertestament)

Wächter von, Carl Georg: Gemeines Recht Deutschlands insbesondere Gemeines Deutsches Strafrecht, Leipzig 1844

Wagner, Gerhard: Rechtsstandort Deutschland im Wettbewerb. Impulse für Justiz und Schiedsgerichtsbarkeit, München 2017 (zit.: *Wagner*, Rechtsstandort)

Wagner, Gerhard: Vertragliche Grundlagen, in: Horst Eidenmüller/Gerhard Wagner (Hrsg.): Mediationsrecht, S. 47-90, Köln 2015 (zit. Eidenmüller/Wagner/[*Bearbeiter*], Mediationsrecht)

Wagner, Gerhard: Prozeßverträge. Privatautonomie im Verfahrensrecht, Tübingen 1998(zit.: Wagner Prozeßverträge)

Walz, Robert (Hrsg): Das ADR-Formular-Buch. Erläuterungen Muster Entscheidungshilfen, Köln 2017 (zit.: Walz/[*Bearbeiter*]ADR)

Warner, Lyndan: Stepfamilies in Europe, 1400-1800, New York 2018 (zit.: *Warner*, Stepfamilies)

Wasilewski, Rainer: Streitverhütung durch Rechtsanwälte. Empirische Untersuchung von Umfang, Struktur und Bedingungen außergerichtlicher Beilegung zivilrechtlicher Streitigkeiten durch Rechtsanwälte, Köln 1990

Watzlawick, Paul/Beavin Janet H./Jackson Don D.: Menschliche Kommunikation. Formen, Störungen, Paradoxien, Bern 2011 (zit.: *Watzlawick/Beavin/Jackson*, Menschliche Kommunikation)

Weede, Erich: Konfliktforschung: Einführung und Überblick, Opladen 1986.

Wegmann, Bernd: Die Schiedsgerichtsbarkeit in Nachlasssachen, Zeitschrift für Erbrecht und Vermögensnachfolge 2003, S. 20-22 (zit.: *Wegmann*, ZEV 2003)

Weimar, Robert: Konflikt und Entscheidung (Diss., Univ. Saarbrücken 2006, nicht veröffentlicht)

Weller, Matthias: Persönliche Leistungen, Tübingen 2012

Welsch, Johann Baptist: Leben und Wirken des Wiguläus Xaverius Aloysius Freiherrn von Kreittmayr churfürstlich geheimem-Staatskanzlers und Obersten-Lehensprobstes, München 1845

Wendenburg, Felix: Der Schutz der schwächeren Partei in der Mediation, Tübingen 2013

Wendland, Matthias: Mediation und Zivilprozess. Dogmatische Grundlagen einer allgemeinen Konfliktbehandlungslehre, Tübingen 2017 (Diss., Universität München 2015)

Wendt, Peter-Ulrich: Lehrbuch Methoden der Sozialen Arbeit, Weinheim/Basel 2017

Wendt, Roland: Il y a des juges – à Karlsruhe aussi!, ErbR Zeitschrift für die gesamte erbrechtliche Praxis 2017, S. 470-475 (zit.: *Wendt*, ErbR 2017)

Wendt, Roland: Il y a des juges à Munich! Eine richterliche Nachhilfestunde in Sachen letztwillige Schiedsklauseln vs. Pflichtteilsanspruch, ErbR Zeitschrift für die gesamte erbrechtliche Praxis 2016, S. 484-487 (zit.: Wendt, Munich!, ErbR 2016)

Wendt, Roland: Letztwillige Schiedsklauseln oder Schlimmeres? – Gewogen und zu leicht befunden! ErbR Zeitschrift für die gesamte erbrechtliche Praxis 2016, S. 248-250 (zit.: *Wendt*, Gewogen, ErbR 2016)

Wermke, Christian/Winheller, Andreas/Kittl, Denis: Praxishandbuch Mediation, Weil im Schönbuch 2016

Werner, Rüdiger: Das Schiedsverfahren als Instrument zur Lösung erbrechtlicher Streitigkeiten, Zeitschrift für Erbrecht und Vermögensnachfolge 2011, S. 506-511 (zit.: *Werner*, ZEV 2011)

Westermann, Harm Peter: Vertragsfreiheit und Typengesetzlichkeit im Recht der Personengesellschaften, Berlin/Heidelberg/New York 1970

Wieczorek/Schütze: Zivilprozessordnung und Nebengesetze Großkommentar, Band 11, §§ 916-1066, Berlin 2018; (zit.: Wieczorek/Schütze/[*Bearbeiter*], ZPO)

Wildner von Maithstein, Ignaz: Das Fideikommiß-Recht nach dem Österreichischen allgemeinen bürgerlichen Gesetz-Buche, Wien 1835

Willoweit, Dietmar: Standesungleiche Ehen des regierenden hohen Adels in der neuzeitlichen deutschen Rechtsgeschichte, in: Sitzungsberichte der Bayerischen Akademie für Wissenschaften, Jahrgang 2004, Heft 5, S. 1-197, München 2004

Wittgenstein, Ludwig: Logisch-philosophische Abhandlung. Tractatus logico-philosophicus, Frankfurt am Main 2003

Wolf, Christian/Weber, Matthias M./Knauer, Christoph: Gefährdung der Privatautonomie durch therapeutische Mediation? Neue Juristische Wochenschrift 2003, S. 1488-1491 (zit.: *Wolf/Weber/Knauer*, NJW 2003)

Worden, William J.: Beratung und Therapie in Trauerfällen. Ein Handbuch, [Grief Counselling and Grief Therapy, New York1982, 1991. Aus dem Amerikanischen von Thomas M. Höpfner, Tonia Rihs, Irmela Eckenbrecht], Bern 2018

Zehle, Klaus-Olaf: Wirtschaftsmediation: Chancen und Auswirkungen des Mediationsgesetzes, Hamburg 2012 (Zugl. Masterarbeit: Universität Saarbrücken 2011)

Zeiss, Walter/Schreiber, Klaus: Zivilprozessrecht, Tübingen 2014 (zit.: *Zeiss/Schreiber*, ZPO).

Ziegler, Johann Ernst Wilhelm: De arbitris compromissariis, vulgo Schieds = Richtern, Erfurt 1738 (zit.: *Ziegler*, De arbitris)

Ziegler, Karl-Heinz: Geschichtliche und dogmatische Aspekte des Schiedsvertrages, in: Reinhard Zimmermann, (Hrsg.): Rechtsgeschichte und Privatrechtsdogmatik, S. 669-677, Heidelberg 1999 (zit.: *Ziegler*, Aspekte).

Ziegler, Karl-Heinz: Das private Schiedsgericht im antiken römischen Recht, München 1971 (zit.: *Ziegler*, Schiedsgericht)

Zieren, York: Das Schiedsverfahrensrecht der ZPO (1877-1933) unter Berücksichtigung der Genfer Übereinkommen von 1923 und 1927 sowie der Rechtsprechung des Reichsgerichts, Frankfurt am Main 2013 (Diss., Universität Kiel 2012)

Zillessen, Horst: Demokratietheoretische Aspekte der Mediation, in: Gerhard Falk/Peter Heintel/Ewald E. Krainz (Hrsg.): Handbuch Mediation und Konfliktmanagement, S. 83-94, Wiesbaden 2005

Zimmer, Maximilian: Vorsorgevollmachten im Erbrecht, Zeitschrift für Erbrecht und Vermögensnachfolge 2013, S. 307-312 (zit.: *Zimmer*, ZEV 2013)

Zimmermann, Karl Philipp: Die Monita zum Entwurf des Codex Maximilianeus Bavaricus Civilis, Baden-Baden 2008 (zit.: *Zimmermann*, Monita)

Zimmermann, Walter: Testamente und Erbstreitigkeiten von Kriemhild bis Cornelius Gurlitt, München 2018 (zit.: *Zimmermann*, Testamente und Erbstreitigkeiten)

Zimmermann, Walter: Die Formulierung der Vorsorgevollmacht, Neue Juristische Wochenschrift 2014, S. 1573-1576 (zit.: *Zimmermann*, NJW 2014)

Zimmermann, Walter: Vorsorgevollmacht, Betreuungsverfügung, Patientenverfügung für die Beratungspraxis, Berlin 2010 (zit.: *Zimmermann*, Vorsorgesvollmacht)

Zimmermann, Walter: Die Vorsorgevollmacht im Bankgeschäft, Zeitschrift für Bank- und Kapitalmarktrecht 2007, S. 226-232 (zit.: *Zimmermann*, BKR 2007)

Zöller, Richard: Kommentar zur Zivilprozessordnung, Neubearbeitung, Köln 2018 (zit.: Zöller/[*Bearbeiter*], ZPO)